D1936966

Die Währungsbank: Behörde, Unternehmung, Autorität

Betriebswirtschaftslehre der Zentralnotenbank

Von

o. Professor Dr. Oswald Hahn

ERICH SCHMIDT VERLAG

Die Deutsche Bibliothek – CIP-Einheitsaufnahme

Hahn, Oswald:
Die Währungsbank : Behörde, Unternehmung, Autorität ; Betriebswirtschaftslehre der Zentralnotenbank / von Oswald Hahn. – Berlin : Erich Schmidt, 1993
ISBN 3-503-03471-4

ISBN 3 503 03471 4

Alle Rechte vorbehalten
© Erich Schmidt Verlag GmbH & Co., Berlin 1993

Dieses Buch ist auf säurefreiem Papier gedruckt
und entspricht den Frankfurter Forderungen zur Verwendung
alterungsbeständiger Papiere für die Buchherstellung.

Druck: Regensberg, Münster

Im dankbaren Gedenken an

Heinrich Rittershausen

(5. August 1898-15. Juni 1985)

Vorwort

Mein verehrter, am 15. Juni 1985 verstorbener Lehrer Heinrich Rittershausen, dem ich dieses Buch zu seinem 95. Geburtstag (5. August 1993) widme, hat zeitlebens die Zentralnotenbank als den Mittelpunkt seines wissenschaftlichen Schaffens empfunden - trotz des umfangreichen Interesses an sehr vielen ökonomischen und politischen Fragen, das sich in seinen vielfältigen literarischen Leistungen niederschlug. Eine über zehnjährige enge Zusammenarbeit mit ihm - vom einzigen Mitarbeiter in der Position des Famulus (1951) bis zum habilitierten Assistenten (1961) ist selbstverständlich nicht ohne Einfluß auf das eigene Schaffen geblieben. Dabei stellt die Beschäftigung mit Problemen des Zahlungsverkehrs (1955-1962) eigentlich nur einen Umweg dar: Es gehört ja mit zu den ständigen Unterstreichungen von Rittershausen, daß Zahlungsverkehr und Währung eng miteinander zusammenhängen.

Die erste eigene Lehrveranstaltung zur Zentralnotenbank, die entsprechend dem von Heinrich Rittershausen verfolgten Auftragsprinzip dem damaligen Universitätsassistenten völlig freie Hand ließ, stand im Wintersemester 1959/60 am Anfang. Es folgte das Bemühen um eine Fortsetzung der Arbeiten von K. Dirschke und F. Müller (Die Notenbanken der Welt, 2 Bde., Berlin 1926), das sich dann in den beiden ersten Bänden der "Währungsbanken der Welt" (1968) niederschlug. Der feste Vorsatz des Verfassers, den dritten Teil dem "Instrumentarium" im allgemeinen und dem internationalen Vergleich zu widmen, blieb leider ein unerfüllter Privatdozentenwunsch. Er führte aber dann zunächst zu den drei Heften des "Instrumentariums der Währungsbank" (Selbstverlag 1968/70) mit dem geplanten vierten Heft, die dann die Basis für den Rest der Trilogie sein sollten. Daraus wurde nichts: Der Zwang, im Interesse einer Studienzeitverkürzung Lehrbücher in anderen Prüfungsgebieten (Finanzwirtschaft, Allgemeine Betriebswirtschaftslehre) zu schreiben, gaben erst nach Abschluß dieser Manuskripte Zeit für die Währungsbank. Die "Zentralnotenbank" des verehrten Lehrers (1962) und eine Studie von Wolfram Engels (Notenbanktechnik, 1979) regten eine Erweiterung des ursprünglichen Titels an, den ich - nach Ausklammerung und Vorabveröffentlichung eines Teils (Diskontpolitik, 1992) - nunmehr vorlegen darf. Es sollte ein Lehrbuch werden zu einem vernachlässigten Spezialgebiet der Bankbetriebslehre, die ihrerseits auf der Allgemeinen Betriebswirtschaftslehre aufzubauen hat, die damit auch auf die Betriebswirtschaftslehre der Zentralnotenbank einwirkt.

Primäre Aufgabe eines Vorwortes ist es, den herzlichen Dank zu formulieren gegenüber denjenigen, die den Verfasser unterstützt haben. Es handelt sich um keine Gemeinschaftsarbeit - Teile des geplanten dritten Bands der "Währungsbanken der Welt" haben Mitarbeiter zwar unter meiner Betreuung bearbeitet, aber selbstverständlich - als Dissertation - unter eigenem Namen veröffentlicht. In chronologischer Reihenfolge waren das Gholam

M. Niaz, Christian Klein, Max Kühner, Michael Krause, Peter Klaus, Mohammad N. Assad und Harald Rühl in den Jahren 1968 bis 1972.

Zum Dank verpflichtet bin ich zunächst für die kritische Durchsicht meiner ersten Ausführungen den "Mitarbeitern der ersten Stunde" (1968/70): Professor Dr. Leo Schuster, Dr. Winfried Störrle, Dr. Michael Krause und Dr. Max Kühner. Es wäre ungerecht, wenn ich nicht auch derjenigen Kommilitonen gedenken würde, die in den Jahren 1968-1972 an den jeweiligen Kolloquien teilnahmen und mir in der Diskussion wertvolle Beiträge gaben. Am aktivsten hat sich hier Achim Upplegger (1970/71) profiliert. Ich danke sodann denjenigen, die mir beim zweiten Ansatz (1990/93) mit Rat und Tat behilflich waren: Frau Dr. Uta Maria Feser, Herr Dipl.-Kfm. Rainer Heckmeier und vor allem Ak. Oberrat Dr. Jürgen Singer. Letzterer hat auch in diesem Buch eine größere Zahl von Anregungen formuliert, deren ausdrücklicher Herkunfts-Kennzeichnung er sich nur bei Kleinigkeiten widersetzen konnte. Geschrieben hat einen Teil der ersten Fassung 1968/69 Frau Helene Ostertag, den anderen Teil und alle Neuformulierungen der jetzigen Fassung Frau Hannelore Schmitt. Die Übertragung eines Teils der ersten Fassung des völlig neuen, 1990/92 entstandenen Manuskripts in die Form der modernen Druckvorlage besorgte cand. rer. pol. Knut Petrowsky, während die Berichtigung der umfangreichen Verbesserungen und Ergänzungen wiederum in den bewährten Händen von Frau Schmitt lagen. Die lästige Arbeit der Sachindex-Erstellung wollte ich meinen Mitarbeitern nicht zumuten. Dafür hat Jürgen Singer zusammen mit Hannelore Schmitt, Herrn Dipl.-Kfm. Markus Nachbaur und Herrn Dipl.-Kfm. Schwarzer Peter noch die allerletzten Kontrollen besorgt: Alle vier können das viel besser als ich. Ohne das herzliche "Vergelt's Gott" an die übrigen erwähnten Mitarbeiter schmälern zu wollen, richtet sich das herzliche Dankeschön des Verfassers abschließend nochmals vor allem an die beiden Mitarbeiter, die seit 25 bzw. 18 Jahren meine hiesige Arbeit in jeder Hinsicht unterstützen und sie insoweit prägten.

Nürnberg, den 23. Juli 1993

INHALTSVERZEICHNIS

Einleitung

Die Bezeichnung "Währungsbank" ist wenig verbreitet, wiewohl sie das Wesen des angesprochenen Betriebstyps am ehesten trifft[1]. Bekannt sind dagegen die Termini "Notenbank", "Zentralbank" und - um Verwechslungen zu vermeiden - "Zentralnotenbank"[2]. Am häufigsten wird aber nach wie vor das Wort "Notenbank" verwendet.

Die Einordnung dieses Betriebstyps in die beiden wirtschaftswissenschaftlichen Disziplinen ist umstritten. Wolfram Engels verweist auf die frühere klare Trennung zwischen "Geldtheorie" (Volkswirtschaftslehre) und "Notenbanktechnik" als "Betriebswirtschaftslehre der Notenbanken"[3].

Die Betriebswirtschaftslehre der Währungsbank kann daher in doppelter Weise als eine spezielle Betriebswirtschaftslehre aufgefaßt werden: Als Spezialbereich der Bankbetriebslehre, die ihrerseits wieder eine Sonderdisziplin der Allgemeinen Betriebswirtschaftslehre ist oder dies zumindest sein müßte.

Für die Gegenwart muß zunächst zweierlei konstatiert werden: Es fehlt erstens die Pflege der Allgemeinen Betriebswirtschaftslehre, deren frühere Ansätze seit den siebziger Jahren ignoriert werden[4]. Zum zweiten ist die Betriebswirtschaftslehre der Banken weitgehend auf die Universalbank ausgerichtet, in der die übrigen Kreditinstitute nur mit der Strukturlehre erfaßt werden. Die Zentralnotenbank findet lediglich mit ihrem Instrumentarium insoweit Berücksichtigung, als dies auf die Entscheidungen der Geschäfts- und der übrigen nationalen Zentralbanken[5] Einfluß hat.

Es erscheint uns allerdings zu wenig, die Betriebswirtschaftslehre der Noten- bzw. Währungsbank allein auf die "Technik" im Sinne des Instrumentariums oder der Geschäftspolitik zu beschränken. Selbstverständlich wird - im Interesse einer leider viel zu wenig praktizierten Arbeitsteilung zwischen den beiden Disziplinen der Wirtschaftswissenschaften - bewußt auf die Herausarbeitung der Wirkungsweisen expansiver und restriktiver Maßnahmen verzichtet: dies zu erörtern ist Aufgabe der Nationalökonomie. Wir sehen es aber als ein Wesensmerkmal der Teildisziplin "Betriebswirtschaftslehre der

---

1 Als eigentlicher Urheber dieser Wortbildung kann Otto Veit gelten (Grundriß der Währungspolitik, 3. A., Frankfurt/Main 1969, S. 25 ff.).

2 Vgl. Heinrich Rittershausen, Die Zentralnotenbank. Ein Handbuch ihrer Instrumente, ihrer Politik und ihrer Theorie, Frankfurt/Main 1962

3 Vgl. Wolfram Engels, Notenbanktechnik. Instrumente und Verfahren der monetären Stabilitätspolitik, Frankfurt-New York 1979, S. 11

4 Vgl. dazu Oswald Hahn, Allgemeine Betriebswirtschaftslehre im Abseits?, in: Wilhelm Bühler et al (Hrsg.), Die ganzheitlich-verstehende Betrachtung der sozialen Leistungsordnung. Ein Beitrag zur Ganzheitsforschung und -lehre. Festschrift für Josef Kolbinger, Wien-New York 1985, S. 177 ff.

5 Geschäftsbanken erbringen Bankleistungen für den typischen Bankkunden ("Nicht-Bank"), Zentralbanken sind Banken der Banken, unter denen die Zentralnotenbank als Währungsbank den dritten Hauptbanktyp bildet. Vgl. Oswald Hahn, Struktur der Bankwirtschaft, Bd. I: Banktypologie und Universalbanken, 2. A., Berlin 1989, S. 19 ff.

Währungsbank" an, über die Techniken hinaus die Besonderheiten des Betriebstyps herauszuarbeiten (1. Abschnitt). Hierunter rechnet einmal die Diskussion des Zielsystems, zum andern die Organisationsstruktur. Schließlich läßt sich das Instrumentarium auf die drei verschiedenen Positionen zurückführen, die jede Währungsbank einnimmt: sie ist Behörde, Unternehmung und Autorität[6]. Diese drei sehr unterschiedlichen Positionen sind Gegenstand des 2. bis 4. Abschnitts. Abschließend wird (5. Abschnitt) versucht, in einer Globalbetrachtung einmal den kombinierten Einsatz der Instrumente vorzustellen und anschließend Liquiditätspolitik und internationale Kooperation zusammenzufassen.

Als Behörde wie Unternehmung erhält die Währungsbank zunächst den infrastrukturellen Rahmen für ihre Aktivitäten (institutionierende Währungspolitik), innerhalb derer sie dann ihre Instrumente einsetzt (funktionale Währungspolitik)[7]. Hierauf wird im folgenden jeweils hingewiesen.

Eine Betriebswirtschaftslehre der Währungsbank muß bereits vom Erfahrungsobjekt her international ausgerichtet sein: Es darf sich nicht um eine Betriebswirtschaftslehre der Bank of England, der Deutschen Bundesbank oder der Ungarischen Nationalbank handeln. Das schließt nicht aus, daß bestimmte Besonderheiten des nationalen Raums im Mittelpunkt stehen[8].

---

6 Otto Veit unterscheidet anhand der beiden Funktionen der Währungsbank (Träger der Währungspolitik und Bank der Banken) zwischen "administrativen" und "bankmäßigen" Mitteln (Grundriß, a.a.O., S. 260). Im wesentlichen sind diese Gruppierungen identisch mit den "zentralverwaltungswirtschaftlichen" und "marktwirtschaftlichen" Instrumenten von Albrecht Forstmann (Geld und Kredit, 2. Teil: Die Anwendung der Geld- und Kredittheorie, Göttingen 1952, S. 648 ff.).

7 Diese Unterscheidung prägte Helmut Lipfert (Einführung in die Währungspolitik, 8. A., München 1974, S. 4 ff.).

8 Das ursprüngliche Vorhaben, mit diesem Manuskript Band 3 der "Währungsbanken der Welt" (2 Bde, Stuttgart 1968) abzuschließen, ließ sich nicht realisieren: die beiden ersten Bände entstammen der Privatdozentenzeit des Verfassers, die eine Spezialisierung des Arbeitsfeldes noch erlaubte.

1. Abschnitt: Die Besonderheiten der Währungsbank

Zu Beginn unserer Betrachtungen steht die Vorstellung der Währungsbank als "gemischter Betriebstyp" (Unterabschnitt A). Dem schließt sich an eine Untersuchung über die Organisationsstrukturen (Unterabschnitt B). Zentrales Anliegen ist sodann die Herausarbeitung der Besonderheiten innerhalb bankbetrieblicher Zielsetzungen (Unterabschnitt C). Eine Besonderheit im Vergleich zu allen übrigen Betriebswirtschaften zeigt sich in der überragenden Bedeutung der Unabhängigkeit, die hier keinen Selbstzweck hat, sondern Mittel zur Zielerreichung ist (Unterabschnitt D).

A. Das Wesen der Währungsbank

Otto Veit sieht in der Währungsbank eine Institution, die im wesentlichen zwei Funktionen in sich vereinigt: die Aufgabe als Bank der Banken und die Funktion als Träger staatlicher Währungshoheit. Sie ist somit einmal Bank, also Unternehmung, zum andern "Administration"[9].

Für Heinrich Rittershausen hat die Währungsbank zunächst einen "behördlichen Charakter als wirtschaftspolitisches Aktivitätszentrum", sie ist dann "ein mit einem großen Filialsystem[10] ausgerüstetes internationales Bankunternehmen" und schließlich "noch dazu eine Art Konzerndisponent des ihr attachierten inländischen Kreditsystems ..."[11]. In ihrer Eigenschaft als "Konzerndisponent" fungiert die Zentralbank vornehmlich als Unternehmung; sie kann aber auch in gewisser Hinsicht die Stellung einer Behörde haben. Die "Unternehmung" versteht sich dabei als Produktivwirtschaft, die Leistungen für fremden Bedarf erzeugt und auf dem Markt verkauft: im Gegensatz zum privaten Haushalt (Hauswirtschaft: Konsumtivbetrieb) und zum Verwaltungs- oder Gewährleistungsbetrieb[12].

Diesen beiden von Veit und Rittershausen charakterisierten Tätigkeitsmerkmalen wollen wir noch ein drittes hinzufügen: Die Währungsbank ist schließlich angesichts der Ausübung dieser beiden Funktionen auch eine anerkannte "Autorität" in allen Angelegenheiten, die Geld, Währung, Kredit und Banken betreffen.

Zur Charakterisierung der Beziehungen zwischen der Behörde, der Unternehmung und der Autorität wollen wir zunächst auf die Interpretation des Verhältnisses zwischen "Unternehmung" (in einem anderen als hier vertretenen Begriffsumfang[13]) und "Betrieb"

9 Otto Veit, Grundriß, a.a.O., S. 24 ff.

10 Das Filialsystem im Inland ist allerdings nicht für jede Zentralbank charakteristisch (vgl. dazu Unterabschnitt B.III,c).

11 Heinrich Rittershausen, Zentralnotenbank, a.a.O., S. 57

12 Vgl. dazu Oswald Hahn, Allgemeine Betriebswirtschaftslehre, München 1990, S. 31

13 Vgl. ebenda, S. 31

durch Erich Schäfer zurückgreifen: Beide "stellen sich uns als zwei wesensverschiedene Aspekte ein und desselben Erfahrungsgegenstandes dar: der Produktiveinheiten ... . (Den) Außenaspekt der Produktiveinheiten innerhalb einer auf Privateigentum und Einzelinitiative beruhenden Wirtschaftsverfassung, (den) Zweck-, Finanz- und Rechtsaspekt, (bezeichnen wir) als "Unternehmung". Richten wir dagegen den Blick auf die "technische" Durchführung der den Produktiveinheiten gestellten Aufgaben ..., so haben wir es mit dem "Betriebs"-Aspekt zu tun"[14].

Ähnlich läßt sich das Verhältnis Behörde-Unternehmung-Autorität kennzeichnen: Das sind die drei Gestalten, in denen das "Erfahrungsobjekt" Währungsbank den Wirtschaftssubjekten des Währungsgebietes gegenübertritt. Nimmt die Währungsbank hoheitliche Funktionen wahr, dann sehen wir in ihr die "Währungsbehörde". Greift sie mit ihrem "absatzpolitischen Instrumentarium" in das Geschehen ein, dann stellt sich uns die Währungsbank als "Zentralbank" oder als "Staatsbank" dar. Wendet sich die Währungsbank schließlich mit Situationsberichten und Empfehlungen an die Öffentlichkeit, dann tritt sie als "Währungsautorität" in Erscheinung[15].

I. Der Weg von der Notenbank zur Währungsbehörde

Die Charakterisierung der "behördlichen" Aufgabe kommt in den Firmenbezeichnungen "Notenbank" (z. B. Deutsche Notenbank, Berlin-Ost, 1949-1967), "Emissionsbank" (z. B. L'Institut d'Emission Malgache) und "Währungsamt" (die verschiedenen früheren "Currency Boards" des Commonwealth, "The Saudi-Arabian Monetary Agency") zum Ausdruck.

a) Die Entstehung der Notenbank

Die "Notenbank" entwickelte sich aus dem Depotgeschäft in Edelmetallmünzen; dieses Depotgeschäft hat seinerseits seinen Ursprung im Wechselgeschäft in Edelmetallmünzen verschiedener Prägungen und damit verschiedenen Feingehaltes.

Für die Deponierung von Edelmetallen wurden Quittungen (Depotscheine) ausgestellt. Ursprünglich hoben die Deponenten im Zeitpunkt des Geldbedarfs die entsprechenden Beträge gegen Änderung der Quittung ab; im Laufe der Zeit wurde der Prozeß vereinfacht: Man zahlte nicht mehr mit den hinterlegten und abgehobenen Edelmetallmünzen,

---

14 Erich Schäfer, Die Unternehmung, 10. A., Wiesbaden 1980, S. 80 f.

15 Diese Dreiteilung erfolgt allein unter ökonomischem Aspekt. Die juristische Betrachtung wird bewußt ausgeklammert. Vgl. hierzu Klaus Irrgang, Die Rechtsnatur der Deutschen Bundesbank, Diss. Köln 1969

sondern aufgrund des hinterlegten Metallgeldes. Es entwickelten sich dabei zwei Wege[16]:

1. Die Hinterlegebank händigte bei Deponierung des Edelmetalls Quittungen über kleine, runde Beträge aus; der Deponent zahlte künftig mit den "Zetteln" dieser "Zettelbank", wie die Notenbanken noch im letzten Jahrhundert in Deutschland bezeichnet wurden[17].

2. Die Hinterleger zahlten nicht mit den Quittungen, sondern stellten Anweisungen und Aufträge aufgrund der Sammelquittungen aus; bei Vorlage der Anweisungen (Schecks) und Aufträge (Überweisungen) schrieb die Depotbank dem Hinterleger eine neue Quittung aus, den "Bankauszug": Aus den Depotbanken entstanden "Scheck-" oder "Girobanken"[18].

Der Typus der "Notenbank" wird durch das Passivgeschäft der Notenausgabe charakterisiert: Die "klassische" Notenbank beschaffte sich Fremdkapital durch Ausgabe einlöslicher Banknoten (die wir als unverzinsliche, bei Sicht fällige Inhaberschuldverschreibungen einer Bank definieren können)[19]. Institute dieser Art finden sich heute nur noch in Hongkong, Schottland und Luxemburg (vgl. 2. Abschnitt B.I)[20].

b) Die Fortentwicklung zur "Emissionsbank"

Emissionsbanken im weiteren Wortsinn sind alle Kreditinstitute, die Schuldverschreibungen begeben; der Begriff wurde im Laufe der Zeit eingeengt auf die Emission von Sicht-Schuldverschreibungen (Banknoten), gleichzeitig aber auch ausgeweitet auf die Ausgabe von Münzen[21].

c) Die "Währungsbank" als Konsequenz der Währungsordnung

Die "Währungsbank" schließlich hat sich entwicklungsgeschichtlich "per Unfall"[22] aus einer - durch Zuvielausgabe von Noten - illiquide gewordenen Notenbank entwickelt.

---

16 Vgl. dazu Ludwig von Mises, Theorie des Geldes und der Umlaufmittel, München-Leipzig 1912, S. 306 ff.

17 Vgl. dazu z.B. Adolph Wagner, System der Zettelbankpolitik mit besonderer Rücksicht auf das geltende Recht und auf deutsche Verhältnisse, 2. A., Freiburg i.B. 1873

18 Vgl. dazu im einzelnen Otto Hübner, Die Banken, Leipzig 1854, insbes. S. 1-35

19 Vgl. dazu im einzelnen Oswald Hahn, Zahlungsmittelverkehr der Unternehmung, Wiesbaden 1962, S.116 ff., S. 144 ff.

20 Vgl. dazu Oswald Hahn, Die Währungsbanken der Welt, Bd. I: Institutionen und Organe, Stuttgart 1968, S. 58 ff. ("Gebiete mit privaten Notenbanken")

21 Vgl. dazu ebenda, S. 42 ff.

22 Heinrich Rittershausen, Zentralnotenbank, a.a.O., S. 19

Im Falle von Zahlungsschwierigkeiten einer Notenbank gibt es drei Möglichkeiten der Lösung des Problems (vgl. dazu auch Unterabschnitt C.I).

1. Über das Vermögen der Notenbank wird der Konkurs eröffnet - aus den Noteninhabern werden Konkursgläubiger, die u. U. "bevorzugt" sein können gegenüber den anderen Gläubigern. Es handelt sich dabei um das einzige Verfahren, das heute noch bei Zahlungsschwierigkeiten einer Geschäftsbank praktiziert wird. Die damals und heute möglichen Variationen (Eintreten anderer Banken für bestimmte Schulden dieser Bank; Errichtung von Garantiefonds, z. B. das "Safety-Fund-System" Mitte des vergangenen Jahrhunderts in den Vereinigten Staaten) interessieren in diesem Zusammenhang nicht.

2. Die Notenbank erklärt - mit oder ohne staatliche Hilfe - ihre vorübergehende Zahlungsunfähigkeit; die Einlösungsverpflichtung wird - im allgemeinen immer zunächst nur "vorübergehend" - suspendiert, und die Notenbank überläßt dem Markt die Bewertung der von ihr emittierten Noten. Diese Zahlungsmittel werden daher nur mit einem Disagio gehandelt[23]. Als Beispiele nennen wir die Verhältnisse in den Vereinigten Staaten in den Jahren 1790/91, 1811/16 und 1861/63[24] und in einer Reihe lateinamerikanischer Staaten um etwa die gleiche Zeit[25]. Auch die Politik der Privilegierten Österreichischen Nationalbank bzw. Österreich-Ungarischen Bank in den Jahren nach 1848 kann zur Demonstrierung dieser Möglichkeit herangezogen werden[26]. Ein solches System zwingt jeden Noteninhaber, sich laufend über die Bonität der Bank zu informieren, deren Noten er in Händen hat. - Moderne Beispiele für Notenbanken, die ihre Illiquidität auf diesem Weg zu lösen versuchen, sind Währungsbanken mit Währungen ohne Parität und ohne Devisenbewirtschaftung: inkonvertible Valuten mit freien Kursen[27].

3. Durch Staatseingriff wird die Notenbank von der Einlösungsverpflichtung suspendiert, den Noten aber zugleich mit der Deklarierung zum "gesetzlichen Zahlungsmittel" Zwangskurs verliehen. Dieses System "ist fraglos im Verkehr viel bequemer und es entspricht sicherlich der heutigen Mentalität, die ja ohne eine gewisse Beimengung von Staatsüberschätzung nicht zu denken ist. Aber diese Bequemlichkeit und Sicherheit ist durch den Wegfall einer von mehreren Inflationsbremsen (die Kursnotiz der Papiereinheiten in Goldeinheiten und die dadurch herausgeforderte Reaktion der Bevölkerung) nicht billig erkauft".[28]

---

23 Vgl. dazu Heinrich Rittershausen, Bankpolitik, Frankfurt/M. 1956, S. 31; ders., Zentralnotenbank, a.a.O., S. 356 ff.

24 Vgl. dazu Adolf Hasenkamp, Die Geldverfassung und das Notenbankwesen der Vereinigten Staaten, Jena 1907, S. 76 ff.

25 Vgl. dazu K. Dierschke/F. Müller, Die Notenbanken der Welt, Bd. II, Berlin 1926

26 Vgl. dazu Friedrich Freiherr von Wieser, Gesammelte Abhandlungen, Tübingen 1929, S. 253 ff. (Die Wiederaufnahme der Barzahlungen in Österreich-Ungarn); ferner Karel Kramár, Das Papiergeld in Österreich seit 1848, Leipzig 1886 (II. Kapitel, Das Agio, S. 20 ff.)

27 Vgl. Oswald Hahn, Währungsbanken I, a.a.O., S. 22 ff. (1. Teil, 1. Abschnitt, E: Die Bindungen zwischen den Währungen)

28 Heinrich Rittershausen, Bankpolitik, a.a.O., S. 31

Die von der Bank ausgegebenen Noten werden dadurch zum valutarischen Geld[29], das an die Stelle des (durch Hortung demonetisierten oder von der Notenbank eingezogenen) Edelmetallgeldes tritt. Der Wert der Währungseinheit, der von der Geldseite her beim Vorliegen von reinen oder gemischten Metallumlaufswährungen letztlich beeinflußt wurde, gerät jetzt primär in Abhängigkeit von der Politik der Banken, die innerhalb des Währungsgebietes Zahlungsmittel in Umlauf setzen.[30]

Durch die Privilegierung einer Bank mit dem Recht der Ausgabe valutarischen Geldes gewinnt diese Bank dominierenden Einfluß auf die Gestaltung des Währungswertes, weswegen ihr auch die Verantwortung für die "Währung" übertragen wird. Die privilegierte Bank wird damit zur Währungsbank.[31]

In einer solchen Situation der "Währungsbank" ist es gleichgültig, wie das Institut in den einzelnen Ländern tatsächlich entstanden ist: Die Währungsbank kann aus einem System privater Notenbanken hervorgegangen sein, sie kann sich aus einem mit dem Monopolrecht auf Ausgabe einlöslicher Banknoten ausgestatteten Institut entwickelt haben, sie kann schließlich auch direkt als "Währungsbank" gegründet worden sein, der das Monopol der Ausgabe valutarischen (uneinlöslichen) Geldes mit der Gründung verliehen wurde[32].

d) Die Währungsbehörde

Im allgemeinen gibt es in jedem Wirtschaftsgebiet neben dem Inhaber des Monopols für die Emission valutarischen Geldes wirtschaftliche Einheiten, die andere Zahlungsmittel ausgeben - es handelt sich dabei im Gegensatz zum valutarischen Geld um "akzessorisches Geld"[33], also einlösliche Zahlungsmittel. Die Zahlungsmittelschöpfung dieser Betriebswirtschaften wird zwar - wie noch zu zeigen sein wird - u.a. durch den Bestand bzw. die Beschaffungsmöglichkeiten valutarischen, von der Währungsbank emittierten

29 Der Begriff "valutarisches Geld" stammt von Georg Friedrich Knapp (Staatliche Theorie des Geldes, 2. A., München-Leipzig 1918, S. 94 ff.). Valutarisches Geld ist uneinlösbares Geld ("definitives Geld" im Sinne von Knapp) mit vom Staat verfügtem allgemeinen Annahmezwang ("obligatorisches Geld"). Den Gegensatz zum valutarischen stellt das "akzessorische Geld" dar, dem insbesondere der staatlich verfügte Annahmezwang fehlt. Der bedeutendste Vertreter des akzessorischen Geldes ist das "provisorische", einlösliche Geld.

30 Vgl. ausführlich Otto Veit, Grundriß, a.a.O., S. 179 ff.

31 Unter dieser Einschränkung möchten wir die Feststellung von Heinrich Rittershausen verstanden wissen, daß Zahlungsmittel und Währung vereinigt wurden (Zentralnotenbank, a.a.O., S. 15). Wir haben an anderer Stelle nachzuweisen versucht, daß von den drei dem Geld zugeschriebenen Funktionen - Zahlungsmittel, Wertemesser und Wertspeicher - die Funktion des Wertemessers der "Währung" zukommt (Wertmesserfunktion - Aufgabe des Geldes oder der Währungseinheit?, in: K.D. Wolf - Hrsg. - Glaube und Gesellschaft, Festschrift für Wilhelm F. Kasch, Bayreuth 1981, S. 537 ff.).

32 Vgl. dazu die Übersicht bei Oswald Hahn, Währungsbanken I, a.a.O, 1. Teil, 2. Abschnitt, B: Die Währungshoheit des Staates, I: Die Entwicklungsgeschichte, S. 43 f.

33 Vgl. Anmerkung 29

Geldes begrenzt. Die Ausgabe akzessorischen Geldes beeinflußt jedoch den Währungswert in gleicher Weise wie die Ausgabe valutarischen Geldes[34]. Da die "Privilegierte Notenbank" die Verantwortung für die Währung übernommen hat, muß ihr auch eine Kontrolle der Ausgabe akzessorischer Zahlungsmittel übertragen werden. Das hat zur Folge, daß die "Privilegierte Notenbank" obrigkeitliche Rechte erhält: Sie wird dadurch zur "Währungsbehörde"[35] und damit zum (öffentlichen) Verwaltungs- oder Gewährleistungsbetrieb; dies in der Erscheinungsform des Planungs-, Lenkungs- und Kontrollbetriebs im Gegensatz zum Ausführungsbetrieb zur Erstellung von Dienstleistungen (Polizei, Streitkräfte)[36].

Als Währungsbehörde besitzt die Notenbank das Recht, entsprechende Anweisungen zu erlassen und gegebenenfalls die erforderlichen Gesetzesvorlagen vorzubereiten. Hieraus erwächst die besondere Bedeutung der Unabhängigkeit der Währungsbank (Unterabschnitt D).

II. Die Währungs-Unternehmung

Die unternehmerische Position der Währungsbank entstammt der Aufgabe einer klassischen Notenbank, die ja erst durch Übergang zur Währungsbank behördliche Aufgaben erhielt. Im wesentlichen handelt es sich um drei unternehmerische Funktionen: Trägerin des Zahlungsverkehrs, Kreditbank und Zentralbank.

a) Die Währungsbank als Trägerin des Zahlungsverkehrs

Auf dreifache Weise ist die Währungsbank Träger des Zahlungsverkehrs[37].

---

34 Vgl. dazu - anstelle vieler anderer - Thomas Tooke, A History of the Prices and of the State of the Circulation during the Years 1793-1856, 6 Bände, 1838-1857, hier: insbes. Band 4; Näheres s. Charles Rist, Geschichte der Geld- und Kredittheorien von John Law bis heute, Bern 1947, S. 177 ff. ("Fundamentale Gleichheit von Banknoten und Scheckgeldern").

35 Das Reichsbankdirektorium hatte in den Gesetzen von 1875 und 1939 den Status einer Behörde; der ausgesprochene Behördencharakter fehlte dem Reichsbankdirektorium im Gesetz von 1924. Bezüglich der Bank deutscher Länder hat das Bundesverwaltungsgericht in einem Grundsatzurteil über den staatsrechtlichen Status der Bank den Behördencharakter grundsätzlich verneint, ihn aber für Devisenangelegenheiten bejaht (Aktenzeichen BVerwG I A 24.53). Das Gesetz über die Deutsche Bundesbank verleiht dem Zentralbankrat und dem Direktorium der Deutschen Bundesbank "die Stellung von obersten Bundesbehörden", den Landeszentralbanken und den Hauptstellen "die Stellung von Bundesbehörden" (§ 29 Bundesbankgesetz). Vgl. auch Heinz Beck, Gesetz über die Deutsche Bundesbank, Mainz-Gonsenheim-Düsseldorf 1959, S. 406 ff.

36 Zu den beiden Typen vgl. Karl Oettle, Einzelleistungs- und Gewährleistungsbetriebe, Sonderdruck kommunale Gemeinschaftsstelle für Verwaltungsvereinfachung, 1974

37 Vgl. Antonio de Viti de Marco, Die Funktion der Bank, Wien 1935, S. 5 f.

1. Bereits die Ausgabe von Banknoten kann als Leistung des Zahlungsverkehrs aufgefaßt werden: Die Tätigkeit der Bank besteht darin, dem jeweiligen Inhaber die Sicherheit zu geben, eine entsprechenden Gegenleistung zu erhalten: Kredit im weiteren Sinne (Einräumung bzw. Verschaffung von Vertrauen) im Gegensatz zu Kredit im engeren Wortsinn (eine aufgrund des Vorleistenden an den Späterleistenden zustandegekommene "Überlassung von gegenwärtigen gegen zukünftige Güter")[38]. Dieses Geschäft kann mit der heutigen Ausgabe von Scheck- und Kreditkarten durch Universal- und Spezialbanken verglichen werden.

2. Der Notenausgabe zugrunde liegt ein Ankauf von Edelmetallgeld: Dies entspricht dem modernen Devisenankauf.

3. Schließlich sei auf die Alternative bei der Golddeponierung verwiesen: Einräumung von Guthaben (vgl. Unterabschnitt I.a). In Norddeutschland hatte im 17. Jh. die Hamburger Girobank entsprechende Edelmetallkonten eröffnet und den Überweisungsverkehr eingeführt: beides basierte auf der von der Bank kreierten "Marco Banco"-Währung[39].

b) Die Währungsbank als Kreditbank

Auch das Kreditgeschäft der Währungsbank hat verschiedene Wurzeln.

1. Das Kreditgeschäft folgte dem Emissionsgeschäft. Eine umgekehrte Kausalität zeigte sich beim Typ der "schottischen Notenbank": Ihre primäre Notenemission erfolgte nicht bei der Entgegennahme von Edelmetallen, sondern unter Ankauf von Handelswechseln[40], die ihre Funktion als Zahlungsmittel nur unvollkommen erfüllten. Die Leistung der Notenbank beim Wechselankauf besteht darin, die über hohe und ungerade Beträge lautenden, weitgehend unbekannte Unterschriften tragende Wechsel in kleingestückelte, mit der Unterschrift einer bekannten Bank versehene Noten umzuwandeln. Heinrich Rittershausen bezeichnet daher die Banknoten dieser Art auch als "zerhackte Handelswechsel"[41]: Die Notenbank ersetzt ein bereits vorhandenes "Umlaufsmittel niederer Ordnung" in ein solches "höherer Ordnung"[42].

Diese Funktion wird inzwischen von den Währungsbanken unterschiedlich wahrgenommen: von der völligen Abkehr (angelsächsisches Modell) über Mischformen (Frankreich)

38 Vgl. Ludwig von Mises, a.a.O., S. 297 ff.

39 Vgl. Otto Veit, a.a.O., S. 467 ff.

40 Der Begriff und das Wesen des Handelswechsels wird ausführlich im 3. Abschnitt behandelt (vgl. A.III).

41 Erstmals in: Der Neubau des deutschen Kreditsystems, Berlin 1932, S. 23; ferner Rittershausen, Bankpolitik, Frankfurt/Main 1962, S. 76 ff.

42 Charles Rist, a.a.O., S. 73

bis hin zur monopolistischen Wahrnehmung (unterentwickelte Länder, insbes. kommunistisches Wirtschaftssystem)[43].

2. Dem Handelswechsel als Mittel der Umsatzfinanzierung der Unternehmungen entspricht der Schatzwechsel im Bereich des öffentlichen Haushalts, der analog zur Umsatzfinanzierung die zu erwartenden Steuereinnahmen des Staates bevorschußt[44]. Man kann den Schatzwechsel mit Rittershausen gedanklich als Ziehung der Staatskasse auf die Steuerpflichtigen auffassen und demzufolge im Fiskus einen "Händler in Steuerquittungen" sehen - oder eine Betriebswirtschaft, die ihre Produkte (die "Staatsleistungen") auf Ziel verkauft[45] (vgl. 3. Abschnitt B.I,c).

Die Funktion als Staatsbank war quasi Lizenzgebühr bei der Errichtung der Bank of England[46]. Anstelle der ursprünglichen Abneigung der Notenbanken gegenüber einer (meist erzwungenen) Staatsfinanzierung trat inzwischen der Wunsch nach einer weitgehenden Monopolisierung des Staatskredits bei der Währungsbank im Interesse der währungsorientierten Fiskalpolitik (vgl. Unterabschnitt C.III).

Zwar ist heute jede Währungsbank zugleich auch Staatsbank. In vielen Ländern arbeiten neben der Währungsbank aber noch andere Staatsbanken. Das gilt zunächst für das klassische Ideal- wie Realmodell kommunistischer Länder, wo alle Geschäftsbanken in Staatseigentum stehen. Staatsbanken ohne Währungsbankcharakter trifft man jedoch auch in Marktwirtschaften an. Es handelt sich dort um Institute, die sich entweder mit der Währungsbank die (kurzfristige) Staatsfinanzierung teilen (wie z. B. in Indien) oder nur der langfristigen Kreditierung der öffentlichen Hand dienen oder aber beides tun (wie in Deutschland bis in die siebziger Jahre die Bayerische und Braunschweigische Staatsbank und heute noch die Girozentralen in ihrer Zweitfunktion als Landesbanken)[47].

3. Verschiedene Konzeptionen haben die Notenbank auch mit Funktionen der langfristigen Finanzierung bedacht: so die Vorstellungen von John Law im 17. Jahrhundert, die nordamerikanischen Land-Banks und die älteren preußischen Landschaften des 18. Jahrhunderts sowie die Konzeption der deutschen Rentenmark 1924. Sie können eine Rolle spielen bei der Lombard- und Offenmarktpolitik (vgl. 3. Abschnitt B.II u. III).

---

43 Vgl. dazu 3. Abschnitt A.III

44 Vgl. Heinrich Rittershausen, Zentralnotenbank, a.a.O., S. 347

45 Vgl. ebenda, S. 306

46 Vgl. Otto Veit, a.a.O., S. 635 ff.

47 Vgl. dazu Oswald Hahn, Struktur Bd. I, a.a.O., S. 153 ff., S. 413 ff.

c) Die Zentralbank aller Banken

Kunden der Notenbank waren ursprünglich die jeweiligen Endkreditnehmer: die Zielverkäufer, die ihre Wechsel der Notenbank zum Diskont einreichten, die Exporteure beim Verkauf ihrer Valutaerlöse und der Staat als Verkäufer der Schatzwechsel.

1. Mit dem Übergang von der Noten- zur Währungsbank und der damit verbundenen Übernahme hoheitlicher Funktionen bahnte sich auch im Aktivgeschäft eine Änderung an, die allerdings in den einzelnen Ländern unterschiedlich verlief: Die Privilegien, die die Währungsbank gegenüber den übrigen Kreditinstituten erhalten hatte, erlaubten es dieser Bank nicht mehr, mit den nichtprivilegierten Kreditinstituten im Aktivgeschäft zu konkurrieren und forderten daher den Verzicht der Währungsbank auf das "Direktgeschäft" (vgl 3. Abschnnitt A.III). Die Währungsbank hatte sich dann auf solche Geschäfte zu beschränken, die von den anderen Banken nicht gepflegt wurden. Ein Direktgeschäft war allerdings überall dort noch gerechtfertigt, wo eine entsprechende Versorgung von Staat und Wirtschaft mit Bankleistungen durch die nicht-privilegierten Banken fehlte: Das trifft zu für alle Entwicklungsländer, deren nicht-privilegiertes Bankensystem sich erst im Anfangsstadium befindet (typische Länder: Äthiopien, Afghanistan, Nepal).

An die Stelle der Direktkunden traten die nichtprivilegierten Banken - die Notenbank entwickelte sich von einer "Kreditbank" zu einer "Bank der Banken", zu einer "Zentralbank" der "Geschäftsbanken" (d. h. derjenigen Kreditinstitute, mit denen die Notenbank künftig allein Aktivgeschäfte pflegte), zu einer "Refinanzierungsbank" (einem Institut, bei dem sich andere Banken refinanzierten) und schließlich zu einer "Reservebank" (einer Bank, bei der die übrigen Kreditinstitute ihre Liquiditätsreserven unterhalten)[48].

2. Der Verzicht auf das Direktgeschäft erfolgte allerdings in unterschiedlichem Zeitabstand von der Übernahme der Funktion einer Währungsbank: In den Vereinigten Staaten wurde das Federal Reserve Bank System direkt als Zentralbanksystem errichtet, während die Deutsche Reichsbank bis zu ihrem Ende (1945) am Direktgeschäft festhielt; in der Bundesrepublik Deutschland wurde es 1946/47 teilweise (in den Ländern der amerikanischen und britischen Besatzungszone) und erst 1957 vollständig beseitigt.

3. Nicht jede Zentralbank ist jedoch gleichzeitig auch Währungsbank. Das gilt einmal für den nationalen Raum, wie ein Blick auf die deutschen Verhältnisse zeigt: Neben der Währungsbank als Zentralbank aller Geschäftsbanken gibt es noch Zentralbanken ver-

48 Eine große Zahl heutiger Währungsbanken trägt die Bezeichnung "Zentralbank", so z.B. "Banco Central de Bolivia", "The Central Bank of Ireland", "Bank Markazi Iranj", "Sedlabanki Islands", "Banque Centrale de Tunisie" und schließlich die Hauptverwaltungen der Deutschen Bundesbank, die "Landeszentralbanken". Daneben finden sich die Firmierungen "Reservebank": "Reserve Bank of Australia" oder "Banco Central de Reserva de El Salvador".

schiedener Gruppen von Kreditinstituten, so die Zentralbanken der Sparkassen (Girozentralen) und Kreditgenossenschaften. Daneben kennen wir noch übernationale Zentralbanken, denen ebenfalls die Eigenschaft eines Emissionsinstitutes fehlt: die "Bank für Internationalen Zahlungsausgleich", Basel, und der "Internationale Währungsfonds" (IWF)[49]. Zur Unterscheidung von diesen Zentralbanken hat sich zur Kennzeichnung der nationalen Währungsbank die Wortschöpfung "Zentralnotenbank" eingebürgert.

III. Die Währungsautorität

Im Gegensatz zur behördlichen und unternehmerischen Funktion schlägt sich diese Aktivität nicht in Firmenbezeichnungen nieder. Es handelt sich dabei um eine aus den beiden erstgenannten Aufgaben abgeleitete Funktion, die eigentlich erst in diesem Jahrhundert entstanden ist. Sie läßt sich am besten dadurch charakterisieren, daß ihre verschiedenen Einwirkungsmöglichkeiten skizziert werden:

a) Die Grundform dieser Einwirkung ist die Information über das Währungsgeschehen, die "Moral-Suasion". Sie läßt sich mit dem informationspolitischen Instrumentarium im allgemeinen und der Öffentlichkeitsarbeit im besonderen gleichsetzen: periodische Veröffentlichungen, Stellungnahmen aus gegebenem Anlaß oder Interviews.

b) Während die reine Information lediglich an die ratio der Wirtschaftssubjekte appelliert, legen die Empfehlungen demgegenüber bereits ein entsprechendes Verhalten nahe. Die Grenzen zwischen Information und Empfehlung sind fließend.

c) Ebenfalls noch unter Maßnahmen der "Währungsautorität" möchten wir die "freiwilligen Vereinbarungen" rechnen, die zwischen der Währungsbank und den Geschäftsbanken getroffen werden. Sie sind Alternativen zu administrativen und unternehmerischen Handlungen; man kann sie mit Rudolf Stucken als "Partnerschaft zwischen Währungsbank und Geschäftsbanken" charakterisieren[50].

---

49 Vgl. zum Typ "Zentralbank" Oswald Hahn, Struktur I, a.a.O., S. 20 ff.

50 Vgl. Rudolf Stucken, Was stimmt nicht mit unserem Geld?, Hamburg 1967, S. 95 ff.

B. Besonderheiten der Organisation

Keine betriebswirtschaftliche Sonderstellung nimmt die Organisation der Unternehmensverfassung (Vorstands- oder Board System) ein. Nationale Besonderheiten können primär bezüglich der personellen Zusammensetzung Unterschiede des Unabhängigkeitsgrades auslösen (vgl. Unterabschnitt D.II,a). Ein Problem besonderer Art ergibt sich allerdings bei der Entscheidung über Filialerrichtung (Unterabschnitt III). Besonderheiten des Betriebstyps Währungsbank zeigen sich bei horizontaler wie vertikaler Form der Untergliederung (Unterabschnitte I und II).

I. Horizontale Organisationsform

Diese Differenzierung hat weitgehend nur noch historische Bedeutung.

a) Der Einheitsbank steht das englische System der Trennung in Emissions- und Bankabteilung (Issue and Banking Department) gegenüber, das in einer Zeit entstand, in der die Bank of England als Privatinstitut nur mit der Notenemission eine gewisse staatliche Kontrolle erfuhr. Man kann dieses mit der Trennung zwischen Hypotheken- und Bankabteilung der gemischten deutschen Hypothekenbanken vergleichen.

b) Diese Konstruktion ist heute von der eigentlichen Aufgabenstellung her überholt. Sie wurde bei Neugründung in Anlehnung an das englische Vorbild vor allem von verschiedenen Commonwealth-Ländern übernommen und allein unter traditionellem Aspekt beibehalten[51].

c) Eine gewisse Doppelfunktion kommt dieser Trennung allerdings zu: Einmal ist das "Issue Department" die Urzelle zahlreicher Neugründungen, insbesondere in früheren überseeischen britischen Gebieten. Dort fungierte zunächst ein "Commissoner of Currency" (derzeit noch in Singapore), aus dem sich dann ein "Currency Board" entwickelte (derzeit nur noch Brunei, Bhutan sowie die Saudi-Arabian Monetary Agency SAMA). Die Tätigkeit beschränkte sich auf die Emission von Banknoten gegen Staatstitel oder Valuten. Die Aufnahme des Kreditgeschäfts vollzog sich dann durch Umwandlung dieses Board in ein Issue Department und Gründung eines Banking Departments. Umgekehrt haben sich verschiedene Währungsbanken mit Universalbankcharakter im Zuge der Entwicklung auf die Funktion einer Zentralbank beschränkt und entweder das allgemeine Bankgeschäft auf eine Geschäftsbank übertragen oder das Issue Department als eigene Bank verselbständigt (so in den fünfziger Jahren in Äthiopien, Ägypten, Iran und Paraguay). Gedanklich läßt

---

51 Eine Übersicht findet sich bei Oswald Hahn, Währungsbanken I, a.a.O., S. 46 ff., S. 119 ff.

sich das Modell auf die derzeitige Realität in den meisten ehemaligen COMECON-Länder übertragen.

II. Vertikale Organisationsformen (zweistufiges Währungsbanksystem)

Die Normalerscheinung der Währungsbank ist das Einheitsinstitut. Bei den Besonderheiten möchten wir uns auf drei Realtypen beschränken: Währungsgebiete mit regionalen Banken und zentralem Währungsrat (US-amerikanisches Modell, Unterabschnitt a), Währungsgebiete mit Banken auf beiden Stufen (Unterabschnitt b) sowie die zentrale Emissionsbank mit dezentralen Elementen (Unterabschnitt c).

a) Regionale Währungsbanken mit zentralem Währungsrat

1. Das Federal Reserve System

Das klassische Modell ist seit 1913 in den Vereinigten Staaten mit dem "Federal Reserve Bank System"[52] realisiert, die zu diesem Zweck in 12 "Federal Reserve Districts" aufgeteilt wurden, von denen jeder mehrere Staaten umfaßt.

a) In jedem der zwölf Federal Reserve Districts wurden von den "Mitgliedsbanken"[53] eine "Federal Reserve Bank" als Zentralnotenbank unterschiedlicher Größe und damit Bedeutung errichtet (Unterstufe). Die Hälfte der Bilanzwerte aller 12 Federal Reserve Banks entstammt den Bilanzen der drei größten Emisssionsinstitute (New York, Chicago und San Francisco). Das gesamte Bankgeschäft des Systems liegt in der Hand der Reservebanken. Das internationale Geschäft - wie z. B. die Swapabkommen des Federal Reserve Systems mit ausländischen Zentralbanken - wird zentral von der Federal Reserve Bank of New York wahrgenommen. Die Ausgabe der "Federal Reserve Notes"[54] erfolgt unter Kontrolle der Spitzeninstanz (Oberstufe) dieses Zentralbanksystems, die in jeder der einzelnen Zentralbanken durch einen "Federal Reserve Agent" vertreten ist. Die Mitglieder der Leitungsgremien jeder Bank werden zu einem Drittel (darunter dem

---

52 Vgl. Milton Friedman/Anna Jacobsen-Schwarz, A Monetary History of the United States 1867-1960, Princeton 1963; M. Englert, Der Handlungsspielraum der amerikanischen Bundesbank im Regierungssystem der Vereinigten Staaten, Rheinfelden 1988.

53 Obligatorisch für "National Banks" (Bundesaufsicht), fakultativ für "State Banks" (Aufsicht durch den jeweiligen Bundesstaat).

54 Die Besonderheit der Federal Reserve Notes liegt darin, daß sie keine Verpflichtungen der emittierenden Federal-Reserve-Banken sind, sondern Verbindlichkeiten der Vereinigten Staaten. Sie sind formal durch das Vermögen der emittierenden Bank gedeckt, de facto aber durch Bundestitel. Der Emittent ist lediglich durch die Nummer des jeweiligen Districts (1-12) gekennzeichnet.

Präsidenten als Federal Reserve Agent) von der Oberstufe, zu zwei Dritteln von den Mitgliedsbanken ("member banks") bestellt.

b) Die Oberstufe besteht aus zwei Gremien: dem "Federal Reserve Board" und dem "Federal Open Market Committee". Der eigentliche Träger der Währungspolitik ist der Federal Reserve Board, dessen sieben Mitglieder vom Präsidenten der Vereinigten Staaten mit Zustimmung des Senats ernannt werden. Das Gremium hat den Charakter einer Obersten Bundesbehörde und stellt die direkte Fortsetzung des 1863 errichteten Amtes eines "Comptroller of the Currency" dar. Dem Board obliegt die Aufsicht über die national banks sowie die Festsetzung der Mindestreservesätze und der allgemeinen Richtlinien der Geschäftspolitik der Bundesreservebanken ("Regulations"). Änderungen des Diskontsatzes der einzelnen Reservebanken bedürfen der Genehmigung des Board. Lediglich die Offenmarktpolitik ist ausgeklammert: für diese ist das "Federal Open Market Committee" zuständig, dem außer den sieben Mitgliedern des Board of Governors fünf Vertreter der Reservebanken angehören.

c) Das eigentliche Zentralbankgeschäft wird von den Federal Reserve Banks getragen. Praktisch führen die 12 Bundesreservebanken nur die Weisungen des Federal Reserve Board aus - eine Situation, die zwar nicht von Anfang an verwirklicht war, die sich aber durch die verschiedenen Gesetzesänderungen der letzten Jahrzehnte ergeben hat.

2. Das Währungsbanksystem des CFA-Franc

Das Währungsgebiet des CFA-Franc (Franc de la Communauté Financière Africaine) besteht aus den Gebieten zweier Währungsunionen (West- und Zentralafrika) und zweier überseeischer Gebiete (Réunion und St. Pièrre-Miquelon) mit fünf Währungsbanken. Diese können als Unterstufe gelten, die aber ihren Sitz in Paris haben und in den einzelnen Gebieten lediglich Hauptniederlassungen unterhalten. Zentrale Koordinierungsinstanz (Oberstufe) ist das "Comité Monétaire de la Zone Franc", in der neben den Präsidenten der fünf Institute auch die Bank von Frankreich vertreten ist. Im Gegensatz zum US-amerikanischen System trägt jedoch hier die Unterstufe die Währungspolitik[55].

Eine ähnliche Konstruktion wiesen die drei Emissionsbanken des portugiesischen Reichs (bis 1974) auf mit der "ständigen Konferenz der Notenbankgouverneure".

55 Vgl. im einzelnen Oswald Hahn, Währungsbanken I, a.a.O., S. 50 ff., S. 147 f., S. 156 f.

b) Regionale Banken und Zentralinstitut

Dieses zweite Modell ist durch ein zweitstufiges Zentralbanksystem i.e.S. charakterisiert: Sowohl Regionen als auch Zentralinstanz verfügen über selbständige Banken. Hinsichtlich der Zuständigkeiten zeigen sich zwei verschiedene Realmodelle.

1. Regionale Zentralbanken mit zentraler Emissionsbank (Westdeutsches Zentralbanksystem)

Das westdeutsche Zentralbanksystem war von 1948 bis 1957 Nachfolgeinstitution der Deutschen Reichsbank auf dem Gebiet der späteren ("alten") Bundesrepublik Deutschland.

a) Es setzte sich auf der Unterstufe aus anfangs zwölf, später zehn Landeszentralbanken zusammen, deren Geschäftsbereich auf das jeweilige Gebiet jedes der zwölf bzw. zehn Bundesländer beschränkt war[56]. Nach den Vorstellungen der für die Gesetzgebung verantwortlichen US-amerikanischen Währungsexperten sollte das Grundkapital der einzelnen Landeszentralbanken entsprechend der US-amerikanischen Verhältnisse von den im Bundesstaat ansässigen Kreditinstituten getragen werden. Es verblieb jedoch bei den Ländern. Die Landeszentralbanken besorgten das gesamte Inlandsgeschäft mit Banken und den Länderregierungen. Ihre Vorstände wurden von der jeweiligen Landesregierung ernannt.

b) Oberstufe war nicht - wie in den USA - eine Behörde, sondern die "Bank deutscher Länder" als Gemeinschaftsinstitut der Landeszentralbanken[57]. Sie besaß das Emissionsrecht und besorgte das Auslandsgeschäft, das Geschäft mit dem Bund und mit den Landeszentralbanken (Reserve- und Refinanzierungsbank). Das Direktorium wurde vom Zentralbankrat bestellt.

c) Dieser stellte die eigentliche Trägerin der Währungspolitik dar: ihm gehörten die Präsidenten der Landeszentralbanken und des Direktoriums der Bank deutscher Länder an. Es wählte den Präsidenten des Zentralbankrats als weiteres Mitglied.

Die deutsche Währungsgesetzgebung des Jahres 1948 wurde von Anfang an von bestimmten Kreisen der Bundesrepublik als ein Rechtsaufbau angesehen, der "von den Besatzungsmächten auferlegt worden war und der in Deutschland keine traditionelle Basis

56 Vgl. dazu auch Rudolf P. Geisler, Notenbankverfassung und Notenbankentwicklung in USA und Westdeutschland, Berlin 1953

57 Vgl. Eckhard Wandel, Die Entstehung der Bank deutscher Länder und die deutsche Währungsreform 1948, Frankfurt/Main 1980

hatte"[58]. Neben Ressentiments gegen die amerikanische Konstruktion gab es auch sachliche Argumente, die jedoch einer näheren Prüfung nicht standhalten. Insbesondere der Hinweis auf die Verlagerung der Währungspolitik auf die Länderebene und die Verhinderung einer auf Bundesebene einheitlichen Währungspolitik wird bereits durch die Betrachtung der Konstruktion widerlegt - sodann durch die praktischen Erfahrungen, die die deutsche Wirtschaft in den neun Jahren des Bestehens dieses Systems machen konnte.

Das Zentralbanksystem des Jahres 1948 wurde - nach einigen vorangehenden Änderungen und taktischer Vorbereitung - im Jahre 1957 durch das System "Deutsche Bundesbank" ersetzt, das zwar noch gewisse föderative Elemente enthält, im Wesen aber an die "traditionsreiche" und "bewährte" Reichsbankkonstruktion anschloß (vgl. Unterabschnitt c).

Die Konstruktion des westdeutschen Zentralbanksystems gilt seither als Modell für Währungsunionen.

2. Das "Europäische System der Zentralbanken" (ESZB)

a) Die Bemühungen um eine Europäische Einigung sind einmal auf die wirtschaftliche und zum andern auf die politische Union gerichtet. Für die monetäre Integration stehen sich zwei Modelle gegenüber: einmal die Möglichkeit einer Konkurrenz der Währungen[59] (wirtschaftliche und/oder politische überstaatliche Einheit mit nationalen Währungen) als Konzeption der Oppositionen, die von einer Kooperation der nationalen Währungsbanken (Rat der Gouverneure) als Weiterentwicklung des Europäischen Währungssystems (EWS) ausgeht. Als Gegenmodell fungiert die Währungsunion (Vertrag über die Europäische Union, "Maastrichter Vertrag"), die ein System unwiderruflicher fester Wechselkurse als Vorstufe zu einer einheitlichen Europawährung vorsieht[60].

Zur Verbindung mit der politischen Union standen sich ursprünglich die "Krönungstheorie" (Währungsunion als Abschluß der politischen Union) und die "Lokomotivtheorie" (Währungsunion als Promotor der politischen Union) gegenüber[61]. Der Vertrag von Maastricht hat der Lokomotivtheorie den Vorzug gegeben. Aus dem "Rat der EG-Notenbankgouverneure" (seit 1988) wird 1994 das "Europäische Währungsinstitut" (EWI) zur

58 Vgl. Otto Veit, Grundriß, a.a.O., S. 603. Victor Agartz sprach von einem "Majestätsverbrechen an der wirtschaftlichen Einheit" in Gestalt eines durch Besatzungsrecht geschaffenen Banksystems, "das in den Heimatländern aller Siegermächte keine Anwendung findet und in jedem Lande auf Ablehnung stoßen würde, Westdeutschland aber in einen Zustand zurückgeworfen hat, der seit beinahe hundert Jahren als überwunden galt" (Notenbank im Umbau - föderal oder zentral?, herausgegeben vom Wirtschaftswissenschaftlichen Institut der Gewerkschaften, Köln 1951, S. 8 ff.).

59 In Anlehnung an die Konzeption von Friedrich August von Hayek (vgl. dazu 2. Abschnitt B.I).

60 Entwurf der EG-Staats- und Regierungschefs vom 9./10.12.1991; Vertrag vom 7.2.1992 mit angestrebter Ratifizierung bis Ende 1993.

61 Vgl. dazu Peter Bofinger (Hrsg.), Der Weg zur Wirtschafts- und Währungsunion, Wiesbaden 1990

Verbesserung des Europäischen Währungssystems (EWS, seit 1979). Bis spätestens Ende 1998 ist sodann zu entscheiden, welche Länder der Europäischen Währungsunion beitreten, wobei bestimmte qualitative Voraussetzungen erfüllt sein müssen[62].

b) Mit der Schlußphase der Währungsunion ist eine Neuordnung der Währungshoheit (vgl. 2. Abschnitt A) verbunden.

Der Rat der Notenbankgouverneure verabschiedete Ende 1990 den Entwurf einer EG-Zentralbank[63], der weitgehend als Anlage zum Vertrag vom 7.2.1992 übernommen wurde[64]. Dem gingen Diskussionen in der Wissenschaft voraus[65].

Das "Europäische System der Zentralbanken" (ESZB) besteht aus der (neu zu errichtenden) Europäischen Zentralbank (EZB), den nationalen Zentralbanken und dem Europäischen Zentralbankrat (EZB-Rat: Direktorium der EZB und Präsidenten der nationalen Zentralbanken). Der Präsident ist Vorsitzender des EZB-Rats und des EZB-Direktoriums.

c) Der EZB-Rat erläßt die Leitlinien (Art. 12). Das Direktorium der EZB führt die Geldpolitik durch und erteilt den nationalen Zentralbanken Richtlinien und Weisungen (Art. 14). Die organisatorische Konzeption entspricht also weitgehend dem westdeutschen Zentralbanksystem.

Der EZB-Rat hat das alleinige Recht, die Ausgabe von Banknoten innerhalb der Mitgliedsländer zu genehmigen. Das Recht zur Notenausgabe besitzen sowohl die EZB als auch die nationalen Zentralbanken (Art. 16). Das unternehmerische Instrumentarium steht beiden Gruppen zu (Art. 18, 21 ff.), die Mindestreservepolitik obliegt der EZB (Art. 19), und sonstige Instrumente fallen in die Zuständigkeit des EZB-Rats (Art. 20). Hierin zeigen sich einmal Ähnlichkeiten mit dem Federal Reserve System (Subsidiarität), zum andern neue Elemente, die sich z.T. an einer Konstruktion von Otto Veit anlehnen[66].

---

62 Vgl. Christoph Vedder, Das neue Europarecht, EG-Vertrag und Europäische Union, Wiesbaden 1992; ferner Bruns Bandulet, Das Maastricht Dossier. Deutschland auf dem Weg in die Dritte Währungsreform, Bad Kissingen 1992

63 Draft Statute of the European System of Central Banks and of the European Central Bank, Brüssel 27.11.1990

64 Protokoll über die Satzung des Europäischen Systems der Zentralbanken und der Europäischen Zentralbank

65 Vgl. Rolf H. Hasse/Wolf Schäfer (Hrsg.), Europäische Zentralbank. Europas Währungspolitik im Wandel, Göttingen 1990

66 Vgl. Otto Veit, Zweistufigkeit der internationalen Währungspolitik, in: Kreditwesen 24/1960, S. 1070; ders., Grundriß, a.a.O., S. 794 ff.

Einzelheiten über die Organisation der "gemeinsamen" Zuständigkeiten stehen noch aus[67], weshalb entsprechende Analysen vorerst spekulativen Charakter haben[68]. Hinzu kommen Infragestellungen der Währungsunion auf verschiedenen Ebenen[69].

c) Die Zentrale Emissionsbank mit dezentralen Elementen

Dezentrale Elemente äußern sich in besonderen "Privilegien" regionaler Hauptniederlassungen. Solches ist typisch für Bundesstaaten und Währungsunionen. Man findet diese Organisationsformen in der Bundesrepublik, Indien, Kolumbien und im ehemaligen Jugoslawien, in den Regionen der CFA-Währungszone und in Italien[70]. Wir können uns hier auf die bundesdeutschen Verhältnisse beschränken.

Die Deutsche Bundesbank[71] ist eine Kompromißlösung zwischen Ein- und Zweistufigkeit im allgemeinen sowie Reichsbankkonzeption und Modell westdeutsches Zentralbanksystem im besonderen. Sie entstand durch Fusion der Bank deutscher Länder mit den Landeszentralbanken. Letztere wurden in rechtlich unselbständige Hauptverwaltungen umgegliedert[72].

Die Deutsche Bundesbank kennt die zentrale Leitung mit dem Zentralbankrat und die regionale Leitung mit dem Vorstand der betreffenden Landeszentralbank. Der Zentralbankrat besteht aus ursprünglich bis zu 10, seit 1992 bis zu 8 vom Bundespräsidenten auf Vorschlag und unter Anhörung des Zentralbankrats ernannten Mitgliedern, die das "Direktorium" bilden und die eigentliche "Zentralverwaltung" verkörpern; außerdem aus den jeweiligen Präsidenten der Hauptverwaltung (Landeszentralbanken). Mit der deutschen Vereinigung (2.7./3.10.1990) erwuchs die Notwendigkeit einer Erhöhung der Landeszentralbanken von 11 auf 16: es wurden in diesem Zusammenhang verschiedene Modelle diskutiert, die von Wirtschaftlichkeitsüberlegungen und dem Wunsch nach Vermeidung des großen und daher weniger effizienten Gremiums getragen waren:

---

67 Offen ist nach wie vor, ob das Europäische Zentralbanksystem ein- oder zweistufig sein wird (wiederholte Ausführungen des Präsidenten der Deutschen Bundesbank im Frühjahr und Frühsommer 1992). Vgl. NN, Absage "Frankfurts" an expansive Geldpolitik, in: NZZ 13.3.1992

68 Vgl. dazu Karin Dörner, Organisationsstruktur der Europäischen Zentralbank, Diplomarbeit Erlangen-Nürnberg 1992; ferner NN, Dezentrale Zentralbankpolitik in der EG?, Wirtschaftsdienst BHF-Bank Nr. 1680 f., 4. u. 7.7.1992

69 Verwiesen sei insbesondere auf die Verfassungsbeschwerde Karl-Albrecht Schachtschneider/Manfred Brunner. Vgl. dazu Oswald Hahn, Maastricht: Gang nach Karlsruhe, in: Kreditwesen 7/1993, S. 3

70 Vgl. dazu im einzelnen Oswald Hahn, Währungsbanken I, a.a.O., S. 151 ff.

71 Vgl. dazu David Marsh, Die Bundesbank. Geschäfte mit der Macht, München 1993

72 Das Präsidium der Deutschen Bundesbank (Karl Blessing, Heinrich Tröger) empfahl 1970 die Rückkehr zum Reichsbank-Modell, was jedoch bereits vom Zentralbankrat abgelehnt wurde. Vgl. David Marsh, a.a.O., S. 291

Reduzierung der Zahl der Landeszentralbanken[73] unter Schaffung von Bankbezirken anstelle einer sehr schwierigen Neugliederung der Länder oder Einführung eines Exekutivorgans des Zentralbankrats[74]. Darüber hinaus wurden Wirtschaftlichkeitsüberlegungen vorgebracht im Hinblick auf zu aufwendige Stäbe in "kleinen" Ländern[75]. 1992 erfolgte dann die Bildung von 9 "Bezirken" unter Zusammenlegung von 12 bisherigen bzw. geplanten auf 5 Landeszentralbanken und unter Weiterbestehen vier weiterer Banken als Institutionen jeweils eines Bundeslandes.

Von den Vorständen der Hauptverwaltung wird der jeweilige Präsident vom Bundespräsidenten auf Vorschlag des Bundesrats (praktisch auf Vorschlag der betreffenden Landesregierung) und unter Anhörung des Zentralbankrats ernannt; die übrigen Mitglieder der Vorstände erfahren ihre Ernennung vom Präsidenten der Deutschen Bundesbank auf Vorschlag des Zentralbankrats. Die Währungspolitik bestimmt der Zentralbankrat. Der Vorstand jeder Hauptverwaltung (Landeszentralbank) führt die in den Bereich seiner Hauptverwaltung fallenden Geschäfte und Verwaltungsangelegenheiten durch. Es kommt ihnen aber dabei weitgehend der Charakter von Exekutivorganen des Zentralbankrats zu - in gleicher Weise, wie dies beim westdeutschen Zentralbanksystem der Fall war.

III. Die Entscheidung über Filialerrichtung

Filialen sind für eine Währungsbank notwendig bei unternehmerischer Tätigkeit außerhalb der Finanzzentren und Regierungssitze. Sie erübrigen sich bei reinen Zentralbanken mit nationaler Konzentration auf die Finanzzentren. Eine Übersicht gibt Tabelle 1.

a) Als typisches filialloses Institut gilt die Bank of England - bedingt durch ihre Position als Zentralnotenbank, ihre Beschränkung auf den Rediskont und die Bedeutung Londons als Geschäftssitz der bedeutendsten Banken des Landes. Ähnliches gilt für die Republik China, Neuseeland und die Niederlande, selbstverständlich auch für Stadtstaaten (Hongkong, Singapore) und Kleinstaaten (Israel, Malta) sowie für verschiedene Neugründungen (Brasilien, Uruguay). Dänemark hat in den letzten Jahren kontinuierlich das Filialnetz aufgelöst.

b) Die dünne Besiedlung des Landes und die Weite des Raumes erzwingen auch von reinen Zentralbanken die Errichtung von wenigen Niederlassungen. Diese Situation findet

---

73 Bereits lange vor der Vereinigung erschien ein entsprechender Vorschlag des ehemaligen Zentralbankrats-Mitglieds Johannes Tüngeler auf Verkleinerung des Gremiums (Ist der Zentralbank der Deutschen Bundesbank zu groß?, in: FAZ 2.2.1980).

74 Vgl. Oswald Hahn, Synergieeffekte in der Bankwirtschaft, in: Kreditwesen 2/1991, S. 64 (Effizienzschwächen des neuen Zentralbankrats?); Norbert Kloten, Alternativen einer Neuordnung der Bundesbank, in: FAZ 18.04.1991; Wolfgang Grundmann, Die Neustrukturierung der Deutschen Bundesbank, in: Kreditwesen 14/1992, S. 320 ff.

75 Vgl. Die Neuordnung der Bundesbankstruktur, in: Monatsbericht Deutsche Bundesbank August 1992, S. 48 ff.

sich vor allem in Australien, Indien und den Vereinigten Staaten, aber auch in Malaysia und Thailand.

Diese beiden Konstellationen lassen auch Rückschlüsse auf die Geschäftsaktivitäten zu: Filiallose und filialarme Institute konzentrieren sich auf die Geschäfte mit Banken, wobei der hohe Marktanteil der Großbanken den Filialverzicht erlaubt: Die Großbanken kontrahieren mit der Währungsbank an einem oder wenigen zentralen Finanzzentren.

Tabelle 1: Währungsbanken mit Filialnetz

Land	Zahl der Niederlassungen	Einwohner je Niederlassung (in 1000)	qkm je Niederlassung (in 1000)
Sowjetunion (1990)	6.485	44	3,5
VR China	ca. 23.000	47	0,4
Schweiz	28	232	1,5
Frankreich	176	317	3,1
Norwegen	13	325	25
Deutschland (West)	178	345	1,4
Schweden	23	369	19
Griechenland	27	370	4,9
Finnland	12	412	28
Bolivien	16	437	69
Belgien	23	443	1,5
Nepal	24	760	5,9
Chile	12	1.062	64
Österreich	7	1.088	12,7
Ecuador	9	1.133	32
Kolumbien	25	1.210	46
Japan	45	2.733	8,4
Kanada	9	2.883	1.102
Indonesien	41	4.268	47
USA	37	6.656	253
Nigeria	11	9.545	84
Thailand	3	18.167	171
Indien	19	41.900	173

c) Nur wenige Währungsbanken zeichnen sich jedoch durch ein großes Filialnetz aus. Das gilt zunächst für alle Entwicklungsländer und Zentralverwaltungswirtschaften mit der Sowjetunion und Volksrepublik China an der Spitze, bis zur Neugründung von Zentralbanken für die meisten lateinamerikanischen Staaten und schließlich für die asiatischen Länder (z. B. Afghanistan und Nepal). Die Filialdichte in den meisten afrikanischen Staaten ist aber auch deswegen sehr gering, weil sich dort das Wirtschaftsleben auf die Hauptstadt konzentriert.Filialaktivität ist aber auch charakteristisch für hochentwickelte Länder mit fehlender Konzentration: Hier seien als typische Beispiele genannt die Belgische Nationalbank, die Deutsche Bundesbank, die Bank von Frankreich, die Bank von Italien, die Bank von Japan und die Schwedische Reichsbank. Die Schweizer Nationalbank ersetzt das Filialnetz teilweise durch ein System von Agenturen bei Kantonalbanken.

Mitbestimmend für die Filialdichte ist der Umfang des unternehmerischen Instrumentariums einer Währungsbank: Ein breites Sortiment setzt entsprechende Filialaktivitäten voraus.

Schließlich spielt auch die oben erwähnte Organisationsstruktur der Banken eine Rolle: Hier haben Verlagerungen bei der Bundesbank erhebliche Reduzierungen ausgelöst[76]: Rationalisierungsvorstellungen von Rechnungshöfen und Unternehmensberatern verstärken diese Tendenz[77].

---

76 Zwischen 1948 und 1992 wurden insgesamt 105 Zweiganstalten des Zentralbanksystems bzw. der Bundesbank geschlossen. Der Filialzahl von 1948 (283 Stellen) entsprach eine Zahl von 170.000 Einwohnern und 878 qkm je Zweigstelle.

77 Vgl. dazu 3. Abschnitt B.IV,b u. D.I,a.2

C. Das Zielsystem der Währungsbank

Auch bei den Währungsbanken ist zwischen Sach- und Formalzielen zu unterscheiden. Das Sachziel (die konkreten Aufgaben) ist einfach zu formulieren: "Regelung des Geldumlaufs, der Kreditversorgung und des in- und ausländischen Zahlungsverkehrs". Problematischer verhält es sich mit den Formalzielen.

Georg Obst stellte 1914 die drei Postulate "Rentabilität, Sicherheit und Liquidität" als Basis der Geschäftspolitik einer Bank heraus[78]. Edmund Heinen entwickelte 1966 unabhängig davon die Lehre vom "Zielsystem"[79] innerhalb der Betriebswirtschaftslehre. Das währungspolitische Schrifttum ignoriert beides: es ist vielmehr die Rede vom

- magischen Dreieck Geldwertstabilität, Wechselkursstabilität und Unterstützung der staatlichen Wirtschaftspolitik,
- von endogener oder autonomer (von der Währungsbank selbst gesetzter) und exogener oder heteronomer (von außen herangetragene) Zielsetzung[80] sowie
- ökonomischer und prinzipieller (systemkonformer und rechtsstabiler) Zielsetzung,

wobei überall Zielkonflikte zwischen den Alternativen bestehen.

Unter betriebswirtschaftlichem Aspekt lassen sich die beiden endogenen Zielsetzungen der inneren und äußeren Stabilität als Liquiditätsziele interpretieren[81]. Diesen kommt - im Gegensatz zum Zielsystem einer Bank oder gar einer leistungswirtschaftlichen Unternehmung - Priorität im Sinne des Hauptziels zu: Dies ergibt sich aus dem Übergang von der Noten- zur Währungsbank.

Demgegenüber stehen Rationalität und Sicherheitsstreben als endogene sowie die Unterstützung der Wirtschaftspolitik, Systemkonformität und Rechtsstabilität als exogene Nebenbedingungen.

Außerhalb des Zielsystems befindet sich - im Gegensatz zu allen anderen Betriebswirtschaften - das Unabhängigkeitsstreben als vierte Zielkomponente der Betriebswirtschaftslehre: für die Währungsbank stellt es keine den drei übrigen Zielen vergleichbare Erscheinung dar. Es handelt sich eher um ein Mittel zur Erreichung der drei übrigen Ziele und steht daher außerhalb des Zielsystems (Unterabschnitt D).

---

78 Vgl. Georg Obst, Das Bankgeschäft, II. Band, 6. A., Stuttgart 1923, S. 311 ff.

79 Edmund Heinen, Das Zielsystem der Unternehmung. Grundlagen betriebswirtschaftlicher Entscheidungen, 3. A., Wiesbaden 1976

80 Vgl. dazu Otto Veit, Grundriß, a.a.O., S. 31 ff.

81 Vgl. dazu Johannes Bärmann und Ulrich Brink, Stabilität als Rechtsproblem, in: Gelbe Reihe des Instituts für internationales Recht des Spar-, Giro- und Kreditwesens an der Universität Mainz, Nr. 16/17, Mainz 1976.

Problematisch ist auch hier - wie bei allen Betrieben - der Nachweis über die Zielerreichung einer Bank[82].

I. Das Liquiditätsprinzip als grundauftragsabgeleitetes Hauptziel

a) Liquidität als Nebenbedingung bei der klassischen Notenbank

Die klassische Notenbank befand sich in der gleichen Situation wie jeder Betrieb: Sie war gehalten, ihre Banknoten[83] bei Vorlage in "Geld" einzulösen: Geld i.S.v. Edelmetallmünzen. Ein Unterschied ergab sich nur angesichts der täglichen Fälligkeit der Banknoten, der zum besonderen Liquiditätsproblem der Bank führte[84]. Der Liquiditätsgrundsatz konnte daher für die klassische Notenbank nicht mehr rein als Nebenbedingung gelten.

b) Die Entstehung von zwei Liquiditäten[85]

1. Die Ausgangslage

Mit Aufhebung der Einlösungsverpflichtung (vgl. Unterabschnitt A.I,c) vollzieht sich eine Änderung: Im inländischen Zahlungsverkehr läßt sich das Liquiditätsproblem über Zwangskurs und Annahmepflicht der uneinlöslichen Banknoten lösen, nicht jedoch gegenüber dem Ausland. Damit entstehen zweierlei Liqduditätsprobleme: das "neue", zunächst lösbare für den Inlandsverkehr, und das "alte" bei allen Zahlungen an das Ausland. Es handelt sich dabei im Prinzip um die gleichen Erscheinungen, die Rudolf Seyffert mit seinem (weiteren) Begriff der relativen Liquidität im Sinne von "Betriebsbereitschaft" umfaßt. Hierunter versteht man die Fähigkeit des Betriebes, seinen Verpflichtungen jederzeit nachkommen zu können: Seine Leistungen müssen in dem Umfang "fließen", in dem sie fällig werden. Handelt es sich dabei um Leistungsverpflichtungen,

---

82 Vgl. dazu Bernhard Bellinger, Numerische Gesamturteile über eine Zentralnotenbank, in: Edwin Rühli und Jean-Paul Thommen (Hrsg.), Unternehmensführung aus finanz- und bankwirtschaftlicher Sicht, Stuttgart 1982, S. 239 ff.

83 Vgl. zur Banknote Karl-Erich Born, Entwicklung der Banknote vom "Zettel" zum gesetzlichen Zahlungsmittel, Mainz 1972

84 Analog zum Liquiditätsproblem der heutigen Depositenbank. Die Vorstellungen des Verfassers finden sich in: Die Giralgeldschöpfung der Geschäftsbanken, Diss. Köln 1954; ders., Bankbetriebslehre, Stuttgart 1967, S. 61 ff., S. 68 ff. (vergriffen). Vgl. als umfassende Darstellung Hans-Dieter Deppe, Bankbetriebliches Wachstum, Stuttgart 1969, S. 37 ff.

85 Vgl dazu allein Otto Veit, Grundriß, a.a.O., S. 224 ff.

dann entspricht die (relative) Liquidität der Lieferbereitschaft. Sind die Verpflichtungen auf Zahlung gerichtet, dann äußert sich die Liquidität in einer "Zahlungsbereitschaft"[86]. Otto Veit trifft für die Währungsbank eine ähnliche Unterscheidung des Liquiditätsproblems in ein "außenwirtschaftliches" und ein "allgemein güterwirtschaftliches"[87].

2. Das außenwirtschaftliche Liquiditätsprinzip

Die außenwirtschaftliche Liquidität der Währungsbank entspricht ihrer Zahlungsbereitschaft: der Fähigkeit, die Zahlungsmittel "ihrer" Währung jederzeit zum festgesetzten Kurs in Zahlungsmittel anderer Währung ("Zahlungsmittel höherer Ordnung"[88]) zu verwandeln.

a) Die außenwirtschaftliche Liquidität ist nur bei Aufrechterhaltung der Konvertibilität (Einlösung der eigenen Währung in Fremdvaluten zur Parität) gewährleistet. Sie verlangt eine "Stabilität im Raum" (Otto Veit) und bedeutet "außenwirtschaftliches Gleichgewicht". Diese Liquiditätsprinzip der Währungsbank charakterisiert Otto Veit als "bankpolitisches Postulat der Währungspolitik"[89]. Die Konvertibilitätsverpflichtung ist die klassische Noteneinlösungspflicht; sie wird durch die Mitgliedschaft zum Internationalen Währungsfonds begründet[90], zugleich aber durch zahlreiche Ausnahmeregelungen aufgehoben. Zur Konvertibilität verpflichtet waren die Mitglieder der europäischen Währungsunion und des europäischen Währungsabkommens (1950-1973). Gegenwärtig ist diese Konvertibilität realisiert in verschiedenen regionalen Währungsabkommen (Zentralamerika, CFA-Zone, Europäisches Währungssystem EWS) in Form der "Stufenflexibilität" (Konvertibilität innerhalb von Bandbreiten).

Instrumente zur Gewährleistung der äußeren Liquidität waren früher Deckungsvorschriften, die heute noch für zahlreiche Währungsbanken gelten, aber allenfalls den Charakter von Normen zur Begrenzung des Geldumlaufs haben (vgl. 3. Abschnitt C.II,a). Diese sind inzwischen durch das Streben nach Devisenreserven ersetzt worden, die sich an der Zahlungsbilanz der Vergangenheit orientieren. Maßstäbe wurden nicht entwickelt (vgl. 5. Abschnitt B.II,c).

b) Eine erste Alternative zu Konvertibilität (vgl. 3. Abschnitt C.IV) ist die Einführung einer Devisenbewirtschaftung (mit Anbietungszwang für alle Deviseneigentümer und Beantragungszwang für alle Devisennachfrager). Es entwickelt sich dann regelmäßig ein

---

86 Rudolf Seÿffert, Wirtschaftslehre des Handels, 5. A., Köln-Opladen 1972 (26. Kapitel: Die Grundsätze betrieblichen Wirtschaftens), S. 537 f.

87 Otto Veit, Grundriß, a.a.O., S. 35 ff.

88 Vgl. dazu Oswald Hahn, Die Geldschöpfungskapazität einer Girobank in betriebswirtschaftlicher Betrachtung, in: BfG 11/1961

89 Otto Veit, Grundriß, a.a.O., S. 35 ff.

90 Vgl. dazu 3. Abschnitt D.III und 5. Abschnitt B.I

Schwarzmarkt mit eigenen Bewegungen und Kursen (derzeit in der Mehrheit der Länder vorherrschende Situation).

c) Die zweite Alternative besteht in der Aufgabe der Parität und Übertragung des Konvertibilitätsproblems auf den Markt ("flexible Wechselkurse", "Floating"). Die bedeutendsten Währungen unterliegen diesem System. Neben Illiquidität tritt seit 1973 eine Überliquidität als Grund für die Aufgabe der Konvertibilität hinzu: Das Bemühen um Reduzierung von Geldzuflüssen aus dem Ausland im Interesse der "Inneren Stabilität" ("Negative Devisenbewirtschaftung", vgl. 3. Abschnitt, C.IV,b). Die wirtschaftlich führenden Länder der Welt befinden sich in dieser Situation (Bundesrepublik Deutschland gegenüber Österreich, Schweiz und Schweden sowie den USA, Japan und Kanada).

Die früher allein anzutreffende bankpolitische Zielsetzung findet sich heute nur noch bei den Instituten, die sich an einen größeren Währungsraum anlehnen: überseeische französische Provinzen und zentralafrikanische Währungsunion, Vereinigte Emirate und Nepal. Seit 1991 hat Belgien das bankpolitische Postulat durch Bindung an die DMark übernommen[91]. Generell läßt sich festhalten, daß die Bedeutung des bankpolitischen Ziels mit abnehmender Größe des Währungsraums steigt[92].

3. Das binnenwirtschaftliche Liquiditätsprinzip

a) Das binnenwirtschaftliche Liquiditätsproblem der Währungsbank ist güterwirtschaftlicher Art. Diesem Liquiditätsprinzip muß die Währungsbank in jedem Fall gerecht werden, unabhängig davon, ob sie durch gesetzliche Einlösungs- und Deckungsbestimmungen dazu angehalten wird. Sinn und Inhalt dieses Liquiditätserfordernisses sind, daß jederzeit eine Einlösung des Zentralbankgeldes in Güter gesichert sein muß[93]. Eine solche Forderung kann die Währungsbank nicht nur durch Erfüllung der "Geltungsverschaffungspflicht" nachkommen, in der wir den Ersatz für die Einlösungsverpflichtung gesehen haben[94]. "Die Erfahrung hat vielmehr gelehrt, daß die Menschen auf die Dauer nur das Geld zum nominalen Wert veranschlagen, das einen entsprechenden Realwert besitzt"[95]. Insofern entspricht das Verlangen nach Aufrechterhaltung der "güterwirtschaftlichen Liquidität" der

---

91 Vgl. NN, Erfolgreiche Währungspolitik Belgiens, in: NZZ 13.2.1993

92 Vgl. dazu Kyriakos Revelas, Optimale Währungsräume und Währungsunionen, Berlin-München 1980

93 Otto Veit, Grundriß, a.a.O., S. 36 f.

94 Wir haben fünf Verpflichtungen der Emittenten von Zahlungsmitteln entwickelt: (1) die Einlösungspflicht, (2) die Verfügungserfüllungspflicht, (3) die Inkassoannahmepflicht, (4) die Umtauschpflicht und (5) die Geltungsverschaffungspflicht. Bei den Verpflichtungen (2), (3) und (4) handelt es sich um Nebenverpflichtungen; Einlösungs- und Geltungsverschaffungspflicht sind demgegenüber Alternativen (Vgl. Oswald Hahn, Zahlungsmittelverkehr, a.a.O., S. 118 ff.). Für die Währungsbank schlägt sich die Einlösungsverpflichtung in der Aufrechterhaltung der außenwirtschaftlichen Liquidität nieder, die Geltungsverschaffungspflicht ist demgegenüber eine Erscheinung der güterwirtschaftlichen Liquidität.

95 Otto Veit, Grundriß, a.a.O., S. 219

Forderung von Seÿffert nach ständiger Aufrechterhaltung der Leistungsbereitschaft. Die Leistungsbereitschaft der Währungsbank äußert sich u. E. in der Kaufkraft der Währungseinheit im Inland: in der inneren Stabilität, einer "Stabilität in der Zeit". Wir können daher mit Otto Veit das güterwirtschaftliche Liquiditätsproblem der Währungsbank mit dem geldpolitischen Postulat identifizieren.

b) Der modernen Währungsbank fehlt das Problem einer innerwirtschaftlichen Liquidität im Sinne einer Zahlungsbereitschaft. Das gilt nicht für solche Währungsbanken, deren Bargeldemission Deckungsvorschriften oder absoluten Grenzen unterworfen ist (vgl. 3. Abschnitt C.II,a); für sie existiert bei der Entgegennahme von Einlagen das Problem einer auf Bargeld bezogenen Zahlungsbereitschaft. Eine solche Bank kann auch heute in inlandsbezogene Zahlungsschwierigkeiten kommen, wenn sie unter Aufrechterhaltung der für Banknoten geltenden Ausgabebeschränkungen eine expansive Geldmengenpolitik durchführt. Entsprechende Kreditgewährungen finanziert sie durch Gutschrift auf Währungsbankgirokonto. Über die Gutschriften können die Kontoinhaber nur insoweit verfügen, als die Notenumlaufgrenze nicht erreicht ist.

c) Wiewohl das geldpolitische Postulat die Folge des Scheiterns der Konvertibilitätsforderung ist, hat es kaum konkreten Eingang in die Bankgesetze als alleinige Zielsetzung gefunden - weniger im Hinblick auf den Konflikt zum bankpolitischen Grundsatz als primär angesichts der Unmöglichkeit, dieses Ziel exakt anzusteuern[96]: das Problem würde erneut im Zusammenhang mit der Diskussion über eine europäische Währungsbank erörtert, die - im Hinblick auf den angestrebten großen Währungsraum mit reduziertem "Außenumsatz" - auch auf dieses Ziel verpflichtet würde[97]. Auch die Indexbindung lieferte bisher noch keine zufriedenstellende Lösung[98] (vgl. auch 2. Abschnitt, A.III). In Finnland sollte in den siebziger Jahren das Verbot von Indexklauseln von der Einführung einer an den Preisindex gebundenen Währung begleitet sein. Man gab jedoch der Bindung an einen Währungskorb und damit dem bankpolitischen Postulat den Vorzug.[99]

---

96 Vgl. Oswald Hahn, Währungsbanken II, a.a.O., S. 91 ff.

97 Vgl. Art. 105 des Vertrags zur Gründung der Europäischen Wirtschaftsgemeinschaft (Änderung 9.2.1992): "Das vorrangige Ziel des ESZB ist es, die Preisstabilität zu gewährleisten."

98 Harald von Raffay, Erscheinungsformen und Auswirkungen von Indexkoppelungen, Berlin 1978; ferner Karl Reichmuth, Indexierung des Geldes?, Niederglatt 1982

99 Vgl. dazu Ilkka Puro, Finland's Currency Index System and its Development, in: Bank of Finland Bulletin 2/1985

4. Der Zielkonflikt

Auch bei der klassischen Notenbank bestand ein Zielkonflikt zwischen innerer und äußerer Stabilität. Durch den Goldautomatismus[100] wurde ein Ausgleich verlangt: Zahlungsbilanzüberschüsse lösten eine Ausweitung des Geldumlaufs, dieser das Ansteigen des inländischen Preisniveaus, dieses wiederum Importüberschüsse mit Reduzierung des Geldumlaufs aus usw. Mit Aufhebung der Goldwährung[101] fiel dieser automatische Anpassungsprozeß weg. Eine "freiwillige" Reaktion wird von den meisten Währungsbanken zu umgehen versucht, um die Anpassungsschwankungen zu vermeiden. Anstelle der Totalanpassung tritt das Bemühen um Optimierung zwischen innerer und äußerer Stabilität[102]. An anderer Stelle haben wir eine Übersicht über die Bedeutung der beiden endogenen Zielsetzungen in den Währungsbankgesetzen und -statuten gegeben[103]. Etwa ein Viertel aller Bankgesetze verzichtet auf konkrete Zielvorstellungen. Ein weiteres Viertel führt beide endogenen Hauptziele ohne Einschränkung auf[104].

II. Endogene Nebenbedingungen

Als endogene Nebenbedingungen im Zielsystem der Währungsbank können Rational- und Sicherheitsstreben gelten.

a) Die Bedeutung des Rationalprinzips

1. Unproblematisch erscheint die Forderung nach Produktivität (wirtschaftlicher Personaleinsatz): Wie in allen Betrieben und insbesondere in Großbetrieben und hier wiederum bei Monopolisten zeichnen sich auch bei Währungsbanken im Zeitverlauf verkrustete Struktu-

100 Vgl. dazu Manfred Seeger, Die Politik der Reichsbank von 1876-1914 im Lichte der Spielregeln der Goldwährung, Berlin 1968; Ernst Dürr, Internationaler Goldstandard, in: HdWW Bd. 3, Stuttgart u.a. 1981, S. 701; Otmar Issing, Leitwährung und Internationale Währungsordnung, Berlin 1965, S. 18-33

101 Die Spielregeln wurden allerdings bereits zur Zeit der Goldumlaufswährung institutionell durch erhebliche Abweichungen in den Notendeckungsvorschriften teilweise außer Kraft gesetzt. Vgl. Otto Veit, Grundriß, a.a.O., S. 406 ff.

102 Vgl. für viele Manfred Neumann, Theoretische Volkswirtschaftslehre, Bd. I, 3. A., München 1988, S. 294 ff.

103 Vgl. Oswald Hahn, Währungsbanken II, a.a.O, S. 49 ff.

104 Vgl. § 2 III Österr. Nationalbankgesetz: Die Bank "hat mit allen ihr zu Gebote stehenden Mitteln dahingehend zu wirken, daß der Wert des österreichischen Geldes in seiner Kaufkraft im Inland sowie in seinem Verhältnis zu den wertbeständigen Währungen des Auslandes erhalten bleibt."

ren ab, die der kostenorientierten Wirtschaftlichkeit entgegenstehen[105]. Hieraus leiten sich Forderungen nach Personalabbau[106], aber auch auf Verzicht auf Besoldungsanhebungen ab[107].

2. Beim Streben nach Kostenminimierung könnte ein Konflikt auftreten, wenn die Wahl allein auf das kostengünstigste Instrument fällt. Bei einer Voranstellung eines Hauptziels würde dies jedoch dahingehend eingeschränkt, daß der Kostenaspekt nur bei der Wahl zwischen gleich wirksamen Mitteln eine Rolle spielt.

Analoges ließe sich auf die gesamtwirtschaftlichen Kosten übertragen, was im Hinblick auf ständige behördliche Rationalisierungsbemühungen zu Lasten der Wirtschaft sehr aktuell ist. Hier muß sich die Währungsbank eine Unterordnung eigener Einsparungsbemühungen unter die damit verbundenen Kosten der Gesamtwirtschaft gefallen lassen.

3. Das Rentabilitätsstreben ist nach Meinung des Schrifttums den in Privateigentum befindlichen Unternehmungen vorbehalten; diese auch in Kreisen von Praxis und Politik international verbreitete Meinung hat dazu geführt, daß die meisten alten Währungsbanken spätestens Ende des 2. Weltkrieges verstaatlicht und Neugründungen nur unter ausschließlicher Staatsbeteiligung durchgeführt wurden[108]. Für den Bankbetrieb gilt allerdings der Grundsatz der Gewinnmaximierung inzwischen als grundauftragsindifferent[109]. Aber die Währungsbank sollte hier eine Ausnahme bilden[110]. Der Verzicht findet in der öffentlichen Diskussion allerdings seine Grenze bei Verlustausweisen. Sicher befürchten manche Notenbankpräsidenten, daß Verlustausweise ihrer Bank Zweifel an den Führungsqualitäten auslösen. Sofern die Staatskasse am Notenbankgewinn beteiligt ist, kommt ein entsprechendes Interesse des Fiskus an der Verfolgung des Rentabilitätsprinzips hinzu (vgl. Unterabschnitt D.II,b.4). Dieses Interesse ist nun von verschiedenen Faktoren abhängig. Zunächst wird es bestimmt vom Anteil der Regierung am Notenbankgewinn: je größer dieser ist, um so größere Bedeutung hat der Gewinn der Währungsbank für die Staatseinnahmen. Sodann spielt der Anteil der Staatsfinanzierung am Gesamtgeschäft der Bank eine Rolle: Da das Kreditbedürfnis des Staates unbegrenzt ist, nimmt der Notenbankgewinn mit steigendem Zins für Staatskredite zu; dieser Zins belastet aber den Staatshaushalt und neutralisiert infolgedessen den Notenbankgewinn um so mehr, je größer der Anteil der Staatsfinanzierung ist. Da im allgemeinen die Kredit-

105 Von den Vorwürfen des Präsidenten des Bundesrechnungshofes Zavelberg auf Unwirtschaftlichkeiten in der Deutschen Bundesbank (vgl. Wilfried Herz, Bundesrechnungshof: Sieg über die Zentralbank, in: WiWo 45/1990, S. 24 f.) blieb indes nicht viel übrig (vgl. Oswald Hahn, Bundesbank im Visier, in: Kreditwesen 19/1991, S. 886 ff.).

106 Vgl. Martin Kessler, Bundesbank: Personalabbau in Frankfurt?, in: WiWo 26/1992

107 Vgl. NN, Sondertour des Mainzer Landeszentralbank-Präsident Dr. Schreiner, in: Der Platow-Brief 18.2.1989

108 Vgl. dazu die Übersicht in: Oswald Hahn, Währungsbanken I, a.a.O., S. 86 ff.

109 Vgl. Oswald Hahn, Die Führung des Bankbetriebes, Stuttgart 1977, S. 58 f.

110 Vgl. dazu Bericht der Bundesregierung über die Wettbewerbsbeschränkungen im Kreditgewerbe und eine Einlagensicherung. BTD V/3500, Bonn 1969: "Währungspolitische Entscheidungen müssen ... absolut frei von Rückschlüssen auf die eigene Rentabilität der Bundesbank bleiben" (S. 82)

gewährung an den Staat mit zunehmender Abhängigkeit der Notenbank vom Staat steigt, wird das Interesse der Regierung an einem hohen Notenbankgewinn am größten sein, wenn die Währungsbank gegenüber der Regierung völlig unabhängig ist[111].

Im Interesse des Fiskus liegt weiterhin eine Währungsbankpolitik, die im - direkten oder indirekten - Kreditgeschäft mit der Wirtschaft eine monopolistische Zinspolitik betreibt. Diese Zinspolitik kollidiert aber u. U. mit den Interessen der Wirtschaftspolitik. Je geringer die Abhängigkeit der Währungsbank von der Regierung ist, um so mehr wird eine Regierung auf eine solche monopolistische Zinspolitik gegenüber der Wirtschaft Wert legen. - Auf der anderen Seite nimmt aber gleichzeitig mit abnehmendem Regierungseinfluß auf die Währungsbank auch die Möglichkeit der Regierung ab, eine Politik des "billigen Geldes" gegenüber dem Staat und eine monopolistische Zinspolitik gegenüber der Wirtschaft zu verfolgen. Da die Abneigung der Zentralbankleitung vor Verlustausweisen mit zunehmender Staatsabhängigkeit wächst, gleichzeitig aber auch das Regierungsinteresse am Notenbankgewinn abnimmt, entfällt die Basis eines entsprechenden Rentabilitätsdenkens der Notenbankleitung. Wir können somit das Rentabilitätsprinzip als Grundlage der Währungsbankpolitik ausschließen.

An die Stelle des Prinzips der Gewinnmaximierung soll also das Gemeinwohlprinzip mit dem Ziel der Geldwertstabilität treten[112]. Die Notwendigkeit, währungspolitische Maßnahmen zu ergreifen, erzwingt oftmals die Inkaufnahme von Verlusten. Hohe Verluste können deshalb Indiz für eine "gute" Währungspolitik sein. Trotzdem darf nicht die Gefahr übersehen werden, daß der Erfolg einer Notenbankleitung eher am Gewinn als an der Währungsstabilität gemessen wird, da der Gewinn den besten Maßstab zur Leistungsmessung darstellt.

b) Die Bedeutung des Sicherheitsprinzips

Mit diesem Grundsatz wird die Forderung nach Kapitalerhaltung der Einzelwirtschaft erhoben; er ist am stärksten entwickelt bei staatlichen Unternehmungen.

Das Sicherheitsprinzip verlangt zweierlei - man kann auch sagen, daß es zwei Sicherheitsprinzipien gibt.

---

111 Vgl. dazu eine Stellungnahme von Jürgen Singer: Die Politik des knappen Geldes, ein hohes Zinsniveau und Abwertungstendenzen der inländischen Währung sind die wichtigsten Faktoren für hohe Gewinne der Zentralnotenbank. Daraus kann man schließen, daß gerade in Zeiten geringerer Stabilität die Gewinne ansteigen, andererseits Verluste das Zeichen dafür sind, daß die Notenbank ihre währungspolitische Zielsetzung erfüllt hat (vgl. Wolfram Engels, Notenbanktechnik, Frankfurt/Main-New York 1979, S. 72). Die Bundesbank konnte ihren Gewinn durch hohe Zinsen, Kursgewinne aus Devisenverkäufen und über Zuschreibungen bei den Devisenreserven ab Anfang der 80er Jahre steigern. Insbesondere partizipierte die Bundesbank infolge ihrer hohen US-$-Anlagen an dem hohen US-Zinsniveau (vgl. Wilhelm Seuß, Woher 1981 die Gewinne der Bundesbank kommen, in: FAZ 29.10.1981).

112 Vgl. dazu Otto Veit, Zentralbankpolitik, in: HdSW Bd. 12, Stuttgart 1965, S. 425

1. Die Minimierung des Risikos

Dieser Grundsatz löst im allgemeinen einen Konflikt mit dem Rentabilitätsstreben aus.

Für die Währungsbank ergeben sich grundsätzliche Unterschiede zwischen dem leistungs- und finanzwirtschaftlichen Risiko.

a) Aus den leistungswirtschaftlichen Risiken können wir für die Währungsbank das "Produktionsrisiko" ausklammern - dieses Risiko schlägt sich allenfalls bei der Münz- und Notenherstellung nieder. Es bleibt das Absatzrisiko, das sich in der Gefahr eines Ausweichens der Geschäftsbanken und Bankkunden auf andere, außerhalb des Währungsbankeinflusses stehende Finanzierungsquellen äußert. Dieses Risiko richtet sich nicht so sehr gegen die Rentabilität als vielmehr auf den Einfluß der Währungsbank gegenüber den Geschäftsbanken. Es liegt also auf einer anderen als der hier behandelten Ebene.

b) Finanzwirtschaftlich hat es die Zentralnotenbank mit den Risiken der Geldwertschwankung (Risiko der Kurs- bzw. Paritätsminderung bei Auslandsanlagen und der Kurs- bzw. Paritätserhöhung bei Auslandsverbindlichkeiten) und dem Kredit- oder Insolvenzrisiko der Kreditnehmer zu tun.

Faktisch sämtliche Zentralbankstatuten verbieten der Währungsbank das Eingehen riskanter Inlandsgeschäfte, sofern es sich bei den Schuldnern um Unternehmungen handelt. Entsprechende Vorschriften fehlen für Staatsschuldner, wenn wir von quantitativen Grenzen der Regierungsverschuldung gegenüber der Notenbank einmal absehen. Für das Auslandsgeschäft legen manche Bankgesetze der Währungsbank Beschränkungen auf, indem sie nur konvertierbare Valuten zum Ankauf zulassen.

Auf der anderen Seite können aber die Liquiditätsprinzipien der Währungsbank die Übernahme von Risiken zur Aufgabe machen: Wir verweisen auf die Kurssicherungspolitik als Mittel zur zeitweiligen Verringerung des inländischen Geldvolumens (vgl. 3. Abschnitt D.III,b) und die Garantie von Bankeinlagen als Mittel zur Verringerung der Geldschöpfungskapazität der Geschäftsbanken (vgl. 2. Abschnitt C.I,b).

2. Die Unterlassung von Verlustgeschäften

Jedes Unternehmen wird danach trachten, langfristig nur solche Leistungen zu bewirken, deren Kosten von den Erlösen zumindestens gedeckt werden.

Für die Währungsbank gilt dieser Grundsatz nicht: Wir verweisen auf die Übernahme von Gratisleistungen im bargeldlosen Zahlungsverkehr (als Mittel zur Einschränkung der Geldschöpfungskapazität der Geschäftsbanken) sowie die Notwendigkeit, eine entsprechende Veränderung der monetären Mengen gegebenenfalls ohne Rücksicht auf Verluste zu erreichen zu versuchen. Als drastisches Beispiel dafür möchten wir die Entscheidung für die Aufwertung der eigenen Währung nennen.

Wir vertreten die Meinung, daß das Sicherheitsprinzip und das damit verbundene Streben nach Kapitalerhaltung die Entscheidungen der Währungsbank nicht beeinflussen sollte. Das Schrifttum teilt offenbar diese Meinung nicht, wie wir bei der Erörterung der Offenmarktpolitik feststellen werden (vgl. 3. Abschnitt D.I,a.1). Darüber hinaus dient das Argument einmal als Untermauerung von Gegenvorstellungen zur Währungspolitik (z. B. Erste DM-Aufwertungsdebatte 1959 ff.)[113], zum andern zur Begründung einer Kompetenzausweitung durch Behördenleiter[114].

c) Zusammenfassung

Rationalprinzip und Prinzip der Kapitalerhaltung sind eindeutige Nebenbedingungen. Es gilt allenfalls der Grundsatz der Kostenminimierung und der Verhältnismäßigkeit der Mittel. Im Extrem läßt sich die These aufstellen, daß der Erfolg bei der Erfüllung des Hauptziels mit abnehmenden finanzwirtschaftlichen Erfolg steigt und umgekehrt. Unter Umständen kann sogar für die Währungsbank die Forderung gelten: "Ohne Rücksicht auf Verluste". In keinem Bankgesetz werden solche Nebenbedingungen aufgeführt; sie leiten sich aus den allgemeinen Verwaltungsgrundsätzen ab, ohne daß allerdings den Banken eine Rechenschaftspflicht beispielsweise über die Höhe der Kosten der Währungspolitik vorgegeben ist[115].

III. Exogene Nebenbedingungen

Exogene Zielsetzungen stehen außerhalb der eigentlichen Aufgabe der Währungsbank: sie haben Ähnlichkeit mit den nicht-betriebswirtschaftlichen Zielen, denen sich jeder Wirtschaftsbetrieb ggf. zu unterwerfen hat, die jedoch daher nicht Mittel zum Zweck sind[116].

Unter die währungsbanktypischen exogenen Ziele rechnen einmal die Unterstützung der staatlichen Wirtschaftspolitik und zum anderen die rechtlichen Kriterien Systemkonformität und Rechtsstabilität. In einer Marktwirtschaft können die beiden Rechtsgrundsät-

113 Vgl. Hermann Josef Abs, Der Wechselkurs - kein Feld für Experimente, in: FAZ 11.6.1960

114 Ausführungen des Präsidenten des Bundesrechnungshofes Günter Zavelberg auf dem "Frankfurter Betriebswirtschaftlichen Forum" 16.6.1990 (vgl. NN, Kritik an der Bundesbank-Kostenrechnung). Der mehrmaligen Bitte auf Überlassung des Manuskriptes wurde nicht entsprochen.

115 Vgl. Heinz Beck, Gesetz über die Deutsche Bundesbank, Mainz u.a. 1959, S. 386 f. (K 709)

116 Vgl. Oswald Hahn, Allgemeine Betriebswirtschaftslehre, a.a.O., S. 10 f.

ze in der Währungsplitik gleichzeitig Anwendung finden, ohne daß es zu Gegensätzen führt. Konflikte entstehen allerdings gegenüber den drei klassischen Zielsetzungen ökonomischer Art.

a) Unterstützung der staatlichen Wirtschaftspolitik

Die Forderung nach Unterstützung der staatlichen Wirtschaftspolitik ist charakteristisch für alle öffentlichen Betriebe, insbesondere für die Verwaltungs- oder Gewährleistungsbetriebe. Den bekanntesten Niederschlag findet dies in dem Gebot der "antizyklischen Finanzpolitik" (vgl. Unterabschnitt 2).

Seit den 30er Jahren wird diesen Zielsetzungen der Zentralnotenbank zunehmende Bedeutung in Theorie (J. M. Keynes) und Praxis (Statuten) beigemessen, im allgemeinen immer als "Gewährleistung der Vollbeschäftigung" postuliert. Diese exogene Zielsetzung steht in starker Konkurrenz zum endogenen Hauptziel. Zugleich zeigt sich auch hier die stärkste Tangierung der Unabhängigkeit der Währungsbank (vgl. Unterabschnitt D.II,c). Unbestritten dürfte sein, daß sämtliche Währungsentwertungen auf die Voranstellung dieser exogenen Zielsetzung zurückzuführen sind. Ebenfalls nachgewiesen wurde, daß wirtschaftliches Wachstum von Geldwertstabilität profitiert, Inflation demgegenüber geringere Wachstumsraten aufweist. Auch ethische Überlegungen verbieten die primäre Beachtung des Postulats "Unterstützung der Wirtschaftspolitik" wegen der Auswirkungen auf die Währungs-Stabilität[117].

1. Die möglichen Beziehungen zwischen Staat und Notenbank

In Anlehnung an ein Modell von Otto Veit[118] lassen sich sechs Konstellationen einer Beziehung zwischen Wirtschafts- und Währungspolitik unterscheiden:

1. Reine Währungspolitik bei Wirtschaftspolitik mit währungspolitischer Zielsetzung. Die Wirtschaftspolitik ist der Währungspolitik untergeordnet.
2. Reine Währungspolitik bei einer Wirtschaftspolitik, die die Währungspolitik soweit unterstützt, als die endogenen Belange der Wirtschaftspolitik nicht gestört werden. Die Wirtschaftspolitik ist der Währungspolitik zwar nicht untergeordnet, hat aber eine schwächere Position.

---

117 Vgl. Wolfgang Schmitz, Währungsethik, in: Kreditwesen 17/1986, S. 813 ff.; Ludwig Erhard maß der Währungsstabilität den Charakter eines "menschlichen Grundrechts" bei (Wohlstand für alle, Düsseldorf 1957).

118 Vgl. Otto Veit, Grundriß, a.a.O., S. 31 ff.

3. Reine Währungspolitik bei reiner Wirtschaftspolitik. Währungs- und Wirtschaftspolitik sind nicht koordiniert.
4. Währungspolitik und Wirtschaftspolitik unterstützen sich gegenseitig, soweit die jeweiligen endogenen Belange nicht beeinträchtigt werden: Koordination von Währungs- und Wirtschaftspolitik.
5. Reine Wirtschaftspolitik bei einer Währungspolitik, die die Wirtschaftspolitik soweit unterstützt, als die endogenen Belange der Währungspolitik nicht gestört werden. Die Währungspolitik ist der Wirtschaftspolitik teilweise untergeordnet.
6. Reine Wirtschaftspolitik bei einer Währungspolitik mit wirtschaftspolitischer Zielsetzung. Die Währungspolitik ist der Wirtschaftspolitik zwar nicht untergeordnet, hat aber eine schwächere Position.

Dabei muß zwischen institutionierender und funktioneller oder funktionaler Währungspolitik unterschieden werden (vgl. S. 18). Die institutionierende Währungspolitik schafft die Rahmenbedingungen, die im allgemeinen dem Gesetzgeber vorbehalten sein dürften (wobei sich Grenzprobleme ergeben, z. B. Paritätenänderungen). Allerdings sollte in jedem Fall die Währungsbank ein Mitwirkungsrecht haben. Demgegenüber spricht die funktionale Währungspolitik die laufenden Entscheidungen an, für die vor allem die hier angesprochenen sechs Konstellationen gelten.

Dabei dürfte die Konstellation (4) die optimale sein. Die Konstellationen (1) bis (3) sind in der Gegenwart nicht anzutreffen: Die Situation (3) war charakteristisch für "klassische" Notenbanken und fand sich letztmals in den deutschen Zentralbankgesetzen von 1948. Die Verhältnisse (3) und (4) würden es rechtfertigen, die Zentralbankleitung als eine "Nebenregierung" zu bezeichnen[119]. Das Modell (6) wurde erstmals in der Sowjetunion (1918) und anschließend in Deutschland (1939) verwirklicht. Es gilt heute in vielen unterentwickelten Ländern, aber auch in manchen Industriestaaten.

Über ein Drittel der Notenbankgesetze spricht die exogene Zielsetzung "Unterstützung der Wirtschaftspolitik" an. Die Mehrheit der Formulierungen vermeiden die Setzung von Prioritäten. Bei der Aufnahme von Zielsystemen ist die Fixierung der exogenen Aufgabe häufiger (Währungsstabilität, sofern dadurch die Ziele der Wirtschaftspolitik erweitert werden können): anzutreffen bei verschiedenen Ländern mit Zentralverwaltungswirtschaft, aber auch in Japan, Neuseeland und den Niederlanden. Die umgekehrte Situation (Priorität des endogenen Ziels) ist Ausnahme - als Muster kann das Bundesbankgesetz gel-

119 Vgl. dazu David Marsh, a.a.O., S. 223 ff., 234 ff.

ten[120]. Die gleiche Verpflichtung gilt für das Europäische System der Zentralbanken[121].

2. Konsequenzen für die Fiskalpolitik

Die Konstellation (4) verlangt auch dem Staat Konsequenzen ab: Der Forderung nach einer die Wirtschaftspolitik unterstützenden Währungspolitik steht die einer auf Unterstützung der Währungspolitik ausgerichtete Fiskalpolitik gegenüber.

Einnahmen und Ausgaben, Kassen- und Budgetdifferenzen (Überschüsse und Defizite) der öffentlichen Hand werden von der herrschenden Lehre aus zwei Gründen anders beurteilt als die entsprechenden Größen der Unternehmungen und Personenhaushaltungen: Einmal machen sie einen beachtlichen Anteil an den entsprechenden gesamtwirtschaftlichen Größen aus, und zum andern handelt es sich um die Finanzen des "Staates", der zugleich auch Träger der Wirtschaftspolitik ist. Hieraus "wird die Forderung abgeleitet, die Budgetpolitik, die staatliche Ausgaben- und Einnahmenpolitik, Defizitfinanzierung und Überschußverwendung bewußt auch unter währungspolitischen Gesichtspunkten zu variieren"[122]: die Forderung nach "antizyklischer Finanzpolitik"[123]. Eine weitere Begründung ist, daß es sich bei den Staatseinnahmen vorwiegend um Zwangsabgaben handelt.

a) Beginnen wir mit dem letzten. In weiten Bereichen der Wirtschaft werden heute Preisforderungen der Verkäufer unwidersprochen hingenommen; den Gewerkschaften gelingt es fast immer, einen beachtlichen Teil ihrer Lohnforderungn durchzusetzen. Insofern zeigt sich eine gewisse Annäherung in der Art der Einkommenserzielung der Unternehmungen und Privathaushaltungen einerseits und des Fiskus andererseits.

b) Bezüglich des beachtlichen Anteils der öffentlichen Ausgaben am Sozialprodukt sei darauf hingewiesen, daß man nicht von einem Staatshaushalt sprechen darf, sondern daß es sich in einem Bundesstaat um einen Bundeshaushalt, mehrere Länderhaushalte und Zehntausende von Gemeindehaushaltungen handelt. Für die Bundesrepublik Deutschland kommt man dabei auf "fünfundzwanzigtausend öffentliche Hände"[124]. Diese bereits große Zahl läßt jedoch außer acht, daß weder der Bundeshaushalt noch der Haushalt eines Bundesstaates oder der einer größeren Kommune als Einheit aufgefaßt werden können: Jeder dieser drei Haushalte zerfällt in Unterhaushalte, der Unterhaushalt möglicherweise

120 "Aufgabe: Die Deutsche Bundesbank regelt ... mit dem Ziel, die Währung zu sichern ..." (§ 3) sowie "ist verpflichtet, unter Wahrung ihrer Aufgabe die allgemeine Wirtschaftspolitik der Bundesregierung zu unterstützen" (§ 12 BBkGes).

121 Art. 105 Vertrag Europäische Union

122 Helmut Lipfert, Einführung, a.a.O., S. 183

123 Vgl. für viele Helmut Hesse, Theoretische Grundlagen der "Fiscal Policy", München 1983

124 "Blick" 26.6.1963

wieder in Teil-Etats, denen wirtschaftlich eine weite Selbständigkeit zukommt. Man kann also nicht "die" öffentliche Hand der großen Zahl von Unternehmungen gegenüberstellen, sondern man muß davon ausgehen, daß auf eine wirtschaftliche "Einheit" der Gruppe "Öffentliche Haushaltungen" zehn, fünf oder gar nur drei wirtschaftliche Einheiten der Gruppe "Unternehmungen" kommen.

c) Hieraus folgt schließlich: Mit der Forderung nach Anpassung der Ausgaben und Investitionen von Bund, Ländern und Gemeinden an die konjunkturpolitischen Erfordernisse wird völlig übersehen, daß es sich bei den "öffentlichen Haushalten" primär um Einzelwirtschaften handelt und erst in zweiter Linie um Glieder des Trägers der Wirtschaftspolitik. In der Depression kommen zwar die Interessen der Einzelwirtschaften der öffentlichen Hand der Forderung nach antizyklischer Konjunkturpolitik entgegen - angesichts der unbegrenzten Bedürfnisse von Haushaltungen. In der Hochkonjunktur tauchen aber die gleichen Konflikte bei der Bestimmung des einzelwirtschaftlich und gesamtwirtschaftlich gerechtfertigten Verhaltens wie bei Unternehmungen auf. Langelütke hat das häufig geforderte "antizyklische" Verhalten der Unternehmungen als marktinkonform bezeichnet - die Ertragsorientierung zwinge den Unternehmer zu prozyklischem Operieren - antizyklisch könne "daher" nur die öffentliche Hand vorgehen[125]. Dabei wird aber übersehen, daß auch die öffentlichen Haushaltungen einzelwirtschaftliche Zielsetzungen haben, die sich aus den ihnen übertragenen Aufgaben ergeben - auch diese Zielsetzungen stehen antizyklischem Handeln diametral entgegen[126].

1. Die einzelwirtschaftlichen Aufgaben werden den Einheiten der Gruppe "Öffentliche Haushaltungen" nicht allein von der Exekutive, sondern auch vom Gesetzgeber der betreffenden politischen Körperschaft überwiesen. Diese Aufgaben müssen vernachlässigt werden, wenn sich der Leiter einer solchen Einzelwirtschaft in der Hochkonjunktur antizyklisch verhält. Unter konjunkturpolitischen Aspekten hätte der Aufbau der Deutschen Bundeswehr eigentlich erst zehn Jahre später (1965 statt 1955) beginnen dürfen. Man hätte weiter den Ausbau des Straßennetzes, den Bau von Krankenanstalten oder die Errichtung von menschenwürdigen Arbeitsplätzen für die Angehörigen der öffentlichen Verwaltung ab 1957 bzw. 1970 stoppen müssen und dies erst 1965 bzw. 1980 wieder fortsetzen dürfen - wir möchten darauf verzichten, diese Beispiele fortzusetzen. Im Rahmen des vorhandenen Etats sollte die Entscheidung über notwendige Ausgaben, über dringliche und weniger dringliche Investitionen dem jeweiligen Leiter der Einzelwirtschaft überlassen werden, und wir verwahren uns daher entschieden gegen die den öffentlichen Einzelwirtschaften einseitig (weil nicht auch den Unternehmungen) auferlegte Pflicht zu antizyklischem Verhalten. "Es kann nicht Sache des Finanzministers sein, mit Hilfe der

125 "Kaufmann kann nicht 'gegenläufig' handeln", in: HB 21.3.1960

126 Das verlangt der Währungsbank Zurückhaltung in der Kritik an zu hohen Staatsausgaben ab - zugunsten eines Appells an Einnahmesteigerungen (Steuererhöhungen). Vgl. dazu Oswald Hahn, Bundesbank - Defizit in Moral suasion, in: Kreditwesen 16/1992, S. 721

Steuern, deren ausschließliche Aufgabe die Deckung der Staatsausgaben ist, Wirtschafts- und Konjunkturpolitik zu treiben"[127]. Diese These, die erstmals während der Diskussion um den "Julius-Turm" (Milliardeneinlagen des Bundes) in den Jahren 1956 ff. aufgestellt wurde, ist von den Vertretern der Finanzwissenschaft, aber auch von namhaften Volkswirten als "unhaltbar" bezeichnet worden[128]; wir führen das auf die Abneigung der Disziplin zurück, in den öffentlichen Haushalten in erster Linie Einzelwirtschaften zu sehen[129].

Es ist unbestritten, daß antizyklisches Verhalten auch unter einzelwirtschaftlicher Betrachtung "auf lange Sicht die beste Geschäftsmethode (ist)": Es handelt sich dabei um das gleiche, "was kluge Leute stets für die Börse, für den Aktienmarkt empfohlen haben: in der Baisse kaufen, in der Hausse verkaufen, freilich weder zu früh, noch zu spät (nur die wenigsten treffen den optimalen Zeitpunkt)"[130]. Die Problematik dieser Forderung liegt jedoch darin, daß sich erst wesentlich später der "günstigste" Zeitpunkt feststellen läßt, zu dem man in der Vergangenheit hätte kaufen bzw. verkaufen müssen.

2. Heinrich Rittershausen und Herbert Giersch haben aus anderen Überlegungen heraus Bedenken gegen die antizyklische Finanzpolitik geltend gemacht. Rittershausen hält "die Fiskalpolitik vielleicht als Bremse der Konjunktur (für) geeignet, aber weniger als Anpeitscher einer stagnierenden Wirtschaft ... Selbst unter Annahme der Richtigkeit der (Depressions-)Diagnose wirkt es unbehaglich, daß die 'Fiscal Policy' nur wirksam ist, wenn sie früh eingreift; 'früh eingreifen' bedeutet aber 'Eingreifen' vor Gewinnung einer gesicherten Diagnose, bedeutet eventuell, den guten Geschäftsgang für viele Jahre unheilbar zu zerstören"[131]. Herbert Giersch bezieht die letztgenannte Feststellung auf die Fiskalpolitik schlechthin: "Es besteht ... die begründete Vermutung, daß Ausgabenkürzungen ebenso wie zusätzliche Ausgaben regelmäßig viel zu spät beschlossen werden und - wegen erheblicher Wirkungsverzögerungen - auf eine Konjunkturlage treffen, auf die sie nicht mehr passen. Antizyklische Finanzpolitik hat dann möglicherweise prozyklische Effekte. Sie sollte auf Ausnahmefälle beschränkt bleiben"[132]. Leider werden die Grenzen nicht erkannt[133].

---

127 Monetary fiscal error. - Stellungsnahme des Deutschen Industrie- und Handelstages, in: Kreditwesen 1/1956

128 Vgl. dazu - als Beispiel für viele andere - Erich Schneider, Neutrale Finanzpolitik?, in: FAZ 1.2.1956

129 Vgl. dazu u.a. Steffen Hahl, Die antizyklische Finanzpolitik der Bundesrepublik Deutschland, Diss. Fribourg/ Schweiz 1968

130 Volkmar Muthesius, Gegen den Strom, in: Kreditwesen 3/1960; ferner Oswald Hahn, Antizyklische Investitionspolitik - pro und contra, in: Deutsche Gesellschaft für Betriebswirtschaft (Hrsg.), Impulse für den Aufschwung, Berlin 1976, S. 45 ff.

131 Heinrich Rittershausen, Zentralnotenbank, a.a.O., S. 197

132 Herbert Giersch, 25 Thesen zur Stabilitätspolitik, in: HB 27./28.1.1967

133 Vgl. dazu Wolfgang Schmitz, Die antizyklische Konjunkturpolitik - eine Illusion. Grenzen der Machbarkeit durch Globalsteuerung, Frankfurt/Main 1976

b) Das Prinzip der Systemkonformität[134]

Dieser Grundsatz verlangt von der Währungsbank die Beachtung der Normen des Wirtschaftssystems. Zielkonflikte sind in allen Wirtschaftssystemen gegeben: So bemühen sich Währungsbanken in Zentralverwaltungswirtschaften als erste Staatsinstanzen um Einführung marktwirtschaftlicher Grundsätze. Häufiger sind Diskrepanzen zwischen Währungsbank und Trägern der Wirtschaftspolitik in Marktwirtschaften. Es gibt dort die Forderung, daß die Währungsbank bei der Wahl ihrer Mittel auf die Aufrechterhaltung der Marktwirtschaft auch im Kreditwesen zu sorgen habe[135], also marktwirtschaftlichen Mitteln den Vorzug gegenüber administrativen Eingriffen zu geben. Eine gesetzliche Verankerung hat dieser Grundsatz bisher nur beim Europäischen System der Zentralbanken gefunden[136].

In der institutionierenden Währungspolitik bedeutet das die Forderung nach Bejahung der Marktwirtschaft auch im Bankwesen, wobei allerdings die Besonderheit der Kreditwirtschaft Berücksichtigung finden muß. Der Umfang der "gewerbepolizeilichen" Regelungen wird dort größer sein als beispielsweise im Einzelhandel - ohne daß deswegen unbedingt die Forderung nach einer Bankenaufsicht erhoben werden muß. "... Die Anwendung des Wettbewerbsprinzips im Kreditwesenbereich (ist dabei) nur insoweit möglich ..., als dadurch die Stabilität des Geldes nicht gefährdet wird"[137]. Darüber hinaus "schließt das Notenbankmonopol die Anwendung marktwirtschaftlicher Konkurrenzmethoden durch die Notenbank und ihre Einmischung in den Geschäftsbereich der übrigen Banken (das Direktgeschäft mit der Wirtschaft, O.H.) aus"[138].

Für die funktionale Währungspolitik ist daher zu verlangen, daß sich die Währungsbank primär als Unternehmen betätigt und erst dann von ihrer Behördeneigenschaft Gebrauch macht, wenn sich ihre - außen- und/oder binnenwirtschaftliche - Liquidität mit marktwirtschaftlichen Mitteln nicht mehr aufrechterhalten läßt. Wir möchten zur Illustrierung dessen einen Vorgriff auf das währungspolitische Instrumentarium tun: Ehe sich die Zentralnotenbank der Mindestreservepolitik bedient, hat sie die Möglichkeiten der Diskontsatz- und Offenmarktpolitik voll auszunutzen.

Gerade bei der funktionellen Währungspolitik zeigt sich der Konflikt zwischen ökonomischen und Rechtsprinzipien: Unter kostenwirtschaftlichem Aspekt würde die Währungs-

---

134 Ausdruck von Leo Schuster, Zentralbankpolitik und Bankenaufsicht in den EWG-Staaten, Köln-Opladen 1967, S. 34 ff.

135 Vgl. Hanns Linhardt, Kritik der Währungs- und Bankpolitik, Köln-Opladen 1963, S. 91 ff., S. 109 f.

136 "Das ESZB handelt im Einklang mit dem Grundsatz einer offenen Marktwirtschaft mit freiem Wettbewerb, wodurch ein effizienter Einsatz der Ressourcen gefördert wird ..." (Art. 105 Vertrag Europäische Union).

137 Stellungnahme des Bundesministers für Wirtschaft vom 17.3.1956 zur Frage der Anwendung der Bestimmungen des Entwurfs eines Gesetzes gegen Wettbewerbsbeschränkungen auf die Versicherungs- und Kreditwirtschaft, in: Wirtschaft und Wettbewerb 1956, S. 560. Vgl. auch Hanns Linhardt, Kritik, a.a.O., S. 101 ff.

138 Hanns Linhardt, Kritik, a.a.O., S. 166

bank bei restriktiver Politik eine Variierung der Reservesätze den Effektenkäufen auf dem offenen Markt vorziehen, da bei künftigen Offenmarktverkäufen der Bank Kursverluste erwachsen können. Das kostenbetonte Rationalstreben ist dabei dem Prinzip der Systemkonformität unterzuordnen.

c) Das Prinzip der Rechtsstabilität

Dieser von Friedrich Wilhelm von Schelling entwickelte Grundsatz verlangt, daß die Währungspolitik Änderungen von allgemeinen Rechtsnormen unterläßt, um oft schwer voraussehbare nachteilige Nebenwirkungen auszuschließen[139]. Das trifft insbesondere zu für den Grundsatz "Justitia est fundamentum regnorum", der nicht nur bedeutet, "daß das bestehende Recht gleichmäßig gegenüber jedermann angewendet werden muß, sondern auch, daß die Bestimmungen darüber, was rechtens ist, in unserem Fall, was für die Wirtschaft rechtens ist, nicht in kurzen Zeitabständen geändert werden dürfen"[140]. Dies erfordert eine bewußte Staatspflege innerhalb der Währungspolitik. "Namentlich zu häufig wechselnde, aber auch zu viele und zu komplizierte Gesetze zerstören Rechtsgefühl und Staatsautorität"[141]. Die Nichtbeachtung der Prinzipien der Rechtsstabilität "ist es wohl, die dazu geführt hat, daß sonst ausgezeichnete Experten häufig als Technokraten bezeichnet werden ..."[142].

1. Nicht nur staatspolitische, sondern auch ökonomische Momente verlangen eine Gleichrangigkeit der Forderungen nach Währungs- und Rechtsstabilität. "Es wäre ... ein fundamentaler Irrtum, anzunehmen, man könne ohne Schaden für die Wirtschaft Geldwertstabilität durch Instabilität des für die Wirtschaft maßgeblichen Rechts erkaufen" - wobei insbesondere auf die Vorstellung einer Einführung flexibler Währungskurse als Mittel der Inflationsbekämpfung verwiesen wird[143].

2. Zwischen Rechts- und Währungsstabilität bestehen zwei grundlegende, einander entgegengerichtete Unterschiede:

a) "An Währungsänderungen, bewußte, wie solche größeren Umfangs, die durch eine schleichende Inflation herbeigeführt werden, haben wir uns noch nicht gewöhnt, dagegen sind wir in Bezug auf Rechtsänderungen, weil sie so häufig erfolgen, schon weitgehend

---

139 Vgl. dazu Volkmar Muthesius, Das "magische Fünfeck", in: Kreditwesen 7/1966, S. 269 f.

140 Friedrich Wilhelm von Schelling, Rechtsstabilität in der Währungspolitik, unveröfftl. Manuskript 11.1.1966, S. 3. (Im Hinblick darauf, daß diese Ausführungen nicht veröffentlicht wurden, erfolgt hier eine ausführliche wörtliche Zitierung.)

141 Ebenda, S. 4

142 Ebenda, S. 5

143 Ebenda, S. 6

abgestumpft"[144]. Dieser Unterschied dürfte nach unserer Meinung einen Vorrang der Währungs- gegenüber der Rechtsstabilität begründen.

b) "Währungsänderungen treffen jedermann, Rechtsänderungen können so gewählt werden, daß sie nur einige treffen. Man sagt dann gerne, sie seien gezielt, was man als besonders vorteilhaft empfindet. Gezielte Maßnahmen können aber auch sehr unbillig sein, wenn nämlich die von ihnen Betroffenen Opfer für alle bringen müssen, ohne daß sie für den zu beseitigenden Notstand eine besondere Verantwortung trifft"[145]. Bei dieser Sichtweise hätte man der Rechtsstabilität offenbar den Vorzug zu geben. Allerdings muß die Feststellung, Währungsänderungen würden jedermann treffen, eingeschränkt werden: Unternehmungen haben die verschiedensten Möglichkeiten einer Abwälzung der aus Währungsentwertungen entstehenden Verluste, während die Personenhaushaltungen der Festbesoldeten die Währungsentwertung selbst tragen müssen.

c) Für sich allein betrachtet und extrem formuliert verlangt das von Friedrich Wilhelm von Schelling aufgestellte Postulat der Rechtsstabilität die Beschränkung der Währungspolitik auf institutionierende Maßnahmen innerhalb des administrativen Bereichs der Währungspolitik (vgl. 2. Abschnitt). Schelling will allerdings den Grundsatz der Rechtsstabilität nicht isoliert sehen - er wendet sich nur gegen seine laufende Vernachlässigung: "Die Anwendung derart brutaler Maßnahmen, wie Wechselkursänderung oder direkter Kreditstopp, Maßnahmen, die man zwar in einem nationalen Notstand, aber meines Erachtens auch nur in oder unmittelbar vor einem solchen ergreifen kann und vielleicht sogar muß, erinnern mich an den Ausspruch von Bismarck: Unter dem Belagerungszustand kann jeder Esel regieren. Die wahre Kunst der Politik, auch der Währungspolitik, besteht nicht im Einsatz groben Geschützes, sondern in der Sparsamkeit der Mittel"[146]. Schelling verwahrt sich auch dagegen, derartige Möglichkeiten in einem Ermächtigungsgesetz - wie es das Stabilitätsgesetz darstellt - vorzusehen: Es komme auf "Einsicht, guten Willen und Fähigkeit, andere, insbesondere die Öffentlichkeit, zu überzeugen, und (auf) Standfestigkeit (an). Sind diese Eigenschaften bei den Regierungen, den Beschlußkörperschaften und der Bundesbank vorhanden, so bedarf es keines Ermächtigungsgesetzes. Fehlen sie, so sind sie auch nicht durch ein Ermächtigungsgesetz als Korsettstange zu ersetzen. Hat z. B. eine Regierung keine Standfestigkeit, so wird sie gegen den Widerstand der sie tragenden Fraktionen auch von einem Ermächtigungsgesetz nicht den erhofften Gebrauch machen. Man müßte dann mit der Demontage der parlamentarischen Demokratie noch weiter gehen und z. B. bestimmen, daß die aufgrund der Ermächtigung von der Regierung beschlossenen Gesetze vom Parlament nicht aufgehoben

144 Ebenda, S. 6
145 Ebenda, S. 7
146 Ebenda, S. 16

werden können und vor allem, daß der Regierung wegen dieser Gesetze das Vertrauen nicht entzogen werden darf"[147].

Wir stimmen Friedrich Wilhelm von Schelling in seiner letzten Forderung insoweit zu, als derartige Ermächtigungen nicht der Regierung gebühren. Wir sind aber der Meinung, daß der der Währungsbank gegebene institutionelle Rahmen nicht weit genug sein kann. Allerdings darf man dann von der Währungsbank fordern, daß sie bei der "Ausfüllung" des institutionellen Rahmens, also bei ihren Entscheidungen institutionierender und funktioneller Art, neben den ihr aufgegebenen ökonomischen Grundsätzen und Zielsetzungen auch die beiden Rechtsgrundsätze beachtet: den der Systemkonformität und den der Rechtsstabilität.

D. Das Problem der Autonomie der Währungsbank

Die betriebliche Abhängigkeit bzw. Unabhängigkeit wurde 1951 von Erich Gutenberg in die Betriebswirtschaftslehre als typenbildendes Merkmal eingeführt (Autonomieprinzip und Organprinzip als Determinanten des Betriebstyps[148]. In die herrschende Lehre vom Zielsystem hat das Unabhängigkeitsprinzip - als Nebenbedingung - jedoch bisher keinen Eingang gefunden. Es spielt lediglich eine Rolle in der mittelständischen Wirtschaft und wird im Schrifttum vereinzelt als Primärziel herausgestellt[149]. Innerhalb der Zielsetzung der Währungsbank findet man dieses Ziel nicht. Wohl gilt die Forderung nach Unabhängigkeit[150] als Mittel zur Erreichung des Hauptziels. Das Problem ist dabei weder neu noch auf bestimmte Länder beschränkt[151].

Die Währungsstabilität ist um so mehr gewährleistet, je unabhängiger die für die Währungspolitik verantwortliche Stelle ist. Und weltweit kann man die entsprechende Verantwortung der Zentralnotenbank zuordnen. Umgekehrt läßt sich argumentieren, daß die Abhängigkeit der Zentralbank die Währungsstabilität gefährdet und damit zumindest eine Inflation erleichtert.

---

147 Ebenda, S. 17

148 Erich Gutenberg, Grundlagen der Betriebswirtschaftslehre, 1. Bd.: Die Produktion, z.B. 18. A., Berlin-Heidelberg-New York 1971, S. 457 ff.

149 Vgl. Helmut Reichling, Selbständigkeit als Unternehmerisches Ziel im mittelständischen Handel, Diss. Saarbrücken 1978

150 Vgl. hierzu Rolf Caesar, Der Handlungsspielraum von Notenbanken, Baden-Baden 1981

151 Vgl. Gianni Toniolo (Hrsg.), Central Banks Independence in Historial Perspektive, Berlin-New York 1988; ferner Konrad von Bonin, Zentralbanken zwischen funktioneller Unabhängigkeit und politischer Autonomie, dargestellt an der Bank von England, der Bank von Frankreich und der Deutschen Bundesbank, Baden-Baden 1979. Zur deutschen Situation vgl. Rüdiger Rober, Die Unabhängigkeit der Bundesbank, Kronberg 1978; Rolf A. Kaiser, Bundesbankautonomie - Möglichkeiten und Grenzen einer unabhängigen Politik, Frankfurt/Main 1980

Im folgenden ist zunächst nach den Trägern einer möglichen Abhängigkeit zu fragen (I). Anschließend werden die Ebenen der Unabhängigkeit bzw. Abhängigkeit entwickelt (II). Sodann verlangt die erfolgreiche Tätigkeit jeder Zentralbank bestimmte Prämissen (III). Endlich ergibt sich bereits aus der Überschrift eine zweite Einschränkung der Ausgangsthese: Unabhängigkeit birgt auch Gefahren in sich (IV).

I. Die Klassifizierung der Abhängigkeitsträger

a) Es gibt verschiedene Abhängigkeitsträger, also Stellen, die Einfluß auf die Zentralnotenbank ausüben können. Das waren in früheren Zeiten private Aktionäre. Sodann finden sich - zumindest teilweise - in lateinamerikanischen Staaten und Nordafrika Wirtschaftsgruppen oder - ebenso nur teilweise - in Italien und den Vereinigten Staaten die Geschäftsbanken. Abhängigkeitsträger ist schließlich der Staat in der verschiedensten Ausprägung: Bundesregierung, Staatsregierungen, Parlamente - letzteres typisch für Skandinavien und von dort ab 1991 auf Osteuropa übertragen (Rußland, Ukraine, Kroatien) und 1993 in Spanien eingeführt.

Wir haben an anderer Stelle ausführlich erörtert, welche Abhängigkeit am gefährlichsten ist, wobei wir die Gefährlichkeit unter dem Aspekt der Währungsstabilität sehen. Wir kamen dabei zu folgender Rangfolge[152]: An der Spitze steht - erstens - der Staat, der allenfalls noch von Gewerkschaften übertroffen werden könnte[153]. Der Beweis zu dieser letzten These fällt zwar schwer, da es eine gewerkschaftsabhängige Zentralnotenbank weder gab noch gibt. Die Monopolstellung der Arbeitnehmervertreter und die einseitige Interessenvertretung läßt jedoch unseren deduktiven Schluß zu.

1. Bei der Erscheinung "Staat" sind u.U. graduelle Unterschiede gegeben. Nach herrschender Meinung wird die Negativ-Skala angeführt von der Zentralregierung. Tatsächlich erscheint jedoch das Parlament gefährlicher, da Steuererhöhungen die Position der Abgeordneten gefährden[154] und man die Regierung immerhin für eine Inflation offen verantwortlich macht. Zugleich wird das später noch zu erörternde "Primat der Politik" (vgl. Unterabschnitt IV,a) primär von Parlamentariern in die Waagschale geworfen.

Wichtig erscheint sodann die Unterscheidung In- und Ausland: ausländische Regierungen können hier wiederum die unterschiedlichsten Positionen einnehmen, wenn wir auf der

---

152 Vgl. Oswald Hahn, Währungsbanken II, a.a.O., S. 12 ff.

153 Nach jahrzehntelanger Zurückhaltung haben im Herbst 1992 erstmals wieder deutsche Gewerkschaftsfunktionäre die Deutsche Bundesbank angegriffen und damit unsere Befürchtungen bestätigt. Vgl. dazu Oskar H. Metzger, Bundesbank: Der Hort der Stabilität, in: Bayern-Kurier 22.8.1992

154 Vgl. dazu Günter Schmölders, Die Politiker und die Währung, Frankfurt/Main 1959. Aktuelle Beispiele sind die massiven Einflußnahmen der Parlamente Kroatiens und Rußlands auf die Notenbankleitung zur Erhöhung der Wirtschaftsfinanzierung (vgl. NN, Schatten über Kroatiens Kontakten zum IMF, in: NZZ 13.5.92; Attacke Gaidars gegen die russische Zentralbank, ebenda 24.9.1992)

einen Seite die Besatzungsmacht in Polen (1939) und Mitteldeutschland (1945 ff.), auf der anderen Seite die westlichen Siegermächte 1924 und 1948 heranziehen.

2. Die zweite Stelle in der Gefährlichkeitsskala nehmen die Unternehmungen außerhalb der Bankwirtschaft ein: Sie sind zwar nicht an einer Inflation interessiert, wohl aber an einer Vollbeschäftigung[155], wobei ihre währungspolitische Gefährlichkeit durch die Heterogenität der Gruppe abgemildert wird. Weniger gefährlich ist eine Notenbankabhängigkeit von Geschäftsbanken, da deren Macht proportional zur Währungsstabilität steigt und umgekehrt[156]. Sie stehen daher an dritter Stelle. An vorletzter Stelle rangieren - entgegen anderslautender allgemeiner, die Verstaatlichung der Zentralnotenbank auslösender Auffassung - private Aktionäre: sie sind zwar an Gewinnen interssiert, die allerdings im allgemeinen ebenfalls proportional zur Währungsstabilität verlaufen, wenn wir die Erscheinung der Paritätenänderung einmal ignorieren. Darüber hinaus haben einmal die Erfahrungen gezeigt, daß auch unabhängige Notenbanken dem Prinzip der Gewinnmaximierung - gelinde ausgedrückt - nicht immer widerstehen können (vgl. Unterabschnitt C.II,a). Und zum andern ist es gerade die zu geringe Unterstützung der staatlichen Wirtschaftspolitik und damit der Widerstand gegen inflationäre Tendenzen, die der wahre Grund für die Enteignung oder zumindest Entmachtung der privaten Zentralbankaktionäre sind.

3. An letzter Stelle - und damit als währungspolitisch ungefährlichster Abhängigkeitsträger - steht die Gruppe der Sparer (falls man ihnen jemals Einfluß auf die Währungsbank einräumen sollte). Sie allein ziehen uneingeschränkt mit der Zentralnotenbank an einem Strang und sind im übrigen weltweit innerhalb der Währungspolitik völlig unbekannt. Das hat seinen Grund erstens in der Wehrlosigkeit des Sparers, auf den man nämlich leider verzichten kann: Bargeldhorte erlauben inflationsfreie Investitionsfinanzierung und Naturalersparnisbildung wird durch staatlich verordnetes inflationsgetragenes Zwangssparen ignoriert. Sparer sind zweitens als Gruppe für den Staat uninteressant infolge der Unterentwicklung des Sparerinteresses in allen Wirtschaftssubjekten zugunsten anderer Vorstellungen: Jedes Wirtschaftssubjekt ist zwar in irgendeiner Weise Sparer und in entwickelten Volkswirtschaften auch Geldwertsparer. Aber die "sonstigen" Einkünfte übersteigen eigentlich bei allen Personen diejenigen aus Ersparnis, wenn wir von dem inzwischen ausgestorbenen echten Rentier (mit Kapitaleinkünften als alleinigem Einkommen) einmal absehen. Bei den Beziehern von Masseneinkommen schließlich übertreffen häufig bereits die Quartalseinkünfte den Wert zumindest der Geldersparnisse. Daraus folgt, daß die Personen mit dominierendem Sparinteresse zumindest eine kleine Minderheit darstellen. Minderheiten sind nun einmal für alle Träger politischer Macht uninteressant - zumindest solange sie nicht militant sind. Den Sparern fehlt außerdem noch jegliche Koalitionsbereitschaft.

155 Vgl. dazu Hanns Linhardt, Wer gewinnt und verliert bei einer Inflation?, in: Sparkasse 11/1966, S. 207 ff.
156 Vgl. Oswald Hahn, Inflationsschutz als genossenschaftliche Aufgabe, in: ZfgG 1/1974, S. 20 ff.

b) Unabhängig von dieser Rangordnung läßt sich zweitens die Feststellung treffen, daß die Gefährlichkeit der Abhängigkeit mit zunehmender Zahl der Abhängigkeitsträger fällt[157]. Dabei wird die Gefahr weiter gemindert, je stärker die Interessen der Abhängigkeitsträger einander entgegenstehen. Das gilt auch für den Staat insgesamt. So kann eine Aufteilung der Abhängigkeit auf Regierung und Parlament dann eine "Neutralisierung" mit sich bringen, wenn eine echte Gewaltenteilung realisiert ist (wie z. B. in den USA). Ähnliches zeigt sich bei einer Aufteilung zwischen Zentralregierung und Staatenregierungen (Bundesrepublik Deutschland[158], Europäische Zentralbank[159]) dann, wenn eine unterschiedliche Zusammensetzung der Regierungen beim Vorhandensein echter parteipolitischer Alternativen vorliegt. Ein Optimum unter Unabhängigkeitskriterien erscheint dann gegeben, wenn Einstimmigkeit verlangt wird[160].

c) Im folgenden möchten wir den Schwerpunkt der Betrachtungen auf die Zentralregierung als Abhängigkeitsträger legen. Das erscheint induktiv durch die Tatsache gerechtfertigt, daß echte Inflationen immer nur dann zu verzeichnen waren, wenn die Zentralregierung die Notenbank beherrschte. So sind unsere beiden Inflationen von einer Reichsbank zu verantworten, die den Weisungen eines Reichskanzlers unterworfen war.

Deduktiv läßt sich die These begründen mit dem Hinweis darauf, daß in Bundesstaaten die Hauptverantwortung für die Wirtschaftspolitik immer bei der Zentralregierung liegt, die demzufolge ein wesentlich größeres Interesse an einer Notenbankunterstützung hat als die Staatenregierungen. Diese Feststellung läßt sich allerdings nicht auf Währungsunionen übertragen, deren Zentralbanken von den Regierungen der Mitgliedstaaten abhängig sind: dort liegen - unabhängig von der Möglichkeit einer Durchsetzung eines Unabhängigkeitsstatus[161] - die Verhältnisse regelmäßig umgekehrt.

---

157 Vgl. dazu im einzelnen Oswald Hahn, Währungsbanken II, a.a.O., S. 40 ff., S. 88 ff.

158 Ernennung aller Mitglieder des Zentralbankrats durch den Bundespräsidenten:
a) der Mitglieder des Direktoriums auf Vorschlag der Bundesregierung,
b) der Präsidenten der Landeszentralbanken auf Vorschlag des Bundesrats, der seinerseits den Vorschlag der betreffenden Landesregierung(en) erhält.
Alle Vorschläge erfolgen nach Anhörung des Zentralbankrats, wobei jedoch die Vorschlagenden nicht zur Berücksichtigung dieser Stellungnahme verpflichtet sind.
Präsident und Vizepräsident des Zentralbankrats der Bank deutscher Länder und die Mitglieder des Direktoriums wurden demgegenüber vom Zentralbankrat ernannt, dessen übrige Mitglieder (Präsidenten der Landeszentralbanken) vom Ministerpräsidenten des Landes ihre Ernennung erhielten.

159 Die Mitglieder des Direktoriums der Europäischen Zentralbank (EZB) werden erstmals
a) von den Regierungen der Mitgliedsstaaten,
b) auf Empfehlung des "Rats" der EG,
c) nach Anhörung
1. des Europäischen Parlaments und
2. des Rats des Europäischen Währungsinstituts
(EWI: Gremium der Europäischen Notenbankgouverneure)
einvernehmlich ernannt (Art. 50 Satzung ESZB und EZB).

160 Dies ist bei der Europäischen Zentralbank gegeben.

161 Vgl. Oswald Hahn, Die Chancen eines regierungsunabhängigen europäischen Zentralbanksystems, in: Wirtschaft und Recht, Zeitschrift für Wirtschaftspolitik und Wirtschaftsrecht (Zürich), Banken-Sonderheft 2/1976, S. 103 ff.

II. Die Ebenen der Abhängigkeit

Staatlicher Einfluß (wie auch die Einflußnahme anderer Abhängigkeitsträger) auf die Währungspolitik kann sich auf mehreren Ebenen vollziehen, die wir nachstehend in der Reihenfolge ihrer Schädlichkeit für die Unabhängigkeit aufführen. Am geringsten ist erstens zu werten die Ernennung der Mitglieder der Notenbankleitung (in der Bundesrepublik Deutschland der Zentralbankrat). Es folgen an zweiter Stelle die formalen Zielsetzungen des Notenbankgesetzes, die wir im einzelnen bereits einordneten (vgl. Unterabschnitt C.III,a): Den besten Schutz gibt das Hauptziel (Stabilität) mit Nebenbedingungen. Etwas gewichtiger sind drittens die im Zentralbank-Statut verankerten Kompetenzen der Notenbank im Kreditgeschäft. An vierter Stelle rangiert die Existenz eines Vetorechts des Staates gegenüber den Beschlüssen des Zentralbankrats. Am gefährlichsten ist fünftens schließlich das direkte Weisungsrecht. Dazwischen liegt noch der moralische Druck, der seitens des Staates auf die Notenbank ausgeübt werden kann.

a) Strukturelle Kriterien der Notenbankleitung

Auch das Notenbankpräsidium muß irgendwie ernannt werden: Hieraus allein kann man allerdings noch keine Abhängigkeit ableiten[162]. Wenn die Amtszeit entsprechend lang - z. B. 8 bis 10 Jahre -, eine vorzeitige Abberufung nicht möglich und die Wiederwahl[163] schließlich ausgeschlossen ist, dann fehlt jede Art von Abhängigkeit. Denn der unabsetzbare Notenbankdirektor offenbart erst nach der Ernennung sein "wahres Gesicht" und denkt - da unabhängig und nicht auf Wiederernennung angewiesen - überhaupt nicht daran, sich von der Regierung gängeln zu lassen, die ihn gekürt hat.

In der Bundesrepublik Deutschland ist diese Konstruktion weitgehend verwirklicht (8 Jahre): diese Position wird übernommen von der Europäischen Zentralbank (EZB) und nur überschritten von der Deutschen Reichsbank von 1924 (12) und den USA (14 Jahre). Auf der entgegengesetzten Seite stehen die kommunistischen und national-sozialistischen Führerstaaten, aber auch Italien, die Niederlande und Japan[164]. In diesen Ländern stellt man ein jederzeit absetzbares Notenbankpräsidium fest. Dabei sind Absetzungen der

---

162 Zur detaillierten Analyse der Währungsbanken anhand dieser fünf Abhängigkeitskriterien vgl. Oswald Hahn, Währungsbanken II, a.a.O., S. 40 ff., S. 88 ff.

163 Offene Drohungen gegenüber einem "unbotmäßigen" Notenbankpräsidenten im Hinblick auf Wiederwahl wurden in der Geschichte der Bundesrepublik Deutschland nur einmal ausgestoßen (CSU-Generalsekretär Erwin Huber, 1992); die Wiederwahl eines nicht genehmen unabhängigen Präsidenten unterblieb ebenfalls einmal (Otto Veit, 1953). Vgl. dazu Oswald Hahn, Zentralbankrat: Münchner G'schichten, in: Kreditwesen 17/1992, S. 782 f.

164 Detaillierte Übersicht über die theoretischen und realen Gegebenheiten vgl. ebenda, S. 48 ff., S. 143 ff.

Notenbankleitung naturgemäß in Rechtsstaaten völlig anders zu beurteilen als in Diktaturen.

b) Finanzwirtschaftliche Grenzen

Ein gegebener Einfluß des Staates auf die Notenbank kann durch quantitative Begrenzungen eingeschränkt werden. Es bieten sich - in der Reihenfolge ihrer Wirksamkeit und damit in umgekehrter Rangordnung hinsichtlich der Unabhängigkeitsbeeinträchtigung - vier Kriterien an: Emissionsbegrenzungen, Münzregal, Begrenzung der Staatsfinanzierung und Gewinnverwendung.

1. Die Emissionsbegrenzungen

Die verschiedenen Formen einer Begrenzung des Geldschöpfungsspielraums sind nur eine sehr schwache "Bremse" im Hinblick darauf, daß im Rahmen dieser Grenzen der Staatsfinanzierung unterschiedliche Priorität eingeräumt wird. Die klassischen Methoden der Deckungsnormen und Kontingente können derzeit als überholt gelten. Es bleibt als "modernes" Instrument das jeweilige "Geldmengenziel", dessen Gestaltung sowohl der (unabhängigen) Währungsbank als auch dem Staat (abhängige Währungsbank) übertragen werden kann (vgl. 3. Abschnitt C.I,a).

2. Ausgabe von Staatsgeld[165]

Hierunter fällt als erstes das Regierungsmünzregal, das dem Staat eine gewisse autonome Geldschöpfungsmöglichkeit zur Verfügung stellt[166]. Grenzen ergeben sich allerdings aus der Aufnahmefähigkeit des Gemeinwesens an Metallgeld. Durch entsprechende Begrenzung der erlaubten Nennwerte ist eine weitere Einschränkung der Unterwanderung einer Unabhängigkeit der Währungsbank auf diesem Wege möglich.

Die Währungsbanken besitzen weltweit das Monopol der Banknotenausgabe. Dies verbietet der Regierung die Ausgabe von "Staatspapiergeld" in Form der "Staatskassenscheine"[167]. Allerdings kann - mangels entsprechender Sanktionsmöglichkeiten in Währungsunionen politisch unabhängiger Staaten - ein entsprechender Mißbrauch nicht ausgeschlossen werden (vgl. Unterabschnitt III.b).

165 Vgl. dazu Jürgen Pahlke, Staatliche Geldschöpfung als Einnahmequelle, in: HdF, Bd. III, S. 117 ff.
166 Vgl. dazu Unterabschnitt III,a; 2. Abschnitt B.I; 3. Abschnitt B.IV,a
167 Vgl. dazu Otto Veit, Grundriß, a.a.O., S. 859 (Sachregister)

3. Begrenzung der Staatsfinanzierung

Die Währungsbank kann beim Vorhandensein angemessener qualitativer wie quantitativer Grenzen entsprechende Finanzierungsansätze des Staates zurückweisen. Es finden sich hier drei Abstufungen (vgl. 3. Abschnitt C.II,b):

i. Eine Regierungsabhängigkeit läßt sich beim Fehlen jeglicher Grenzen konstatieren (Großbritannien, Japan, nationalsozialistische und kommunistische totalitäre Diktaturen).

ii. Absolute Höchstquoten - das klassische Prinzip der englischen und französischen Zentralnotenbank - stellen auf den ersten wohl eine Sicherung der Währungsbank dar. Sie erweisen sich allerdings insofern als gefährlich, als sie zur laufenden Anpassung tendieren im Hinblick auf den wachsenden Staatshaushalt. Dies zeigt sich am deutlichsten am Beispiel Frankreichs. Umgekehrt hat die Bundesrepublik Deutschland (1967) lediglich einmal eine Erhöhung des Plafonds im Hinblick auf eine mögliche Kapitalmarktfinanzierung vorgenommen (Verdoppelung). Die potentielle Gefahr dürfte indes wachsen.

iii. Die meisten Länder begrenzen die Staatsfinanzierung auf Prozentsätze des Steueraufkommens, wobei die Schutzwirkung natürlich um so größer ist, je geringer diese Prozentsätze sind und je mehr Staatsfinanzierungserscheinungen sie umfassen. Denn über die Offenmarktpolitik läßt sich diese Grenze ja relativ leicht umgehen, wenn ein Druck der Regierung dahinter steht, der sich allerdings dann auf anderer Ebene auswirkt.

4. Die Verwendung des Notenbankgewinns

Eine Währungsbank ist ceteris paribus um so autonomer, je geringer der Anteil des Staates am Jahresgewinn der Bank ist. Einer unabhängigen Zentralnotenbank steht die Gewinnverwendung frei, während die abhängige Zentralbank die Überschüsse voll an den Staat abzuliefern hat (britisches System). Die in der Gewinnverwendung völlig freie Währungsbank gibt es nicht; ihr gleichzusetzen sind allerdings Institute, deren Gewinn nur für eine währungspolitische Verwendung benutzt werden darf (Canada, Zentralamerika). Die meisten Währungsbankgesetze nehmen eine Mittelstellung ein: Dies reicht von einer prozentualen bis hin zu einer Restablieferungspflicht nach Erfüllung währungspolitisch erforderlicher Zuweisungen[168]. Die Deutsche Bundesbank nimmt unter diesem Aspekt eine recht schlechte Position ein[169].

Die Diskussion über den Zentralbankgewinn ist relativ jungen Datums. Es wird dort allerdings weniger die Unabhängigkeit der Zentralnotenbank als primär die Auswirkung

168 Vgl. dazu Klaus Vajc, Zentralbankgewinne, Diplomarbeit Erlangen Nürnberg 1982

169 Faktisch sind - nach Rücklagenzuführung und minimaler Tilgungspflicht von Ausgleichsforderungen - nahezu zwei Drittel des Reingewinns an die Bundesrepublik Deutschland abzuführen (§ 27 BBkGes).

der Gewinnverwendung auf die Währungsstabilität und die Staatsfinanzierung angesprochen[170]. Die Bedeutung der Gewinnverwendung auf die Unabhängigkeit der Zentralbankleitung hängt dabei auch davon ab, welchen Einfluß der Staat auf die Gewinnhöhe nimmt: Dem Recht auf Paritätenänderung kommt dabei erhebliche Bedeutung zu[171]. Besonders problematisch ist in diesem Zusammenhang eine Spekulation auf eine Realisierung der stillen Reserven der Währungsbank[172].

c) Der Einfluß auf die Willensbildung

1. Am verhängnisvollsten für die Zentralbank-Autonomie sind Eingriffsmöglichkeiten des Staates in die Willensbildung. Die krasseste Formulierung ist - wie so manche andere negative, Generationen überdauernde Errungenschaften - der Urheberschaft des Otto von Bismarck zuzuordnen: Die 1875 errichtete Deutsche Reichsbank war eine "unter Aufsicht und Leitung des Reichs stehende Bank" (§ 12, Satz 1), wobei "die dem Reiche zustehende Leitung der Bank ... vom Reichskanzler, und unter diesem von dem Reichsbank-Direktorium ausgeübt" wurde (§ 26)[173]. Diese Bismarcksche Norm war Vorbild für die nationalsozialistische Reichsbank[174]. Diese war "dem Führer und Reichskanzler unmittelbar unterstellt" (§ 1 Abs. 1). Sie wurde "nach den Weisungen und unter der Aufsicht des Führers und Reichskanzlers von dem Präsidenten der Deutschen Reichsbank und den übrigen Mitgliedern des Reichsbankdirektoriums geleitet und verwaltet"[175]. Die kommunistischen Staaten setzten an die Stelle des Regierungschefs Parlament, Regierung oder Volkwirtschaftsrat bzw. -plan. In der freien Welt wurde 1946 auch hierin von der Labour-Regierung eine völlige Abkehr von der britischen Tradition vollzogen, die in der Kreierung der inzwischen weltweit verbreiteten Klausel bestand: "The Treasury may from time to time give such directions to the Bank as, after consultation with the Governor of

170 Vgl. dazu Dietmar Kath, Defizitfinanzierung durch Zentralbank-Gewinne?, in: LIST-Forum Bd.4 (Januar 1982), S. 199 ff.; ferner Ulrich van Suntum, Die Diskussion um die Bundesbankgewinne - Eine Zwischenbilanz aus geldtheoretischer und ordnungspolitischer Sicht, in: ebenda Bd. 13 (Juni 1985), S. 83 ff.; Otmar Issing, Gewinnabführung der Notenbank. Theoretische Hintergründe der aktuellen Diskussion, in: Dieter Cassier/ Dietmar Kath (Hrsg.), Öffentliche Finanzen und Kapital. Festschrift für Werner Ehrlicher zur Vollendung des 65. Lebensjahres, Berlin 1985, S. 165 ff.

171 Eine Aufwertung der eigenen Währung senkt, eine Abwertung erhöht den Gewinn der Währungsbank (letzteres allerdings nur, wenn die Bilanzierung nicht nach dem Niederstwertprinzip zu erfolgen hat).

172 Vgl. dazu Herbert Ehrenberg, Wirtschaftshilfe für die DDR. Neues Geld braucht das Land. Mit den stillen Reserven der Bundesbank könnten Öko-Programme in beiden deutschen Staaten finanziert werden, in: Die Zeit 24.11.1989

173 Bankgesetz vom 14. März 1875

174 Der Reichsbank des Jahres 1939 fehlten insbesondere die Umweltbedingungen Rechtsstaatlichkeit und Parlamentarischer Schutz, die Begrenzung der Staatsfinanzierung und die Golddeckungsvorschriften der Bismarckschen Vorgängerin.

175 § 3 Abs. 1 des Gesetzes über die Deutsche Reichsbank vom 15. Juni 1939

the Bank, they think necessary in the public interest"[176]. Dieser Passus machte aus der bis dahin weltweit als Bastion notenbankgetragener Währungssouveränität geltenden Bank of England eine "Kreatur des Schatzkanzlers"[177].

Benito Mussolini und Charles de Gaulle haben 1935 bzw. 1945 staatliche Weisungsgremien errichtet, in denen der Notenbankgouverneur zwar vertreten ist, sich aber in hoffnungsloser Minderheit befindet. Beide Institutionen bestehen nach wie vor: Die Banca d'Italia untersteht dem "Comitato Interministeriale per il Credito e il Risparmio", die Banque de France dem "Conseil National du Crédit". Diese Institutionen waren Vorbild für zahlreiche Neugründungen nach 1945 in Lateinamerika und Afrika.

Auf ähnlicher Ebene steht die Konzeption, den Notenbankgouverneur in die Regierung aufzunehmen: entsprechende Praktiken fanden sich im Dritten Reich (Personalunion Reichswirtschaftsminister und Präsident der Deutschen Reichsbank 1934-1937 und 1939-1945), in den kommunistischen Staaten, und in Anlehnung daran erhielt der russische Notenbankpräsident Kabinettsrang (Herbst 1992).

2. Keine generelle Einstufung erlaubt die Ausgliederung währungspolitischer Entscheidungen an die Regierung: Die Abhängigkeit ist gering bei entsprechender institutionierender Währungspolitik (Paritätenänderung), hoch bei funktionaler Währungspolitik (Diskontsatzänderung: Japan; Mindestreservepolitik: Westafrika; beides: Italien).

3. Verschiedene Notenbankstatuten geben der Regierung ein Vetorecht mit sehr unterschiedlichen Abstufungen: Konstruktives Veto (Australien), auflösendes Veto (Mexiko), Veto mit Schlichtungsinstanz (Griechenland, Österreich, Südafrika) und aufschiebendes Veto (mit achttägiger Wirkung: Bundesrepublik, Irland)[178].

4. Die schlechten Reichsbankerfahrungen und gemachte Erfahrungen mit dem ersten Bundeskanzler haben die Gesetzgeber bei der Verabschiedung des Bundesbankgesetzes dazu veranlaßt, ausdrücklich den Passus aufzunehmen: "Die Deutsche Bundesbank ist von Weisungen der Bundesregierung unabhängig"[179].

5. Gegen den moralischen Druck, der von der Regierung auf die Zentralbank ausgeübt wird, ist naturgemäß kein Kraut gewachsen: Wir nennen hier die Politik des F.D. Roosevelt gegenüber dem Board of Governors des Federal Reserve Systems ab 1941, ent-

176 Sec. 4 (1), Bank of England-Act, 1946

177 Ausdruck von Kurt Richebächer (Die Bank von England als "Kreatur" des Schatzkanzlers, in: Kreditwesen 19/1959, S. 857 ff.)

178 Dem Recht der Bundesregierung auf Teilnahme an den Sitzungen des Zentralbankrats müßte allerdings ein analoges Recht des Zentralbankrats auf Teilnahme an Kabinettssitzungen mit Vetorecht gegenüberstehen.

179 § 12 BBkGes

sprechende Versuche deutscher Politiker mit Staatsamt gegenüber dem Zentralbankrat[180] und den kanadischen Zentralbank-Skandal aus dem Frühjahr 1961[181].

Beides - sowohl Weisungen als auch Beeinflussungen - versucht das ESZB-Statut auszuschließen[182].

d) Der Versuch einer zusammenfassenden Wertung

Ein Gesamtvergleich der verschiedenen Notenbanken unter dem Aspekt der Unabhängigkeit verlangt Wertungen der einzelnen Ebenen. Die Entwicklung der Skala würde zu weit führen[183]: Es sollen hier nur die Ergebnisse festgehalten werden.

1. Hierbei zeigen sich einmal erhebliche Unterschiede von Land zu Land, andererseits aber auch Trends im Zeitverlauf: Bis Mitte der dreißiger Jahre dominierten weltweit unabhängige Zentralnotenbanken. Es setzte dann ein Trendumschwung ein, der zu einem Tiefstand in den achtziger Jahren führte.

2. Der Verfasser hat 1965 und 1975 eine Rangskala mit nachstehender Einordnung gebildet[184]:

Völlig ungenügend (6): Die Notenbanken von Frankreich und Holland, die allerdings mit einer "sechs plus" vor den Notenbanken der kommunistischen und nationalsozialistischen Länder rangieren.

Mangelhaft (5): Bank of England, die Reservebanken von Australien und Indien.

Ausreichend (4): Belgische Nationalbank, die dabei etwas vor der deutschen Reichsbank von 1875 rangiert.

---

180 In chronologischer Reihenfolge waren dies:
Gürzenich-Rede des Bundeskanzlers Konrad Adenauer (1956),
Stabilitätsattacke des Bundesfinanzministers Franz Josef Strauß (1967),
Aufwertungswiderstand des Bundeskanzlers Kurt-Georg Kiesinger (1969),
Verschiedene Konflikte des Bundesfinanzministers bzw. Bundeskanzlers Helmut Schmidt 1973, 1975, 1978 und 1981 (Kreditplafondierung, EWS, Neuverschuldung),
Währungsunion-Konflikte 1988 ff.: Deutsche Einheit - 1990 - und Europäische Währungsunion - 1991/92.
(Vgl. dazu Rolf Caesar, Handlungsspielraum, a.a.O., S. 167 ff.; ferner David Marsh, a.a.O.)

181 Vgl. Erich Achterberg, Coyne oder die unabhängige Notenbank, in: Kreditwesen 16/1961, S. 770 ff.; ferner NN, Der Zentralbankkonflikt in Kanada, in: NZZ 25.7.1961

182 "... bei der Wahrnehmung der ihnen durch diesen Vertrag und diese Satzung übertragenen Befugnisse, Aufgaben und Pflichten (darf) weder die EZB noch eine nationale Zentralbank noch ein Mitglied ihrer Beschlußorgane Weisungen von Organen und Einrichtungen der Gemeinschaft, Regierungen der Mitgliedstaaten oder anderer Stellen einholen oder entgegennehmen. Die Organe und Einrichtungen der Gemeinschaft sowie die Regierungen der Mitgliedstaaten verpflichten sich, diesen Grundsatz zu beachten und nicht zu versuchen, die Mitglieder der Beschlußorgane der EZB oder der nationalen Zentralbanken bei der Wahrnehmung ihrer Aufgaben zu beeinflussen." (Art. 7 Statut).

183 Vgl. Oswald Hahn, Währungsbanken II, a.a.O., S. 84 ff.

184 Vgl. Oswald Hahn, Währungsbanken II, a.a.O., S. 223 ff.; ders., Die Chancen eines regierungsunabhängigen europäischen Zentralbanksystems, in: Wirtschaft und Recht (Zürich) 2/1976, S. 110 f.

Befriedigend (3): Danmarks Nationalbank (de iure), Banca d'Italia (de facto), Federal Reserve System der USA und Central Bank of Ireland.

Gut (2): Deutsche Bundesbank, Österreichische und Schweizerische Nationalbank, Bank of Canada und Südafrikanische Reservebank.

Das Prädikat "sehr gut" (1) können nur nicht mehr bestehende Währungsbanken erhalten: Deutsche Reichsbank von 1924, Banco de Portugal unter der Regierung von Antonio de Oliveira Salazar und Bank deutscher Länder (1948).

Wir stuften damals die Chancen für eine unabhängige europäische Währungsbank negativ ein[185].

3. Seither hat sich weltweit eine Renaissance der unabhängigen Währungsbank vollzogen: teils als Begleiterscheinung der Befreiung Ost- und Südosteuropas, teils zur Vorbereitung auf die europäische Währungsunion und schließlich auch durch die Einsicht über die schädliche Wirkung der Inflation (Lateinamerika). Eine 1991 veröffentlichte US-amerikanische Studie mit vier Noten zeigt folgendes Bild[186]:

Sehr geringe Unabhängigkeit (5): Australien, Italien, Neuseeland, Spanien

Relativ geringe Unabhängigkeit (4): Belgien, Dänemark, Finnland, Frankreich, Großbritannien, Norwegen, Schweden

Relativ hohe Unabhängigkeit (2): Japan, Kanada, Niederlande, USA

Sehr hohe Unabhängigkeit (1): Deutschland, Schweiz.

Dabei sind manche Einstufungen zweifelhaft: Großbritannien, Japan und die Niederlande erscheinen zu gut, Italien zu schlecht eingestuft. Inzwischen sind laufend Verbesserungen eingetreten: Dies gilt für Argentinien, Belgien, Frankreich, Italien und Spanien. Nicht nur hieraus lassen sich Schlüsse auf die Unabhängigkeit des künftigen Europäischen Zentralbanksystems ableiten, wiewohl unterschiedliche Interpretationen den Vollzug in Frage stellen könnten[187].

Zu beachten ist allerdings bei allen Einstufungen aufgrund gesetzlicher Gegebenheiten zweierlei: Einmal können faktische - informelle - Gegebenheiten eine Änderung bewirken. Zum andern vermag eine starke Persönlichkeit in der Notenbankleitung dem Institut eine

---

185 Vgl. Oswald Hahn, Chancen, a.a.O., S. 111 ff.

186 A. Alesina und L. Summers, Central Bank Independence and Macroeconomic Performance: Some Comparative Evidence, Harvard University 1991; vgl. auch Oswald Hahn, Notenbanken: Fakten, Quellen und terminus technicus, in: Kreditwesen 10/1992, S. 409 f.

187 Vgl. zur heutigen Einschätzung Aurel Schubert und Axel Aspetsberger, Europäische Währungspolitik und Notenbankautonomie, in: ÖBA 11/1992, S. 977 ff. Verwiesen sei auch auch die Einschätzung der Position der Europäischen Zentralbank durch den französischen Staatspräsidenten (NN, Europäische Zentralbank der Befehlsempfänger der Politik. Wie sich François Mitterand die Gemeinsame Geldpolitik in Europa vorstellt, in: FAZ 11.9.1992; Hermann Schönnenbeck, Die Zentralbank nur ein Ausführungsorgan, ebenda 18.9.1992).

weit über den gesetzlichen Rahmen hinaus gegebene Unabhängigkeit zu verschaffen[188]. Als Beispiele seien genannt für Deutschland Hjalmar Schacht (1933-1939), für Frankreich Wilfried Baumgartner (1946-1958), für Pakistan S. A. Hasnie (1948-1966) und für die USA Paul A. Volcker (1979-1987). Umgekehrt können auch Regierungen bei Fehlen formaler Unabhängigkeit eine Zentralnotenbank tolerieren (Portugal in den ersten Regierungsjahren von Salazar bis zur Schaffung einer regierungsunabhängigen Zentralbank). Und schließlich ist die Situation denkbar, daß eine formal wie faktisch unabhängige Währungsbank sich der Regierung beugt, weil die Leitung der Bank in besonderen Fällen den Konflikt scheut (Situation Bundesrepublik Deutschland 1990/92[189]).

III. Die Schaffung von Rahmenbedingungen als Voraussetzung für eine erfolgreiche Wirksamkeit der Währungsbank

Autonomie allein garantiert noch keine Währungsstabilität: Die Zentralbank muß darüber hinaus über die entsprechenden Einwirkungsmöglichkeiten verfügen[190] und sie muß generelle Gesetzestreue voraussetzen.

a) Die Ausstattung der Währungsbank mit Kompetenzen als erste Voraussetzung[191]

Die Forderung nach Unabhängigkeit verlangt zunächst die Ausstattung der Bank mit Kompetenzen, um ihr die entsprechende Position zu verschaffen[192]. Eine öffentliche Diskussion hierüber spielte sich vor allem in der Schweiz in den Jahren 1966 ff. ab (Thema: Einführung der Mindestreservepolitik und Ausweitung des Instruments der Offenmarktpolitik[193]), dem zunächst nicht entsprochen wurde. Eine Auseinandersetzung in Deutschland fand in der gleichen Zeit im Zusammenhang mit der Kreditkontin-

---

188 Es gilt hier die These von Edgar Salin über die umgebungsprägende Managerpersönlichkeit (Lynkeus, Tübingen 1963, S. 247) und vom "Element des Persönlichen" in der Zentralbankleitung (Rolf Caesar, Handlungsspielraum, a.a.O., S. 167 ff.).

189 Vgl. Oswald Hahn, Freiwilliger Verzicht, in: Kreditwesen 8/1990, S. 381; Manfred Gburek, Primat der Politik, in: WiWo 22/1991; Helmut Schlesinger über Europas Währungsunion, in: ebenda 13/1992; David Marsh, a.a.O., S. 259 ff., S. 301 ff.

190 Vgl. Johannes Siebelt, Der juristische Verhaltensspielraum der Zentralbank, Baden-Baden 1988

191 Vgl. dazu Rolf Caesar, Handlungsspielraum, a.a.O., S. 93 ff.

192 Vgl. Johannes Siebelt, Der juristische Verhaltensspielraum der Zentralbank: "Vorrechtliches Gesamtbild" und Verfassungsauftrag an den Gesetzgeber, Baden-Baden 1988

193 Aus der großen Zahl von Diskussionsbeiträgen in der "Neuen Zürcher Zeitung" seien erwähnt die Ausführungen von Samuel Schweizer (31.7.1966), Eugen Böhler (7.8.1966), W. Schwalm (12.8.1966), Hugo Sieber (16.9.1966 und 3.12.1968), Otto Fischer (18.12.1968), W. Jucker (4.1.1969), Hans Huber (15.1.1969), und Robert Eibel (13.2.1969).

gentierung statt[194]. Gegner dieser Lösung wenden ein, der Ruf nach neuen Instrumenten entspräche nicht selten dem Mangel an Entschlußkraft zur Anwendung der bereits vorhandenen Mittel[195]. Dem läßt sich jedoch entgegenhalten, daß es allein darum geht, der Währungsbank ein "Rüstzeug für den Notfall"[196] zu verschaffen.

Am Beispiel der Deutschen Bundesbank seien nicht gegebene Zuständigkeiten sowie fehlende Instrumente im administrativen und unternehmerischen Bereich herausgegriffen[197].

1. Zwei wesentliche Zuständigkeiten sollte jede Währungsbank besitzen:

a) Das Emissionsrecht, das jedoch nicht auf die Ausgabe von Banknoten beschränkt sein darf, sondern auch das Münzregal einschließen muß (vgl. 2. Abschnitt B.I; 3. Abschnitt B.IV,a).

b) Die Zuständigkeit für die Bankenaufsicht, zumindest die Unterstellung der für die Kontrolle der Banken zuständigen Instanz unter die Währungsbank.

Derartige Rechte stehen der Bank of England, der Banca d'Italia, den Zentralbanken von Griechenland und Korea sowie (am britischen Beispiel orientiert) den Währungsbanken der meisten Commonwealth-Länder zu. Auch das Federal Reserve System übt eine mittelbare Aufsicht über die National Banks aus[198]: die generelle Bankenaufsicht der Zentralnotenbank verschiedener lateinamerikanischer Staaten (z. B. Argentinien) leitet sich davon ab. Solche Kompetenzen werden allerdings unterschiedlich beurteilt[199].

Diese Forderung läßt sich zweifach begründen: einmal sind zumindest die Universalbanken Emittenten von Zahlungsmitteln über die staatliche Währungseinheit ("Giralgeldschöpfung", vgl. 2. Abschnitt B.III). Zum andern hängt der Umfang der Geldschöpfungskapazität der Universalbanken von der Zahl der Banken und ihrem Marktanteil ab (vgl. 2. Abschnitt C).

Darin äußert sich zunächst einmal ein Zielkonflikt: Bonitätsanforderungen verlangen eine intensive Kontrolle der Zulassung, während die Geldschöpfungskapazität einen freien Marktzugang fordern würde. Sodann bedeutet die Übernahme der Bankenkontrolle die

---

194 Vgl. dazu Erich Reinhardt, Ist das Instrumentarium der Deutschen Bundesbank ergänzungsbedürftig?, in: Kreditwesen 1970, S. 647 ff., S. 716 ff.

195 Gotthard Frhr. von Falkenhausen nach Kreditwesen 1966, S. 997

196 Fritz Leutwiler, in: NZZ 3.11.1968

197 Vgl. dazu Oswald Hahn, Bundesbank zu wenig Kompetenzen, in: Kreditwesen 9/1988, S. 133; ders., Betriebswirtschaftliche Betrachtungen zur Währungsreform, in: Rainer Klump (Hrsg.), 40 Jahre DMark - Die politische und ökonomische Bedeutung der westdeutschen Währungsreform von 1948, Wiesbaden 1989

198 Seit 1970 wird in den USA die Frage einer Vereinheitlichung der Bankenaufsicht diskutiert. Zwei konkrete Vorstöße (1974 und 1983) erreichten jedoch nicht einmal das Parlament.

199 Vgl. dazu Jutta Grundler, Bankenaufsicht in Großbritannien, Frankfurt/Main u.a. 1988; demgegenüber aber Armin Brugger, Die Grundsätze des Bundesaufsichtsamtes für das Kreditwesen. Kritik und Änderungsvorschläge der Ausgestaltung im Hinblick auf den Gläubigerschutz, Diss. Erlangen-Nürnberg 1988, S. 70 ff.

Bereitschaft der Währungsbank zur Intervention[200], also auch den Zwang, bei drohenden Insolvenzen entweder Aktiva außerhalb des Rahmens (vgl. 3. Abschnitt B)[201] oder gar Unternehmungen als Ganzes zu übernehmen (vgl. 2. Abschnitt C.I,b).

2. Damit wird bereits die Position der Währungsbehörde angesprochen. Diese verlangt folgende Kompetenzen:

a) unlimitierte Handhabung der Mindestreservepolitik (vgl. 2. Abschnitt B,),

b) das Recht auf partielle Blockierung von Bankguthaben mit entsprechender Kaufkraftgarantie (vgl. 2. Abschnitt D.I,b), mit der auch der sehr problematische Konflikt mit der Regierung über die antizyklische Finanzpolitik (vgl. Unterabschnitt C.III,a) beendet werde könnte.

3. Zu fehlenden unternehmerischen Kompetenzen rechnen wir

a) zunächst die Zuständigkeit der Währungsbank für Paritätenänderung, die allerdings eher den Bereich der behördlichen Maßnahmen zuzurechnen ist (vgl. 3. Abschnitt, D.III,a),

b) sodann das Emissionsrecht für Offenmarkttitel (vgl. 3. Abschnitt B.III,a) und schließlich

c) die Kompetenz zur Erweiterung des Katalogs refinanzierbarer Objekte (vgl. 3. Abschnitt B.I).

b) Die Beachtung der Rechtsstaatlichkeit als zweite Voraussetzung

1. Bei der Wertung aller die Unabhängigkeit der Währungsbank betreffenden Normen darf man allerdings nicht vergessen, daß die gesetzliche Unabhängigkeit einer Zentralnotenbank mit der Gesetzestreue der Regierung und entsprechendem Gesetzesaspekt des Parlaments steht und fällt.

Währungsstabilität ist leider kein Grundrecht[202]. Das Erfordernis einer qualifizierten Mehrheit für Änderungen der Zentralbankstatuten - analog von Verfassungsänderungen - war bisher international ebenfalls unbekannt. Wir haben in Europa zwar keine südamerikanischen Verhältnisse mit laufenden (halbjährlichen, teilweise sogar monatlichen) Anpassungen des Zentralbankstatuts an die gewandelten Vorstellungen von Parlaments-

200 Die Bank of England nimmt regelmäßig solche Interventionen vor, die sich auf die Übernahme der Institutssanierung oder Abwicklung und Verkauf bzw. Liquidation erstrecken. Auch die Bank von Finnland hat bei der Schieflage der Sparkassenzentralbank SKOP im Herbst 1991 im Interesse des Einlegerschutzes sämtliche Vermögenswerte und Verbindlichkeiten der Bank übernommen.

201 Vgl. die Diskussion in Deutschland Mitte der fünfziger Jahre: Arnulf Gnam, Darf das die Landeszentralbank tun?, in: Kreditwesen 23/1955, S. 844; ferner Antwort Bank deutscher Länder, ebenda 24/1955

202 Vgl. dazu Franz Thoma, Notenbankstatut: Magna Charta des stabilen Geldes, in: Süddeutsche Zeitung 18.8.1956; ferner Ludwig Erhard, a.a.O.

mehrheit bzw. Regierung. Aber auch das deutsche Bundesbankgesetz ist in den 36 Jahren seines Bestehens immerhin schon 24mal geändert worden[203] - mit einfacher Parlamentsmehrheit[204]. Das Gesetz der Bank von Frankreich wird im Durchschnitt alle zwei Jahre den veränderten Verhältnissen angepaßt - es ist immerhin wesentlich älter als das Bundesbankgesetz. Inwieweit das mit der vielfach festgestellten Entwertung unserer Gesetzgebungsqualität zusammenhängt, interessiert hier nicht - es ist ein Faktum.

Allein das Statut ESZB/EZB erschwert Normenänderungen erheblich[205].

2. Zahlreiche Währungstheoretiker vertreten die These, daß gegenwärtig das Schicksal des Geldwerts weitgehend in die Hände der Tarifpartner gelegt sei: Eine Geldpolitik der Zentralbank könne allenfalls noch Beschäftigungsschwankungen bewirken. Diese Theorie ist uns in den letzten Jahren laufend bestätigt worden. Man könnte es in der These formulieren: Steigende Arbeitslosigkeit ist das Produkt einer gewerkschaftsgetragenen Durchsetzung erhöhter und daher nicht zu vertretender Löhne. Diese Tatsache straft vor allem den Mitbestimmungsgedanken Lügen, der ja jetzt in allen Dimensionen realisiert worden ist. Die Forderung nach Rechtsstaatlichkeit verlangt hier zunächst einmal Gleichbehandlung beider Tarifpartner, die man in der letzten Zeit vermißte.

3. Die Gefahr offizieller Generalstreiks oder wilder Streiks als Reaktion auf begonnene oder angekündigte Restriktionspolitik stünde an letzter Stelle dieses Katalogs. Hier bleibt nur die Erinnerung an die Kapitulation des Rechtsstaates gegenüber Gewaltaktionen aller Art, mit denen Entscheidungen erzwungen worden sind. Das reicht von den Studentendemonstrationen und Bummelstreiks über Besetzungsaktionen aller Art bis hin zu den Bombendrohungen und Geißelmaßnahmen. Ist es so abwegig, Ähnliches bei einer autonomen Zentralbankpolitik zu befürchten, die erfolgreiche Maßnahmen mit unpopulärem Charakter verhindern soll? Die Kapitulation der meisten europäischen Regierungen gegenüber der Gewalt radikaler oder gar terroristischer Mini-Gruppen ist ein Datum, das

---

203 Darunter vier Novellierungen (Änderungsgesetze 1959, 1990, 1991, 1992). Vgl. dazu NN, Die Neuordnung der Bundesbankstruktur, in: Monatsberichte Deutsche Bundesbank August 1992, S. 48 ff.

204 Eine entsprechende Absicht hat Bundeskanzler Schmidt 1978 im Zusammenhang mit seinen Währungsreform-Vorstellungen beiläufig geäußert: Falls die Bundesbank nicht mitmache, dann müsse eben das Bundesbankgesetz geändert werden. (Vgl. David Marsh, a.a.O., S. 257 f.)

205 Satzungsänderungen durch den EG-Rat sind nur möglich unter Zustimmung des Europäischen Parlaments entweder
a) mit qualifizierter Mehrheit auf Empfehlung der EZB nach Anhörung der EG-Kommission oder
b) einstimmig auf Vorschlag der Kommission nach Anhörung der EZB
(Art. 41 Statuten).

auch bei der Beurteilung über die Wirkungsmöglichkeiten einer autonomen Währungsbank berücksichtigt werden muß[206].

IV. Die Problematik der unabhängigen Zentralnotenbank

Es gibt vier wesentliche Einwendungen gegenüber einer autonomen Zentralnotenbank: das sind verfassungsrechtliche Überlegungen, das ist die Gefahr von Fehlentscheidungen der Zentralbankorgane, das ist ferner der Mißbrauch der Autonomie bei der Stellenbesetzung und das ist schließlich und letztlich die Gefahr einer "Diktatur des Geldes".

a) Verfassungsmäßige Bedenken

1. Friedrich Wilhelm von Schelling bezeichnete die währungspolitische Souveränität der Deutschen Bundesbank als analoge Erscheinung der kaiserlichen Kommandogewalt über die Streitkräfte[207]. Er wies allerdings darauf hin, daß "die Kommandogewalt (der Deutschen Bundesbank) in Währungsdingen sich mit einem einsichtig gewordenen Demokratieverständnis nicht verträgt"[208]. Noch deutlicher sind die Feststellungen des Samuelson - eines früheren Ökonomie-Nobelpreisträgers und Verfassers eines nationalökonomischen Kompendiums: "In einer modernen Demokratie kann es kein isoliertes Überbleibsel von Macht geben, das den Wünschen der vom Volk gewählten Regierung Widerstand leistet"[209]. Friedrich Wilhelm Dörge spricht sogar von der unabhängigen Deutschen Bundesbank als "Nebenregierung"[210] (vgl. Unterabschnitt C.III,a).

Mit der gleichen Argumentation läßt sich aber auch die richterliche Unabhängigkeit beanstanden. Umgekehrt kann nämlich das Prinzip der Gewaltenteilung auch auf die

206 Es wird hierzu auf eine Stellungnahme von Jürgen Singer verwiesen: "Diesen pessimistischen Einschätzungen kann man die derzeit noch hohe Wertschätzung der Bundesbank in der deutschen Bevölkerung entgegenhalten. Nachdem infolge von Affären, Fehlern oder Entscheidungsschwäche viele Politiker an Reputation verloren haben, was sich auch in der Politikverdrossenheit niederschlägt, verbleibt als eine der wenigen in In- wie Ausland hoch angesehenen Institutionen die Bundesbank. Erste Bedenken hat allerdings die Nichtdurchsetzung ihrer Vorstellungen gegenüber der Bundesregierung hervorgerufen, etwa bei der Festsetzung des Umtauschkurses der DDR-Schwindelmark in DMark."

207 Art. 53 und 68 der Reichsverfassung von 1871

208 Friedrich Wilhelm von Schelling, Die Bundesbank in der Inflation. Plädoyer für eine neue Geldverfassung, Frankfurt/Main 1975, S. 31 ff.

209 Sinngemäßes Zitat von Josef Harden, Staat und Notenbank in den USA, in: DVW 50/1961

210 Friedrich Wilhelm Dörge, "Macht ohne Mandat?" Die Bundesbank - eine Nebenregierung, in: Die Zeit 31.10.1969. Hinsichlich der früheren Situation verweisen wir auf Helmut Müller, Die Zentralbank - eine Nebenregierung. Reichsbankpräsident H.J. Schacht als Politiker der Weimarer Republik, 1973

Währungspolitik übertragen und die Zentralnotenbank als vierte Gewalt angesehen werden[211]. Denn wenn - so folgert beispielsweise Friedrich Wilhelm von Schelling - der Währungsbereich laut Begründung zum Bundesbankgesetz im Interesse der Währungsstabilität rechtsstaatlich getragene Einschränkungen der Freiheit des einzelnen verlangt, dann müßte eigentlich die Konsequenz lauten: Beim Geld hört nicht nur die Gemütlichkeit, sondern auch die Demokratie auf[212].

2. Die These des Samuelson hat leider auch in den Oasen der Währungsstabilität Anhänger gefunden - auch wenn man der Meinung der Jung- wie modernen Katheder-Sozialisten die ihr zukommende Würdigung zuteil werden läßt, sie also ignoriert. Walter Hesselbach und Ludwig Poullain griffen die Samuelson-Formulierung beinahe wörtlich auf - Hesselbach unter ungewollter Infragestellung seiner gemeinwirtschaftlichen Ideologie, Poullain mit der Überschrift "Demokraten heraus!"[213]. Eine ganz massive Kritik an der Unabhängigkeit der Deutschen Bundesbank war aus dem Munde des ehemaligen wirtschaftspolitischen Chef-Ideologen der SPD Herbert Ehrenberg[214] und auch des damaligen Regierungschefs zu hören[215].

3. Man darf auch nicht vergessen, daß die Achtung der Notenbank-Autonomie den Regierenden vor allem in Notzeiten ein hohes Maß an Zivilcourage abverlangt hat. Wir nennen hier den Franzosen Léon Gambetta in 1870/71[216]. Als Prototyp des Staatsmannes, der die Notenbankautonomie verteidigte, muß hier Antonio de Oliveira Salazar erwähnt werden. Die Stabilität des portugiesischen Escudo von 1928 bis 1974 ist für moderne Valuten unübertrefflich. Das gleiche gilt für Heinrich Brüning und Ludwig Erhard, die der Autonomie von Reichs- bzw. Bundesbank auch in schweren Zeiten Respekt zollten. Beide Staatsmänner sind darüber gestürzt. Daß sich ihre damalige Politik im Nachhinein als richtig erwiesen hat, geriet in Vergessenheit; nicht hingegen ihr Schicksal. Dies hat sicher weltweit vielen Politikern einen Schock versetzt: auch hier bewahrheitet sich die Agiotheorie des Zinses, die eine Erklärung für die Höherbewertung von Gegenwartsgütern (Gewährleistung augenblicklicher Positionen) gegenüber Zukunftsgütern (Urteil der Geschichte) gibt.

---

211 Vgl. Carl Zimmerer, Die geldschöpfende Gewalt, in: ÖBA 1954, S. 141 ff.; Rolf E. Lücke, Bundesbank als vierte Gewalt, in: DVW 8/1957, S. 348 ff.; ferner Hans Ulrich Frhr. von Wangenheim, Währung als vierte Gewalt ohne Vermittlung, in: DVW 10/1957, S. 441 f.

212 Vgl. F. W. v. Schelling, Plädoyer, a.a.O.

213 Vgl. NN, Demokraten heraus!, in: WiWo 7/1973

214 Vgl. Herbert Ehrenberg, Zwischen Marx und Markt, Frankfurt/Main 1973

215 Die Äußerungen des Ex-Bundeskanzlers Schmidt im Zusammenhang mit seinen Vorstellungen über die Durchsetzung der Währungspläne (vgl. FN 195) erscheinen allerdings sehr bedenklich.

216 Vgl. Wilhelm Röpke, Jenseits von Angebot und Nachfrage, Erlenbach-Zürich und Stuttgart 1958, S. 287

b) Die Gefahr qualitativer Überforderungen

Gewichtiger als der erste Einwand gegen eine autonome Währungsbank erscheint die Gefahr qualitativer Überforderungen der Notenbankleitung.

1. Die Autonomie der Zentralbankleitung verlangt entsprechende Qualifikation der Notenbankleitung. Typisches Beispiel für fehlende Identität von Anspruchsniveau und personellem Einfühlungsvermögen gibt uns die Regelung der Notsituationen (Katastrophenfälle), die auf das "Auftragsprinzip" gegenüber den Sicherheitsbetrieben (Streitkräfte, Schutzpolizei, Feuerwehr) und die Fixierung der Kommandostrukturen (Unterstellung aller Sicherheitsbetriebe unter den jeweiligen Streitkräftebefehlshaber) verzichtet. Es bleibt dem gewählten oder ernannten Leiter der betreffenden Gebietskörperschaft überlassen, die fachlich Kompetenten zu beauftragen oder aber trotz offensichtlicher qualitativer Überforderung am Weisungsprinzip festzuhalten.

Die gemachten schlechten Erfahrungen fehlender Identität bei der Hamburger Flutkatastrophe (1962), dem Massaker von Fürstenfeldbruck (1972) und den verschiedenen niedersächsischen Waldbrandkatastrophen (insbes. 1975) haben leider bislang noch zu keiner Überdenkung der Vorkehrungsmaßnahmen geführt.

2. Eine solche Situation ist demgegenüber bei der Währungbank nicht gegeben. Man muß hier davon ausgehen, daß die Leitungsorgane der Währungsbank in allen Währungsfragen allen Angehörigen von Exekutive, Legislative und Judikative von vornherein überlegen sind. Das setzt allerdings eine entsprechende Politik bei der Besetzung der Notenbankleitung voraus.

3. Nicht auszuschließen sind allerdings Fehlentscheidungen der Experten, also hier von Mitgliedern der Notenbankleitung.

a) Als klassisches Beispiel gilt die Haltung des damaligen Reichsbankpräsidenten Rudolf Havenstein gegenüber der Inflation nach dem 1. Weltkrieg. Diese Person widersetzte sich den Währungsreformplänen von Reichsfinanzminister Hans Luther, die erst am Tage nach dem Tode des Havenstein durchgesetzt werden konnten. Ursache für diese Fehlentscheidung des Reichsbankdirektoriums war mangelnde fachliche Kompetenz des Präsidenten[217] und fehlendes Kollegialprinzip im Reichsbankdirektorium.

b) Als weiteres Beispiel sowohl für Fehlentscheidungen wie auch für die "Diktatur des Geldes" (vgl. Unterabschnitt d) muß traditionsgemäß die Politik der Reichsbank während der Weltwirtschaftskrise im allgemeinen und die von Reichsbankpräsident Hans Luther im besonderen herhalten. Der möglicherweisen fehlenden währungspolitischen Qualifikation eines früheren Reichskanzlers wird man aber sofort das Kollegialprinzip des Reichsbankdirektoriums und die Reichsbankkarriere der übrigen Mitglieder entgegenhalten

---

217 Vgl. Edgar Salin, Für ein Alignement der Währungen, in: Lynkeus, Tübingen 1963, S. 284 f.

können. Unbestritten ist weiter, daß sich Reichsregierung und Reichsbankdirektorium über die Währungspolitik einig waren[218], zumindest grundsätzlich[219]. Als problematisch erwies sich allein das eingeschränkte Instrumentarium: die Reichsbank unterlag der Golddeckungspflicht mit Verpflichtung zur Verfügung eines Mindestdiskontsatzes von 5% mit gestaffelten Zuschlägen bei Unterschreitungen[220].

c) Moderne Beispiele für Fehlentscheidungen der Zentralbankleitung sind die anfänglichen Konflikte zwischen Bundesregierung und Bundesbank hinsichtlich Aufwertung und Übergang zur Flexibilität in den Jahren 1960/61, 1968/69 und 1973/74. Ursache dafür ist die fehlende Prioritätensetzung der endogenen Ziele: Eine Bank ist naturgemäß immer mehr an der äußeren Stabilität interessiert - das entspricht dem Liquiditätsprinzip. Eine anti-inflationsorientierte Regierung mißt auf der anderen Seite ebenso automatisch der inneren Stabilität größere Bedeutung bei, wenn nicht eine zu starke Auslandsbezogenheit andere Prioritäten setzt. Im übrigen ist für die späte Entscheidung des Zentralbankrats zur Aufhebung der Parität der DM (d. h. zum Übergang zu flexiblen Wechselkursen und damit zur Unterordnung des Prinzips äußere Stabilität unter den Grundsatz der Kaufkraftstabilität) das währungspolitische Fehlverhalten des Auslandes verantwortlich zu machen: Zahlungsbilanzkonforme Währungspolitik sollten nur die Überschußländer betreiben, um damit den Ländern mit chronischen passiven Zahlungsbilanzen entsprechende Anpassungsmaßnahmen zu ersparen. Das heißt mit anderen Worten: Weil die Regeln des Goldautomatismus außer Kraft gesetzt worden waren, die allein eine Konfliktsituation zwischen den Zielen innerer und äußerer Währungsstabilität bereits auf mittlere Sicht ausschließen, mußte die auf äußere Währungsstabilität ausgerichtete Zielsetzung zu Fehlentwicklungen führen[221].

4. Verschiedentlich werden von Bankseite und seitens der Politik Expertengremien als Beratungsinstanzen vorgeschlagen, um Fehlentscheidungen vorzubeugen. Es gibt genügend Beispiele aus der Bankpraxis ("Beiräte") und ausländischen Währungsbanken[222]. Die Institutionalisierung könnte indes die Unabhängigkeit beeinträchtigen[223]. Die bessere Alternative sind Ad-hoc-Konsultationen, die keinem Mitglied der Währungsbank verwehrt sind.

218 Vgl. Edgar Salin, Rede bei der Trauerfeier für Hans Luther, in: Lynkeus, a.a.O., S. 83
219 Vgl. dazu Heinrich Brüning, Memoiren, Stuttgart 1970, S. 310 ff.
220 § 29 Abs. 3 und 4 des Bankgesetzes von 1924
221 Vgl. dazu auch Otmar Emminger, D-Mark, Dollar, Währungskrisen, Stuttgart 1986
222 Vgl. Oswald Hahn, Währungsbanken I, a.a.O., S. 168 ff.
223 Vgl. Oswald Hahn, Deutsche Bundesbank: Expertengremium?, in: Kreditwesen 5/1992, S. 177

c) Der Autonomiemißbrauch bei Stellenbesetzungen

Autonomie der Zentralnotenbank bedeutet nicht nur eine Unabhängigkeit gegenüber der Regierung. Sie verlangt - konsequent durchgeführt - auch eine Trennung von Exekutive und Währungsbank in personeller Hinsicht. Wir sehen die Autonomie der Notenbank bereits dann als verletzt an, wenn die Leitungsgremien bei vorhandenem qualifiziertem eigenem Personal mit "Seiteneinsteigern" besetzt werden: es handelt sich hierbei im wesentlichen um Parteipolitiker und ehemalige Minister ("Politisierung der Notenbank") oder um Funktionäre der Staatsverwaltung ("Ministerialisierung der Notenbank"). Die deutschen Verhältnisse haben wir an anderer Stelle ausführlich dargelegt[224].

Politisierung wie auch Ministerialisierung der Notenbank berühren drei Fragenkomplexe: einmal die im Mittelpunkt unserer Betrachtung stehende Notenbankautonomie, sodann das qualitative Moment der fachlichen Kompetenz und schließlich die Frage des Eigenpotentials der Zentralbank.

1. Man war bisher geneigt, den Mitgliedern des Zentralbankdirektoriums dann eine gewisse Staatsunabhängigkeit zuzugestehen, wenn sie zwar von der Regierung ernannt werden, aber eine lange Amtszeit haben, nicht wiedergewählt und nicht abberufen werden können.

a) Diese Unabhängigkeit kann auch reinen Parteibuch-Experten bescheinigt werden. Auch werden Führungspersönlichkeiten häufig durch das jeweilige Amt geprägt[225]. Die positionsbedingte Verwandlung profitiert dabei von den Erfahrungen auf der anderen Frontseite - was allerdings keine währungspolitische Besonderheit ist[226]. Aber all diese Feststellungen gelten nicht für fanatische Ideologen.

b) Die Besetzung von Notenbankpräsidien durch Politiker basiert in verschiedenen Ländern, wie beispielsweise den Vereinigten Staaten und Frankreich, auf Tradition. Damit wird jedoch die Einbeziehung der Notenbank unter die Exekutive bestätigt, deren Spitzen stets parlamentarische Verantwortung tragen: letztlich ist also die Unabhängigkeit der Notenbank in Frage gestellt.

Allerdings muß bei der Bezugnahme auf ausländische Praktiken auch die Art der besetzten Positionen berücksichtigt werden. Insbesondere in lateinamerikanischen Ländern haben wir es mit Notenbanken mit einer "verbundenen Leitung" in Form von ehrenamtlichen "Währungsräten" (Board of Directors oder Monetary Board, Conseil d'Administration,

---

224 Vgl. Oswald Hahn: Zentralbankrat: Praktiker .../... oder Politiker?, in: Kreditwesen 12/1976, S. 527 f.; ferner ders., Bundesbank: Zeichen gesetzt, in: Kreditwesen 6/1990, S. 264; Rolf H. Kaiser, Deutsche Bundesbank: Stärkung der personellen Autonomie, in: Kreditwesen 8/1980, S. 324 ff.; David Marsh, a.a.O., S. 118 ff.

225 Die Verwandlung eines "Saulus" in einen "Paulus" bezeichnet Otmar Issing als den "Becket Effekt". (Vgl. David Marsh, a.a.O., S. 32 ff., S. 60)

226 Vgl. dazu NN, Aus Böcken kann man Gärtner machen. Wenn ein Ex-Ladendieb Hausdetektiv wird, wird Ladendieben die Tour vermasselt, in: Blick 18.1.1977

Junta Monetaria) und hauptamtlichen Direktorium (Board of Governors, Direction Générale, Gerencia General) zu tun. Politiker wie auch zentralbankexterne Wirtschaftsvertreter sind nur Mitglieder der ehrenamtlichen Währungsräte[227].

Das hier zur Diskussion gestellte Problem ist nicht nur notenbankbezogen. Wir haben an anderer Stelle die gesamte öffentliche Bankwirtschaft angesprochen[228]. Man kann aber auch in anderen Bereichen staatlicher Betätigung derartiges feststellen, so z. B. auch auf der Ebene der Polizeipräsidenten[229].

2. Die zweite Ebene des Problems ist die Frage nach der fachlichen Kompetenz.

a) Politische Seiteneinsteiger stellen jedoch zunächst einmal Expertenleistungen in Frage. Mit dem gleichen Recht könnten sich parlamentarische Mitglieder des Verteidigungsausschusses des Deutschen Bundestags für kompetent für die Position im SACEUR (NATO-Oberbefehlshaber) empfinden. Wissenschaftler als Mitglieder der Notenbankleitung ("Praktikum für Nationalökonomen") machen unter diesem Aspekt eine Ausnahme.

b) Die Bismarcksche Formulierung: "Wem Gott ein Amt gibt, dem gibt er Verstand", wird meist mißverstanden. Gemeint ist damit die Fähigkeit des Sich-einarbeiten-Könnens von Genies in alle Positionen, die nicht von Experten besetzt werden können. Die Identifizierung von generell einsetzbaren Seiteneinsteigern und Genies war indes der fundamentale Fehler, der in der britischen Bildungstradition, mit dem kontinentalen Juristenmonopol und mit der (modernen) betriebswirtschaftlichen Theorie von der brancheunabhängigen Besetzbarkeit aller Führungspositionen gemacht wurden[230]. Die Fehlentwicklungen, die diese drei Prinzipien mit sich brachten, können heute wohl von niemandem mehr übersehen werden. Hinzu kommt, daß der Entwicklungsstand der Industrieländer diese Politik ebenso überflüssig macht wie die gefestigten politischen Verhältnisse. Geringe Alphabetenquoten lassen keine andere Möglichkeit als die der fachfremden Besetzung von Führungspositionen zu, und Revolutionen zwingen zur Eliminierung auch der zweiten Führungsgarnitur.

3. Die letzte Schicht dieses Problems spricht Gleichheitsgrundsatz und Mitbestimmung an.

a) Die Beherrschung der obersten (hauptamtlichen) Führungsebene von Zentralbanken kann man als eine Aktkualisierung des "Lieutenant-Prinzips" des ancien regime ansehen, wo der "Statthalter" ständiger Vertreter des mit der nominellen Leitung beauftragten (i.d.R. völlig unfähigen) Kapitäns, Obersten oder Generals aus dem Kreise des Adels war und nicht nur die tägliche Arbeit zu leisten hatte. Dieses Statthalter-Prinzip (später: "Kult der Erzherzöge") war eine Wurzel der Revolution.

---

227 Vgl. Oswald Hahn, Währungsbanken I, a.a.O., S.105 ff.

228 Vgl. Oswald Hahn, Einige kritische Anmerkungen zur staatlichen Bankwirtschaft, Heft 54 AP BWI ER-N, Nürnberg, 1977

229 Vgl. Oswald Hahn, Polizei und Betriebswirtschaftslehre. Veröff. LSt. BankBWL FAU, Nürnberg 1980

230 Vgl. dazu Oswald Hahn, Kritische Anmerkungen, a.a.O., S. 30; ferner ders., Überlegungen zum Konzept der Bundeswehrhochschulen, in: Wehrkunde 2/1975, S. 91

b) Die Praxis einer Politisierung von Unternehmensleitungen bedeutet heute eine Abqualifizierung der aus den betreffenden Unternehmungen selbst gewachsenen Führungskräfte. Das gilt insbesondere für die Angehörigen des Höheren Dienstes der Deutschen Bundesbank. Das entsprechende Reservoir an hochqualifizierten gelernten Zentralbankern ist der zweite Grund, der eine Politisierung wie auch Ministerialisierung des Zentralbankrats verbietet.

c) Ein drittes Argument für die Ablehnung solcher Praktiken ergibt sich aus den gegenwärtigen politischen Strömungen (Mitbestimmung). Eine Berücksichtigung der Interessen von Mitarbeitern der Landeszentralbanken durch Bund, Länder und auch Zentralbankrat wäre daher nur logisch.

Wir dürfen abschließend eine Feststellung von Arno Sölter wiederholen, die auch diesen Teilaspekt beleuchtet: Es ist unverantwortlich, wenn Verantwortliche keine Sachkunde und Sachkundige keine Verantwortung haben[231].

d) Die Gefahr einer Diktatur des Geldes

Die Gefahr einer Diktatur des Geldes wird von den Kritikern einer autonomen Zentralnotenbank mit drei Hinweisen charakterisiert:

1. Der erste Ansatzpunkt ist die fehlende Unterstützung der Wirtschaftspolitik seitens einer unabhängigen Zentralnotenbank. Paradebeispiel war bisher immer das Verhalten der Deutschen Reichsbank vor, in und nach der Bankenkrise von 1931. Wir haben hierzu bereits erwähnt, daß erstens damals Reichsbank und Reichsregierung die gleiche Meinung vertraten. Zweitens waren dem Reichsbankdirektorium durch Gesetz (Golddeckungspflicht mit Diskontsatz-Automatik) die Hände gebunden. Es fehlen also die wesentlichen Voraussetzungen für eine erfolgreiche Währungspolitik (vgl. Unterabschnitt III,a), also die Ausstattung der Notenbankleitung mit entsprechenden Kompetenzen. Drittens ist heute in vielen Gesetzen der Zentralbank als "Nebenbedingung" innerhalb der Zielsetzung der Währungsstabilität die Unterstützung der Wirtschaftspolitik aufgegeben, was damals fehlte.

2. Zweiter Ansatzpunkt für die Theorie einer "Diktatur des Geldes" war schon immer der Hinweis auf Notsituationen. Als klassisches Beispiel gilt die Kriegsfinanzierung, die angeblich ohne Inflation nicht möglich ist. Dies scheint eines der leider nicht ausrottbaren ökonomischen Märchen zu sein. Richtig ist, daß eine Kriegsfinanzierung ohne Inflation unpopulär ist, weil sie sich nicht geräuschlos vollzieht. Allerdings sollte man dabei nicht immer nur den Weg der Steuerpolitik sehen. Wir möchten hier nicht auf die Kriegs-

---

231 Vgl. Volkmar Muthesius, Geld spricht alle Sprachen. Definitionen und Wortspiele, XIII. Folge, Frankfurt/Main 1973, S. 32

finanzierung durch Napoleon I. verweisen, denn sie wurde großenteils zugunsten des französichen Volkes durch die Bevölkerung der eroberten Gebiete getragen[232]. Aber ebenso wie in Kriegszeiten eine Güterbewirtschaftung erfolgen kann, läßt sich auch eine Geldbewirtschaftung durchführen. Diese würde in einer Blockierung aller Spargelder liegen, die dann zugleich aber mit einer Kaufkraftgarantie versehen werden müßten (vgl. 2. Abschnitt D.I,b). Das bedeutet aber keine vorweggenommene Währungsreform, sondern nur eine zeitweilige Verwendungsbeschränkung unter Berücksichtigung der alterworbenen Rechte der Sparer. Hier scheint uns die ökonomische Theorie gefordert zu sein. Und wir geben gerne zu, daß hierzu bislang im vorhinaus sehr wenig getan worden ist: die Erörterungen im hinthinein beschränken sich auf die Darstellung des historischen Ablaufs[233]. Im Prinzip das gleiche gilt für die Finanzierung der wirtschaftlichen Entwicklung.

3. Dritter und letzter Beweisansatz betrifft die bei einer autonomen Zentralbank angeblich nicht gewährleistete Vollbeschäftigung. Das gleiche würde die andere Formulierung sagen: In den Ländern mit regierungsabhängiger Zentralbank gibt es keine Arbeitslosigkeit. Beides ist falsch, was uns an Beispielen allerdings erst seit dem 2. Weltkrieg vorexerziert wurde. Die deutsche Arbeitslosenquote liegt erheblich unter der solcher Länder, die stets eine Politik billigen Geldes mit völlig regierungsabhängiger Zentralbank betrieben: Großbritannien, Indien und zahlreiche Länder mit sozialistischem System unterschiedlicher Ausprägung.

232 Vgl. hierzu vor allem Heinrich Rittershausen, Zentralnotenbank, a.a.O., S. 346, S. 373 ff.

233 Vgl. hierzu Gerd Bosse, Zur Ökonomie des Militärischen. Eine Literaturauswahl, in: Karl-Ernst Schulz, Militär und Ökonomie, Göttingen 1977, S. 300 ff. (Finanzielle Aspekte der Verteidigung)

2. Abschnitt: Die Währungsbehörde: Das administrative Instumentarium der Währungsbank

Die Position der Währungsbank als Behörde ist primär quantitativ ausgerichtet und basiert auf der Currency-Theorie[1], die heute weitgehend vom Monetarismus vertreten wird.

Man kann von einer Vierstufigkeit des behördlichen Instrumentariums sprechen. Basis ist die Gestaltung der Währungshoheit (Unterabschnitt A). Hierauf baut dann die Organisation des Emissionsrechts auf, die sich als Variierung in der Monopolsituation der Währungsbank als Emittent von Zahlungsmitteln darstellt (Unterabschnitt B). Auf beiden Ebenen dominieren institutionierende Maßnahmen, die zwar den Gesetzgeber ansprechen, bei denen aber der autonomen Währungsbank ein Initiativ- und Vetorecht zukommen sollte. Dem schließen sich die behördlichen Maßnahmen einer Beeinflussung der Liquidität Dritter an. Wir unterscheiden dabei zwischen Maßnahmen auf der Stufe Währungsbank-Geschäftsbanken und der Stufe Währungsbank-Bankkunden, letztere verstanden im Sinne der "Nichtbanken" im Sprachgebrauch der Deutschen Bundesbank[2] oder Einwirkungen auf die "Liquidität der Kreditwirtschaft" (Unterabschnitt C) und solchen auf die "Liquidität der güternachfragenden Wirtschaft"[3], der "Bankkunden" (Unterabschnitt D).

Die erste Gruppe behördlicher Maßnahmen richtet sich also gegen die monetären Mengen der Kreditinstitute: es soll damit die "Giralgeldschöpfung" der Banken beeinflußt werden. Die zweite Gruppe von Einwirkungsmöglichkeiten setzt demgegenüber bei den monetären Mengen der Bankkundschaft an: Die Geldverwendung und/oder Kapitalbeschaffung der Unternehmungen, öffentlichen und privaten Haushaltungen sollen gesteuert werden.

A. Die Gestaltungsmöglichkeiten der Währungshoheit[4]

Die Währungsbank unterscheidet sich von den anderen Banken durch das Privileg der Ausgabe valutarischen Geldes und ihre Verantwortung für die Währung.

Die Begriffe "Geld" und "Währung" wurden bereits voneinander abgegrenzt: Die Währung im Sinne von Währungseinheit ist der generelle Wertmaßstab, das Geld im Sinne

---

1 Im Gegensatz zur qualitativ ausgerichteten Banking-Theorie. Vgl. dazu Otto Veit, Grundriß, a.a.O., S. 219 ff.; ferner Michael Burchardt, Die Banking-Currency-Kontroverse, in: KuK 4/1985, S. 457 ff.

2 Vgl. Hanns Linhardt, Kreditkontrolle, Essen 1954, S. 18 ff.

3 Vgl. Wolfgang Graebner, Direkte Kontrollen als Mittel der Geldpolitik, Köln-Opladen 1966, S. 16 ff. Im Gegensatz zu Graebner möchten wir jedoch die Kreditwirtschaft mit den Banken als dem Prototyp geldschöpfender Instanzen identifizieren und die Versicherungsunternehmungen den Bankkunden unterordnen.

4 Hinsichtlich der deutschen Verhältnisse vgl. dazu Ludwig Gramlich, Bundesbankgesetz, Währungsgesetz, Münzgesetz (Kommentar), Berlin u. a. 1988

eines allgemein gültigen Zahlungsmittels fungiert als Träger gesicherter Währungseinheiten (vgl. 1. Abschnitt, Anm. 31).

An anderer Stelle unterschieden wir zwischen der staatlichen, vom Gesetzgeber fixierten und der privaten, auf Gewohnheit basierenden Währung[5] und entwickelten daraus vier mögliche Situationstypen innerhalb eines Wirtschaftsgebietes:

(1) Staatliche Währung,

(1a) eine staatliche Währung,

(1b) zwei oder mehrere staatliche Währungen,

(2) Private Währungen,

(3) Staatliche Währung und - daneben - eine oder mehrere private Währungen[6].

Der Typus (2) kann als ausgestorben angesehen und daher im folgenden vernachlässigt werden. Typ (1b) kommt in verschiedenen Variationen vor. Zunächst gibt es Wirtschaftsgebiete mit mehreren staatlichen Währungen, die legal nebeneinander existieren[7]. Hier ist vor allem auf die künftige Situation in der Europäischen Union zu verweisen, wo - zumindest am Anfang - neben der Europawährung in jedem Mitgliedsstaat die nationale Währung Gültigkeit hat - als Parallelwährung (Marktkurs)[8] oder als Doppelwährung (feste Austauschrelationen). Zum andern gibt es die Situation eines illegalen Nebeneinander von inflationärer, inländischer, staatlicher Währung und einer ausländischen (stabilen) Währung ("Bimonetarismus": die "Dollarisierung" in Israel und die illegale, aber geduldete DM-Währung in Osteuropa[9]. Die besondere Situation in Grenzgebieten hat mit dem letzten Modell gemeinsam, daß eine Parallelwährung vorliegt.

Wir wollen im folgenden davon ausgehen, daß in jedem Staatsgebiet eine Währung dadurch privilegiert wird, daß sie die "Obrigkeit" allen Rechtsgeschäften, an denen sie beteiligt ist, zugrundelegt. Zur "Obrigkeit" gehört die Währungsbank, und zu den von ihr abgeschlossenen Rechtsgeschäften gehört die Ausgabe valutarischen Geldes. Die privilegierte Währung ist diejenige, die dem betreffenden Gebiet den Namen gibt: den des "Währungsgebietes". Wir wollen sie im folgenden als Landeswährung bezeichnen.

---

5 Vgl. Oswald Hahn, Wertmesserfunktion, a.a.O., S. 537 ff.

6 Vgl. Oswald Hahn, Währungsbanken I, a.a.O., S. 4

7 Vgl. ebenda, S. 5 ff.

8 Vgl. Ernst-Moritz Lipp, Parallelwährung für Europa - Pläne als Risiko oder Chance für die europäische Einigung?, Baden-Baden 1978. Wir verweisen sodann auf die jüngsten Vorschläge von Wilhelm Hankel, den ECU als Europavaluta einzuführen und zusammen mit der jeweiligen nationalen Währung als Parallelwährung zu institutionalisieren. Vgl. dazu Wilhelm Hankel, Dollar und ECU, Frankfurt/Main 1992. Die Gegenposition vertritt u.a. Otmar Issing, Geldpolitik im Vorfeld der Europäischen Währungsunion, in: Auszüge aus Presseartikeln der Deutschen Bundesbank 34/1992, S. 7 ff.

9 Vgl. dazu Perdita A. Wingender, Westdevisen und Devisenschwarzmärkte in sozialistischen Planwirtschaften, Stuttgart 1989

Im Verhältnis zwischen der privilegierten Landeswährung und anderen Währungen - den privilegierten Währungen anderer Gebiete oder privaten Währungen, zwischen denen wir künftig keinen Unterschied machen wollen - lassen sich zunächst zwei Grundsituationen aufzeigen: Die grundsätzliche Duldung des Nebeneinanders (I) und das grundsätzliche Verbot (II). Eine Sonderrolle spielen Wertsicherungsklauseln (III).

I. Die grundsätzliche Duldung des Nebeneinanders

Die Währungsbank erlaubt in diesem Falle den Wirtschaftssubjekten die beliebige Verwendung anderer Währungseinheiten im Rechtsverkehr. Es besteht keine Devisenbewirtschaftung, und zum Schutze vor einer Entwertung der privilegierten Währung können "Wertsicherungsklauseln" vereinbart werden, durch die das Währungsentwertungsrisiko vom Gläubiger auf den Schuldner abgewälzt wird (vgl. Unterabschnitt III).

In praxi steht die Situation offizieller Duldung der Konstellation gegenüber, in der trotz offiziellen Verbots eine stillschweigende Tolerierung des Nebeneinanders erfolgt. Die "Dollarisierung" begann zunächst in Lateinamerika und Israel. In Osteuropa wird weitgehend die DMark herangezogen.

II. Das grundsätzliche Verbot von Nebenwährungen

Die Landeswährung hat exklusiven Charakter: Das Monopol der staatlichen Währung umschließt alle Bereiche der Wirtschaft. Der Abschluß von Rechtsgeschäften über ausländische Währung ist grundsätzlich verboten (Devisenbewirtschaftung), die Anwendung von Wertsicherungsklauseln wird nicht gestattet.

In der Bundesrepublik Deutschland begründet das Währungsgesetz von 1948 die Situation eines grundsätzlichen Verbots des Nebeneinanders[10]. Das Außenwirtschaftsgesetz hat von einem Teil der im Währungsgesetz erteilten Ermächtigungen Gebrauch gemacht und neben dem Waren-, Dienstleistungs-, Kapital- und Zahlungsverkehr mit dem Ausland auch den "Verkehr mit Auslandswerten und Gold zwischen Gebietsansässigen" für grundsätzlich frei erklärt[11]. Für Wertsicherungsklauseln gilt demgegenüber nach wie vor das Einzelgenehmigungsprinzip.

---

10 "Geldschulden dürfen nur mit Genehmigung der für die Erteilung von Devisengenehmigungen zuständigen Stelle in einer anderen Währung als Deutscher Mark eingegangen werden. Das gleiche gilt für Geldschulden, deren Betrag in Deutscher Mark durch den Kurs einer solchen anderen Währung oder durch den Preis oder einer Menge von Feingold oder anderen Gütern oder Leistungen bestimmt wird" (§ 3 Währungsgesetz).

11 § 1 (1) Außenwirtschaftsgesetz

Das Verbot läßt sich aus der Geltungsverschaffungspflicht der Währungsbank für die von ihr emittierte Währung ableiten (vgl. 1. Abschnitt, C.I,b.3): Die Währungsbank vertritt die Meinung, ein schrankenloses Dulden des Nebeneinanders und damit die Zulassung von Wertsicherungsklauseln würde die Währung gefährden. Nur durch ein Verbot von Wertsicherungsklauseln könne dem Grundsatz des Eigenwerts der Währung Geltung verschafft werden. Dem läßt sich allerdings entgegenhalten, daß nur eine falsche Währungspolitik das Vertrauen in eine Währung erschüttert, nicht indes die Zulassung von Nebenwährungen[12]. Leider fehlen Kompromißhaltungen der Währungsbanken[13].

Eine erste generelle Diskussion über die mögliche Entstehung einer "Nebenwährung" löste das geplante Angebot von "Goldzertifikaten" aus: Der entsprechende Einspruch der Deutschen Bundesbank veranlaßte die betreffenden Geschäftsbanken, den Plan zu variieren und die entsprechenden Einrichtungen in das Ausland zu verlagern[14].

III. Wertsicherungsklauseln

Wertsicherungsklauseln bezwecken den Schutz gegenüber dem Währungsrisiko[15]. Es handelt sich dabei um Abmachungen, denen zufolge sich eine über Landeswährung laufende Schuld in dem Umfang erhöht, in dem sich diese Währung entwertet. Das Vertragsverhältnis wird nicht nur in Einheiten der Landeswährung, sondern auch in einer anderen Werteinheit zum Kurs des Vertragsabschlußtages ausgedrückt. Als andere Werteinheiten kommen in Frage das Gold, fremde (staatliche) Währungen und schließlich Waren- oder Leistungseinheiten. Von Wertsicherungsklauseln spricht man auch dann, wenn anstelle anderer Werteinheiten der Kaufkraftindex der Landeswährung gewählt wird.

a) Es gibt verschiedene Erscheinungsformen dieser Wertsicherungsklauseln.

1. Einseitige Wertsicherungsklauseln schützen nur eine Partei vor Inflation und Deflation, nämlich den Gläubiger, während die andere Partei (Schuldner) alle Risiken trägt. Die einseitige Wertsicherungsklausel bestimmt den in Inlandswährung vereinbarten Betrag als Mindestbetrag. Eine solche Wertsicherungsklausel würde beispielsweise lauten: "10.000 DM, mindestens jedoch der Gegenwert von 2.500 US-Dollar" oder "DM 10.000, mindestens jedoch der Gegenwert von 100 Doppelzentner Weizenmehl, Typ xy". Mit einer solchen Klausel wälzt der Gläubiger das Risiko der DM-Entwertung auf den Schuldner ab, ohne dabei gleichzeitig auf die Chance einer DM-Wertsteigerung zu verzichten. Der

---

12 Vgl. zur gesamten Problematik Otmar Issing, Indexklauseln und Inflation, Tübingen 1973; Wolfgang Gerke, Gleitklauseln im Geld- und Kapitalverkehr - Mark = Mark?, Wiesbaden 1980

13 Vgl. Helmut Kollhosser, Wertsicherungsklauseln im Spannungsfeld zwischen Vertragsfreiheit, Sozialpolitik und Währungspolitik, Heidelberg 1985

14 Vgl. dazu Oswald Hahn, Sind Spezialschecks und Goldzertifikate Geldersatz?, in: BfG 9/1960, S. 141 ff.

15 Vgl. Wolfgang Stützel, Das Mark-gleich-Mark-Prinzip und unsere Wirtschaftsordnung. Über den sogenannten Nominalismus, insbesondere im Schuld- und Steuerrecht, Baden-Baden 1979

Schuldner übernimmt umgekehrt das Entwertungsrisiko, verzichtet aber auf die Wertsteigerungschance. Insofern sind solche Wertsicherungsklauseln einseitig.

2. Eine umgekehrte Zielsetzung hat die "umgedrehte einseitige Wertsicherungsklausel", die den Schuldner einseitig schützt. Sie würde lauten: "2.500 US-$, höchstens jedoch DM 10.000" (einseitige Wertsicherungsklausel nach (1) aus der Perspektive eines US-$-Inländers) oder "100 dz Weizenmehl Typ xy, höchstens jedoch der Gegenwert von 10.000 DM".

3. Zweiseitige Wertsicherungsklauseln bewirken demgegenüber den Schutz beider Parteien: Der Gläubiger wird vor der Inflation, der Schuldner vor der Deflation "geschützt". Solche Vereinbarungen begründen, wenn sie durch andere Werteinheiten ausgedrückt werden, ein unechtes Vertragsverhältnis in diesen Werteinheiten: Die anderen Werteinheiten werden jeweils mit dem Tageswert multipliziert. Zweiseitige Wertsicherungsklauseln würden etwa lauten: "Jeweiliger DM-Gegenwert von 2.500 US-$ bzw. 100 Doppelzentner Mehl, Typ xy". Der Gläubiger überwälzt das DM-Entwertungsrisiko auf den Schuldner, verzichtet aber gleichzeitig auf die DM-Wertsteigerungschance. Wertsicherungsklauseln, die an den Kaufkraftindex bzw. (dessen Reziprokwert) Preisindex gekoppelt sind, sind immer zweiseitig[16]. Die bedeutsamste zweiseitige Wertsicherungsklausel ist inzwischen der Währungskorb im allgemeinen[17] und der ECU im besonderen (vgl. Tab. 2).

All diese zweiseitigen Wertsicherungsklauseln ersetzen die ursprüngliche Währung (hier: DM) durch eine andere Werteinheit (fremde Währung, Währungskorb, Warenmengen, Index).

b) Vergleicht man die drei Formen der Wertsicherung miteinander, so läßt sich feststellen, daß die einseitige und die umgedrehte einseitige Wertsicherungsklausel jeweils einen Partner einseitig begünstigen: Die einseitige Wertsicherungsklausel nimmt dem Gläubiger das Risiko und beläßt ihm die Chance, die umgedrehte einseitige Wertsicherungsklausel bringt diese einseitigen Vorteile dem Schuldner.

c) Die Deutsche Bundesbank hat inzwischen folgende Politik entwickelt:

1. Einseitige Klauseln bleiben uneingeschränkt verboten: dies bewirkt ihre rechtliche Wirkungslosigkeit.

2. Für den ECU[18] wurde nach mehrjähriger entschiedener Ablehnung 1987 die generelle Erlaubnis erteilt (Behandlung als faktische Fremdwährung)[19].

---

16 Vgl. Harald von Raffay, Erscheinungsformen und Auswirkungen von Indexkoppelungen, Berlin-München 1978; Norbert Euba, Indexbindung bei Spareinlagen, Sparkassenheft 50, Stuttgart o.J. (1974)

17 Vgl. dazu Franz Zehetner, Geldwertklauseln im grenzüberschreitenden Wirtschaftsverkehr, Tübingen 1976

18 Vgl. Albrecht von Moltke, Die private Verwendung von ECU, Reutlingen 1986

19 Vgl. Die Märkte für private ECU, Monatsberichte Deutsche Bundesbank, Mai 1992

Tabelle 2:	Berechnung der Währungseinheit eines Währungskorbes (hier: ECU)		
(1) WE	(2) "Mengenrüst" (Anzahl der WE im Korb") Stand: 28.02.1993	(3) DM-Gegenwert je WE (ermittelt aus dem US-$-Kurs der Währung)	(4) Anteil der WE am ECU in DM (2)x(3)
DM	0,624200	1,000000	0,62420
Ł	0,087840	2,520000	0,22136
FF	1,332000	0,295000	0,39294
Lit	151,800000	0,001080	0,16394
hfl	0,219800	0,889250	0,19546
bfr	3,301000	0,048580	0,16036
lfr	0,130000	0,048580	0,00632
dkr	0,197600	0,258850	0,05115
IRŁ	0,008552	2,643000	0,02260
Dr	1,440000	0,007495	0,01079
Pta	6,885000	0,014100	0,09708
Esc	1,393000	0,011150	0,01553
Summe = ECU	-	-	1,96175 DM

1. Das "Mengengerüst" wird vom EG-Rat festgesetzt (erstmals 13.3.1979) und in fünfjährigem Rhythmus überprüft. Neufestsetzungen erfolgten bisher zweimal bei Aufnahme weiterer Währungen (17.9.1984: Dr; 21.9.1989: Pta u. Esc)
2. Der ECU-Gegenwert der einzelnen Währungen errechnet sich
   a) durch Multiplikation des "Mengengerüsts" als Korbgewicht (Spalte 2) mit dem auf eine Währungseinheit bezogenen, aus dem US-$ errechneten Kurs (Spalte 3) und
   b) Addition der Anteile (Spalte 4) = ECU-Kurs (Summe der Produkte)
3. Für andere WE (z. B. Ł) errechnet sich der ECU-Wert analog: In diesem Fall würde z. B. die Zeile Ł wie folgt aussehen:
   Spalte 2 = 0,08784
   Spalte 3 = 1,00000
   Spalte 4 = 0,08784

3. Für alle übrigen Wertsicherungsklauseln gilt das Einzelgenehmigungsverfahren, bei dem von zwei Voraussetzungen ausgegangen wird: (1) Vorhandensein eines "echten Bedürfnisses" nach Wertsicherung, das grundsätzlich nur bei langfristigen Schuldverhältnissen unterstellt wird; (2) Sachgerechter Wertmesser: es muß sich um die Koppelung

einer Größe handeln, die dem "Grundgeschäft" entstammt oder mit ihm verwandt ist[20]. Darüber hinaus läßt sich die Bank von der Lage des Einzelfalles leiten[21]. Es gibt jedoch eine Reihe von zweiseitigen Wertsicherungsklauseln, die vom Verbot nicht erfaßt sind. Eine generelle Genehmigung zweiseitiger Wertsicherungsklauseln wäre währungspolitisch durchaus vertretbar[22]: sie wird auch von Mitgliedern des Zentralbankrats (allerdings erst) nach Ausscheiden aus dem aktiven Dienst vertreten[23].

---

20 Vgl. dazu Überblick zu Genehmigungspraxis der Deutschen Bundesbank, in: Monatsbericht Deutsche Bundesbank April 1971; Übersicht jeweils Geschäftsbericht. Ferner Friedrich Karl Willms, Zur Genehmigungsbedürftigkeit von Wertsicherungsvereinbarungen nach § 3 WährG und zur Neufassung der Genehmigungs-Grundsätze der Deutschen Bundesbank, in: BB 20/1978, S. 973 ff.

21 Vgl. im einzelnen W. Dürkes, Wertsicherungsklauseln, 10. A., Heidelberg 1992

22 Vgl. Wolfgang Gerke, Gleitklauseln, a.a.O., S. 177 ff.

23 Vgl. Otto Pfleiderer, Indexklauseln im langfristigen Kapitalverkehr als Hilfsmittel der Inflationsbekämpfung, in: Probleme der Indexbindung, Beihefte KuK 2/1974, S. 41 ff.

B. Die Gestaltung des Emissionsrechts von Zahlungsmitteln

Jede Währungsbank genießt im Emissionsrecht eine Vorzugsstellung gegenüber allen übrigen Wirtschaftssubjekten. Unterschiede ergeben sich aus dem Umfang dieses Privilegs, das sich regelmäßig als Monopol der Währungsbank in dem betreffenden Bereich niederschlägt. In Anlehnung an Hanns Linhardt kann man diejenigen Zahlungsmittel, deren Ausgabe allein der Währungsbank vorbehalten ist, als den jeweiligen "Gendarm der Kreditwirtschaft"[24] bezeichnen.

I. Das valutarische Geldmonopol

Die Währungsbank ist (wie bereits mehrmals erwähnt) dadurch entstanden, daß der Staat die Banknoten einer bestimmten Notenbank zum valutarischen Geld deklarierte (vgl. 1. Abschnitt, A.I,c).

In einem solchen System besteht eine mehr oder weniger stark beschnittene Emissionsfreiheit für die Emittenten aller übrigen Zahlungsmittel. Insbesondere gibt es neben der Währungsbank noch Betriebswirtschaften, die einlösliches Bargeld emittieren: private Notenbanken, Unternehmungen und der Staat.

a) Hinsichtlich der privaten Notenbanken sind dabei verschiedene Abstufungen möglich, die von der totalen "Notenbankfreiheit" (wie in verschiedenen lateinamerikanischen Staaten teilweise bis zum ersten Weltkrieg gegeben[25]) über das Normativprinzip bis zur Konzessionspflicht reichen. Außerdem gibt es Variationen hinsichtlich der Beschränkungen, die den Privatnotenbanken auferlegt wurden. Das System privater Notenbanken neben einer privilegierten Währungsbank charakterisiert die Kreditwirtschaft der zweiten Hälfte des 19. Jahrhunderts. Es wurde mit der Verleihung des Bargeldmonopols an die Währungsbanken immer mehr eingeschränkt[26]. Allein in Luxemburg[27], Schott-

---

24 Hanns Linhardt, Kritik, a.a.O., S. 107

25 Vgl. Oswald Hahn, Währungsbanken I, a.a.O., S. 44

26 Vgl. ebenda, S. 58 ff.

27 Luxemburg hat mit dem belgisch-luxemburgischen Währungsabkommen (1949) auf währungspolitische Befugnisse weitgehend verzichtet. Die Emission von Geldzeichen in luxemburgischer Währung ist mengenmäßig beschränkt. Emissionsinstanzen sind die Staatssparkasse (Münzen und uneinlösliches Staatspapiergeld) und die Internationale Bank in Luxemburg (einlösliche Banknoten). Die Bankenaufsichtsbehörde (Institut Monetaire Luxembourgeois) wird jedoch mit Inkrafttreten der Normen über das Europäische System der Zentralbanken (ESZB) die Funktion einer Zentralbank erhalten.

land[28] und Hongkong[29] finden sich noch Überreste, die jedoch in Kürze verschwunden sein dürften[30].

Friedrich August von Hayek hat unlängst die von Heinrich Rittershausen vorgestellte Situation einer Konkurrenz freier Notenbanken im nationalen Raum[31] erneut zur Diskussion gestellt[32]. Wirtschaftlichkeitsüberlegungen verbieten jedoch im Hinblick auf die ständige Zunahme des bargeldlosen Zahlungsverkehrs solche Modelle, wiewohl es währungspolitische Argumente für die klassische "Bankenfreiheit" gibt[33].

b) Ein solches System gestattet auch die Ausgabe von "Firmen-" und "Behördengeld"[34], worunter man bei Sicht fällige Inhaberschuldverschreibungen und Inhaberzeichen zu rechnen hat, die insbesondere in Zeiten der Zerrüttung der staatlichen Währung, aber auch in Zeiten von Kleingeldmangel begeben werden[35].

Schließlich sind in diesem Zusammenhang auch kleingestückelte staatliche Anleihen zu nennen, die allerdings nicht nur in den oben beschriebenen Situationen ausgegeben wurden, sondern sich auch in Zeiten ungedeckten Staatsfinanzbedarfs finden[36].

c) Die Monopolsituation dieser Art kann allerdings auch zum Nachteil der Währungsbank eingeschränkt werden, wenn der Staat die Erlaubnis zur Ausgabe eigenen valutarischen Geldes erhält. Das Staatspapiergeld früherer Zeiten (als Vorgänger uneinlöslicher Banknoten) ist zwar ausgestorben, nicht hingegen das - wenn auch quantitativ beschränkte - völlig abwegige Regierungs-Münzregal (vgl. auch 3. Abschnitt C.II,b). Dieses läßt sich allein historisch begründen und entbehrt heute jeglicher ökonomischer, aber auch fiskali-

---

28 Eine Übersicht über Schottland gibt James Douglas, Scottish Banknotes, London 1975.

29 In Hongkong bahnen sich im Gefolge der vorgesehenen Überlassung des Gebietes an die VR China (1997) bereits Änderungen an: ein bereits seit Jahrzehnten bestehendes "Büro des Devisenfonds" ist als Kern einer neuen "Central Monetary Authority" (CMA) vorgesehen (vgl. dazu NN, Vor massiven Einschnitten in Hongkongs Bankensystem, in: NZZ 21.8.1992; ferner NN, Banknoten der Bank of China. Beteiligung der Volksrepublik an der Notenausgabe in Hongkong, in: NZZ 23.1.1993).

30 Es existieren auch heute noch Währungsbanken, die sich nicht in ausschließlichem Staatsbesitz befinden (vgl. zur Typologie Oswald Hahn, Währungsbanken I, a.a.O., S. 87 ff.. Als Währungsbanken ohne Beteiligung der Zentralregierung sind zu nennen die Institute von Südafrika, der Schweiz und der USA (Banken als Aktionäre). In Österreich beläuft sich der Staatsanteil der Nationalbank auf 50 %. Diese Institute rechnen indes ebensowenig wie die in ausschließlichem Privateigentum stehende Deutsche Reichsbank unter die Privatnotenbanken, da entweder der Einfluß der Aktionäre auf die Gewinnbeteiligung beschränkt ist oder aber der Staatseinfluß dominiert.

31 Vgl. Heinrich Rittershausen, Zentralnotenbank, a.a.O., S. 353

32 Vgl. Friedrich August von Hayek, Entnationalisierung des Geldes, Tübingen 1977; ferner Rainer Gerding/ Joachim Starbatty, Zur Entnationalisierung des Geldes, Tübingen 1980; Manfred Neldner, Brauchen wir eine monopolistische Zentralbank?, in: WiSt 10/1987, S. 503 ff.

33 Vgl. neben den Vorstellungen von Rittershausen und Hayek insbes. Manfred Neldner, Bankenfreiheit. Erfahrungen mit wettbewerblichen Geldordnungen in Schottland, der Schweiz und den USA, in: WiSt 11/1989, S. 549 ff.

34 Vgl. dazu Eberhard Witte, Private Geldschöpfungsversuche, in: Untersuchungen des Bankwesens, 1. Teil, Bd. 2, Berlin 1933, S. 91 ff.

35 Vgl. Oswald Hahn, Zahlungsmittelverkehr, a.a.O., S. 138 ff.

36 vgl. dazu auch die im Zusammenhang mit der Unabhängigkeit der Währungsbank angesprochenen Gefahren (1. Abschnitt D.IV)

scher Berechtigung (vgl. auch 1. Abschnitt D.III,a)[37]. Viele neue Staatsgründungen (so Westdeutschland 1948-50, DDR und Israel), aber auch Neugründungen von Notenbanken in alten Staaten (Republik und Volksrepublik China, die meisten lateinamerikanischen Staaten) haben dem Rechnung getragen und der Währungsbank das Münzregal übertragen[38], während sich die übrigen Länder darin schwertun[39].

Selbst Angehörige der Währungsbank mockieren sich über diese nachhaltige Forderung des Verfassers - nicht zuletzt mit dem Hinweis auf die angeblich so geringe Bedeutung der Scheidemünzen am Geldumlauf[40]. Dabei sollte allerdings einmal nicht das Gesamtvolumen, sondern der Bargeldumlauf Basis sein: einem Anteil an M1 von unter 3% steht in Deutschland ein solcher von über 7 % gegenüber (vgl. Tab. 3)[41].

Zum andern sollte das Münzgeldvolumen auch in Bezug zur jeweiligen Verschuldung des Staates gegenüber der Notenbank gesehen werden (vgl. 3. Abschnitt C.II,b). Zu einer Bagatellisierung besteht somit kein Anlaß.

Tabelle 3: Die Bedeutung des Umlaufs an Scheidemünzen in der Bundesrepublik Deutschland

Jahr	Umlauf an Scheidemünzen	Anteil am Geldvolumen (M 1) in %	Anteil am Bargeldumlauf in %
1950	182	1,01	2,16
1955	1001	3,18	6,83
1960	1369	2,68	6,26
1965	1997	2,54	6,35
1970	3008	2,78	7,61
1975	5407	3,01	9,25
1980	7461	2,90	8,18
1985	9303	2,78	8,10
1990	12590	2,15	7,42

37 Vgl. Oswald Hahn, Die Problematik des Münzregals der Regierung, in: BFuP 12/1962, S. 712 ff.; ferner Ulrich Aas, Die Beurteilung des Notenbank-Münzregals, Diplomarbeit Erlangen-Nürnberg 1989

38 Eine Übersicht gibt Oswald Hahn, Währungsbanken II, a.a.O., S. 175 f.

39 Wir verweisen auf die Diskussion über den Verkauf des österreichischen Münzregals an die Österreichische Nationalbank. (NN, Verkauf des österreichischen Münzregals. Übernahme des Hauptmünzamtes durch die Nationalbank, in: NZZ 24.6.1988) Zum 1.1.1989 wurde das Hauptmünzamt in eine AG umgewandelt, deren alleiniger Aktionär die Österreichische Nationalbank ist. Analoges gilt für Norwegen.

40 Vgl. Jürgen Pahlke, a.a.O., S. 132 ff.

41 Der Anstieg zwischen 1950 und 1955 ist auf die Ablösung der Kleingeldnoten durch Münzen zurückzuführen. Die beachtliche Zunahme zwischen 1960 und 1975 hat ihre Ursache im steigenden Automatenabsatz der Wirtschaft; der seither festzustellende geringe relative Rückgang ist bedingt durch die Entwicklung von banknotenaufnahmefähigen Automaten.

Eine Monopolstellung der Währungsbank , die allein auf das valutarische Geld bezogen ist, würde heute angesichts der faktisch unbeschränkten Geltungsbreite von Banknoten innerhalb eines Währungsgebietes[42] eine Steuerung der Kreditwirtschaft durch das Währungsbankgeld nicht erlauben. Die Aufgabe dieses Systems erfolgte daher schrittweise mit der zunehmenden Bedeutung des - damals so genannten - bargeldlosen, d. h. ohne

Benutzung von valutarischem Geld durchführbaren Zahlungsverkehrs: wiewohl es mit dem in den USA zu Beginn des Jahrhunderts postulierten "sozialen Grundrecht auf Emission typischer Zahlungsmittel ohne Zwangskurs" kollidiert[43].

II. Das Bargeldmonopol[44]

a) In diesem Modell ist nicht nur die Ausgabe von valutarischem Bargeld, sondern die Emission von Bargeld überhaupt ein Privileg der Währungsbank. Das bedeutet allerdings nicht, daß die Währungsbank neben dem uneinlöslichen auch einlösliches Bargeld ausgibt. Beschränkt sich die Währungsbank auf die Ausgabe uneinlöslicher Bargeldzeichen, dann fehlt einer solchen Wirtschaft das einlösliche Bargeld.

b) Interessant ist die unterschiedliche Interpretation des "Bargeldes" in der deutschen Notenbankgesetzgebung. Die Bankgesetze von 1875 (§ 55) und 1924 (§ 39) verbieten lediglich die unbefugte Ausgabe von "Banknoten und sonstige(n) auf den Inhaber lautende(n) unverzinsliche(n) Schuldverschreibungen". Das Gesetz über die Deutsche Reichsbank von 1939 (§ 25, (1), 1), das Emissionsgesetz (zweites Gesetz zur Neuordnung des Geldwesens) von 1948 (§ 7, (1), 1) und das Bundesbankgesetz von 1957 (§ 35, (1), 1) fassen demgegenüber den Bargeldbegriff weiter: Hierunter rechnen neben "unverzinslichen Inhaberschuldverschreibungen" auch noch "Geldzeichen" (Marken, Münzen, Scheine oder andere Urkunden, die geeignet sind, im Zahlungsverkehr an Stelle der gesetzlich zugelassenen Münzen oder Banknoten verwendet zu werden). Diese Fassung erlaubt es der Währungsbank, auch die Ausgabe solcher Zahlungsmittel zu untersagen, denen der Geldcharakter fehlt: Wesentlich ist, daß die Zahlungsmittel im Barverkehr Verbreitung finden können[45]. Das Bargeldmonopol verpflichtet jedoch andererseits die Währungsbank, für eine ausreichende Versorgung der Wirtschaft mit Bargeldzeichen zu

---

42 Vgl. Oswald Hahn, Zahlungsmittelverkehr, a.a.O., S. 167 ff.

43 Vgl. Monetary History of the United States, Bullock 1912

44 Vgl. dazu Oswald Hahn, Beklagte, unerkannte und fehlende Bargeldsorgen der Deutschen Bundesbank, in: Kreditwesen 10/1987, S. 434 ff.

45 Wir haben uns kritisch mit dem § 35 des Bundesbankgesetzes auseinandergesetzt und sind dabei von der Geldeigenschaft der Zeichen ausgegangen (Oswald Hahn, Spezialschecks und Goldzertifikate, a.a.O.). Wir vertraten damals im Gegensatz zur Deutschen Bundesbank die Meinung, daß "Serienschecks" nicht vom § 35 erfaßt werden: Der Widerstand der Deutschen Bundesbank bezog sich 1960 auch auf den Euroscheck-Vorgänger "Kaufscheck", wurde dann aber 1968 aufgegeben.

sorgen (vgl. 3. Abschnitt C.IV,a u. D.I,a): Jeder Kleingeldmangel verlangt der Währungsbank einen de-facto-Verzicht auf das Bargeldmonopol ab[46].

Die Währungsbank besitzt darüber hinaus auch das Ausgabemonopol für Banknotensurrogate: Wir verweisen auf die Scheckbestätigungen der Deutschen Bundesbank, die Ausstellung von Bank-Solawechseln durch die Dänische Nationalbank und von Bank-Assignaten durch die Niederländische Bank, durch die Großzahlungen geleistet werden sollen[47].

c) Im System des Bargeldmonopols ist den Geschäftsbanken die Entgegennahme von Zahlungsverkehrsguthaben und damit die Giralgeldschöpfung möglich, somit können Bankkunden über den bargeldlosen Zahlungsverkehr in gewissem Umfang Zahlungsmittel emittieren und gegenseitig verrechnen. Nur dem Verrechnungsverkehr kommt eine größere Bedeutung zu, und es gibt dabei eine Reihe von Variationen. An erster Stelle stehen die "Selbsthilfeeinrichtungen" des bargeldlosen Zahlungsverkehrs mit den Verrechnungsgemeinschaften des "WIR-Wirtschaftsrings"[48] und der Doppelorganisation "SAG-Bonaventura Trust"[49] der Schweiz oder der in Deutschland zeitweilig aufgetretenen "Argonauten-Organisation"[50]. Diese Einrichtungen werden dadurch charakterisiert, daß sie Bargeldeinzahlungen und bargeldlose Verfügungen mit Prämien zu begünstigen und Barverfügungen durch Provisionen zu erschweren versuchen - Prämien und Provisionen jeweils bis zu 3% der Zahlungsbeträge. Daneben sind die verschiedenen Formen der Akkreditierungs-Institute[51] und die privaten Abrechnungsstellen (FLEUROP, JATA-Clearing usw.) zu nennen. Bedeutung kommt auch der gegenseitigen Verrechnung in der gewerblichen Wirtschaft zu[52], während demgegenüber das "Industrie-Clearing" keine Verrechnung, sondern eine Geldkreditgewährung zwischen "Nicht-Banken" darstellt[53].

Dieser Typus der Geldwirtschaft entspricht weitgehend der augenblicklichen Wirklichkeit in den meisten Ländern ohne Zentralverwaltungswirtschaft. Die Kreditwirtschaft wird hier durch den Bargeldbedarf gesteuert, der von den verschiedenen, später noch zu erörternden Faktoren abhängt. Sofern allerdings durch die Weiterentwicklung der Computertechnik

---

46 Neben den historischen Notgeld-Beispielen ist auf die zeitweilige Minischeck-Aktion der italienischen Universalbanken während der dortigen Kleingeldkrise zu verweisen (1975/78). Vgl. NN, Raritäten in Cellophan, in: WiWo 3.2.1978

47 Gegen die Erteilung rechtlich irrelevanter, aber dennoch ökonomisch wirksamer Scheckbestätigungen durch Geschäftsbanken tritt die Deutsche Bundesbank als Unternehmung oder Autorität auf (Vgl. dazu Oswald Hahn, Der bestätigte Scheck, in: Neue Betriebswirtschaft 5/1958, S. 87 ff.). Vgl. 3. Abschnitt B.IV,c

48 Vgl. dazu Walter Schwegler, WIR-Wirtschaftsring, Zürich 1937; Pierre Flückiger, Neue Formen der Kreditgewährung, Diss. Bern 1954, S. 45 ff.; M. Lautner, Der "WIR"-Verrechnungsverkehr, Diss. Zürich 1964

49 SAG-"Selbsthilfe auf Gegenseitigkeit", Sitz Vaduz/Liechtenstein. Vgl. "SAG-ein neues Zahlungssystem", in: Bankkaufmann 11/1965, S. 149

50 Vgl. Schmidt-Imelmann, Aufbau in der Gemeinschaft Argo-Bau GmbH, Herzberg 1956

51 Vgl. Oswald Hahn, Die Akkreditierungsinstitute als Spezialträger des Zahlungsverkehrs, in: Neue Betriebswirtschaft 8/1960, S. 168 ff.

52 Vgl. dazu Francesco E. Reither, Geld- und Geldsubstitute in der Bundesrepublik Deutschland, Berlin 1982

53 Vgl. dazu Christel Bax, Das Industrieclearing, Heft 36 Veröff. LSt. BankBWL FAU, Nürnberg 1985

eine noch stärkere Ausweitung des bargeldlosen Zahlungsverkehrs erreicht wird[54], könnte der Bedarf an Bargeld die gleiche Entwicklung erfahren wie der Bedarf an valutarischem Geld im Modell der Geldwirtschaft mit einem auf das valutarische Geld beschränkten Monopol der Währungsbank. Es liegt immerhin im Bereich des möglichen, daß sich dann die Frage der Zweckmäßigkeit dieses Systems der Geldordnung eine Überprüfung auch in marktwirtschaftlich orientierten Gebieten gefallen lassen muß[55].

III. Das Geldmonopol

Der dritte Typ der Geldverfassung entwickelt sich aus dem zweiten Modell (Bargeldmonopol der Währungsbank) durch die Ausdehnung der Währungsbankprivilegien auf das Giralgeld. Er wird gekennzeichnet durch die "Zentralisation des unbaren Zahlungsverkehrs", die "die Führung der Scheck- und Girokonten bei der Notenbank oder dem ihr unterstellten Institut zur Voraussetzung (hat). Nun ist aber die Schaffung von Buchgeld über den gedeckten Betrag hinaus das Ergebnis von Kreditgewährungen, und beides ist nicht voneinander zu trennen. Zentralisation der Kassendepositen bedeutet deshalb, daß die Notenbank entweder auch das dazugehörige aktive Kreditgeschäft übernimmt, oder, falls sie es den Kreditbanken weiterhin überläßt, dafür als Gegenwert für die übernommenen Kassendepositen Guthaben bei diesen unterhält"[56]. Die den Bankkunden über den bargeldlosen Zahlungsverkehr gegebene beschränkte Möglichkeit zur Zahlungsmittelemission in Form von (länger in Umlauf befindlichen) Scheckziehungen und der gegenseitige Verrechnungsverkehr sind gestattet.

a) Monopol des kurzfristigen Bankgeschäfts

Die erste Alternative der "Zentralisation des unbaren Zahlungsverkehrs" bedeutet die Begründung eines Monopols der kurzfristigen Kreditgewährung der Zentralbank. Sie verlangt indes nicht die Konzentration des gesamten Bankgeschäfts auf die Währungsbank, da dem langfristigen Kreditgeschäft, dem Spar- und Effektengeschäft ja die enge Verbindung zum (Sicht-)Einlagengeschäft fehlt. Dieser Alternative wird jedoch weder die

---

54 Von der Währungsbank wurde dies systemindifferent zeitweilig begünstigt (vgl. dazu Unterabschnitt C.I,a.1). Andererseits wird heute die These vertreten, daß durch Abschaffung des Bargeldes die Kriminalität erheblich eingeschränkt werden könne. Vgl. dazu Hans-Georg Amsel, Kehrseite des Geldes, Wiesbaden 1976

55 Vgl. dazu Gerhard Fleischer, Die Auswirkungen des elektronischen Zahlungsverkehrs auf die Währungspolitik, Diplomarbeit Erlangen-Nürnberg 1982; ferner Karlheinz Ruckriegel, Computergeld. Neuerungen im Zahlungsverkehr. Gefahr für die Geldpolitik?, in: WiSt 5/1990, S. 245 f.

56 Franz Worret, Bankpolitik als Machtfrage, Berlin 1955, S. 129

Theorie der Bankenverstaatlichung[57] noch die Bankpraxis in den betreffenden Ländern gerecht[58]. Angesichts der Eigendynamik mehrerer staatlicher Geschäftsbanken und der stärkeren Position staatlicher Banken im Verhältnis zu anderen Staatseinrichtungen dürfte die Stellung der Währungsbank gegenüber den Staatsbanken schwächer sein als in einem System privater Kreditinstitute - es sei denn, daß es sich bei den Staatsbanken um Tochtergesellschaften der Währungsbank handelt.

Das Geldmonopol der Währungsbank in dieser ersten Alternative[59] ist nach unseren Feststellungen praktisch ein Idealtyp; realiter findet sich dieses Modell allenfalls zeitweilig in solchen Entwicklungsländern, in denen als erstes Kreditinstitut eine Währungsbank als "total-universelles" Bankinstitut[60] errichtet wurde - so in Afghanistan (1933-1939), Äthiopien (1905-1963) und Nepal (1937-1956).

b) Giralgeldmonopol

Die zweite Alternative kennt zwar Geschäftsbanken des kurzfristigen Geschäfts, die Sichteinlagen entgegennehmen; sie handeln dabei allerdings als Agenten der Währungsbank. Man kann ein solches Modell auch als den Übergang vom System des Bargeldmonopols auffassen, in dem der "Chicago-Plan" (Mindestreservesatz 100 %, vgl. Unterabschnitt C.III,b) verwirklicht ist.

Praktische Bedeutung hatte diese Konstruktion in Argentinien während der Regierungszeit von General Perón: "... das Depositenwesen (wurde) in der Weise umgestaltet, daß die Banken Einlagen im Auftrag und für Rechnung des Banco Central als dessen unmittelbare Vertreter annehmen durften, die Einlagen aber vom Staat garantiert wurden, die Banken dagegen nur auf Grund des Rediskonts darüber verfügen konnten, so daß ihre Anlage- und Liquiditätpolitik vollständig vom Banco Central kontrolliert wurde"[61].

Die Diskussion lebte im Zusammenhang mit Electronic Banking Ende der 70er Jahre erneut auf[62].

---

57 Wir verweisen auf die Thesen von Gottfried Feder (Kampf gegen die Hochfinanz, 4. A., München 1933. Vgl. dazu auch A.R. Herrmann, Verstaatlichung des Giralgeldes. Ein Beitrag zur Frage der Währungsreform nach den Grundsätzen Gottfried Feders, München 1932) oder auf die Forderungen von Anton Tautscher (Bankenverstaatlichung, Salzburg 1946).

58 Vgl. dazu Oswald Hahn, Struktur I, a.a.O., S. 157 ff.

59 Kritisch hat sich damit Fritz Marbach auseinandergesetzt (Die Kreditschöpfung der Handelsbanken und das Postulat der Verstaatlichung des Kredits, Bern 1947).

60 Vgl. dazu Oswald Hahn, Universal- und Trennbanksystem: Unklarheiten, in: Kreditwesen 20/1992, S. 925 f.

61 Artikel "Argentinien", in: Enzyklopädisches Lexikon des Geld-, Bank- und Börsenwesens, Band I, 2. A., Frankfurt/Main 1957, S. 86

62 Vgl. dazu Markus J. Granziol, Notenbankpolitische Aspekte des Zahlungsverkehrs, in: Schweizer Nationalbank, Geld, Währung und Konjunktur 4/1986, S. 263 ff.; Karlheinz Ruckriegel, a.a.O., S. 245 f.; Dietmar Kath und Andrea Franz, Bundesbank: Innovationen bedrohen Geldpolitik - Ins Abseits gestellt, in: WiWo 40/1991, S. 93 ff.

Weltweit wird jedoch jetzt von Monopolisierungsvorstellungen Abstand genommen und statt dessen versucht, die Geldschöpfung der Geschäftsbanken administrativ oder unternehmerisch zu beeinflussen.

IV. Das Barzahlungsmittel-Monopol

Auch dieser Typ entwickelt sich aus der Situation des Bargeldmonopols - die Währungsbankprivilegien werden dabei nicht auf das gesamte Geld (wie im Modell des "Geldmonopols"), sondern auf den Gesamtbereich der Barzahlungsmittel bezogen. Es gibt Geschäftsbanken des Zahlungsverkehrs, aber Bargeldzahlungen dürfen nur mit Bargeld durchgeführt werden. Das bedeutet beispielsweise ein Verbot der Verwendung anderer als Verrechnungsschecks.

Die praktische Bedeutung fehlt auch dieser Konstruktion; eine konkurrierende währungspolitische Maßnahme wäre die Besteuerung der Verwendung von Barschecks, die aber dann auf den gesamten Scheckverkehr ausgedehnt werden müßte.

V. Das Zahlungsmittel-Monopol

In diesem fünften System dürfen Zahlungen nur mit gesetzlichen Zahlungsmitteln oder zu Lasten solcher Konten geleistet werden, die von der Währungsbank geführt werden.

Das totale Zahlungsmonopol der Währungsbank wurde in der Sowjetunion begründet und von dort faktisch auf alle kommunistischen Wirtschaftsgebiete übertragen. Das bedeutet keine Monopolstellung der Währungsbank als Bank: Das Spargeschäft, die Investitions- und Außenhandelsfinanzierung wird von Spezialbanken wahrgenommen. Die Ausstellung von Schecks und Wechseln ist untersagt, ebenfalls die gegenseitige Verrechnung - der Lieferantenkredit ist durch das zwingende Gebot an alle Lieferanten, Forderungen innerhalb von drei Tagen durch Rechnungsinkasso bargeldlos einziehen zu lassen, ausgeschlossen[63].

In reiner Form fand sich dieses Modell real in der Sowjetunion bis Mitte der 60er Jahre. Es wurde dann durch die Zulassung des Barschecks modifiziert. Entscheidend bleibt allerdings das Verbot der gegenseitigen Verrechnung. Ähnliche Verhältnisse lagen in den übrigen Ländern des COMECON z.T. bis in die späten 80er Jahre vor.

---

63 Die theoretische Begründung dieser Monopolisierung des Zahlungswesens geben u.a. Harald Dietrich Kühne und Elfriede Klingenberg, Zwischenbetriebliche Geldbeziehungen - Die ökonomischen Hebelwirkungen des neuen Zahlungs- und Verrechnungssystems, Berlin 1966; ferner "Autorenkollektiv", Die Ausnutzung der Ware-Geld-Beziehungen durch die Wirtschaftspolitik der DDR, Berlin 1961; J.A. Kronrod, Das Geld in der sozialistischen Gesellschaft, aus dem Russischen übersetzt von Amalie Höft und Wilhelm Schmidt, Berlin 1963

C. Die Beeinflussung der Liquidität der Banken

Voraussetzung für den Einsatz dieses Instruments ist das Vorhandensein von Banken außerhalb der Währungsbank (zweistufiges Bankensystem[64]). Große Bedeutung hat diese Einwirkungsform aber vor allem dann, wenn die Geschäftsbanken nicht nur den Charakter von Sparbanken (Albert L. Hahn: Sekundärbanken) als kreditvermittelnde Institute haben, sondern als "Girobanken" an der Geldschöpfung beteiligt sind (Albert L. Hahn: Primärbanken)[65].

Die Maßnahmen der Währungsbank konzentrieren sich dabei primär auf die Beeinflussung der Giralgeldschöpfung; Adressaten der Einwirkung sind somit die Universalbanken. Das gilt uneingeschränkt für die erste Ansatzmöglichkeit, die Einflußfaktoren der Giralgeldschöpfung, die den Umfang der "Überschußreserve" bestimmen (I). Die zweite Einwirkung richtet sich auf die Refinanzierung der Banken; hier ist allerdings nicht die Währungsbank als Kreditgeber angesprochen (unternehmerisches Instrumentarium), sondern eine Reglementierung der Geldmarktfinanzierung (II). Dritter Ansatzpunkt sind sodann die Überschußreserven, wobei hier Aktionspartner der Währungsbank auch die Sekundärbanken sein können (III)[66].

---

64 Die erstmalige Charakterisierung des nahezu weltweiten Realmodells stammt von Erich Schneider (Einführung in die Wirtschaftstheorie, 3. Teil: Geld, Kredit, Volkseinkommen und Beschäftigung, 8. A., Tübingen 1964, S. 19 ff.).

65 Vgl. Albert L. Hahn, Volkswirtschaftliche Theorie des Bankkredits, 3. A., Tübingen 1930, S. 46 ff.

66 Eine andere Einteilung trifft Wolfgang Graebner mit einer Globalbetrachtung, die nicht zwischen der Währungsbank als Behörde und Unternehmung unterscheidet und das Geldschöpfungsphänomen in die Liquiditätsreserven einbezieht:

a) Kontrolle der Liquiditätsbeschaffung
   1. bei der Notenbank (Refinanzierungskontingente, Kreditstop)
   2. über den in- und ausländischen Geldmarkt
   3. über Einlagen (insbes. Einlagenpolitik der öffentlichen Hand)
b) Kontrolle der Liquiditätsverwendung mit zwei Ansatzpunkten
   1. Liquiditätsreserven (Mindestreserven, Kreditrichtsätze)
   2. Kreditverwendung (Mengen- und Konditionenkontrolle)

Vgl. Wolfgang Graebner, a.a.O., S. 43-68

I. Die Einflußfaktoren der Giralgeldschöpfung als Ansatzpunkt

Das Phänomen der Giralgeldschöpfung wird als bekannt vorausgesetzt; über Einzelheiten unterrichtet ein umfangreiches Schrifttum[67].

Der Umfang der Geldschöpfungskapazität einer Bank ist abhängig vom Anteil des bargeldlosen Zahlungsverkehrs an den Zahlungsumsätzen des betreffenden Wirtschaftsgebietes und vom Anteil der bargeldlosen Verfügungen der Kunden dieser Bank, die durch Umbuchung oder Kompensation (mit eingehenden Zahlungen von fremden Banken) bewirkt werden können. Daraus ergeben sich drei Ansatzpunkte für ein Eingreifen der Währungsbank: die Zahlungssitten (a), der Marktanteil der Banken (b) und die Kompensationsmöglichkeiten (c).

Die währungspolitischen Maßnahmen auf dieser Stufe haben praktisch ausnahmslos institutionierenden Charakter.

a) Die Einwirkung auf die Zahlungsgewohnheiten

Das Verhältnis zwischen Bargeldzahlungen und bargeldlosen Zahlungen wird bestimmt durch die Zahlungsgewohnheiten ("Giralgeldquote"[68]), die durch den Entwicklungsstand eines Wirtschaftsgebietes geprägt werden. Sie lassen sich u. a. durch die Dichte des Bankstellennetzes beeinflussen. Man kann dabei zwei Thesen aufstellen: Die Giralgeldquote nimmt mit steigender Zahl von Bankstellen zu, da die Bereitschaft der Wirtschafts-

67 Als - wenn auch vom neueren Schrifttum kaum zitiertes - Standardwerk gilt nach wie vor das Werk von Erich Schneider (Einführung in die Wirtschaftstheorie, III. Teil: Geld, Kredit, Volkseinkommen und Beschäftigung, 11. A., Tübingen 1969). Daneben enthalten die meisten Werke, die sich mit dem Bereich "Geld und Kredit" beschäftigen, Ausführungen über das Problem der Geldschöpfung der Geschäftsbanken. Hier ist v.a. die Darstellung von Hans-Joachim Jarchow zu nennen (Geldtheorie, 7. A., Göttingen 1987). Als Spezialveröffentlichungen sollen besonders genannt werden: Hermann Feifel, Die Anwendbarkeit der modernen Kreditschöpfungslehre auf die besondere Art des Sparkassengeschäfts, Berlin 1959; Hans-Joachim Lierow, Der Geldschöpfungskoeffizient der Kreditbanken in der Bundesrepublik, Berlin 1957. Schließlich seien die klassischen Werke von Albert Ludwig Hahn (a.a.O.), Werner Braun (Das Liquiditätsproblem der Kreditbanken, Stuttgart 1934) und Rudolf Stucken (Liquidität der Banken, Berlin 1940) erwähnt. - Vom Verfasser stammen die Schriften "Die Giralgeldschöpfung der Geschäftsbanken", Diss. Köln 1954, und "Die Geldschöpfungskapazität einer Girobank in betriebswirtschaftlicher Betrachtung", in: Blätter für Genossenschaftswesen 11 und 12/1961.

68 Günter Schmölders spricht nicht von Giralgeldquote, sondern von einer "Giralgeldkapazität" und versteht darunter "das Fassungsvermögen einer Volkswirtschaft für bargeldlose Zahlungen im Verhältnis zum Barzahlungsverkehr" (Geld und Kredit, Leipzig 1938, S. 78 f.). Wir haben empfohlen, zur Vermeidung von Verwechslungen den Ausdruck "Giralgeldquote" zu benutzen (Geldschöpfungskapazität, a.a.O., Anmerkung 19).

subjekte zur Eröffnung eines Girokontos eine gewisse "Nähe" der Bank voraussetzt[69]. Demgegenüber steht die These, daß bei abnehmender Bankstellendichte der Zwang zur bargeldlosen Zahlungsweise zunimmt. Die erste These bezieht sich auf die Einführung des bargeldlosen Zahlungsverkehrs, die zweite These geht von einer vollkommenen bankmäßigen Erfassung aller Wirtschaftssubjekte aus: sie findet erst in einer hochentwickelten Industriegesellschaft ihre Rechtfertigung und kann im folgenden vernachlässigt werden. Aus der ersten These erklärt sich der unterschiedliche Anteil des bargeldlosen Zahlungsverkehrs in sonst ähnlich strukturierten Ländern.

1. Die Bedeutung der Zahlungssitten

a) Wenn wir von den übrigen Einflußfaktoren einmal absehen, nimmt die Giralgeldschöpfungskapazität einer Bank mit zunehmender Bedeutung des bargeldlosen Zahlungsverkehrs zu. Nehmen wir an, daß sich in einem Wirtschaftsgebiet nur eine Geschäftsbank befindet, so wäre bei einer Giralgeldquote von 25 % die Bank gezwungen, 75 % ihrer Einlagen als Bargeldreserve zu halten. Ihr Giralgeldvolumen könnte das 1 1/3fache der Barbestände ausmachen, und die "Giralgeldschöpfungskapazität" dieser Bank beliefe sich auf ein Drittel der Bargeldbestände. Beträgt die Giralgeldquote demgegenüber 50 %, so wäre die Grenze des Giralgeldvolumens dieser Bank das Doppelte ihrer Barbestände, und da hiervon die Hälfte für die Kreditgewährung bereitstünde, wäre die Geldschöpfungskapazität identisch mit der Höhe der Bargeldbestände. Steigt die Giralgeldquote auf 75 %, so würde die Bank mit einem Viertel des Volumens an Sichteinlagen als Liquiditätsreserve auskommen, oder mit anderen Worten: Das Volumen an Sichteinlagen könnte das Vierfache der Bargeldbestände ausmachen und der Geldschöpfungsmultiplikator beliefe sich auf 3 usf.[70] Sofern der Bargeldbedarf der Banken der einzige Regulator für deren

69 Dem läßt sich allerdings mit Jürgen Singer eine entgegengesetzte Tendenz gegenüberstellen: Der Steigerung der bargeldlosen Zahlungsweise stehen die Entwicklung der Schattenwirtschaft und der Schwarzarbeit, die Ausweitung der Steuerflucht durch Bargeldtransaktionen sowie die Zunahme der "organisierten Kriminalität" entgegen. Insbesondere der Handel mit Rauschgift wird durch Bargeldzahlungen abgewickelt, da die Nachvollziehbarkeit von Kontenzahlungen die Fahndung erleichtern würde.

70 Die Zahlen errechnen sich aus dem klassischen einfachen Geldschöpfungsformeln:
G = gesamtes Giralgeldvolumen
B = durch Bareinzahlung entstandenes Giralgeld
r = Liquiditätsquote = 1 - Giralgeldquote
K = Kreditschöpfung = G - B
G = B : r
Bei einer Giralgeldquote von 75% ergibt sich
G = B : 75% = 1,33 B und
K = 1,33 B - B = 0,33B
Die Kreditschöpfung läßt sich aber auch aus der "Überschußreserve" U errechnen:
Bei der Überschußreserve handelt es sich um nicht zur Aufrechterhaltung der Liquidität notwendige Bargeldbestände. Es betrifft diejenigen Teile der Bargeldzuflüsse (B), die nicht zur "Bedienung" des (durch Barzuflüsse entstandenen) Giralgeldes (G) notwendig sind.

Geldschöpfung ist, fällt die Abhängigkeit der Banken gegenüber der Währungsbank offenbar mit zunehmender Giralgeldquote[71]. Im Extremfall - dem Modell der bargeldlosen Wirtschaft[72], das sich mit dem Fortschreiten der Technik immer mehr der Wirklichkeit nähert - tritt für die Banken überhaupt kein Bargeldbedarf mehr auf.

b) Unter diesem Gesichtspunkt liegt eine Ausdehnung des bargeldlosen Zahlungsverkehrs nicht im Interesse der Währungsbank[73]. Es ist eine Ironie des Schicksals, daß Theorie[74] und Währungsbank[75] unter währungspolitischem Aspekt kurz vor Beginn des ersten Weltkrieges und während des Krieges den bargeldlosen Zahlungsverkehr nicht nur propagierten, sondern mit allen Mitteln forderten: Man sah im bargeldlosen Zahlungsverkehr die Möglichkeit einer Kriegsfinanzierung über eine Geldschöpfung, ohne dadurch das der Golddeckungspflicht unterworfene Notengeld vermehren zu müssen. Allerdings traten bereits damals Kritiker auf, die in Anlehnung an das amerikanische Vorbild von 1913 die Ausdehnung der Golddeckungspflicht auf die Sichteinlagen bei der Reichsbank verlangten[76].

c) Interesse an einer möglichst bargeldlosen Wirtschaft hat demgegenüber eine Währungsbank, die entweder Träger des Geldmonopols (vgl. Unterabschnitt B.III) oder Inhaber des Zahlungsmittelmonopols (vgl. Unterabschnitt B.IV) ist, wie beispielsweise Währungsbanken in Zentralverwaltungswirtschaften. Für sie ist der bargeldlose Zahlungsverkehr das Mittel schlechthin, um die Erfüllung des Volkswirtschaftsplans zu kontrollieren und um die jeder Währungsbank als Unsicherheitsfaktoren unwillkommenen Geldhorte auszuschalten: ein Mittel der Kontrolle der Geldverwendung seitens der Bankkunden[77].

$$U = B - Br = B\,(1-r)$$
$$K = U/r$$
$$= B(1-r)/r$$
$$= B(1-0{,}75)/0{,}75 = B\ 0{,}25/0{,}75 = 0{,}33B$$

71 Vgl. Oswald Hahn, Scheckverkehr, a.a.O., S. 68 ff.

72 Vgl. dazu Albert Ludwig Hahn, a.a.O., S. 21 ff.; Erich Schneider, a.a.O., S. 14 ff.

73 Vgl. dazu Dietmar Kath und Andrea Franz, a.a.O., S. 93 ff.

74 Vgl. Otto Neurath, Uneinlösliches Girogeld im Kriegsfalle, in: Schmollers Jahrbuch, 1909; ferner abgedruckt in: Durch die Kriegswirtschaft zur Naturalwirtschaft, München 1919, S. 134 ff.

75 Vgl. dazu Oswald Hahn, Scheckverkehr, a.a.O., S. 29 f.

76 Eine ausführliche Übersicht gibt Franz Döring, Die Kehrseite des bargeldlosen Zahlungsverkehrs, in: Die Bank 11 und 12/1917

77 Vgl. Charles Dewey, Die Planung und Regulierung des Bargeldumlaufs in der Deutschen Demokratischen Republik, Berlin-Ost 1956; ferner (zu Maßnahmen in Deutschland im 2. Weltkrieg) Oswald Hahn, Scheckverkehr, a.a.O., S. 31 ff.

2. Einwirkungsmöglichkeiten der Währungsbank

Die Möglichkeiten für eine Beeinflussung der Zahlungssitten durch behördliche Maßnahmen sind beschränkt:

a) Wir verweisen auf die anfängliche Stellungnahme der Deutschen Bundesbank gegen die Einführung des bankgarantierten Kaufschecks im Jahre 1960 (Unterabschnitt B.II).

b) Man könnte auch beispielsweise ein Verbot der bargeldlosen Einkommensvergütung erwägen. Gerade hier zeigt sich aber deutlich, daß alle Maßnahmen einer künstlichen Einschränkung des bargeldlosen Zahlungsverkehrs technischen Rückschritt bedeuten, weswegen sich eine Einwirkung auf dieser Ebene verbietet. Einer Ausdehnung des bargeldlosen Zahlungsverkehrs sollte durch entsprechende Maßnahmen auf anderen Ebenen begegnet werden[78]. Keine Rückständigkeit wird man allerdings einem Gesetzgeber vorwerfen können, wenn er Mißbräuche des bargeldlosen Zahlungsverkehrs ausschließt - wie z. B. in dem Verbot des deutschen Kreditwesengesetzes, Einlagengeschäfte durchzuführen, "wenn es durch Vereinbarung oder geschäftliche Gepflogenheit ausgeschlossen oder erheblich erschwert ist, über ... die Einlagen durch Barabhebung zu verfügen" (§ 3,3 KWG).

c) Als preispolitische Maßnahme bietet sich die Einführung einer Steuer auf bargeldlose Zahlungen an, die allerdings unterschiedlich angesetzt werden kann:

Der erste Weg ist der einer Belastung aller Bankkunden, die bargeldlose Zahlungen leisten. Wir verweisen auf den englischen Scheckstempel (der angesichts des dortigen Fehlens eines Überweisungsverkehrs den gesamten bargeldlosen Zahlungsverkehr trifft) oder die 1962 in Frankreich diskutierten Pläne über die Einführung einer Besteuerung der bargeldlosen Umsätze der Bankkunden[79]. Derartige Erschwerungen sind aber genauso zu beurteilen wie die bereits erwähnten Verbote.

Der zweite Weg lehnt an das System der "Banknotensteuer"[80] an und belastet nicht die bargeldlosen Zahler, sondern die Träger des Zahlungsverkehrs. Hierzu rechnet auch die Konzeption einer "Geldschaffungssteuer", die alle "geldschaffenden Kreditinstitute in Höhe der nicht mit Zentralbankgeld gekoppelten Umsätze belastet"[81]. Von der Geldschaffungssteuer sind allerdings all diejenigen bargeldlosen Umsätze befreit, die unter Inanspruchnahme der Währungsbank ausgeführt werden. Diese Maßnahme würde nicht den bargeldlosen Zahlungsverkehr behindern, sondern (ebenso wie eine Preiserhöhung) nur die Geldschöpfung der Geschäftsbanken erschweren.

---

78 Vgl. Oswald Hahn, Scheckverkehr, a.a.O., S. 70 ff.
79 Vgl. Walter Bing, Buchgeld nicht strafbar, in: Kreditwesen 4/1962, S. 146
80 Vgl. Oswald Hahn, Währungsbanken II, a.a.O., S. 71 f.
81 Kurt Falch, Möglichkeiten einer Kreditschöpfungs- oder Geldschaffungssteuer, in: ÖBA 12/1966, S. 417

3. Die Beurteilung

Kommen wir nochmals zurück auf die Feststellung, die Zunahme des bargeldlosen Zahlungsverkehrs verringere die Abhängigkeit der Geschäftsbanken gegenüber der Währungsbank. Berücksichtigen wir nunmehr die später noch zu behandelnden verschiedenen Einwirkungsmöglichkeiten der Währungsbank - beispielsweise die Mindestreservepolitik - so wird man aus währungspolitischer Sicht eine Ausweitung des bargeldlosen Zahlungsverkehrs sogar begrüßen können: Da mit steigender Giralgeldquote die Geldschöpfungskapazität steigt, nimmt gleichzeitig auch der Restriktionszwang zu, dem die Geschäftsbank bei einem plötzlichen Zwang zur Bargeldbeschaffung unterworfen ist: Bei einer Giralgeldquote von 25% kann sich die Bank mit einer Rückführung ihres Kreditvolumens um ein Drittel des Betrages zufrieden geben, der an zusätzlichen Mindestreserven aufgebracht werden muß. Bei einer Giralgeldquote von 75% würde sich demgegenüber das zurückzuführende Kreditvolumen auf das Dreifache der notwendigen Mindestreservebestände belaufen: Entsprechend den Zahlungssitten (die für die Kreditnehmer die gleichen sein dürften wie für die übrige Kundschaft) würden nämlich bei einr 25%igen Giralgeldquote 3/4 der Kreditbeträge in bar und 1/4 bargeldlos zufließen. Bei der 75%igen Giralgeldquote gingen demgegenüber nur 1/4 des Kreditbetrages in Form für die Mindestreservehaltung notwendigen Bargelds ein und 75% bargeldlos[82]. Es zeigen sich hier die gleichen Wirkungen, die auch den Golddeckungsvorschriften der Notenbanken eigen sind: Je geringer die Deckungsquote ist, um so größer sind die Möglichkeiten der Notenbank zur Ausweitung des Kreditgeschäfts bei Goldzuflüssen, aber um so gewichtiger müssen auch die Restriktionen bei Goldabflüssen sein. Die Folge davon war, daß die klassischen Notenbanken ihre Mindestdeckungen um so mehr überschritten, je niedriger die Deckungsquote war.

b) Die Einwirkung auf den Marktanteil

Aus den Bestimmungsfaktoren der Giralgeldschöpfung war das Anrecht der Währungsbank auf die Bankenkontrolle abgeleitet worden (vgl. 1. Abschnitt D.III,a).

---

82 Aus der Formel K = U/r (vgl. S. 98, Anm. 70) ergibt sich die notwendige Kreditrückführung ΔK, die zur Gewinnung der Bargeldmenge ΔB führt (die dann - unter Einzahlung auf Zentralbankgirokonto - die Mindestreserve ergibt):
$\Delta K = \Delta B\ (1\text{-}r) : r$
(1) bei der Giralgeldquote von 25% (r = 0,75):
$\Delta K = \Delta B\ 0{,}25 : 0{,}75 = 1/3 \Delta B$
(2) bei der Giralgeldquote von 75% (r = 0,25):
$\Delta K = \Delta B\ 0{,}75 : 0{,}25 = 3 \Delta B$

Je größer und je besser strukturiert der Marktanteil einer Bank ist, um so größer ist auch der Anteil der bargeldlosen Verfügungen der Kundschaft, den die Bank ohne Beeinträchtigung ihrer Liquidität durchführen kann. Der Anteil wächst von gegen Null Prozent im Modell mit unendlich vielen Banken mit jeweils minimalem Marktanteil auf gegen 100 % im Modell mit zwei Banken, von denen eine einen Marktanteil von gegen Null % hat.

1. Die Größe des Marktanteils läßt sich mengenmäßig durch die relative Anzahl der Kunden und wertmäßig durch das relative Einlagenvolumen ausdrücken; die Struktur des Marktanteils wird bestimmt durch die Zusammensetzung des Kundenkreises in horizontaler Art (Verteilung der Kunden auf die verschiedenen Wirtschaftszweige) und vertikaler Art (Verteilung der Kunden auf die Verarbeitungsstufen Produktion - Handel - Konsum)[83].

Hieraus sind bereits die Einwirkungsmöglichkeiten der Währungsbank ableitbar: die Anzahl der Banken, die Göße der einzelnen Institute und der Kundenkreis (Produktion - Handel - Konsum).

2. Anstelle einer Einwirkung auf den Marktanteil könnte die bereits erwähnte "Geldschaffungssteuer" in der von Falch vorgeschlagenen Form treten (vgl. Unterabscnitt a,2): "Die Vielzahl der kleineren Kreditinstitute, denen aus technisch-organisatorischen Gründen eine Geld- und Kreditschöpfung nicht möglich ist, müßte die Einführung einer Geldschaffungssteuer ... befürworten, denn durch sie würde im Gruppenwettbewerb der Banken eine größere Wettbewerbsgleichheit erreicht werden können. Jene Banken aber, die bisher ihre Zahlungen weitgehend in eigenem Giralgeld leisten konnten, hätten künftighin entweder die Geldschaffungssteuer zu tragen oder müßten sich in der Zahlungsabwicklung enger an das Zentralbanksystem anschließen ..."[84]. Die Folge wäre eine höhere Abhängigkeit auch der großen Institute von der Währungsbank.

3. Kommen wir zurück zu den aufgezeigten Einwirkungsmöglichkeiten (Bankenzahl, Größe und Kundenkreis). Sehen wir von diesen eigentlichen Ursachen des Geldschöpfungspotentials einmal ab, so sind für die fehlende Liquiditätsbeeinträchtigung einer Bank bei bargeldlosen Verfügungen ihrer Kunden drei Gründe zu nennen:

a) Die Bank kann einen Teil der von ihrer Kundschaft erteilten Aufträge "im eigenen Haus" durchführen, da sie Kontoführer der Zahlungsempfänger ist[85].

b) Ein Teil der Zahlungen, der an Kontoinhaber fremder Banken geht, wird durch Zahlungen von Kunden der fremden Banken an eigene Kunden teilweise, ganz oder überkompensiert.

---

83 Vgl. dazu im einzelnen Oswald Hahn, Geldschöpfungskapazität, a.a.O.

84 Kurt Falch, a.a.O., S. 418

85 Sofern nicht Kostenüberlegungen (Kleinbeträge) oder Kundeninteresse (Großbeträge) dem entgegenstehen (vgl. Oswald Hahn, Das Zahlungs- und Inkassogeschäft der Banken, Frankfurt/Main 1970, S. 79, S. 92).

c) Schließlich besteht die Möglichkeit, im Falle der nur teilweisen Kompensierbarkeit eine Stundung der Defizite seitens der mit "Zahlungsbilanzüberschüssen" abschneidenden Banken zu erreichen.

Aus den beiden letztgenannten äußeren Ursachen ergeben sich Beeinflussungsmöglichkeiten der Zentralnotenbank auf die zwischenbanklichen Zahlungen (Unterabschnitt c) und auf die Geldmarktfinanzierung (Unterabschnitt II).

1. Die Anzahl der Banken

Wenn wir unterstellen, daß der Marktanteil der einzelnen Bank mit zunehmender Anzahl der Institute abnimmt, so könnte die Währungsbank die Geldschöpfungskapazität der Banken durch eine Förderung von Bankgründungen verringern. Irgendwelche Zugangsbeschränkungen im Kreditgewerbe liegen daher nicht im Interesse der Währungsbank[86]. Diese totale Bankfreiheit ist für die Währungsbank allerdings nicht ohne Risiko.

a) Möglicherweise wird sich die Gefahr von Bankinsolvenzen vergrößern, wenn jeder Person ohne Formalitäten die Gründung eines Kreditinstituts erlaubt wird. Zusammenbrüche von Kreditinstituten sind insofern anders zu beurteilen als Konkurse von Industrie- oder Handelsunternehmen, als es sich bei den Banken um Geldemittenten handelt. Bankinsolvenzen tragen daher die Gefahr in sich, daß sich das Mißtrauen gegenüber dem fallierten Institut auf die Bankwirtschaft überträgt. Die Währungsbank wird daher darauf bestehen, daß bei einer Neugründung die ökonomischen Voraussetzungen für die Ausübung der Banktätigkeit erfüllt sind. Sie wird sich allerdings solchen Zugangsbeschränkungen widersetzen, die die Neugründung von einer Prüfung des gesamtwirtschaftlichen Bedürfnisses abhängig machen. Unter währungspolitischem Aspekt ist daher zu fordern, daß sich die juristischen Zugangsbeschränkungen mit den ökonomischen decken, was für die Bundesrepublik Deutschland seit 1958 verwirklicht ist.

b) Die zweite Gefahr einer totalen Bankenfreiheit, aber auch die Gefahr des nur auf ökonomische Tatbestände bezogenen Konzessionssystems, liegt in Konzentrationserscheinungen, wie sie in verschiedenen Ländern in der Form von Trusts und Konzernen auftreten, bei denen kleinere Institute von größeren Banken übernommen werden. Diesen Gefahren läßt sich aber ohne Beeinträchtigung des Systems liberaler Zugangsbeschränkungen auf andere Weise entgegentreten, wie im nächsten Unterabschnitt zu zeigen ist.

c) Ein drittes währungspolitisches Problem ergibt sich bei einer großen Zahl von Banken für den Einsatz des "autoritären" Instrumentariums: mit steigender Zahl selbständiger

86 Vgl. dazu Bernhard Gross, Zugangsbeschränkungen im Kreditgewerbe, unveröfftl. Kölner Diplomarbeit (Seminar Prof. Dr. Rittershausen), 1960, S. 74 f.

Institute wird die Kooperation Währungsbank - Geschäftsbanken (vgl. 4. Abschnitt C) erschwert. Einmal erhöht sich die Dauer der Verhandlungen, zum andern der Zwang zu Kompromissen, und schließlich fehlt den Ansprechpartnern der Zentralbank (Bankenverbände) die Macht zur vollkommenen Durchsetzung der Vereinbarungen.

2. Die Steuerung der Bankengröße

Es gibt drei mögliche Formen einer behördlichen Steuerung zur Verhinderung von Konzentrationserscheinungen: die Nivellierung der Unterschiede zwischen den einzelnen Banken, die Erschwerung des Zusammenschlusses von Banken und die Beschränkung des Einzugsgebietes der Kreditinstitute.

i. Die Nivellierung der Unterschiede zwischen den einzelnen Banken

Die Größe des Marktanteils einer Bank wird durch die Zahl und Stärke der Kunden geprägt. Neben persönlichen Präferenzen sind es vor allem der Umfang des Leistungsprogramms, die Qualität und der Preis der Bankleistungen, die den Nachfrager nach Bankleistungen in seiner Wahl bestimmen. Eine Beeinflussung dieser Faktoren verringert zunächst einmal die Unterschiede, die zwischen den einzelnen Banken bestehen und damit auch den Wettbewerb. Sofern es sich bei den behördlichen Maßnahmen jedoch nicht um ein lückenloses Netz handelt, werden sich die Banken bemühen, auf den nicht reglementierten Bereichen ihre Leistung zu differenzieren, was unter Umständen zu einem ruinösen Wettbewerb führen kann.

1. Das Bankensortiment hat unterschiedliche Auswirkungen. Steigende Spezialisierung wie steigende Universalität tendieren beide zur Konzentration; die klassische kontinentale Universalbank[87] stellt auch aus der Sicht der Währungsbank die optimale Lösung dar.

2. Qualitätsunterschiede im Einlagengeschäft tendieren zur Konzentration, während die (in der Bundesrepublik realisierte) generelle Einlagensicherung auch kleinsten Banken eine Chance gibt. Im Kreditgeschäft bieten sich als Möglichkeiten zur Aufhebung der Qualitätsunterschiede die verbindliche Festsetzung von Höchstlaufzeiten, Beleihungsgrenzen oder Mindestselbstbeteiligungen des Kreditnehmers an der Investition an; handelt es sich dabei um Festgrößen, so würden wir diese Maßnahmen hierunter als Mittel institutionierender Währungspolitik rechnen. Die Variierung dieser Größen durch die Zentralbank stellt demgegenüber ein Mittel der funktionellen Währungspolitik dar.

---

87 Vgl. zu den verschiedenen Universalbanksystemen Oswald Hahn, Struktur I, a.a.O., S. 66 ff. (Kurzfasssung: ders., Universal- und Trennbanksystem, a.a.O., S. 925 f.

3. Mit der Festsetzung von Höchstsätzen im Einlagen- und von Mindestzinsen im Kreditgeschäft durch die Währungsbank wird der Preiswettbewerb im Passivgeschäft völlig, im Aktivgeschäft gegenüber den ersten Kunden ausgeschieden. Graebner führt den Einlagenzinsstop als Mittel zur Beseitigung der "Liquiditätskonzentration bei einigen wenigen Bankinstituten" auf[88]. Mindestsätze im Kreditgeschäft, die dann an den Diskontsatz der Notenbank gekoppelt sind, haben andererseits primär den Zweck, die Geschäftsbanken zur Weitergabe von Zinserhöhungen der Währungsbank zu zwingen (vgl. Unterabschnitt III. c,3).

ii. Die Erschwerung des Zusammenschlusses von Banken

Gründe für Bankfusionen sind Zahlungsschwierigkeiten eines Instituts, die durch Übernahme durch eine andere Bank aufgehoben werden, aber auch der beiderseitige Wunsch zweier Banken, durch Zusammenschluß ihr finanzielles Potential zu verstärken unter gleichzeitiger Verbesserung der Möglichkeiten einer Risikostreuung[89].

Die erste Fusionsursache kann dadurch beseitigt werden, daß die Währungsbank vorübergehend Institute übernimmt, die in Zahlungsschwierigkeiten geraten sind und die spätere Privatisierung betreibt[90].

Die amerikanische Antitrustgesetzgebung hat den zweiten Fusionsgrund eingeschränkt: Das Justizdepartement erhebt regelmäßig aufgrund des Clayton Antitrust Act eine "Antitrustklage", wenn nach seiner Auffassung ein Bankzusammenschluß den freien Wettbewerb in dem betreffenden Gebiet erheblich beeinträchtigen und die Bankenkonzentration erhöhen würde. Von solchen Schritten sieht das Justizministerium im allgemeinen dann ab, wenn der Board of Governors of the Federal Reserve System einen solchen Zusammenschluß gutgeheißen hat.

Die Deutsche Bundesbank besitzt keine derartigen Einwirkungsmöglichkeiten.

iii. Die Beschränkung des Einzugsgebietes der Kreditinstitute

Der Bankenstandort spielt eine bedeutende Rolle für das Einlagengeschäft, aber auch in gewisser Hinsicht für das Kreditgeschäft der kleinen und mittleren Bankkundschaft. Durch die Errichtung von Bankbezirken kann daher das "Einzugsgebiet" der Banken und damit ihr Marktanteil teilweise erheblich eingeschränkt werden.

---

88 Wolfgang Graebner, a.a.O., S. 53

89 Vgl. dazu Oswald Hahn, Struktur I, a.a.O., S. 245 ff.

90 Vgl. dazu Arnulf Gnam, Einlagenschutz im Kreditwesen, in: Kreditwesen 11/1959, S. 312

a) Dieser Weg einer institutionierenden Währungspolitik wurde in den Vereinigten Staaten eingeschlagen. Auf Bundesebene ist festgelegt, daß keine Bank, die ihren Hauptsitz in einem amerikanischen Bundesstaat hat, in einem anderen Bundesstaat Niederlassungen unterhalten darf (Verbot des "Interstate-Banking"). Die Staatengesetze treffen teilweise noch weitere Beschränkungen. Nur 18 Bundesstaaten sehen die Möglichkeit einer Filialerrichtung im Gebiet des gesamten Bundesstaates vor, allerdings unter verschiedenen Modalitäten, die von der Mitteilungspflicht bis zum Konzessionssystem unter Nachweis eines gesamtwirtschaftlichen Bedürfnisses reichen. Eine zweite Gruppe von Staaten erlaubt die Errichtung von Niederlassungen nur innerhalb des Kreises ("County"), in dem sich der Hauptsitz befindet. Auch hier gibt es Variationen; manche Staaten setzen Entfernungsgrenzen und erlauben z. B. Filialgründungen nur innerhalb eines Radius von 25 Meilen. In einer dritten Staatengruppe darf eine Bank Niederlassungen nur innerhalb der Stadtgrenzen errichten; verschiedentlich wird nur eine Zweigniederlassung je Bank geduldet. In 13 Staaten gibt es nur die filiallose Bank ("Unit Bank" oder "Single Office Bank"): Die Gründung von Zweigbetrieben ist ausgeschlossen[91]. Das System der Gebietsbeschränkungen wird durch die Erschwerung von Zusammenschlüssen (vgl. ii) ergänzt[92].

b) Anlehnend an das amerikanische Vorbild und nicht - wie damals und heute vielfach behauptet - in Verfolgung der Morgenthauplan-Idee[93] wurden in Japan und den damaligen drei westlichen Besatzungszonen Deutschlands in den Jahren 1946/47 verschiedene Bankentrusts aufgelöst. In Deutschland sind diese Maßnahmen unter der Bezeichnung "Dekonzentration der (drei) Großbanken" in die Geschichte eingegangen[94]. Bis 1952 blieb das Einzugsgebiet für Filialerrichtung auf das jeweilige Bundesland beschränkt. Die Beschränkung wurde 1952 durch die Hohen Kommissare aufgehoben, wodurch die Wiederherstellung des Zustandes von 1945 möglich gewesen wäre. Da man damals in deutschen politischen Kreisen dies noch als unerwünscht ansah, trat ein Gesetz in Kraft, das für die Aktienbanken des kurzfristigen Kreditgeschäfts drei Bankbezirke (Nord, West und Süd) schuf und zu entsprechendem teilweisen Wiederzusammenschluß der 33 Nachfolgeinstitute zu neun Großbank-Nachfolgern führte. Dieses Gesetz wurde vier Jahre später (24.12.1956) wieder aufgehoben, was dann bis Ende 1958 zum definitiven Zusam-

91 Trotz mehrerer Ansätze der Regierungen Nixon, Reagan und Bush wurde vom Repräsentantenhaus die Aufhebung des Verbots abgelehnt, letztmals im November 1991.

92 Ein solches Verbot läßt sich jedoch durch die Bankholding-Konstruktion umgehen. Auch ist der Erwerb notleidender Kreditinstitute in anderen Bundesstaaten durch "gesunde" Banken als schleichende Aufweichung des Interstate Banking Act aufzufassen.
Des weiteren muß auf dessen negative Auswirkung hingewiesen werden. Da das natürliche Wachstum begrenzt war, expandierten diese Regionalbanken außerhalb der USA: Mit Krediten an lateinamerikanische Staaten, weltweiten Immobilienfinanzierungen, Krediten zu Unternehmenskäufen usw. Primär diese Kredite verursachten aber hohe Ausfälle (unveröffentlichte Ausarbeitung Jürgen Singer).

93 Der Morgenthau-Plan wurde im August und September 1944 entwickelt und bereits im Oktober des gleichen Jahres ad acta gelegt. (Vgl. David Marsh, a.a.O., S. 400, Anm. 33)

94 Verordnung über die Dezentralisierung von Banken, Militär-Regierungs-Gesetz Nr. 57 v. 6.5.1947

menschluß der neun Nachfolgeinstitute zu den alten drei Großbanken führte[95]. Über irgendwelche Einwendungen des Zentralbankrats der Bank deutscher Länder gegen die Aufhebung der Bankbezirke wurde nichts bekannt.

Bei der Diskussion über die Großbankenentflechtung 1946 ff. wird übersehen, daß bereits in den dreißiger Jahren Bestrebungen zu einer "Rückgliederung der Großbanken zu lebensfähigen Regionalbanken" der Reichsregierung bestanden, die allerdings keine Unterstützung bei der Reichsbank fanden[96]. Schon damals wurden Zweifel laut, ob die deutschen Großbanken die optimale Betriebsgröße nicht längst überschritten hatten[97]. Sie dürften u.E. noch heute bestehen.

c) Gegenwärtig wird jedoch die Bankenkonzentration als ökonomisch fortschrittliche Erscheinung weltweit toleriert und ein wie auch immer gearteter Widerstand als ein Versuch eingeordnet, den wirtschaftlichen Fortschritt zu verhindern. Nur sehr vereinzelt werden Gegenstimmen laut[98], und es bleibt zu hoffen, daß die Welle des "Lean Managements" in absehbarer Zeit auch bei den Banken ankommt. Bisher unterbleiben jedoch entsprechende Aktivitäten der Währungsbank zugunsten entsprechender Kontrollen oder anderweitiger Einwirkungen.

3. Die Steuerung des Kundenkreises

Eine Beeinflussung der Zusammensetzung des Kundenkreises der Banken - die die Struktur des Marktanteils der einzelnen Bank und damit auch die Geldschöpfungskapazität verändert - kann auf behördlichem und unternehmerischem Weg erfolgen. Letzterer wäre dann der Versuch, durch entsprechendes Konkurrenzverhalten den Geschäftsbanken Kunden abzuwerben (vgl. 3. Abschnitt A.III,c). Die behördliche Einwirkung ihrerseits kann - worauf Graebner hinweist - entweder bei den Banken oder den Bankkunden einsetzen: Von einem Einwirken auf die Banken wird man sprechen, wenn die "Notenbank eine gesetzliche Handhabe (hat), bestimmte Einlagen von der generellen Erlaubnis des § 1 KWG auszunehmen und sie aus dem Geldkreislauf des Bankensystems auf das Zentralbanksystem zu übertragen ..."[99]. Die Bankkunden werden demgegenüber durch das Gebot angesprochen, ihre Mittel bei bestimmten Banken anzulegen.

a) Beispiel für ein den Banken gegenüber ausgesprochenes Verbot ist die Untersagung der Entgegennahme von Ausländereinlagen. Weniger schroff sind Preisvorschriften: die

95 Vgl. dazu Theo Horstmann, Alliierte Bankenpolitik nach dem 2. Weltkrieg. Entflechtung und Rekonzentration der deutschen Großbanken 1945-1952, Diss. Bochum 1986

96 Vgl. Heinrich Brüning, a.a.O., S. 480 f.

97 Vgl. ebenda, S. 523

98 Vgl. dazu Gunther Tichy, Die weltweite Strukturkrise der Banken. Ursachen und Strategien zu ihrer Überwindung, in: ÖBA 12/1991, S. 853 ff.

99 Wolfgang Graebner, a.a.O., S. 52

Verpflichtung der Banken, bei der Annahme von unverzinslichen Ausländereinlagen Provisionen zu erheben bzw. das Verzinsungsverbot für Auslandsgelder. Alle drei Möglichkeiten sieht das deutsche Außenwirtschaftsgesetz unter bestimmten Voraussetzungen ("um einer Beeinträchtigung der Kaufkraft der Deutschen Mark entgegenzuwirken oder das Gleichgewicht der Zahlungsbilanz sicherzustellen") vor (§ 23)[100]. Diese Verzinsungsverbote sind allerdings weniger eine konkurrierende Maßnahme zur Zinspolitik, sondern sie sollen im Gegenteil unerwünschte Wirkungen der Zinspolitik zu verhindern suchen (vgl. 3. Abschnitt D.II).

b) Es folgen zwei Beispiele für entsprechende Gebote an die Bankenkundschaft:

1. Das Bundesbankgesetz verpflichtet Bund und Länder grundsätzlich zur Einlage der Kassenüberschüsse bei der Notenbank (Einlagenpolitik, § 17, Satz 1). Die doppelte Zielsetzung einer "Steuerung des Kundenkreises" kommt hier besonders deutlich zum Ausdruck: Einmal sollen die Kassenreserven der öffentlichen Hand aus dem Einlagenvolumen der Geschäftsbanken ausgeklammert werden und damit der Geldschöpfungskapazität dieser Institute entzogen werden. Angesichts des bedeutenden Steueraufkommens von Bund und Ländern ist bereits diese Wirkung beachtlich. Die zweite Wirkung ist für die Banken noch schwerwiegender: Jede Verfügung eines Geschäftsbankkunden zugunsten von Bund oder Ländern ist mit einer Liquiditätsbeanspruchung dieser Bank verbunden. Da es sich bei diesen Zahlungen vornehmlich um Steuerzahlungen handelt, die sich auf bestimmte Termine konzentrieren, stehen diesen Verfügungen an die Bundesbank keine eingehenden Zahlungen der öffentlichen Hand zugunsten von Geschäftsbankkunden in nennenswertem Umfang gegenüber[101]. Die Bundesbank ist jedoch ermächtigt, Bund und Ländern eine anderweitige Anlage ihrer Mittel zuzugestehen (§ 17, Satz 2). Die Einlagenpolitik wird damit zu einem Instrument der funktionellen Währungspolitik, die es "der Bundesbank (ermöglicht), die Verteilung der öffentlichen Gelder auf das Geschäftsbankensystem und das Zentralbanksystem entsprechend den geldpolitischen Erfordernissen zu beeinflussen, indem sie die Ermächtigung entweder erteilt oder nicht erteilt oder eine bereits erteilte Ermächtigung widerruft"[102].

Die Wirksamkeit dieses - institutionierenden und/oder funktionellen - Instruments richtet sich nach dem Anteil der öffentlichen Mittel und Zahlungen an den entsprechenden Gesamtgrößen, aber auch nach der Anzahl der Steuertermine[103]. Es ergeben sich in jedem Fall kurzfristige Liquiditätsanspannungen bei den Geschäftsbanken, die deren Ab-

100 Vgl. dazu im einzelnen Wolfgang Graebner, a.a.O., S. 53 ff. ("Die Kontrolle der Auslandseinlagen")

101 Vgl. dazu Volkhard Escher, Der Einfluß der Steuertermine auf die Liquidität der Geschäftsbanken und die Refinanzierung der Geschäftsbanken beim Zentralbanksystem, Diss. Köln 1957

102 Wolfgang Graebner, a.a.O., S. 52 - Über die "Einlagenpolitik" im einzelnen unterrichtet Günter Greitemann, Die Verwaltung der Staatskassenmittel als Rechtsproblem, München 1968

103 Auch für die Unternehmungen hat diese Vorschrift Nachteile, da die Steuerzahlungen nicht ihrem "Liquiditätsrhythmus" angepaßt sind. Vgl. dazu Wilhelm Möller und Felix Rexhausen, Steuertermine und Liquiditätsrhythmus, in: Kreditwesen 4/1956, S. 121 f.

hängigkeit gegenüber der Währungsbank vergrößert. Im Schrifttum wird dabei vor allem auf die Schädlichkeit solcher Liquiditätsschwankungen verwiesen und das Beispiel der Vereinigten Staaten aufgeführt, wo "Treasury tax und loan accounts" bei sämtlichen Kreditinstituten des Landes geführt werden können[104]. Für die deutschen Verhältnisse wurden verschiedene Vorschläge entwickelt[105]. An Kritik hat es nicht gefehlt[106].

2. Das zweite Beispiel gab die DDR bis Ende 1957: Sämtliche volkseigenen Betriebe mußten ein Konto bei der Deutschen Notenbank unterhalten. Andere Bankverbindungen waren untersagt. Die Sparkassen und Genossenschaftsbanken gerieten bereits dadurch in völlige Abhängigkeit gegenüber der Währungsbank.

c) Die Einwirkung auf zwischenbankliche Zahlungen

Es wurde bereits darauf verwiesen, daß bargeldlose Zahlungsaufträge zugunsten von Kunden anderer Banken einmal durch eingehende Zahlungen von diesen Banken teilweise, ganz oder überkompensiert werden und zum anderen die dabei enstehenden Defizite seitens der begünstigten Banken vorübergehend gestundet werden können.

Es gibt drei Möglichkeiten zur Einwirkung der Währungsbank auf die zwischenbanklichen Zahlungen.

1. Die härteste Form besteht in einem Verrechnungsverbot zwischen Banken, dem Verbot der Durchführung zwischenbanklicher Zahlungen auf Kontokorrentbasis und dem damit verbundenen Einschaltungszwang der Währungsbank für den gesamten zwischenbanklichen Zahlungsverkehr.

a) Einer solchen Regelung bediente sich die Währungsbank der DDR zwischen 1949 und 1989: Die Sparkassen und Kreditgenossenschaften mußten alle Zahlungen über die Deutsche Notenbank bzw. die Staatsbank der DDR leisten.

b) In gemilderter Form sah das Kreditwesengesetz von 1934 die Bildung von "Bankbezirken" und den Einschaltungszwang der Reichsbank oder Postscheckämter für Zahlungen über die Bezirksgrenzen hinaus vor[107]; von dieser dem Aufsichtsamt für das Kreditwesen gegebenen Vollmacht wurde jedoch nie Gebrauch gemacht.

---

104 Vgl. Otto Veit, Grundriß, a.a.O., S. 328

105 Vgl. Günter Greitemann, Vollbewegliche Einlagen-Politik, in: Kreditwesen 20/1967, S. 943 ff.

106 Vgl. Andreas Lacher und Markus Thermeier, Ist die Einlagenpolitik nach § 17 Bundesbankgesetz eine Fehlkonstruktion?, in: Der langfristige Kredit 15/1981, S. 476 ff.; dagegen Oswald Hahn, Deutsche Bundesbank: Gewinn provoziert Länderfinanzminister, in: Kreditwesen 16/1991, S. 738 f.

107 Vgl. § 28 KWG: "(1) Das Aufsichtsamt ist ermächtigt, Vorschriften zur Regelung des unbaren Zahlungsverkehrs zu erlassen ... (2) In den Vorschriften kann bestimmt werden, inwieweit der unbare Zahlungsverkehr nur über die Reichsbank, die bei der Reichsbank errichteten Abrechnungsstellen oder die Postscheckämter bewirkt werden darf. Für diesen Zweck können Bankbezirke gebildet werden".

c) Das Gesetz über die Errichtung der Bank deutscher Länder schrieb den Einschaltungszwang für zwischenbankliche Zahlungen über die Grenzen eines Bundeslandes hinaus verbindlich vor[108]; diese Vorschrift galt de facto in den Jahren 1948 bis 1953, de jure sogar bis 1957. Die Bank deutscher Länder besaß dabei das Recht, Ausnahmen zu dieser Regelung zuzulassen[109]. Die deutsche Bankwirtschaft führte lebhaft Klage über die nach ihrer Meinung unwirtschaftlichen Verfahren[110]. Mit der teilweisen Rekonzentration der Großbanken im Jahre 1952 wurde der Regelung allerdings die faktische Grundlage entzogen. Die Kontrolle der Einhaltung einer solchen Vorschrift ist in einer Zentralverwaltungswirtschaft unproblematisch. Die Bank deutscher Länder und die Landeszentralbanken sahen sich jedoch mit der Wahrnehmung dieser Aufgabe für überfordert an[111], so daß der entsprechende Gesetzesparagraph stillschweigend übersehen wurde[112].

2. Wir haben bereits die preispolitische Maßnahme einer "Geldschaffungssteuer" in zwei Variationen erwähnt (vgl. Unterabschnitt a,2). Diese Steuer könnte auch auf den institutsüberschreitenden bargeldlosen Zahlungsverkehr beschränkt werden. Es gibt allerdings keine Begründung für eine solche Einschränkung - die Möglichkeit als solche sollte lediglich erwähnt werden.

3. Auch auf dieser Ebene können behördliche und unternehmerische Maßnahmen konkurrieren: Anstatt die Geschäftsbanken zur Teilnahme am bargeldlosen Zahlungsverkehr der Notenbank zu zwingen, kann diese ihre Zahlungsverkehrseinrichtungen so vorteilhaft gestalten, daß die Kreditinstitute der Einschaltung der Währungsbank den Vorzug geben vor der gegenseitigen Verrechnung. Die Deutsche Bundesbank und ihre Vorgängerinnen haben diesen Weg konsequent durchgeführt: von der Einführung des Überweisungsverkehrs über das Angebot des "Vereinfachten Scheckeinzugs" (1951) bis hin zur Errichtung von Verrechnungszentren (vgl. 3. Abschnitt B.IV,b).

Alle drei Maßnahmen verlangen ein relativ dichtes Filialnetz der Banken; das Problem läßt sich nur dadurch befriedigend lösen, daß die Währungsbank entsprechend qualifizierte

---

108 Vgl. Ziff. 12a des Gesetzes über die Errichtung der Bank deutscher Länder: "Die Bank übernimmt und bewirkt den gesamten bankmäßigen Überweisungsverkehr, der aus Aufträgen Dritter herrührt und über die Landesgrenzen hinausgeht. Dieser Überweisungsverkehr ist von den Kreditinstituten über ihr Konto bei den Landeszentralbanken abzuwickeln".

109 Vgl. Ziff. 12b des Gesetzes: "Die Bank kann Ausnahmen hiervon zulassen". Eine solche Ausnahmeregelung wurde dergestalt getroffen, "daß die Anschaffung der Gegenwerte bei den Landeszentralbanken nicht durch die einzelnen Kreditinstitute erfolgen muß, sondern auch von den Zentralinstituten in dem betreffenden Land (Girozentralen für Sparkassen, Zentralkassen für Genossenschaften) bewirkt werden kann" (Bekanntmachung der BdL über die Neuregelung des Überweisungsverkehrs, in: Öfftl. Anzeiger für das Vereinigte Wirtschaftsgebiet, Nr. 54, 7.7.1949). Die Neuregelung trat am 3.10.1949 in Kraft (vgl. Öffentl. Anzeiger, Nr. 87, 22.9.1947).

110 Vgl. NN, Doktrinärer Überweisungsverkehr?, in: Sparkasse 14/1950, S. 188 f.

111 Lt. Schrb. Bankdirektor Fritz Mielke, LZB von Bayern, an den Verfasser (28.12.1955)

112 Vgl. Karl Sewering, Sicherung der Kreditpolitik durch Einschaltung des Zentralbanksystems in den Zahlungsverkehr, in: ZfB 1951, S. 78 ff., S. 165 ff.

Dienstleistungen anbietet. Das Konkurrieren mit den sehr unterschiedlich entwickelten eigenen Gironetzen der Universalbanken wurde jedoch durch eine über den Bundesrechnungshof moralisch erzwungene neue Gebührenpolitik der Bundesbank erschwert.

II. Die Geldmarktfinanzierung als Ansatzpunkt[113]

Wolfgang Graebner hat die "Kontrolle der Refinanzierung über den Geldmarkt" als dritte Möglichkeit einer Kontrolle der Liquiditätsbeschaffung (neben der Refinanzierung bei der Notenbank und der Einlagenfinanzierung) aufgeführt und die verschiedenen Aktionsansätze u. E. erschöpfend skizziert[114]; wir können uns daher auf eine kurze Wiedergabe beschränken.

a) Für den inländischen Geldmarkt erweist sich die Einführung "quantitativer Beschränkungen", beispielsweise durch Festsetzung von Kontingenten für jede Bank, als angesichts der kaum lösbaren administrativen Probleme unzweckmäßig. Hinzu kommt, daß eine Verbindung mit dem Einschaltungszwang für interbankliche Zahlungen Grundvoraussetzung ist. Die Einführung eines hohen "Strafzinses" für Geldmarktfinanzierungen erweist sich angesichts der schwierigen Kontrollmöglichkeiten ebenfalls als undurchführbar.

b) Zur Beeinflussung der Kreditaufnahme auf ausländischen Märkten werden die gleichen Möglichkeiten genannt, die zur Steuerung der Auslandseinlagen (vgl. Unterabschnitt C.I,b.3) einsetzbar sind.

Die währungspolitischen Maßnahmen auf dieser Stufe haben in Zentralverwaltungswirtschaften ausnahmslos institutionierenden Charakter. Für Währungsbanken von Marktwirtschaften würden solche Maßnahmen der funktionellen Währungspolitik unterzuordnen sein.

III. Das Geldschöpfungspotential als Ansatzpunkt

Diese dritte Stufe der Einwirkung wird vom Schrifttum mit "Kontrollen der Liquiditätsverwendung" umschrieben[115].

---

113 Vgl. dazu Vinzenz Timmermann, Interbankkredite und Geldpolitik, in: Kyklos 3/1976
114 Vgl. Wolfgang Graebner, a.a.O., S. 49 ff.
115 Vgl. Wolfgang Graebner, a.a.O., S. 55

a) Das Wesen der Maßnahmen

Die verschiedenen, die Giralgeldschöpfung beeinflussenden Faktoren, die weitgehend für jede Bank individuellen Charakter haben, bestimmen den Umfang der Geldschöpfung einer Bank. Dieses Geldschöpfungspotential läßt sich nun theoretisch definieren als die Summe der Produkte aus den verschiedenen "Überschuß-Reserve-Blöcken" und den für die einzelnen Aktivgeschäfte der Bank gültigen "Geldschöpfungsmultiplikatoren"[116].

1. Diese Beträge werden nun verstärkt durch die Überschußreserven, die den Banken aus Spareinlagen und eigenen Effektenemissionen erwachsen, die daher ebenfalls in den währungspolitischen Ansatz einzubeziehen sind[117]. Die Bedeutung dieser Mittel richtet sich einmal nach dem Sortiment der Bank und zum anderen nach den alternativen Anlagemöglichkeiten der Bankkunden. Zum ersten ist zu sagen, daß die Universalbank begünstigt ist gegenüber der Spezialbank. Das zweite Phänomen spricht die "Stufen der Kapitalwirtschaft" an[118]. Auf der untersten Stufe (Individualfinanzierung) verkehren Anleger und Investor ohne Zwischenschaltung von Banken direkt miteinander. In der folgenden zweiten Stufe übernehmen die Banken die Transformationsfunktion (Entgegennahme von Einlagen und Kreditgewährung). Die sich anschließende höchste Stufe wird durch den Verbriefungstrend charakterisiert: Investoren emittieren und verkaufen ihre Titel an die Anleger - mit oder ohne Zwischenschaltung von Banken. Der Übergang von der zweiten zur dritten Stufe bedeutet eine Reduzierung der Überschußreserven und damit der Basis für die Giralgeldschöpfung[119]. Hieraus könnten sich Konsequenzen im Einsatz administrativer Instrumente ergeben: Reduzierung gegenüber Bankenliquidität zugunsten einer Forcierung gegenüber Kundenliquidität (vgl. Unterabschnitt D.I).

2. Die behördlichen Maßnahmen sind je nach Wirtschaftssystem unterschiedlich einzustufen. In einer Zentralverwaltungswirtschaft hat man sie der institutionierenden Währungspolitik unterzuordnen. In allen anderen Situationen überwiegt demgegenüber der funktionelle Charakter.

In marktwirtschaftlich ausgerichteten Währungsgebieten kommt auf dieser Einwirkungsebene denjenigen Maßnahmen der Währungsbank eine besondere Bedeutung zu, die sie in ihrer Eigenschaft als Unternehmung, aber auch in ihrer Stellung als währungspolitische Autorität zur Verfügung hat. Solche Mittel sind nicht nur geeignet, die Wirkung entsprechender behördlicher Verfügungen der Währungsbank zu verstärken, sondern können behördliche Eingriffe sogar überflüssig machen.

---

116 Vgl. Oswald Hahn, Geldschöpfungspotential, a.a.O.

117 Vgl. dazu Rudolf Fuchs, Geldpolitische Bedeutung der freien Liquiditätsreserven und die Interbankgeschäfte, Würzburg 1981

118 Vgl. Oswald Hahn, Die Außenfinanzierung, in: Ders. (Hrsg.), Handbuch der Unternehmensfinanzierung, München 1971, S. 64 f.

119 Vgl. Wilhelm Bühler, Kreditbankprinzip contra Investmentbanking, in: Die Bank 3/1988, S. 129 ff.

3. Die unternehmerischen Maßnahmen der Währungsbank können in zweifacher Hinsicht die Realisierung der Geldschöpfungskapazität einer Bank beeinflussen.

a) Einmal wird die Rücksichtnahme einer Bank auf später notwendige Inanspruchnahme der Zentralbankunterstützung eine gewisse Beschränkung qualitativer Art in den Aktivgeschäften auslösen (Bevorzugung "zentralbankfähiger Aktiva"), die um so größer ist, je niedriger der Verwertungsgrad (Beleihungsgrenze, Rediskontkontingente) dieser Aktiva ist (Berücksichtigung der "quantitativen" Unternehmungspolitik der Währungsbank). Die Zentralbank übt also in ihrer Eigenschaft als Unternehmung einen Einfluß auf die Struktur des Aktivgeschäfts der Geschäftsbanken mit ihren (Bank-)Kunden aus. Verschiedentlich wird diese Steuerung des Aktivgeschäfts unter die "allgemeinen mengenmäßigen Vorschriften" und "selektiven mengenmäßigen Vorschriften" der "direkten Kreditkontrolle" eingeordnet[120]. Wolfgang Graebner rechnet das, was wir in Parenthese als "quantitative" Unternehmenspolitik der Währungsbank charakterisierten, zur "Kontrolle der Liquiditätsbeschaffung" innerhalb der "direkten Kontrollen" ein. Wir möchten mit Otto Veit die qualitativen und quantitativen Maßnahmen der Währungsbank in ihrem Kredit- und Handelsgeschäft demgegenüber zu den bankmäßigen (Veit) bzw. unternehmerischen Maßnahmen (Oswald Hahn) rechnen. Wolfgang Graebner lehnt die Einteilung von Otto Veit ab - wobei er allerdings gerade bezüglich dieser Maßnahmen die Begründung schuldig bleibt[121].

b) Zum zweiten kann die Zentralbank versuchen, mit den Kreditnachfragern der Geschäftsbank in Wettbewerb um die Überschußreserven zu treten, indem sie den Geschäftsbanken bei Aktivgeschäften mit der Währungsbank die gleiche Nettorendite verspricht wie bei Kreditgeschäften. In diesem zweiten Fall beeinflußt die Zentralnotenbank eine Umstrukturierung des gesamten Aktivgeschäfts der Geschäftsbank - und zwar eine Verschiebung vom Kundengeschäft zum Geschäft mit der Notenbank.

Wir möchten die "direkten Kontrollen", die "Kreditkontrolle" und die "quantitativen und qualitativen Maßnahmen" des Schrifttums unter dem Begriffspaar "Auflagen und Beschränkungen" zusammenfassen. Bei den "Auflagen" handelt es sich um einen den Geschäftsbanken auferlegten Zwang, monetäre Mengen anzubieten oder zu erwerben, während "Beschränkungen" ein den Geschäftsbanken auferlegtes Hindernis sind, über eine bestimmte Grenze hinaus monetäre Mengen anzubieten oder zu erwerben.

Diese Zweiteilung wird den folgenden Ausführungen zugrundegelegt. Sie entspricht etwa der von Graebner - Kontrolle der Liquiditätsreserven (unsere "Auflagen") und Kontrolle des Kreditangebots (unsere "Beschränkungen")[122].

---

120 Vgl. Richard Nowak, Systematik und Abgrenzung der direkten Kreditkontrolle im Rahmen der Währungspolitik, in: Johannes Fettel und Hanns Linhardt (Hrsg.), Der Betrieb in der Unternehmung, Stuttgart 1963, S. 434 ff.

121 Vgl. Wolfgang Graebner, a.a.O., S. 39

122 Vgl. Wolfgang Graebner, a.a.O., S. 55

b) Die Einwirkung durch Auflagen

Quantitative Auflagen haben immer zugleich qualitativen Charakter[123]. Daher erübrigt sich eine weitere Aufgliederung unter diesem Aspekt. Die Auflagen zur Beeinflussung des Geldschöpfungspotentials sind durchweg Erwerbsauflagen: Die Währungsbank zwingt die Geschäftsbanken zum Erwerb monetärer Aktiva. Da auch den Bankkunden entsprechende Auflagen gemacht werden können (vgl. Unterabschnitt D.I), soll hier die Erörterung der grundsätzlichen Gestaltungsmöglichkeiten von Auflagen erfolgen.

1. Zielsetzung und Auflageneffekt

a) Mit dem Zwang zum Erwerb monetärer Aktiva, die ohne diesen Zwang nicht oder aber in wesentlich geringerem Umfang erworben worden wären, kann die Währungsbank dreierlei beabsichtigen:

1. Eine Verringerung der liquiden Mittel oder - allgemein ausgedrückt - der Geldmenge (Abschöpfungsauflagen bzw. -effekt; wir verweisen auf die "Kaufkraftabschöpfungs-" und "Stabilisierungsanleihen", vgl. Unterabschnitt D.I,b).

2. Eine Mindestvorsorge der Betriebswirtschaften für die Aufrechterhaltung der Zahlungsfähigkeit, der Liquidität (Liquiditätsauflagen bzw. Liquiditätseffekt - verwiesen sei auf die klassischen Liquiditätsvorschriften für Sparkassen, die Deckungsvorschriften der Notenbanken und die (Mindest-)Reservenormen, denen Geschäftsbanken unterliegen).

3. Eine Finanzierung oder Refinanzierung bestimmter Vorhaben (Finanzierungsauflagen bzw. -effekt), für die wir als Beispiel die "Investitionshilfeanleihe" von 1952, die "Entwicklungsanleihe" und die "Blessing-Milliarde" von 1960 aufführen wollen.

b) Bei der Verfügung solcher Erwerbsauflagen läßt sich die Währungsbank primär von einem der drei genannten Ziele leiten; als Nebenwirkung können aber darüber hinaus noch einer der beiden anderen oder beide Effekte eintreten: Der Zwang, niedrigverzinsliche und/oder risikobehaftete Auslandsanlagen zu erwerben, hat sowohl einen Geldabschöpfungs- als auch Finanzierungseffekt. Die Liquiditätsnormen lösen immer auch einen Abschöpfungseffekt aus und haben zudem Finanzierungscharakter, wenn die Reserven in Form von (im allgemeinen niedrig verzinslichen) Staatstiteln unterhalten werden müssen.

---

123 Die "Stabilisierungsanleihe" wird im allgemeinen dadurch charakterisiert, daß sie niedrig verzinslich ist und daher am Markt nur unter erheblichem Disagio verkäuflich wäre, Mindestreservevorschriften beziehen sich ebenfalls auf die Pflicht zu einer "ungünstigen" Anlage.

c) Abschöpfungs- und Finanzierungsauflagen - also Auflagen, die primär den jeweils genannten Effekt auslösen sollen - können sowohl den Banken als auch den Bankkunden auferlegt werden, während sich Liquiditätsauflagen nur an Banken richten[124].

1. Die Gestaltung dieser Liquiditätsvorschriften fällt, sofern diese nicht (wie die entsprechenden landesrechtlichen Vorschriften für Sparkassen) gruppenbezogen sind, unter den Begriff "Mindestreservepolitik"[125]. Solange es sich bei den Reservesätzen um konstante Größen handelt (wie die Deckungsvorschriften der privaten Notenbanken), kommt ihnen weltweit primär der Liquiditätseffekt, sekundär ein Abschöpfungseffekt zu. Mit der Einführung variabler Sätze ist jedoch der Gedanke einer Aufrechterhaltung der Liquidität weltweit[126] in den Hintergrund getreten gegenüber dem primären Ziel einer Abschöpfung[127] der (absoluten) Liquidität[128]. In Höhe des Reservesatzes kommt den Mindestreserven jedoch auch dann noch der Charakter von Liquiditätsreserven zu, da Einlagenabflüsse (wie auch früher bei den Notenbanken: Noteneinlösungen) in Höhe des Reserve- (bzw. Deckungs-) Satzes aus der Mindest- (bzw. Geld-) Reserve gedeckt werden können[129]. Die Mindestreserveerhebung[130] läßt sich als Preis für das Geldschöpfungsregal der Universalbanken interpretieren. Deswegen erscheint die von Bankenseite im Herbst 1985 eingeleitete Forderung nach ihrer Abschaffung abwegig - völlig ungeachtet der damit beeinträchtigten Einwirkungsmöglichkeit der Währungsbank (vgl. 1. Abschnitt

---

124 Es ist daher verfehlt, bei entsprechenden Plänen von einer "Einbeziehung der Versicherungen in die Mindestreservepflicht zu sprechen; es handelt sich dabei um Abschöpfungs- oder Finanzierungsauflagen.

125 Die Mindestreservepolitik wurde erstmals in den Vereinigten Staaten mit Einführung des Bundesreservesystems 1913, in Deutschland durch das Emissionsgesetz (§ 6) am 20.6.1948 eingeführt (vgl. dazu Manfred Borchert, Mindestreservekonzeptionen, Wiesbaden 1987). Sie bezweckte jedoch ursprünglich (1913) primär die Liquiditätssicherung der Banken analog der ursprünglichen Zielsetzung der Golddeckungsvorschriften. Der währungspolitische Einsatz dieses Instruments wird auf John M. Keynes zurückgeführt (vgl. Eberhard Ketzel/Reinhard Koser/Hans Pfister, Die Notenbank, 2. A., Stuttgart 1976, S. 84).

126 Vgl. hierzu Deutsche Bundesbank, Mindestreserveregelungen im Ausland, in: Monatsberichte der Deutschen Bundesbank März 1990, S. 22 ff.

127 Vgl. als Grundsatzliteratur neben Manfred Borchert/Rainer Peters, Mindestreservepolitik und bankbetriebliche Liquiditätsdispositionen, Hamburg 1980, S. 116 ff.; Angelika Müller, Die Mindestreserve: Ausgestaltung und Wandlungen eines Instrumentes der deutschen Zentralbank seit 1948, Berlin 1992.

128 Vgl. zur Unterscheidung zwischen absoluter Liquidität (Gütereigenschaft: liquide Mittel) und relativer Liquidität (Zustand einer Betriebswirtschaft: Zahlungsfähigkeit) Oswald Hahn, Finanzwirtschaft, 2. A., Landsberg 1983, S. 45 ff.

129 Unterstellen wir einen - einheitlichen - Reservesatz von 10% und ein reservepflichtiges Einlagenvolumen von 300 Mio. Währungseinheiten, so beläuft sich das "Reserve-Soll" auf 30 Mio WE. Wenn der Bank jetzt Einlagen in Höhe von 50 Mio WE entzogen werden, verringert sich das Reserve-Soll auf 25 Mio WE. Aus der Reserve kann die Bank daher 5 Mio WE = 10% des Einlagenabflusses entnehmen. Das gilt jedoch nur dann, wenn sich das Mindestreservesoll an den täglichen Effektivzahlungen orientiert. Die Möglichkeiten der Disponierung über die "Mindestreserven" sind jedoch wesentlich größer, wenn Bezugsbasis und Reserve-Ist nicht die täglichen, sondern nur die durchschnittlichen Einlagen und Bundesbankguthaben sind (vgl. Anm. 167).

130 Für die Bundesrepublik Deutschland gilt § 16 BBkGes und die jeweilige "Anweisung der Deutschen Bundesbank über Mindestreserven (AMR, jeweils abgedruckt im Geschäftsbericht der Bank, z.B. 1988, S. 99 ff.).

D.III,a)[131]. Unabhängig davon steht es den Banken frei, analog zur Praxis der US-amerikanischen Banken ihrerseits dem Kreditnehmer die Unterhaltung von Mindestreserven bei der kreditgebenden Bank aufzuerlegen[132].

2. Die Finanzierungsauflagen liegen bereits an der Grenze zwischen der Währungspolitik und der von der Regierung getragenen Konjunkturpolitik. Währungspolitischen Charakter haben solche Auflagen mit primärer Finanzierungs-Zielsetzung allerdings insoweit, als man sie unter die später noch zu erwähnende Politik der Kreditselektion einordnen kann: Während die entsprechenden qualitativen Beschränkungen gewisse Bereiche von der Fianzierung ausschließen sollen, bezwecken Finanzierungsauflagen die Begünstigung bestimmter Bereiche.

d) Infolge der Globalisierung des Handels wie auch der Finanztransaktionen verliert der nationale Bezug insbesondere des administrativen Instrumentariums an Bedeutung. Statt dessen muß die Zentralbankleitung die Interessenlagen anderer Staaten und deren Zentralnotenbanken bei der Entscheidung berücksichtigen, woraus sich die These ableiten ließe, daß faktisch - auch schon vor der Errichtung der Europäischen Zentralbank - eine übernationale Zentralbankpolitik praktiziert wird. Dies zeigt sich an der zurückhaltender eingesetzten Mindestreservepolitik der Deutschen Bundesbank. Um den Finanzplatz Deutschland nicht weiter zu schwächen. senkte die Bundesbank die Mindestreserven auf Spar- und Termineinlagen Anfang 1993. Die anzunehmende künftige Rückführung auf Null Prozent würde die Finanzierungsvorteile auf ausländischen Finanzmärkten ermäßigen und somit die Inlandsfinanzierung wieder konkurrenzfähiger machen. Auch Intentionen mancher deutscher Banken, Niederlassungen in Luxemburg zu errichten, könnten dann unterbleiben. Auf diese Weise erhöht gleichzeitig die Bundesbank die Wirkung ihrer national ausgerichteten Geldpolitik, da an der Umgehung der Mindestreservekosten orientierte Finanzierungsoperationen der Grundlage entbehren[133]. Unumgänglich erscheint die Kompensation der verringerten Mindestreserve durch neue unternehmerische Instrumente, auch in Gestalt neuer Direktgeschäfte (vgl. 3. Abschnitt A.III)[134]

131 Als neuste Begründung wird die mit der Mindestreservepflicht verbundene Beeinträchtigung der internationalen Wettbewerbsfähigkeit ins Feld geführt. Vgl. dazu Jürgen-Peter Kaven, Mindestreserve - eine überhöhte Zwangsabgabe, in: Kreditwesen 23/1990, S. 1157; Oswald Hahn, Mindestreserven - ein unabdingbares Instrument, in: ebenda 5/1991, S. 204 ff.; ferner Thomas Zeitler, Die Berechtigung von Mindestreserven, Diplomarbeit Erlangen-Nürnberg 1987

132 Vgl. dazu Heinrich Rittershausen, Kreditbegrenzung versus Kreditexpansion?, in: Kreditwesen 17/1970, S. 817 f.

133 Vgl. NN, Weniger deutsche Aktien in London gehandelt, in: FAZ 17.3.1993

134 Unveröffentlichte Ausführungen Jürgen Singer

2. Die Festsetzung der Erwerbsauflage

i. Die Dauer der Auflage

Abschöpfungs- und Finanzierungsauflagen haben regelmäßig einmaligen Charakter: zu einem bestimmten Zeitpunkt wird den Wirtschaftssubjekten eine einmalige Erwerbsauflage gemacht. Bei der Abschöpfungsauflage ist weiter zu unterscheiden, ob die abgeschöpften Beträge später wieder freigegeben werden oder ob die Abschöpfung endgültig ist. Letzteres ist meist anzutreffen in Verbindung mit Währungsreformen. Liquiditätsauflagen sind demgegenüber auf die Dauer gerichtet: Die Betriebswirtschaften sind ständig zur Unterhaltung entsprechender liquider Mittel verpflichtet.

ii. Die Bezugsgrundlage

Es gibt verschiedene Gesichtspunkte, unter denen die Bezugsgrundlage klassifiziert werden kann.

1. Man kann als erstes zwischen statischen und dynamischen Bezugsgrundlagen trennen.

Die statischen Bezugsgrundlagen sind Vergangenheitswerte - beispielsweise das Eigenkapital eines bestimmten Zeitpunktes oder die Umsätze eines bestimmten Zeitpunktes. Auf statischen Größen basieren die Abschöpfungs- und Finanzierungsauflagen.

Als dynamische Bezugsgrundlagen möchten wir die laufenden Wirtschaftsdaten oder deren Veränderung bezeichnen. Zur Auswahl stehen im allgemeinen entweder bestimmte Bilanzpositionen oder aber Veränderungen (meist "Zuwächse") der Positionen. An dynamischen Bezugsgrundlagen orientieren sich die Liquiditätsauflagen. Vereinzelt bemessen sich aber auch Abschöpfungs- und Finanzierungsauflagen an dynamischen Elementen, insbesondere dann, wenn sie auf die Dauer gerichtet sind. Erwähnt seien hier die Überlegungen zur Einführung einer "Mindestreservepflicht" für Versicherungen.

2. Bei dynamisch orientierter Bezugsgrundlage taucht zunächst die Frage ihrer Ermittlung auf. Man kann beispielsweise das Mindestreservesoll der Geschäftsbanken jeweils geschäftstäglich (Bundesrepublik) oder kalendertäglich (Österreich) durch Multiplikation der entsprechenden Werte in der Tagesbilanz mit dem Reservesatz bestimmen. Dem gegenüber steht die Ermittlung aus Stichtagswerten, aus denen sich ein tägliches Durchschnitts-Soll ergibt. Die Stichtagswerte lassen sich der laufenden oder der jeweils vorangehenden Periode entnehmen. In der Bundesrepublik Deutschland wird der Durchschnitt aus je zwei Stichtagen des Vormonats (23. und ultimo) und des laufenden Monats (7. und 15.) ermittelt.

3. Weiter ist zu unterscheiden, welche Bilanzwerte bzw. Bilanzwertzunahmen herangezogen werden[135]. Für die Liquiditätsauflagen wird in praxi von Positionen der Passivseite ausgegangen. Da den Mindestreservenormen von Praxis und Wissenschaft jedoch immer mehr der Charakter von Abschöpfungsauflagen beigemessen wird, erscheint die Heranziehung von Vermögenspositionen (Aktivseite) aus den Bankbilanzen gerechtfertigt: Die Passivseite als Bezugsgrundlage "straft die vorsichtige Bank und belohnt die leichtfertige Bank"[136]: Von zwei ceteris paribus gleich großen Banken wird das Institut einen höheren Bestand an Überschußreserven und u. U. auch einen höheren Einlagenbestand haben, das sich im Kreditgeschäft mit der Kundschaft Zurückhaltung auferlegt hat. Der "Aktiva-Reserveplan" wird jedoch sehr unterschiedlich beurteilt[137].

4. Große Variierungsmöglichkeiten zeigen sich bei der Heranziehung der Passiv-Bilanzpositionen[138]. Es stehen sich zunächst gegenüber Gesamtbilanzsumme, Eigenkapital und Fremdkapital. Die beiden erstgenannten Werte sind bevorzugte Basis für die Festsetzung von Abschöpfungs- und Finanzierungsauflagen, während die Liquiditätsauflagen auf das kurzfristige Fremdkapital Bezug nehmen, vornehmlich dabei auf die Einlagen. Der ständig an Bedeutung gewinnende Ersatz von Einlagen durch Titel (bankbezogener Verbriefungstrend) führt jedoch zur Ausdehnung auf Bankschuldverschreibungen.

5. Einer Heranziehung der Gesamteinlagen steht die Spezifizierung gegenüber.

a) Eine erste Trennungsmöglichkeit ergibt sich aus der Währungsnationalität. Reine Liquiditätsüberlegungen würden für Auslandseinlagen Fremdvalutareserven verlangen müssen; abschöpfungspolitische Überlegungen werden sich demgegenüber zu entscheiden haben, ob die Ausländereinlagen in die Mindestreservepflicht einbezogen werden sollen oder aus dem Kreis der reservepflichtigen Verbindlichkeiten auszuklammern sind. Entscheidend ist dabei die Frage, ob die Währungspolitik am Zustrom von Auslandsgeldern interessiert ist oder nicht. Eine die ausländischen Einlagen "diskriminierende" Mindestreservepolitik ist Teil der Abwehrmaßnahmen gegen Geldzufluß aus dem Ausland[139].

---

135 Vgl. Bruno Gehrig, Geldmenge und Mindestreserven. Aktiva oder Passiva als Bemessungsgrundlage?, Bern-Stuttgart 1976

136 Hanns Linhardt, Die gesetzlichen Mindestreserven der Geschäftsbanken, in: Sparkasse 8/1956

137 Vgl. Gottfried Wohlmannstetter, Die Beurteilung der Aktiv-Mindestreserve als Instrument der selektiven Kreditpolitik, Heft 3 VeröffLstBank FAU, Nürnberg 1979. Der Verfasser verdankt Jürgen Singer den Hinweis, daß die Aktiv-Mindestreserve vor allem von der Baubranche in der Rezession Ende der 70er Jahre gefordert wurde. Infolge der lange andauernden restriktiven Geldpolitik der Bundesbank und der daraus resultierenden hohen Zinsen sank die Auslastung der Bauunternehmen. Die Umstellung auf die Aktiva als Bezugsgrundlage hätte den Ansatzpunkt eröffnet, die Mindestreserve für Hypothekarkredite zu ermäßigen und über die Weitergabe dieses Vorteils in Gestalt niedriger Hypothekarkreditzinsen die Bauinvestition zu fördern. Diese Vorgehensweise birgt aber die Gefahr, daß Krisenbranchen für sich Sonderregelungen verlangen und der Druck auf die Zentralbank zunimmt.

138 Vgl. dazu Friedrich Schneider, Mindestreservepflichtige Verbindlichkeiten als Gestaltungsinstrument der Währungspolitik, Diplomarbeit Erlangen-Nürnberg 1986

139 Vgl. dazu Rudolf Dieterle, Möglichkeiten zur Abwehr von Auslandsgeldern, Diplomarbeit Erlangen-Nürnberg 1974

b) Eine zweite Trennungsmöglichkeit bietet die Heranziehung des Kriteriums, ob die Einleger der Kategorie der inländischen Geldschöpfungsbanken angehören - Variationen dieser Art werden von abschöpfungspolitischen Überlegungen getragen: Regelmäßig werden alle "Verbindlichkeiten gegenüber inländischen Kreditinstituten" aus dem Kreis der reservepflichtigen Verbindlichkeiten ausgenommen, da diese Einleger ihrerseits der Mindestreservepflicht unterliegen. Reine Liquiditätsüberlegungen würden allerdings eine solche Trennung verbieten - es taucht hier das gleiche Problem auf, das uns auch bei den Deckungsvorschriften der Zentralbanken begegnet (vgl. 3. Abschnitt C.II,a.2).

c) Ferner können bei den Überlegungen der Währungsbank zunächst die Termin-, dann aber auch die Spareinlagen ausgeklammert werden: Für die Herausnahme spricht der fehlende Geldcharakter; dagegen einmal der erweiterte Geldmengenbegriff[140], zum anderen die Tatsache, daß Universalbanken ihre Spareinlagen-Überschüsse in die Giralgeldschöpfungsfaktoren einbeziehen. Aus währungspolitischer Sicht würde eine Befreiung der Spareinlagen von der Mindestreservepflicht allenfalls dann gerechtfertigt sein, wenn die Spareinlagen ausschließlich zur langfristigen Finanzierung benutzt würden, da dann der Multiplikatoreffekt ausbleibt[141]. Das gleiche gilt für reine Sparbanken - die sich dann aber u.U. eine ähnliche Behandlung gefallen lassen müßten wie solche Bankkunden, die zur Kreditgewährung prädestiniert sind, beispielsweise die Versicherungen. Die Deutsche Bundesbank hat hierzu ihre Einstellung mehrmals geändert: Kreditinstitute mit vorwiegend langfristigem Geschäft waren zeitweilig von der Mindestreservepflicht befreit[142].

d) Jede Geschäftsbank ist bemüht, durch Finanzinnovationen aller Art die Mindestreservebelastung zu umgehen. Daher erfolgen seitens der Währungsbank laufend Anpassungen[143], z. B. mit der Aufnahme von Schuldverschreibungen und Pensionsgeschäften[144]. Aktuell ist die Diskussion um die Einbeziehung von Geldmarktfonds[145] und von "capped warrants"[146].

140 Vgl. Otmar Issing, Einführung in die Geldtheorie, 8. A., München 1991, S. 4-16

141 Vgl. dazu Heinrich Rittershausen, Zentralnotenbank, a.a.O., S. 227 ff.; ferner Oswald Hahn, Giralgeldschöpfungskapazität, a.a.O.

142 Vgl. dazu Manfred Borchert, Mindestreservepflicht für Bausparkassen?, Gutachten Hameln o. J. (1986)

143 Aus der großen Zahl von Abhandlungen über dieses Problem sei stellvertretend genannt Thomas Blank, Finanzinnovationen und Geldpolitik, Berlin 1991

144 Vgl. dazu Armin Schwolgin, Finanzielle Innovationen und Mindestreservepolitik. Reformvorschläge auf Grund amerikanischer und deutscher Entwicklungen, Frankfurt/Main 1986

145 Vgl. dazu Bernd Schneider, Geldmarktfonds, Heft 46 VeröffLstBank FAU, Nürnberg 1987, S. 67 ff.; ferner Wolfgang Betz/Wolfgang Pelzl, Beurteilung von Geldmarktfonds, Frankfurt/Main 1989

146 Vgl. Wolfgang Kreis, Gewinn garantiert, in: WiWo 15.11.1991, S. 158

iii. Die Auflagensätze

Die Höhe der Abschöpfungs-, Liquiditäts- bzw. Finanzierungsauflage ergibt sich durch Multiplikation der Bezugsgrundlage mit einem Prozentsatz, der vor allem für die Liquiditätsauflagen eine vieldiskutierte Bedeutung hat.

1. Es ist dabei als erstes zwischen einem festen und variablen Satz zu unterscheiden. Einmalige Auflagen gehen immer von einer statischen Bezugsbasis und einem festen Multiplikator aus. Der konstante unveränderliche Multiplikator charakterisiert auch die echten Liquiditätsauflagen - wie die Notendeckungsquoten und - außerhalb der Währungspolitik liegend - die früheren landesrechtlichen Liquiditätsvorschriften der Sparkassen. Auch die im ersten deutschen Kreditwesengesetz vorgesehenen (aber nie realiserten) Barreserven sollten auf einmalig festgesetzten Prozentsätzen beruhen (§ 16 KWG v. 1934). Faktisch zu Festgrößen entwickelte sich schließlich die Liquiditätsquote in Kreditrichtsatz III der Bank deutscher Länder bzw. Deutsche Bundesbank zwischen 1951 und 1962 (vgl. Unterabschnitt c,1). Solche auf die Dauer gerichteten Auflagen mit festen Multiplikatoren gehören zur institutionierenden Währungspolitik. Die von Irving Fisher geforderte hundertprozentige Deckung der Sichteinlagen von Geschäftsbanken ("Hundred Percent Money", "100-Prozent-Reserve-Plan")[147] ist ebenfalls hierunter einzuordnen.

Demgegenüber arbeitet die "Mindestreservepolitik" der Währungsbank mit variablen Sätzen. Man kann sogar sagen, daß die Mindestreservepolitik in ihrer Eigenschaft als funktionelle Währungspolitik in erster Linie in der Variierung der Reservesätze besteht. Veränderungen in der Bezugsgrundlage oder gar in dem Kreis der Deckungsmasse sind demgegenüber selten[148].

2. Was die variablen Sätze angeht, so finden sich Währungsgesetze, die der Zentralbank eine Variierung zwischen Null und 100 % gestatten (so z. B. Australien, Griechenland und die VAR). Andere Gesetze schreiben Mindestsätze vor (wie Neuseeland und Pakistan). Es finden sich ferner Höchstsätze (wie in der Bundesrepublik Deutschland) und schließlich Mindest- und Höchstsätze (wie in Kanada, Indien und den meisten lateinamerikanischen Staaten). Mit den Mindestsätzen - bis zu denen herab die Notenbank variieren kann - soll der Liquiditätsvorsorgecharakter der Mindestreserven zum Ausdruck kommen. Das Verbot an die Deutsche Bundesbank, die Reservesätze über einen Höchstsatz hinaus (Sichteinlagen 30 %, Termineinlagen 20 %, Spareinlagen 10 %) zu erhöhen (§ 16, (1), 2 BBkGes), wurde von der Bundesregierung damit begründet, daß es der Notenbank nicht erlaubt werden dürfe, "die von den Kreditinstituten eingesammelten

---

147 Vgl. dazu Irving Fisher, 100 % Money, 3. A., New York 1945; ferner Fritz Marbach, a.a.O., S. 58 ff.

148 Verschiedene Zentralbanken ändern die Reservesätze nur sehr selten und verleihen daher diesem Instrument den faktischen Charakter einer institutionierenden Währungspolitik. Neben Großbritannien bedient sich auch das Ursprungsland der Mindestreservepolitik, die USA, seit Jahrzehnten nur noch sehr selten dieses Instruments.

Einlagen vollständig an sich zu ziehen und auf diese Weise das Gefüge der Bankwirtschaft grundlegend zu verändern. Mindestreserven sind vielmehr immer nur in dem währungspolitisch notwendigen Umfang gerechtfertigt"[149]. Derartige Unterstellungen seitens des für den Gesetzesentwurf zuständigen Referenten sind völlig absurd. Es erscheint zudem fraglich, ob sich der "währungspolitisch notwendige Umfang" der Maximalhöhe für alle Zeiten festlegen läßt. Nachdem die der Bank deutscher Länder auferlegte Notenumlaufsgrenze (§ 5 Emissionsgesetz) mit dieser Argumentierung nicht in das Bundesbankgesetz übernommen wurde, hätte es nahegelegen, auch die Höchstgrenze für Mindestreserven (im Emissionsgesetz für Sichteinlagen 20 %, für Termin- und Spareinlagen 10 %) ganz aufzugeben.

3. Es ist weiter zu unterscheiden zwischen Einheitssätzen und gespaltenen Sätzen, wobei in der Mindestreservepolitik letztere dominieren: Die Variierung der Differenzen zwischen den einzelnen Sätzen steht allerdings in ihrer Bedeutung hinter der Variierung der Sätze unter Einhaltung der relativen Differenzen. Wir können fünf Differenzierungsgesichtspunkte aufzählen:

a) In Zeiten restriktiver Währungspolitik differenziert die Währungsbank zwischen den Einlagen bis zu einem bestimmten Sichtag (z. B. 30.11.1959) und dem Zuwachs seit diesem Stichtag. Ansonsten einheitliche Sätze unterstellt, würden die "Stichtagseinlagen" beispielsweise zu 15 % reservepflichtig sein und für die seither (z. B. seit 30.11.1959) eingetretene Erhöhung des Einlagenvolumens ein Reservesatz von 30 % gelten.

b) Praktisch alle Länder, die eine Mindestreservepolitik kennen, differenzieren die Sätze nach Sichteinlagen auf der einen und befristeten Einlagen auf der anderen Seite. In der Bundesrepublik wird weiter zwischen Termin- und Spareinlagen unterschieden. Die höchsten Sätze finden für Sicht-, die niedrigsten Sätze für Spareinlagen Anwendung. Der Reservesatz für Termineinlagen liegt dazwischen. Diese Variierung entspricht sowohl den währungs- als auch liquiditätspolitischen Gegebenheiten; auch die Festsätze ausgesprochener Liquiditätsnormen kennen diese Abstufung[150].

c) Wenn zwischen In- und Ausländereinlagen abgestuft wird, so können dabei auch zahlungsbilanzpolitische Überlegungen eine Rolle spielen. Bei aktiver Zahlungsbilanz dürften die Reservesätze für Auslandseinlagen höher, bei passiver Zahlungsbilanz niedriger sein als die für Inlandseinlagen - im ersten Fall sollen die Beschaffungspreise für Auslandseinlagen verteuert werden, im zweiten Fall sollen die Banken befähigt sein, ohne Rentabilitätseinbuße den ausländischen Kunden höhere Zinsen zu nennen als den Inlands-

149 Entwurf eines Gesetzes über die Deutsche Bundesbank, BTD Nr. 2781, 1956, S. 35

150 Die von der Bundesregierung angestrebte Abschaffung der "Spareinlagen" würde diese teils in die Termineinlagen, teils in Sichteinlagen lenken. Wesentliches Argument der deutschen Universalbanken ist die Furcht, es würde sich dadurch im Hinblick auf die höheren Sätze für Sicht- und Termineinlagen die Mindestreservebelastung erhöhen. Es ist jedoch anzunehmen, daß eine Neuregelung der Bankeinlagen auch eine Änderung der Normen über Mindestreserven zur Folge hat.

einlegern. Praktisch bedeutsam ist eine Variation allerdings nur in der ersten Art - mit dem Zweck, einen zinsinduzierten Kapitalimport zu erschweren. Bei entsprechender Zinsempfindlichkeit der Auslandseinleger (vgl. 3. Abschnitt, D.II) erübrigen sich dann die entsprechenden Verbote, sofern nicht Kapitalflucht und Währungsspekulation das auslösende Moment für den Zustrom der Auslandsgelder ist.

Unter liquiditätspolitischem Aspekt müßten die Reservesätze für Ausländereinlagen immer höher liegen - angesichts des "heißen" Charakters dieser Gelder. Dieser Notwendigkeit wird u.W. nur bei der Gestaltung der Deckungsvorschriften (denen die Notenbank unterworfen ist) in der Dominikanischen Republik und in Mexiko Rechnung getragen[151].

d) In den Vereinigten Staaten erfolgt eine Differenzierung nach Bankenstandorten (Landstädte, Reservestädte und Zentralreservestädte). Westdeutsches Zentralbanksystem und Deutsche Bundesbank differenzierten bis 1977 nach Bank- und Nebenplätzen[152].

e) Schließlich läßt sich noch nach Institutsgröße differenzieren: entweder nach dem Reserveklassensystem[153] oder dem Progressionsstaffelverfahren[154]. Dabei sind die Differenzierungen in praxi allgemein viel zu gering, wobei die moderne Bürotechnik den Notenbankeinwand von Wirtschaftlichkeitsüberlegungen widerlegt.

3. Die auflagefähigen monetären Mengen

Gegenstand der Erwerbsauflage sind monetäre Mengen, denen durch die Auflage der Geldcharakter entzogen wird. Unterschiede zeigen sich in der Art dieser monetären Mengen, der "auflagefähigen Aktiva", die von der Währungsbank ausgewählt werden.

i. Zentralbankgeld oder Effekten

Für die Wahl auflagefähiger Aktiva kommen Zentralbankgeld oder Wertpapiere in Frage.

151 Vgl. Oswald Hahn, Währungsbanken II, a.a.O., S. 195 ff.

152 Kriterium für die Bezeichnung ist das Vorhandensein oder Fehlen einer Bundesbankniederlassung an dem betreffenden Ort. An Bankplätzen sind die Refinanzierungs- und Kreditaufnahmemöglichkeiten besser als an Nebenplätzen - unter dem Aspekt des Abschöpfungscharakters der Reserven müssen daher Reservesätze an Bankplätzen höher sein als an Nebenplätzen - unter dem Aspekt der Zahlungsbereitschaft der Banken wären demgegenüber gerade umgekehrte Relationen zu fordern.

153 Mit einheitlichen Reservesätzen für die Verbindlichkeiten je nach Reserveklasse; in der Bundesrepublik Deutschland gültig bis 1977 (anfangs sechs, dann vier Reserveklassen); vgl. Geschäftsbericht Deutsche Bundesbank 1988, S. 106

154 Mit unterschiedlichen Reservesätzen für die Verbindlichkeiten in den Reservestufen; in der Bundesrepublik Deutschland seit 1977 mit 3 Stufen; vgl. Geschäftsbericht Deutsche Bundesbank 1988, S. 106; ferner Änderungen im Mindestreservesystem, in: Monatsberichte Deutsche Bundesbank März 1977

1. Als Zentralbankgeld werden grundsätzlich Guthaben bei der Währungsbank herangezogen. Das trifft vor allem für die Mindestreserve-Auflagen zu. Man unterscheidet dabei zwischen der "unmittelbaren Reservehaltung" (jedes reservepflichtige Institut muß ein Guthaben bei der Notenbank unterhalten) und der "mittelbaren Reservehaltung" (Institute mit gruppeneigener Zentralbank unterhalten ihre Reserven bei dieser Zentralbank, die ihrerseits in Höhe des Gesamtbetrages der bei ihr eingelegten Reserven der Mitgliedsbanken Guthaben bei der Währungsbank aufweisen müssen)[155]. Die unmittelbare Reservehaltung ist charakteristisch für die USA, die mittelbare für Österreich. In der Bundesrepublik Deutschland gilt grundsätzlich die unmittelbare, für ländliche Kreditgenossenschaften ohne Bundesbankgirokonto die mittelbare Reservehaltung bei der zuständigen Zentralbank[156]. Die Guthabenform wird verschiedentlich auch für sonstige Abschöpfungsauflagen gewählt.

2. Das Wertpapier ist die charakteristische Aufbringungsform für Finanzierungsauflagen (vgl. Unterabschnitt 1). In einigen Ländern wird das Wertpapier auch für die Mindestreservepflicht herangezogen. In erster Linie handelt es sich dabei um Staatstitel (Schatzwechsel): Zu nennen sind der französische "Coefficient de Trésorerie" (1946-1966), die belgischen "Coefficients de Réserve" (1946-1961) und eine Reihe von Vorschlägen, die in verschiedenen Ländern in den letzten Jahren in dieser Richtung gemacht wurden, insbesondere bezogen auf die auf Einlagenerhöhungen abgestellten Zwangsreserven. In Deutschland ist der Schatzwechsel eigentlich nie als Ersatz für die Bundesbankguthaben diskutiert worden. Der Mindestreservegedanke wurde vielmehr in verschiedene Finanzierungspläne einbezogen: 1960 stand die Auslandsfinanzierung im Mittelpunkt: Der Deuß-Plan (Commerzbank) sah die Anrechnung der Auslandsanlagen der Banken auf die Mindestreserven vor. Vertreter anderer Banken empfahlen als Alternative zur Anlage in Bundesbankguthaben den Erwerb von Devisen aus Beständen der Bundesbank. Nach dem Münemann-Plan sollten die Geschäftsbanken langfristige, vom Bund zu 80 % garantierte Anleihen von Entwicklungsländern auf die Mindesreserveverpflichtung anrechnen dürfen[157]. Die Realkreditinstitute sahen in der Mindestreservepolitik ein Mittel zur Kursstützung des Rentenmarktes, als sie Ende 1966 die Einbeziehung von Pfandbriefen in den Kreis der "reservefähigen Aktiva" empfahlen[158].

---

155 Vgl. dazu Patrick McCue, Möglichkeiten und Grenzen einer Sekundärreserven-Anforderung, Diplomarbeit Erlangen-Nürnberg 1975

156 Angesichts der von Verbänden und Bundesaufsichtsamt für das Kreditwesen in Deutschland betriebenen Fusionspolitik insbesondere ländlicher Kreditgenossenschaften dürfte diese Ausnahmeregelung bald gegenstandslos werden. Die genannten Stellen haben offenbar darauf verzichtet, entsprechend auf die Währungsbank einzuwirken, im Interesse einer Fusionsförderung die indirekte Reservehaltung abzuschaffen (im Gegensatz zur erreichten Aufhebung der Freistellung der Kleinstinstitute von der Berichtspflicht für die Bankstatistik. (Vgl. Oswald Hahn, "Small is terrible", in: Kreditwesen 4/1986, S. 137)

157 Vgl. Herbert W. Giessen, Entschärftes Mindestreservesystem, in: DVW 19/1960; ferner Carl Otto Heuser, Bankengeld für langfristige Auslandskredite, in: HB 27./28.5.1960. Ähnliche Vorstellungen trug Hjalmar Schacht vor (Mindestreserven für Entwicklungskredite, in: IK 27.10.1963).

158 "Pfandbriefkäufe mit Mindestreserven", in: FAZ 11.11.1966

3. Für liquiditätsbezogene Auflagen sollte in jedem Fall auch der Bargeldbestand als Deckungsmasse herangezogen werden. Die Deutsche Bundesbank hat sich nahezu 20 Jahre lang dem widersetzt, dann aber per 1.3.1978 die Anrechnung der Kassenbestände zugelassen[159], wenn auch nur zu 50 % des Auflagensolls[160].

ii. Die Verzinsung der Auflagen

Erwerbsauflagen werden dadurch charakterisiert, daß sie den Erwerb solcher Aktiva erzwingen, die ohne Zwang nicht oder nicht in diesem Umfang erworben würden. Der Grund dafür liegt in der mit der Anlage verbundenen Rentabilitätseinbuße: Es handelt sich bei den auflagefähigen Titeln immer um solche, die entweder keinen oder nur einen niedrigen Ertrag erwirtschaften.

Für die in Guthabenform zu unterhaltenden Liquiditätsreserven wird immer wieder die Verzinsung verlangt[161]. Diesen Vorschlägen ist die Deutsche Bundesbank mit dem Hinweis auf die drei Funktionen der Mindestreserven entgegengetreten: Sie bezwecken - neben der Aufrechterhaltung einer Mindestliquidität - nicht nur die Verminderung der Überschußreserven und damit des Geldschöpfungsspielraums der Geschäftsbanken, sondern auch eine Verteuerung des Bankkredits: "... der Zwang zur Abschaffung von 'Minderkonditionen', d. h. von Zinsbedingungen, die günstiger sind als es dem geltenden Diskontniveau entsprechen würde, (ist) viel größer ..., wenn die Banken einen höheren Teil ihrer Mittel zinslos anlegen müssen und infolgedessen gehalten sind, aus den werbenden Anlagen mehr zu erzielen, wenn sie nicht ein stärkeres Absinken ihrer Rentabilität[162] in Kauf nehmen wollen"[163]. Unter Berücksichtigung dessen erscheint es

---

159 Vgl. zur Auseinandersetzung Horst Witte, Anrechnung der Kassenhaltung auf die Mindestreservepflicht?, in: Kreditwesen 14/1960, S. 648; ferner Wilhelm Könnekter, Kassenhaltung und Mindestreserve, ebenda 8/1966, S. 328

160 Eine Begründung für die nur hälftige Anrechnung fehlt: Sie läßt sich aus einem Streben der Bundesbank nach Ertragserzielung aus den mit den Guthaben finanzierten Bundesbank-Aktiva vermuten.

161 Vgl. dazu - anstelle vieler - Jürgen Damm, Verzinsung der Mindestreserven?, Frankfurt/Main 1959

162 Verwiesen sei jedoch auf eine Stellungnahme von Jürgen Singer: "Unverzinsliche Mindestreserven erhöhen die Kreditzinsen, was das Industrieclearing als kurzfristige Geldkreditvergabe zwischen größeren Industrie- und Handelsunternehmen begünstigt. Damit fördert die Zentralbank diese Konkurrenz der mindestreservepflichtigen Banken, was die Wirksamkeit ihres Instrumentariums aushöhlen dürfte. Der Verzicht auf die Mindestreserve müßte geldpolitisch kompensiert wie auch durch die Geschäftsbanken an deren Kunden weitergegeben werden. Auf jeden Fall vermindert er den Gewinn der Zentralbank. Andererseits erhöht er die Wettbewerbsfähigkeit des deutschen Kreditgewerbes gegenüber ausländischen Konkurrenten und verbessert deren Ertragserzielung. Als die Bundesbank Anfang 1993 die Mindestreservesätze auf Spar- und Termineinlagen von 4,14 bzw. 4,95 auf 2 % senkte, bedeutete das eine Steigerung des Gewinns pro Aktie der Großbanken von ca. 1 DM. (Vgl. NN, Mindestreservesenkung steigert Bankengewinne, in: FAZ 5.3.1993)

163 Geschäftsbericht der Deutschen Bundesbank für das Jahr 1959, S. 38 ("Mindestreserven und Bankenrentabilität")

wenig wahrscheinlich, daß Klagen auf Prüfung der Frage einer Verfassungsmäßigkeit der Mindestreservehaltung Aussicht auf Erfolg haben[164].

Allerdings wäre eine Verzinsung der das Reservesoll übersteigenden Beträge vorteilhaft, da die Banken dann bei der Disposition über die Zentralbankguthaben großzügiger als bisher verfahren würden und zusätzliche Geldbeträge stillgelegt werden können.

Als Alternative zur Mindestreservepolitik[165] versuchte die Deutsche Bundesbank im Februar 1993 erstmals eine Abschöpfung der Banken- wie Bankkunden-Liquidität durch die Emission von eigenen Liquiditätspapieren (vgl. 3. Abschnitt, B.III,a).

iii. Die Ermittlung des Auflagensolls

Bedeutsam für den Abschöpfungseffekt der Mindestreserven ist neben dem Zeitpunkt der Ermittlung der reservepflichtigen Verbindlichkeiten (vgl. Unterabschnitt 2,ii) auch die Ermittlung des Reservesolls. Wenn von Stichtagswerten ausgegangen, das Reservesoll daraus als Durchschnittswert ermittelt und das Reserve-Ist ebenfalls als Monatsdurchschnitt (Summe des täglichen Bundesbankguthabens dividiert durch die Anzahl der Monatstage) errechnet wird (wie in der Bundesrepublik Deutschland zulässig), dann hat jede Bank gewisse Variierungsmöglichkeiten: An spannungsreichen Tagen verzichtet man auf die Unterhaltung eines entsprechenden Guthabens, an ruhigen Tagen legt man mehr an - darüberhinaus besteht die Möglichkeit der gegenseitigen Unterstützung[166]. Diese Möglichkeiten fehlen, wenn für jeden Tag die reservepflichtigen Verbindlichkeiten und hieraus das Reservesoll ermittelt werden, dem täglich ein entsprechendes Ist gegenüberzustehen hat. Allerdings kann die Bundesbank die kalendertägliche Berechnung vorschreiben, wenn sie Mißbräuche feststellt[167].

---

164 Vgl. dazu "Sind Mindestreserven noch verfassungsgemäß?", in: Blick 27.4.1966

165 Vgl. dazu NN, Start zur neuen deutschen Offenmarktpolitik. Partielle Ersetzung der Mindestreserve durch Geldmarktpapiere, in: NZZ 28.2.1993

166 In dieser Norm kommt die währungspolitische Zielsetzung zum Ausdruck: Liquiditäts-Mindestreserven müßten demgegenüber ständig in gleicher Höhe unterhalten werden.

167 Wir geben dazu folgendes extreme Beispiel: Bei Bank A ermitteln wir für den Monat April aus zwei März- und zwei April-Stichtagen reservepflichtige Verbindlichkeiten in Höhe von 15,8 Millionen DM. Bei einem als einheitlich unterstellten Reservesatz von 10% beläuft sich das Reservesoll auf täglich 1,58 Millionen. Diesem Reservesoll genügt die betreffende Geschäftsbank, wenn die Summe ihrer täglichen Guthabenbestände auf Bundesbankgirokonto bei einem Monat mit 30 Tagen 47,4 Millionen DM beträgt. Wie sich diese Summe errechnet, ist dabei gleichgültig - im Extremfall genügt die Bank ihrer Pflicht, wenn sie am 25. dieses Monats einen Betrag von DM 47,4 Millionen auf ihrem Girokonto unterhält, das während der übrigen 29 Tage einen Bestand von Null aufweist.

4. Die Möglichkeiten zur Erzwingung der Auflage

a) Behördliche Maßnahmen zur Erzwingung einer einmaligen (Abschöpfungs- oder Finanzierungs-)Auflage sind vor allem die Zwangseintreibung bzw. -vollstreckung, wenn sie sich nicht bereits durch die Art der Abschöpfungsauflage erübrigen (z. B. Kaufkraftstillegung durch Halbierung der Geldzeichen).

b) Bei laufenden Liquiditätsauflagen (Mindestreservepflicht) empfiehlt sich primär die Belastung durch einen "Sonderzins" (Deutschland: 3 % über dem Lombardsatz)[168]. Hinzu kommen als Sanktionen - bei erheblichen oder wiederholten Unterschreitungen des Reservesolls - die Meldung an die Bankenaufsicht (§ 16 (3) S. 3). Das Bundesaufsichtsamt für das Kreditwesen hat dann zu prüfen, ob für die betreffende Geschäftsbank die Voraussetzungen der §§ 45 und 46 in Verbindung mit § 11 des Kreditwesengesetzes erfüllt sind, die Geschäftsbeschränkungen, Beaufsichtigung oder Entzug der Lizenz notwendig machen. Diese sowie sofortige Sanktionen der Währungsbank[169] erscheinen uns nicht nur im Hinblick auf den Grundsatz der Verhältnismäßigkeit unangebracht[170]: eine Bank sollte sich die Unterschreitung der Norm erkaufen dürfen.

c) Schließlich ist noch die Position der Währungsbank als "Autorität" zu nennen: Das System der Auflagen (und auch Beschränkungen) behördlichen Charakters wird hier durch ein System "freiwilliger Maßnahmen" aufgrund der "Partnerschaft" zwischen Geschäftsbanken und Währungsbanken ersetzt (vgl. 4. Abschnitt C).

5. Anpassungsmöglichkeiten der Banken

Sämtliche staatlichen Maßnahmen veranlassen die Wirtschaftssubjekte zu entsprechender Anpassung mit dem Ziel einer Minimierung der Belastungen. Dies gilt naturgemäß auch für die Währungspolitik. Da im Rahmen der behördlichen Einwirkung der Währungsbank die Mindestreservepolitik eine besondere Bedeutung hat, wurden hier sehr intensiv Anpassungsmaßnahmen zur optimalen Erfüllung der Mindestreservepflicht entwickelt. Ansatzpunkte für eine "Mindestreservepolitik der Geschäftsbanken" sind die Berechnungsmöglichkeiten, die Aufbringung der Reserven und schließlich eine Einwirkung auf die

---

168 § 16 (3) S. 1 BBkGes. Otto Pfleiderer weist darauf hin, daß es sich dabei nicht um einen Zins handle, da ihm keine Gewährung eines effektiven Kredits zugrundeliege (Mindestreserven, in: HdSW Bd. 7, Stuttgart u.a. 1961, S. 355). Man könnte den Kredit allerdings darin sehen, daß die volle Erfüllung der Reservepflicht "gestundet" wird. Wir stellen den "Sonderzins" auf die gleiche Stufe wie die "Notensteuer", die von den Notenbanken verschiedentlich für die Unterschreitung der Golddeckung zu entrichten war.

169 Nach unseren Feststellungen führen selbst minimale Unterschreitungen der Reservepflicht zu einem totalen Refinanzierungsstop gegenüber der betreffenden Bank.

170 Es wird dadurch eine Exaktheit erzwungen, der die äußere Notwendigkeit fehlt: eine solche Politik erinnert an Rekrutenschikanen beim Stubendurchgang.

Höhe der reservepflichtigen Verbindlichkeiten, die u. a. auch Innovationen anspricht (vgl. Unterabschnitt 2,ii)[171].

c) Die Einwirkung durch Beschränkungen[172]

Die Beschränkungen werden vom Schrifttum im allgemeinen unter die "direkte Kreditkontrolle" eingeordnet[173]. In Anlehnung an Richard Nowak[174] möchten wir drei Arten dieser Begrenzungen unterscheiden: Quantitative Beschränkungen ("Allgemeine mengenmäßige Vorschriften"), die Selektionen als qualitativ-quantitative Beschränkungen ("Mengenmäßige Vorschriften" innerhalb der "Selektiven Vorschriften") und - etwas außerhalb des Systems der Beschränkungen in der wörtlichen Interpretation liegend - Beschränkungen der Konditionen ("Variation von Konditionen").

Bei den Auflagen gegenüber Banken (insbesondere den Mindestreservevorschriften) wird auch seitens der entschiedenen Anhänger einer freien Marktwirtschaft der Grundsatz der Systemkonformität den währungspolitischen Zielsetzungen untergeordnet[175]. Eine solche Haltung findet sich jedoch gegenüber den Beschränkungen nicht[176]. Diese Tatsache erklärt auch die ablehnnde Haltung der Deutschen Bundesbank, die sich allerdings primär auf die guten Erfahrungen mit dem unternehmerischen Instrumentarium bezieht[177]. Diese Vorstellung wird indes der Forderung nach Überlassung von Kompetenzen auch für außergewöhnliche Situationen nicht gerecht (vgl. dazu 1. Abschnitt D.III,a).

Die Verfügung von Beschränkungen ist im allgemeinen unter die funktionelle Währungspolitik einzuordnen; auf Ausnahmen werden wir von Fall zu Fall verweisen.

---

171 Vgl. dazu Jan Wittstock, Eine Theorie der Geldpolitik von Kreditinstituten. Grundlagen einzelwirtschaftlicher Optimierung bankbetrieblicher Zentralbankguthaben, Berlin 1971; ferner Rainer Peters, Mindestreservepolitik und bankbetriebliche Liquiditätsposition, Hamburg 1980

172 Eine systematische Übersicht wie auch eine Bibliographie gibt Andrea Göpfert, Direkte Kreditbeschränkungen als Instrument der Währungspolitik, Diplomarbeit Erlangen-Nürnberg 1992. Im Hinblick auf die fehlende Aktualität dieses Problemkreises für die deutsche Bankwirtschaft war eine Veröffentlichung mangels entsprechenden Abnahmeinteresses leider nicht möglich. Die fehlende Bedeutung der "direkten Beschränkungen" in Zentraleuropa ist auch der Grund dafür, daß sich keine Quellen aus den letzten beiden Jahrzehnten finden.

173 Vgl. dazu Wolfgang Graebner, a.a.O.

174 Richard Nowak, a.a.O., S. 448 f.

175 So z.B. Hanns Linhardt, der die Variierung der Reservesätze zusammen mit der Diskontsatz- und Offenmarktpolitik zu den unbestrittenen klassischen Mitteln der Zentralbankpolitik rechnet. Vgl. bsp. Hanns Linhardt, Die Kreditpolitik der Bank deutscher Länder, in: Kritik, a.a.O., S. 19

176 Vgl. dazu Leo Schuster, Kreditplafondierung und Soziale Marktwirtschaft, in: ÖBA 8/1966; ferner die Entgegnung von G. Eckstein und D. Dorn, Kreditplafondierung - eine geld- und kreditpolitische Notwendigkeit, ebenda 1/1967

177 Lt. Schrb. des Präsidenten der Landeszentralbank in Bayern an den Lehrstuhl Prof. Dr. Hahn vom 25.03.1992

1. Die quantitativen Beschränkungen

Während durch die Auflagen die "Überschußreserven" der Banken als Basis des Geldschöpfungspotentials und dieses damit indirekt begrenzt werden soll, setzen die quantitativen Beschränkungen dem Geldschöpfungspotential direkt Grenzen. Diese Einwirkung wird dann unumgänglich sein, wenn sich die übrigen Mittel der Währungsbank als wirkungslos erweisen[178] - nicht zuletzt deswegen, weil die Möglichkeiten der Erhebung von Auflagen durch gesetzgeberische Beschränkungen oder durch Rücksichtnahme auf die dadurch entstehenden unterschiedlichen Wirkungen auf die einzelnen Banken (vgl. Unterabschnitt b.2,iii) begrenzt sind[179].

Richard Nowak zeigt zwei mögliche Basen solcher Beschränkungen: "Historische Zahlen aus dem Kreditgeschäft" und "Bilanzpositionen"[180], wobei Nowak bei letzteren an die laufenden Bilanzen denkt. Die Unterscheidung entspricht der von uns oben benutzten zwischen "statischer" und "dynamischer Bezugsgrundlage" (vgl. Unterabschnitt b.2,ii). Die dynamische Basis eignet sich sowohl für eine institutionierende als auch funktionelle Währungspolitik, während die statische Bezugsgrundlage nur für eine funktionelle Währungspolitik in Frage kommt und dort erstmals in Verbindung mit stark restriktiven Maßnahmen auftritt.

Wir möchten daher die Beschränkungen mit dynamischer Bezugsgrundlage mit ihrem bekanntesten Vertreter als "Kreditrichtsätze" bezeichnen und für die Beschränkungen mit statischer Basis den Ausdruck "Kreditrestriktionen" wählen.

i. Die Kreditrichtsätze

Das deutsche KWG von 1934 sah den Erlaß von solchen Richtsätzen als "Vorschriften für das Kreditgeschäft und die Liquidität" vor (§§ 11 und 16); von dieser Möglichkeit wurde jedoch niemals Gebrauch gemacht. Der Zentralbankrat der Bank deutscher Länder erließ durch Beschluß vom 31.1.1951 zum ersten Mal in Deutschland solche Richtsätze. Diese schrieben bestimmte quantitative Verhältnisse zwischen Aktiv- und Passivgeschäft vor, wobei für die verschiedenen Bankgruppen teilweise unterschiedliche Normen galten. Von den fünf Richtsätzen betrafen drei (I, II und IVa) quantitative Beschränkungen, je einer die Kreditselektion (IVb) und liquiden Mittel (III). Das Bundesaufsichtsamt für das Kreditwesen hat von der ihr im neuen KWG gegebenen Möglichkeit (§ 10, Abs. 1, S. 3 u. § 11, S. 3) mit Erlaß vom 8.3.1962 Gebrauch gemacht und mit Wirkung vom 1.4.1962

178 Vgl. Rudolf Stucken, Was stimmt nicht mit unserem Geld?, Hamburg 1967, S. 95 ff.
179 Vgl. ebenda, S. 47
180 Richard Nowak, a.a.O., S. 435 f.

"im Einvernehmen mit der Deutschen Bundesbank und nach Anhören der Spitzenverbände der Kreditinstitute" sogenannte "Grundsätze über das Eigenkapital und die Liquidität der Kreditinstitute" erlassen. Von diesen Normen, die sich anfänglich weitgehend deckten, hat nur Richtsatz I bzw. Grundsatz I den Charakter von währungspolitischen Beschränkungen, während die übrigen Normen primär der Risikominimierung und Liquiditätssicherung dienen. Bank deutscher Länder bzw. Deutsche Bundesbank konnten den Richtlinien mangels fehlender Kompetenz nur den Charakter von "Geschäftsbedingungen" einräumen: Sie waren "... lediglich Richtlinien, mit denen die Notenbank zum Ausdruck brachte, welche Eigenkapitalausstattung und welche Liquiditätsstruktur sie bei einem Kreditinstitut als Mindestanforderung erfüllt sehen wollte, wenn es ihre Refinanzierungshilfe in Anspruch zu nehmen beabsichtigte."[181] Die "Grundsätze" des Bundesaufsichtsamtes sind demgegenüber Rechtsnormen. "Überschreitet ein Kreditinstitut die in den Grundsätzen festgelegten Obergrenzen nicht nur geringfügig oder wiederholt, so ist in der Regel die Vermutung begründet, daß das Kreditinstitut nicht über das erforderliche Eigenkapital verfügt (Grundsätze I und Ia), oder daß seine Liquidität zu wünschen übrig läßt (Grundsätze II und III)."[182] Die betreffende Bank muß dann u.U. damit rechnen, daß das Bundesaufsichtsamt die "Maßnahmen bei unzureichendem Eigenkapital oder unzureichender Liquidität" (§ 45 KWG) ergreift, die u.a. ein völliges Verbot weiterer Kreditgewährung vorsehen[183].

Bis 1954 konnte man die Kreditrichtsätze zu den Mitteln funktioneller Währungspolitik rechnen. Seither sind Variationen unterblieben. Mit der erwähnten Überlassung der Zuständigkeiten an das Bundesaufsichtsamt hat die Deutsche Bundesbank freiwillig auf ein potentielles Instrument verzichtet.

ii. Die Kreditrestriktionen

Die Kreditrestriktionen beziehen sich auf das Kreditvolumen eines bestimmten Stichtags oder auf das durchschnittliche Kreditvolumen mehrerer Stichtage der Vergangenheit.

---

181 "Die Grundsätze über das Eigenkapital und die Liquidität der Kreditinstitute gemäß §§ 10 und 11 des Gesetzes über das Kreditwesen", in: Monatsberichte der Deutschen Bundesbank, März 1962, S. 3

182 Präambel der "Grundsätze" (jeweils abgedruckt im Geschäftsbericht der Deutschen Bundesbank, z.B. 1990, S. 82)

183 Die Unterschiede zwischen den "Kreditrichtsätzen" und den "Grundsätzen" behandeln - außer der in Anm. 181 erwähnten Abhandlung - u.a. Walter Trautmann (Revidierte Maßstäbe der Bankenliquidität, in: DVW 27/1959) und Hans Günther (Die neuen Kreditrichtsätze, in: ebenda 50/1961); ferner Armin Brugger, a.a.O., S. 70.

α) Erscheinungsformen

Es lassen sich nach dem Umfang der Kreditbeschränkungen fünf Formen solcher Restriktionsnormen unterscheiden, die den Geschäftsbanken für ihr Aktivgeschäft von der Notenbank aufgegeben werden[184]:

1. Die "Begrenzung des Kreditzuwachses" ("Kreditkontingente"): Die Geschäftsbanken haben bei ihrer Kreditpolitik darauf zu achten, daß innerhalb eines Zeitraums (z. B. bis zum 31.12.1991) ihr Kreditvolumen wertmäßig gegenüber dem Bestand zu Beginn des Zeitraums (31.12.1990: 2,22 Bio. DM) nur um einen bestimmten Prozentsatz (z. B. 1,5% gleich 33 Mrd. DM) zunimmt.

2. Der "Kreditstop": Hier wird den Banken eine Ausweitung des Stichtags-Kreditvolumens (im Beispiel: 2,22 Bio. DM) überhaupt untersagt. Das bedeutet, daß die Banken neue Kredite nur in dem Umfang gewähren können, als "alte" Ausleihungen getilgt werden - sei es infolge Auslaufens des Vertrages, sei es aufgrund von Kündigungen. Wenn sich das Volumen des Altgeschäfts nicht verringern läßt, ist den Banken eine Neuvergabe von Krediten unmöglich.

3. Der "Kreditstop mit Rückführungsauflage" ("Kreditrückführung") verpflichtet die Banken, das Stichtagskreditvolumen (also 2,22 Bio. DM) innerhalb eines bestimmten Zeitraums (z. B. bis 31.12.1991) um einen bestimmten Prozentsatz (z.B. 5 %, also 110 Mrd. DM) zu vermindern. In einem solchen Fall wird es den Banken schwer fallen, neue Kredite zu gewähren; die normalen Tilgungseingänge reichen meist nicht aus, um den Rückführungsbegehren der Notenbank gerecht werden zu können. Daher sind die Kreditinstitute zu Kündigungen gezwungen.

4. Die grundsätzliche "Kreditsperre". Diese macht neue Kreditverträge von einer Genehmigung der Währungsbank abhängig.

5. Die totale "Kreditsperre": Hier ist den Geschäftsbanken jede Neuvergabe von Krediten untersagt.

β) Einsatz dieser Instrumente[185]

1. Klassisches Land der Kreditrestriktionen war Frankreich. Der nationale Kreditrat - die Weisungsinstanz der Bank von Frankreich - beendete 1984 diese Epoche. Zeitweilig bediente sich auch das US-amerikanische Federal Reserve System dieser Methoden in

184 Vgl. dazu Wolfgang Graebner, a.a.O.; Richard Nowak, a.a.O.

185 Vgl. dazu Kurt Klein, Die Kreditplafondierung, eine geld- und kreditpolitische Notwendigkeit, Berlin 1967, S. 128 ff.; Sonning Bredemeier, Erfahrungen mit der Kreditplafondierung, Berlin-München 1972, S. 89 ff.

Form bestimmter "Regulations". In anderen Ländern (Großbritannien, Schweiz) wurden nicht die Kreditrestriktionen von der Zentralbank als Währungs-"Behörde" administrativ verfügt, sondern von der Notenbank in ihrer Eigenschaft als Währungs-"Autorität" im Wege der "Partnerschaft" (Rudolf Stucken) angeregt (vgl. 4. Abschnitt C).

2. In der Bundesrepublik Deutschland waren die Kreditrestriktionen bisher zweimal in ein aktuelles Stadium getreten:

a) Der Zentralbankrat hat "Ende Januar 1951 an alle Geschäftsbanken die Aufforderung gerichtet, sich im Hinblick auf die akuten währungspolitischen Notwendigkeiten ab sofort einer weiteren Ausdehnung ihrer kurzfristigen Kredite zu enthalten, und diese Forderung dann Ende Februar noch durch das Verlangen einer in wenigen Monaten zu bewerkstelligenden Rückführung des Volumens der kurzfristigen Wirtschaftskredite um ungefähr eine Milliarde DM verschärft"[186]. Diese Maßnahmen hatten allerdings keinen behördlichen Charakter: "Daß bei dieser Methode viel von der freiwilligen Mitarbeit der Geschäftsbanken abhängt, ist klar. Weder die Bank deutscher Länder noch die Landeszentralbanken können den Geschäftsbanken bindende Anweisungen für ihre Ausleihungen geben. Als wesentliches Mittel zur Durchsetzung ihrer Forderungen steht ihnen neben der persönlichen Einwirkung auf die Geschäftsbanken - der 'moral suasion', wie es im angelsächsischen Sprachbereich heißt, - vielmehr nur die (in den Zentralbankbeschlüssen als Sanktion für eine eventuelle Nicht-Erfüllung der Auflagen auch ausdrücklich vorgesehene) Vorenthaltung der Refinanzierungsmöglichkeiten, also die Sperre des Landeszentralbankkredits, zur Verfügung. Dabei ist jedoch zu bedenken, daß auch diese Maßnahme in ihrer Anwendungsmöglichkeit bzw. in ihrer Wirkung gewissen Grenzen unterliegt"[187].

b) Zum zweiten Mal tauchten Kreditrestriktionen unter dem u.E. zu Verwechslungen führenden terminus "Kreditplafondierung" bei der Diskussion um das "Stabilitätsgesetz" auf, nachdem sie zuvor insbesondere von Rudolf Stucken als zusätzliches Instrument der deutschen Währungspolitik gefordert worden waren[188]. Die im Regierungsentwurf vorgesehene Erweiterung der "Diskont-, Kredit- und Offenmarktpolitik" (§ 15 BBkGes) hätte der Bundesbank die Möglichkeit gegeben, in ihrer Eigenschaft als Behörde den Geschäftsbanken Kreditrestriktionen der Formen (1), (2) und (3) vorzuschreiben, denen sich die Geschäftsbanken nur durch Erfüllung von Auflagen (Unterhaltung unverzinslicher, nicht mindestreservefähiger Bundesbankguthaben in Höhe der Begrenzungsüber-

---

186 Geschäftsbericht Bank deutscher Länder 1950, S. 16

187 Ebenda, S. 17

188 Vgl. dazu Rudolf Stucken, Was stimmt nicht mit unserem Geld?, a.a.O., S. 95 ff., sowie seine früheren Veröffentlichungen, die in dem genannten Buch unter Anmerkung 31 (S. 135 f.) aufgeführt sind. Darüber hinaus derselbe, Kreditplafonds: Das Schwert in der Scheide. Die Voraussetzung für ein "gentlemen's agreement" zwischen Notenbank und Kreditinstituten, in: HB 6./7.5.1966; ferner derselbe, Die Kreditplafondierung hat noch Lücken, ebenda, 5./6.8.1966

schreitung) hätten entziehen können[189]. Diese vorgesehenen Maßnahmen stießen in der Wirtschaft naturgemäß auf großen Widerstand, während im Zentralbankrat die Meinungen geteilt waren. Bedenken gegen die Systemkonformität und die Furcht vor Umgehungsmaßnahmen der Wirtschaft ("Finanzierung vorbei an den Banken") bewirkten, daß bei der Verabschiedung des Stabilitätsgesetzes diese Ergänzung des behördlichen Instrumentariums der Bundesbank nicht übernommen und damit auf die Vorbereitung für Krisensituationen verzichtet wurde (vgl. 1. Abschnitt B.III,a)[190].

2. Die Selektionen als qualitativ-quantitative Beschränkungen

Die selektive Kreditpolitik der Währungsbank wendet sich im Gegensatz zu den quantitativen Beschränkungen nicht an die Gesamtwirtschaft, sondern nur an ganz bestimmte Wirtschaftsbereiche - die dabei nicht nur benachteiligt, sondern auch gefördert werden können[191]. "Quantitative (Beschränkungen, O.H.) sind solche, die alle Kreditverhältnisse gleichmäßig treffen, während qualitative (Beschränkungen, O.H.) zwischen den Kreditarten und -formen differenzieren"[192]. Die Kreditselektion als qualitative Kreditkontrolle der Währungsbank ist umstritten. Die entschiedenste Ablehnung erfuhr sie durch Hanns Linhardt[193], für den Geld im Sinne quantitativer "Kreditkontrolle" Staatssache, Kredit im Sinne qualitativer Kreditkontrolle Privatsache ist[194].

---

189 § 20 des Regierungsentwurfs eines "Gesetzes zur Förderung der wirtschaftlichen Stabilität" sah folgenden neuen § 15a des Bundesbankgesetzes vor:
"(1) Zur Beeinflussung des Geldumlaufs und der Kreditgewährung kann die Deutsche Bundesbank von den Kreditinstituten verlangen, daß die Summe der bei ihnen von Dritten, die nicht Kreditinstitute sind, in Anspruch genommenen Kredite und ihre Wertpapierbestände bestimmte Höchstgrenzen nicht überschreiten. Die Höchstgrenzen dürfen 90 vom Hundert dieser Kredite und der Wertpapierbestände bei Einführung der Kreditbegrenzungen nicht unterschreiten. Die Deutsche Bundesbank kann die Höchstgrenzen nach allgemeinen Gesichtspunkten, insbesondere nach Art und Laufzeit der Kredite und nach Wertpapierarten sowie für einzelne Gruppen von Kreditinstituten, verschieden bemessen und Ausnahmen zulassen.
(2) Die Kreditbegrenzung darf höchstens für die Dauer eines Jahres angeordnet werden. Sie kann um ein Jahr verlängert werden; hierzu bedarf es eines Beschlusses des Zentralbankrats mit einer Mehrheit von zwei Dritteln der abgegebenen Stimmen.
(3) Die Deutsche Bundesbank kann verlangen, daß ein Kreditinstitut ein Guthaben bis zur Höhe des Betrages, um den es die nach Absatz 1 festgesetzten Höchstgrenzen überschreitet, für längstens ein Jahr auf einem unverzinslichen Sonderkonto bei ihr unterhält. § 16 Abs. 4 (der die mittelbare Mindestreservehaltung für ländliche Kreditgenossenschaften zuläßt. O.H.) ist entsprechend anzuwenden. Das Guthaben wird nicht auf die Mindestreserve nach § 16 angerechnet."

190 Vgl. dazu Rudolf Stucken, Die Haushaltspolitik im Gesetz zur Förderung der Stabilität und des Wachstums der Wirtschaft vom 8. Juni 1967, in: Finanzarchiv NF 1968, S. 202 ff.

191 Vgl. insbesondere Hansjakob Gafafer, Die selektive Kreditpolitik als Mittel der Konjunktur- und Wachstumspolitik, Zürich-St. Gallen 1967

192 Richard Nowak, a.a.O., S. 447

193 Vgl. dazu Hanns Linhardt, Kreditkontrolle, a.a.O., S. 19 ff.; ders., Bankbetriebslehre, Bd. I, Köln-Opladen 1957, S. 165 f., S. 206 f.; ders., Kritik der Währungs- und Bankpolitik, Köln-Opladen 1963, S. 21, S. 41, S. 81

194 Vgl. derselbe, Kritik, a.a.O., S. 104

Bei den Kreditarten und -formen unterscheidet man zweckmäßigerweise zwischen der Art der Kreditunterlage und der Art der finanzierten Geschäfte, wobei sich die Einteilungskriterien überschneiden[195]. Als Kriterien für die Unterscheidung der Kreditarten bieten sich an die Wirtschaftszweige (Unternehmungen, öffentliche und private Haushaltungen), innerhalb der Unternehmungsfinanzierung die Stufen (Industrie, Handel, Verkehr usw.) und Branchen (Konsum-, Investitionsgüter- und Bauwirtschaft) sowie - bei allen Zweigen - die Kreditverwendung (Umsatz-, Investitions-, Spekulations- und Konsumfinanzierung). Eine Typisierung würde den Rahmen dieses Buchs sprengen. Im folgenden werden drei Beispiele herausgegriffen.

i. Beschränkungen im Teilzahlungskredit

Diese qualitativ-quantitativen Vorschriften "beinhalten das völlige Verbot (Finnland), die Fixierung von Bilanzrelationen bei den Spezialinstituten (Frankreich) oder die Aufforderung zur Einschränkung im Zusammenhang mit allgemeinen Anweisungen (Südafrikanische Union ...)"[196].

ii. Beschränkungen im Börsenkredit

Hier sind zu nennen die Forderung einer 25%igen Rückführungsauflage für Börsenkredite in Deutschland (1927), die mengenmäßigen Beschränkungen für diese Kreditart in England, Kanada und Spanien in den fünfziger Jahren sowie das totale Verbot in den Niederlanden (1951)[197]. Am bekanntesten ist die Regulation des Federal Reserve Systems, die wir allerdings den Beschränkungen der Konditionen zuordnen (vgl. Unterabschnitt 3,iii).

iii. Kombinierte Selektionspolitik

In den genannten Beispielen bezogen sich die quantitativen Beschränkungen nur auf bestimmte Kreditarten. Eine Kombination zwischen den im vorangehenden Unterpunkt behandelten mengenmäßigen Beschränkungen mit den hier erörterten qualitativ-quantitativen Grenzen liegt vor, wenn beispielsweise im Rahmen von Kreditrichtsätzen oder Restriktionen bestimmte Kreditarten einem totalen Verbot unterliegen. Eine besondere

---

195 Vgl. Richard Nowak, a.a.O., S. 443 f.
196 Ebenda, a.a.O., S. 442
197 Vgl. ebenda, a.a.O., S. 443

Form der Kreditselektion besteht darin, bestimmte Kreditarten von den Beschränkungen auszunehmen - praktisch bedeutsam vor allem für Kredite an die öffentliche Hand oder zur Finanzierung von Exporten: Man würde hier zweckmäßigerweise von qualitativen Ausnahmen aus den quantitativen Beschränkungen sprechen.

3. Die Beschränkung der Konditionen

Durch entsprechende Einwirkung auf die Geschäftsbedingungen der Banken versucht die Währungsbank, indirekt das Kreditvolumen zu beschränken.

Wir kennen drei Möglichkeiten administrativer Einflußnahme dieser Art: Kontrolle der Kreditzinssätze, der Kreditlaufzeit und der Beleihungsgrenzen[198].

i. Reglementierung der Zinssätze

Die Wirkung einer Diskontsatzänderung auf die Bankkunden wird oft dadurch gemindert, daß die Geschäftsbanken diese Änderung nur teilweise weitergeben (vgl. 3. Abschnitt D.II,a). Um das zu verhindern, kann man der Zentralbank das Recht geben, den Geschäftsbanken die Erhebung von Mindestzinssätzen im Kreditgeschäft verbindlich vorzuschreiben - entweder in Form von (Zwangs-)Zinskartellen oder Verordnungen[199]. Dabei ist es gleichgültig, ob die Mindestzinsen durch eine feste Spanne zwischen Diskontsatz und Bankensollzins ausgedrückt werden und sich somit mit jeder Diskontsatzänderung automatisch erhöhen bzw. senken oder aber der Mindestzinssatz von Fall zu Fall autonom fixiert wird. Das Beispiel für an den Diskontsatz gekoppelte Mindestsätze gibt Frankreich[200]. Alternative sind auch hier wieder Vereinbarungen mit den Banken (vgl. 4. Abschnitt C).

ii. Reglementierung der Laufzeiten

Die Bremswirkung von Zinserhöhungen hängt von der Zinsempfindlichkeit der Kreditnehmer ab, die angesichts einer Reihe von Momenten gegenwärtig als gering erachtet wird (vgl. 3. Abschnitt D.II.a,4). Wesentlich wichtiger als die Zinshöhe ist für den Kreditnehmer jedoch der Tilgungszeitraum, denn dieser bestimmt die Höhe der Monats- bzw.

---

198 Vgl. Wolfgang Graebner, a.a.O., S. 66 ff.

199 Vgl. für Deutschland Übersicht und Bibliographie bei Hans-Jacob Krümmel, Bankzinsen, Köln u.a. 1964, S. 288 ff.

200 Vgl. Wolfgang Graebner, a.a.O., S. 67

Jahresraten; je kürzer der Tilgungszeitraum, desto höher die Belastung der laufenden Einkommen bzw. Erlöse. Angesichts der aus den unterschiedlichen Finanzierungszwecken resultierenden Schwierigkeit, einheitliche Höchstlaufzeiten für verbindlich zu erklären, hat man sich in praxi auf einige Bereiche beschränkt[201]. Am verbreitetsten sind Reglementierungen beim Konsumentenkredit, die sich u. a. in Großbritannien, der Schweiz und den USA finden. Auch der langfristige Hypothekarkredit ließe sich mit einheitlichen Normen regulieren, nicht aber der gewerbliche Kredit im Hinblick auf die vielfältige Verwendung.

iii. Reglementierung der Beleihungsgrenzen

Die Bezeichnung "Beleihungsgrenze" gilt als Oberbegriff zur Charakterisierung solcher Konditionen, die nur eine teilweise Deckung des Kapitalbedarfs durch Bankkredit zulassen. Derartige Normen eignen sich nur für solche Finanzierungsobjekte, die ohnehin relativ einheitliche Finanzierungsbedingungen kennen[202].

1. In seiner engeren Begriffsfassung bezieht sich die "Beleihungsgrenze" nur auf den Pfandkredit: Sie drückt aus, bis zu welchem Prozentsatz ein Objekt beliehen werden darf. Eine Erhöhung der Beleihungsgrenze vergrößert, eine Herabsetzung der Grenze verringert den kreditierbaren Betrag. Maßnahmen auf dieser Ebene hat die Schweizerische Nationalbank im Jahre 1951 gegenüber dem Realkredit und der Baufinanzierung ergriffen, allerdings nicht auf behördlicher, sondern abkommensmäßiger Basis.

2. Der Beleihungsgrenze im engeren Wortsinn entspricht die Mindesteigenbeteiligung, die dem Kreditnehmer für das von der Bank zu finanzierende Objekt auferlegt wird.

Graebner führt zwei Beispiele aus den Vereinigten Staaten an: die "margin requirements" (die Mindestbareinschüsse, die von den Geschäftsbanken als Grundvoraussetzung für die Gewährung eines Kredits zur Finanzierung von Effektenkäufen verlangt werden müssen)[203] sowie die "customer's margin" (den Mindestanzahlungsbetrag, der allen von Banken finanzierten Teilzahlungskrediten zugrunde zu legen ist)[204]. Beide Quoten werden vom Federal Reserve Board von Fall zu Fall variiert.

Weiter können in diesem Zusammenhang die Eigenbeteiligungsquoten genannt werden, die von den Banken bei der Gewährung von Importkrediten verlangt werden müssen: es sind dies die "Bardepots"[205], die in den Jahren 1950/51 vom Zentralbankrat der Bank deutscher Länder verbindlich vorgeschrieben wurden. Solche Vorschriften sind auch heute

---

201 Vgl. ebenda, S. 68

202 Vgl. ebenda, S. 68 f.

203 Regulation U des Board of Governors of the Federal Reserve System, seit 1929

204 Regulation W des Board of Governors, 1941-1952

205 Nicht zu verwechseln mit dem Bardepot, zu dem Nichtbanken bei Kreditaufnahmen im Ausland verpflichtet waren (vgl. Beeinflussung der Liquidität der Bankkunden, Unterabschnitt D.I,b).

noch vor allem in Lateinamerika weit verbreitet. Es handelt sich dabei allerdings weniger um ein Mittel der Geldmengenregulierung als vielmehr um eine Maßnahme zur Einfuhrdrosselung.

Allerdings sind solche Normen der Umgehungsgefahr durch die Bankkundschaft unterworfen: Die Kunden können sich die Mindesteinzahlungen bzw. Beleihungsdisagien anderweitig auf dem Kreditweg beschaffen; insbesondere gegenüber den "margin requirements" im US-amerikanischen Börsenkreditgeschäft wurden laufend Verstöße ermittelt. Der Federal Reserve Board erlegte daher 1968 den Banken die Pflicht auf, bei allen Kreditanträgen nachzuprüfen, ob der Gegenwert für Börsentransaktionen verwendet werden soll[206]. Die Bank deutscher Länder hatte im Jahre 1951 nicht zuletzt wegen dieser Umgehungsmöglichkeiten den Bardepotzwang aufgehoben: Angesichts des geringen Risikos und der relativ hohen Zinsspannen, die für die Geschäftsbanken mit diesem Geschäft verbunden waren, wurde eine verstärkte Kreditexpansion ausgelöst[207].

iv. Kombinierte Reglementierungen

Tilgungsraten haben mit Zinssätzen gemeinsam, daß sie die Kreditnachfrage nur über die entsprechenden Zukunftserwartungen der potentiellen Debitoren beschränken. Positive Zukunftserwartungen (vermutete künftige Einkommenserhöhungen) können daher eine Verringerung der Höchstlaufzeiten (und die damit verbundene Erhöhung der laufenden Tilgungsraten) neutralisieren, wenn auch der Neutralisierungseffekt wesentlich geringer ist als der von Zinserhöhungen. Anders verhält es sich mit einer Herabsetzung der Beleihungsgrenzen im engerern Wortsinn bzw. einer Heraufsetzung der Mindestanzahlung: Durch das Erfordernis höherer Eigenbeteiligung fällt - unabhängig von der Zukunftserwartung - ein Teil der potentiellen Kreditnachfrager aus, dem es nicht möglich ist, den zusätzlichen Eigenbetrag aufzubringen. Eine Veränderung der Beleihungsgrenzen bzw. Mindestanzahlungsquoten löst daher eine effektive Nachfrageveränderung aus: Grenzensenkung bzw. Quotenerhöhung führen zu einer Verringerung des neu entstehenden Kreditvolumens. Ihr Nachteil gegenüber quantitativen Beschränkungen liegt darin, daß der wertmäßige Umfang der Einschränkungen nicht im voraus bestimmt werden kann. Ihr Vorteil liegt jedoch in der Einschaltung des Marktmechanismus.

206 "Neue Restriktionen für Börsenkreditgeschäfte in den USA", in: NZZ 3.2.1968

207 Vgl. "Sinn und Unsinn des Bardepots", in: Währung und Wirtschaft, Heft 48/49 (August/September 1951)

D. Die Beeinflussung der monetären Mengen der Bankkunden

Administrative Maßnahmen der Währungsbank gegenüber den Bankkunden ("güternachfragende Wirtschaft", "Nichtbanken") setzen im allgemeinen immer an der relativen Liquidität dieses Personenkreises an. Die Eingriffe können aber in bestimmten Situationen auch auf die Kaufmacht des Geldes[208] gerichtet sein. Die Bankkunden sind dann nicht nur von Geldbeschaffungs- oder Kreditmöglichkeiten abhängig, vielmehr kann die Währungsbank darüber hinaus auch die Vorlage einer Lizenz ("Bezugsschein") verlangen. Insofern ist die Einflußnahme auf die Bankkunden nicht mit einer Beeinflussung der Liquiditätssituation zu identifizieren.

Behördliche Maßnahmen der Währungsbank gegenüber den Bankkunden finden sich vor allem im Stadium der Zentralverwaltungswirtschaft. Angesichts des - aus der Warte einer Marktwirtschaft - systemkonträren Charakters dieser Maßnahmen möchten wir uns daher im folgenden auf das Aufzeigen der grundsätzlichen Möglichkeiten beschränken.

Auf eine Erörterung der Möglichkeiten, die Zahlungsmittel-Schöpfung der Bankkunden zu beeinflussen, möchten wir dabei verzichten. Im Unterabschnitt B haben wir die verschiedenen Typen des Zahlungsmittelmonopols der Währungsbank kennengelernt (vgl. Unterabschnitt B) und dabei gesehen, daß der den Bankkunden in einer Marktwirtschaft offenstehende Bereich ohnehin sehr eng ist[209]. Wenn wir von den Möglichkeiten der "Zahlungsmittel-Emission" der Bankkunden einmal absehen, so verbleibt nur der gegenseitige zwei- oder mehrseitige Verrechnungsverkehr. Die Marktwirtschaft toleriert diesen Bereich, die Zentralverwaltungswirtschaft wird ihn demgegenüber durch entsprechendes Verbot auszuschalten versuchen - wobei das Problem dabei nicht im Verbot, sondern in der laufenden Kontrolle der Einhaltung dieses Verbotes liegt. Die beiden verbleibenden Ansatzpunkte sind die aktuellen monetären Mengen - also vor allem die Kassenbestände der Bankkunden - und die potentiellen monetären Mengen - in erster Linie die Möglichkeiten einer "Außenfinanzierung" und dabei wieder vor allem die einer Kreditaufnahme[210].

208 Die Kaufmacht bzw. Kaufpotenz des Geldes bringt zum Ausdruck, ob und in welchem Umfang Verwendungsbeschränkungen des Geldes vorhanden sind - im Gegensatz zur Kaufkraft (nicht des Geldes, sondern der Währungseinheit), die Auskunft gibt über die Menge bestimmter Güter, die mit einer Währungseinheit gekauft werden können. Vgl. dazu im einzelnen Oswald Hahn, Zahlungsmittelverkehr, a.a.O., S. 29, S. 35 f.

209 Vgl. ebenda, S. 117 ff.

210 Vgl. Wolfgang Graebner, a.a.O., S. 22 f.

I. Die Kassenbestände als Ansatzpunkt

Die "aktuelle Liquidität" (im Sinne des Radcliffe Report[211]) der "güternachfragenden Wirtschaft" setzt sich "im wesentlichen aus den Einkommen, Umsatzerlösen und Einnahmen der laufenden Periode" zusammen[212]. Gegenüber Unternehmungen und Privathaushaltungen besteht daher bereits die Möglichkeit einer Beeinflussung der monetären Mengen, ehe die Einkommen zu Kassenbeständen geworden sind: durch eine entsprechende Besteuerung. Der zweite Weg setzt an der Substanz der Kassenbestände - den verschiedenen Formen der "Geldmenge"[213] - an. Dies geschieht durch Verfügung von Auflagen, die den Bankkunden gemacht werden. Schließlich gibt es noch eine dritte Form der Einwirkung, indem die Kaufmacht der Kassenbestände beschränkt wird.

a) Die Einwirkung durch währungspolitische Besteuerung

Hierunter fallen alle steuerpolitischen Maßnahmen mit nichtfiskalischen Zielsetzungen in der Ausrichtung auf währungspolitische Zielsetzung[214]. Solche Maßnahmen müßten im Interesse eines umfassenden währungspolitischen Instrumentariums zumindest mittelbar der Kompetenz von Fiskus und Parlament entzogen sein.

Ein Beispiel für währungspolitisch orientierte "Steuerpolitik" ist (neben dem schwedischen Zwangssparplan 1989) die mit dem Stabilitätsgesetz[215] der Bundesregierung übertragene Ermächtigung, mit Zustimmung des Bundesrats für höchstens ein Jahr Einkommen- und Körperschaftsteuer um bis zu 10 % zu erhöhen oder mit Zustimmung von Bundesrat und Bundestag die Inanspruchnahme von Sonderabschreibungen vorübergehend auszuschließen, "... wenn eine Störung des gesamtwirtschaftlichen Gleichgewichts eingetreten ist oder sich abzeichnet, die erhebliche Preissteigerungen mit sich gebracht hat oder erwarten läßt, insbesondere wenn die Nachfrage nach Investitionsgütern und Bauleistungen oder Verbrauchsgütern das Angebot wesentlich übersteigt"[216].

Die damit verbundenen zusätzlichen Steuereinnahmen sind den Konjunkturausgleichsrücklagen von Bund und zuständigem Bundesland zuzuführen (§ 15, (4) StabGes).

---

211 Committee on the Working of the Monetary System, London 1959

212 Wolfgang Graebner, a.a.O., S. 22

213 Vgl. zur Geldmenge 3. Abschnitt C.I,a

214 Vgl. dazu für viele Karl-Heinrich Hansmeyer, Steuern auf spezielle Güter, in: HdF, Bd. II, S. 725 ff.

215 Vgl. Klaus Stern/Peter Münch/Karl-Heinrich Hansmeyer, Gesetz zur Förderung der Stabilität und des Wachstums der Wirtschaft, 2. A., Stuttgart 1972

216 Änderung von § 51, Abs. 1 und Hinzufügung von Absatz 2 und 3 Einkommensteuergesetz aufgrund von § 26 StabGes

Nach unserer Meinung sollte das Recht, derartige Entscheidungen zu fällen, allein der Deutschen Bundesbank zukommen, die allenfalls zu vorherigem Anhören der Bundesregierung zu verpflichten ist. Desgleichen müßte es in die Entscheidungsbefugnis der Notenbank fallen, wenn umgekehrt die Einkommen- bzw. Körperschaftsteuer um bis zu 10 % ermäßigt bzw. Sonderabschreibungen zugelassen werden können. Das Stabilitätsgesetz läßt solche Maßnahmen unter den o.a. Vorausssetzungen ebenfalls zu. Entscheidungsinstanz sind aber auch hier Bundesregierung und Bundesrat bzw. Bundesregierung, Bundestag und Bundesrat. Außerdem wird nicht gesagt, wer den Einnahmeausfall der öffentlichen Hand zu tragen hat; die in der Hochkonjunktur zu bildende Ausgleichsrücklage darf keinen Debet-Saldo aufweisen[217]. Wir meinen demgegenüber, daß die ausgefallenen Steuereinnahmen der öffentlichen Hand in jedem Falle von der Währungsbank zu Lasten der Ausgleichsrücklage zu erstatten sind, gleichgültig ob das vorhandene Guthaben ausreicht oder nicht. Voraussetzung dafür ist allerdings, daß das Entscheidungsrecht über die vorübergehende Steuerermäßigung allein der Bundesbank zusteht.

Der währungspolitischen Besteuerung von Unternehmungen und privaten Haushaltungen entsprechen Abschöpfungen der Steuereinnahmen bei den öffentlichen Haushaltungen. Das Stabilitätsgesetz ermächtigt die Bundesregierung, mit Zustimmung des Bundesrates durch Rechtsverordnung Bund und Ländern die Abführung von bis zu 3 % der Steuereinnahmen des Vorjahres an die Konjunkturausgleichsrücklage vorzuschreiben[218]. Auch diese "währungspolitische Besteuerung" der Einnahmen der öffentlichen Hand fällt u.E. in den alleinigen Zuständigkeitsbereich der Deutschen Bundesbank. In gleicher Weise müßte die Bundesbank die Möglichkeit haben, in der Rezession zu Lasten der Rücklage dem öffentlichen Etat entsprechende Zuwendungen zu machen.

b) Die Einwirkung durch Auflagen

Über Begriff, Wesen und Arten der Auflagen wurde das Grundsätzliche bereits gesagt (vgl. Unterabschnitt C.III). Hier handelt es sich um Abschöpfungsauflagen, denen Bankkunden unterworfen sind. Wir unterscheiden dabei zwischen Auflagen, die eine vorübergehende Abschöpfung bezwecken und solchen, deren Abschöpfungszweck definitiv ist. Auflagen der letzten Art können wir im allgemeinen mit den "Währungreformen" identifizieren.

217 § 8 (1) StabGes
218 § 15 StabGes

1. Zeitweilige Blockierung[219]

a) Keine Auflagen gegenüber den Kassenbeständen sind Gebote und Verbote, die sich auf die Form der Kassenhaltung beziehen. Wir nennen als erstes das Anlagegebot der Kassenbestände auf Bankkonto, das entsprechende Barbestände auf das Existenzminimum reduziert (vgl. Unterabschnitt C.I,a). Derartige Vorschriften wurden in Frankreich 1940[220] und in der DDR in den ersten Jahren nach der Währungsreform erlassen[221]. Auch ein auf fragwürdiger Grundlage beruhendes Hortungsverbot in Deutschland während des zweiten Weltkrieges kann in diesem Zusammenhang genannt werden[222]: Mit diesen Normen sollten primär das unkontrollierbare Bargeldvolumen verringert und die "Kontrolle der Wirtschaft über das Geld" erleichtert werden. Verbote der Metallgeldhortung haben demgegenüber eine andere Zielsetzung[223]. Schließlich erinnern wir noch an die Vorschriften gegenüber bestimmten Gruppen von Bankkunden zu Kontounterhaltung bei bestimmten Banken (als Mittel einer Steuerung des Kundenkreises, vgl. Unterabschnitt C.I,b.3).

b) Eine Form der laufenden Abschöpfungsauflagen sieht Rudolf Stucken für die Versicherungen vor; es handelt sich dabei um eine Ausdehnung des Prinzips der "Mindestreserven" auf solche Unternehmungen, die - ohne geldschöpfend tätig zu sein - gewerbsmäßig Kredite gewähren[224]. Darüber hinaus gehen die Vorstellungen des gleichen

219 Vgl. dazu Georges Probst, Das Zwangssparen in der älteren und neueren Literatur, Winterthur 1960

220 Vgl. dazu "Erzwungener bargeldloser Zahlungsverkehr in Frankreich", in: Zahlungsverkehr und Bankbetrieb, 1940, Heft 12

221 Es erwies sich allerdings als unmöglich, die Einhaltung dieser Normen laufend zu kontrollieren. Lediglich durch die behördliche Anerkennung eines Bargeldumtauschs im Verhältnis 1 : 1 zwischen alten und neuen Geldzeichen können von Zeit zu Zeit "Ahndungen" vorgenommen werden: Am 13.10.1957 verfügte der Ministerrat der DDR für den gleichen Tag den Umtausch aller alten in neue Bargeldzeichen im Verhältnis 1 : 1, wofür ein Zeitraum von 10 Stunden zuerkannt wurde (vgl. dazu Hans Roeper, Die Hintergründe der Geldumstellung, in: FAZ 19.10.1957; ferner "Kontrolle über die Mark", in: Der Spiegel, 23.10.1957)

222 Wir konnten als Basis nur die Rede des damaligen Staatssekretärs im Reichsfinanzministerium, Fritz Reinhardt, finden: "Es darf jeder nur so viel an Geldzeichen in der Schublade, im Panzerschrank, in der Brieftasche oder sonstwo aufbewahren, wieviel er zur Bestreitung seines laufenden Geldmittelbedarfs, also zur Bestreitung der laufenden Ausgaben, unbedingt braucht." Den weiteren Ausführungen des Reinhardt war zu entnehmen, daß Zuwiderhandlungen mit Gefängnis oder Zuchthaus bestraft würden (Fritz Reinhardt, Was geschieht mit unserem Geld?, Nürnberg o.J., S. 47 f.).

223 Zur Unterbindung des Einschmelzens überwertiger Silbermünzen hat der Schweizer Bundesrat am 25.3.1968 untersagt, in Kurs stehende schweizerische Silbermünzen "vorübergehend oder dauernd mit Gewinnabsicht dem Verkehr zu entziehen oder zu diesem Zwecke zu sammeln, aufzukaufen oder zu verkaufen, einzuschmelzen, zu verarbeiten oder zu verändern wie auch die dadurch gewonnenen Produkte zu erwerben, weiter zu verändern, zu verarbeiten oder zu veräußern. Die Ausfuhr der in Kurs stehenden schweizerischen Silbermünzen ist verboten. Im Grenz- und Reisendenverkehr ist die Ausfuhr bis zum Nominalbetrag von 10 Fr. gestattet." (vgl. "Sicherstellung der Versorgung mit Silbermünzen", in: NZZ 17.3.1968).

224 Z. B. Mindestreserven für Bausparkassen, vgl. Manfred Borchert, Bausparkassen, a.a.O.

Verfassers, wenn er der öffentlichen Hand solche Belastungen auferlegen lassen will[225]. Auf gleicher Ebene stehen die Vorschriften über Bardepots:

1. Verpflichtung der Warenimporteure, bei Abschluß des Kaufvertrages einen bestimmten Prozentsatz des Kaufbetrages bei der Zentralnotenbank zu deponieren: eingeführt von der Bank deutscher Länder 1950/51 und seither von zahlreichen Devisenbewirtschaftungsländern praktiziert.

2. Verpflichtung der Kapitalimporteure, einen bestimmten Prozentsatz der aufgenommenen Geldkredite aus dem Ausland bei der Zentralnotenbank zu deponieren (Bundesrepublik Deutschland 1971/74, bis zu 50 %)[226]: Damit wird eine Erschwerung der Auslandsfinanzierungen als Umgehungsmaßnahme erreicht[227].

c) Der typische Vertreter einer einmaligen Abschöpfungsauflage vorübergehenden Charakters ist die monetäre "Zwangsanleihe"[228] - im Gegensatz zur rein fiskalisch ausgerichteten entsprechenden Anleihe[229]. Beiden gemeinsam ist die Zeichnungs-Verpflichtung insbesondere der Unternehmungen, teilweise aber auch der Privathaushaltungen. Als Charakteristikum der monetären Zwangsanleihen gilt der damit verbundene Abschöpfungseffekt, also die Voraussetzung, daß der Anleihegegenwert nicht verwendet wird - der zweckmäßigste Weg ist dabei der Transfer des Gegenwerts auf das Eigenkapital der Zentralbank. Die Verzinsung und Rückzahlung der Anleihe erfolgt aus Steuermitteln; im allgemeinen wird jedoch die Tilgung "vorerst" ausgesetzt. Liquiditätsabschöpfungsmaßnahmen dieser Art erfolgten bereits während des ersten Weltkriegs. Seit 1938 besteht ein entsprechender Investitionsfonds in Schweden (1974 in Portugal und 1985 in Dänemark diskutiert). Auf freiwilliger Basis wurde in der Bundesrepublik 1973 eine Stabilitätsanleihe aufgelegt. Die "freiwilligen Volksanleihen" (Sowjetunion 1938 ff.) und das freiwillige "Eiserne Sparen" (Deutsches Reich 1940/45) in Diktaturen haben regelmäßig Zwangscharakter und können daher unter dieser Kategorie aufgeführt werden. Schließlich sind vorübergehende Blockierungen während eines mit Bewirtschaftungen verbundenen

---

225 Vgl. Rudolf Stucken, Zwischen Rezession und Prosperität ("Mindestreserve für die öffentliche Hand"), Sonderdruck Vortrag IHK Bayreuth 8.5.1968

226 Aufnahme einer entsprechenden Ermächtigung der Bundesregierung zum Erlaß von Rechtsverordnungen in das Außenwirtschaftsgesetz (§ 6a gem. Gesetz v. 23.12.1971). Vgl. Klaus Flachmann, Bardepot, Frankfurt/Main 1972; ferner Wolfgang Filc/Lothar Hübl/Rüdiger Pohl, Diskontsenkung - Bardepotgesetz, in: WiWo 10 u. 11/1972

227 Vgl. Rainer Schäfer, Eurowährungstransaktionen - Auswirkungen auf die Liquidität der Nichtbanken, Frankfurt a.M. u.a. 1984

228 Vgl. Paul Victor Doebeli, Die Kaufkraftsterilisierung als Mittel der staatlichen Wirtschaftspolitik, Diss. Bern 1955; ferner Helga-Ellen Dietrichs, Neuere Versuche zur staatlichen Beeinflussung der Geldstillegung bei Haushalten und Betrieben in der Schweiz und in den skandinavischen Ländern, Diss. Freiburg i.B. 1962

229 Hierunter rechnet die 1984 von allen Höherverdienenden erhobene unverzinsliche Zwangsanleihe, ebenfalls die in Verbindung mit der Finanzierung der deutschen Einheit im Herbst 1992 diskutierte Investitionsanleihe. Vgl. hierzu auch Dieter Pohmer, Wirkungen finanzpolitischer Instrumente, in: HdF, Bd. I, S. 271 f.

Notstandes[230] zu erwähnen. Dabei wäre im Kriegsfall ein Umtausch des Bargeldes angebracht, um einen wirksamen Sparerschutz zu gewährleisten. Die Durchsetzbarkeit einer solchen Maßnahme stößt jedoch auf große technische Schwierigkeiten.

d) Es ist möglich, über marktwirtschaftliche Maßnahmen den gleichen Effekt zu erzielen: Historisches Beispiel ist das System verzinslicher Steuervorauszahlungen der Reichsregierung Papen (1932), das in den sechziger Jahren auch in der Bundesrepublik diskutiert wurde[231]. Analoges könnte eine Offenmarktpolitik der Notenbank in eigenen Titeln mit dem Sparerpublikum erreichen (vgl. 3. Abschnitt B.III,a), wobei die damit verbundenen Kosten von der Währungsbank zu tragen wären.

2. Die Währungsreform

Eine einheitliche Definition fehlt. Das Wesen der Währungsreform äußert sich in einer grundlegenden Neugestaltung der Währung eines Wirtschaftsgebietes.

Im weiteren Wortsinn rechnen drei Erscheinungen unter die Währungsreform.

a) Keine eigentliche Währungsreform stellt der stichtagsbezogene Umtausch des Bargelds dar (im Gegensatz zur Ausgabe neuer Serien oder gar nur einzelner Stückelungen mit zeitweiligem Nebeneinander-Umlauf und langen Umtauschfristen, vgl. 3. Abschnitt B.IV,a)[232]. Der Bargeldumtausch bezweckt vor allem die Aufdeckung von "schwarzen" Bargeldbeständen und Bargeldhorten: praktiziert wurde solches 1952 in der DDR, 1961 in Kuba, 1971 in Pakistan, 1982 in Algerien sowie 1961 und 1991 in der Sowjetunion, verbunden jedoch mit der Verpflichtung, die Geldherkunft nachzuweisen.

b) Bereits eine Währungsumstellung stellt die Zusammenlegung der Währungseinheit von Valuten mit säkularer Entwertung dar ("Abbau der Nullenwirtschaft"): entweder durch Erweiterung der Währungsbezeichnung (100 ffr - 1 Nouveau Franc NF, 1960) oder unter Neubezeichnung (Südamerikanische Praxis). Es handelt sich hierbei um eine rein rechentechnische Maßnahme, die allerdings neben Rationalisierungseffekten auch eine Verbesserung der Währungsqualität anstrebt: einmal Abkehr von der inflationistischen Politik,

---

230 Vgl. § 1 (2) Wirtschaftssicherstellungsgesetz v. 3.10.1968. Bereits fünf Jahre zuvor hatte die deutsche Bankwirtschaft massive Kritik an solchen dringend erforderlichen Vorkehrungen geäußert (vgl. NN, Gegen eine Bewirtschaftung des Geldes, in: IK 14.12.1963).

231 Vgl. NN, Geldabschöpfung über Steuervorauszahlungen?, in: IK 22.10.1960

232 Vgl. zur Begründung "Die neuen Banknoten der Deutschen Bundesbank", in: Monatsberichte Deutsche Bundesbank August 1990, S. 34 ff., zur Problematik Horst M. Westphal, Neue DM-Noten: kein ungeteilter Beifall?, in: Kreditwesen 23/1988, S. 1074 f. sowie "Zur Einführung der neuen Banknotenserie", in: Monatsberichte Deutsche Bundesbank November 1992, S. 232 ff.

zum anderen Erhöhung des internationalen Ansehens. Italien[233] und auch Japan[234] zeigen sich am hartnäckigsten bei der längst überfälligen Reform. Haupthindernis war bisher die Furcht, daß eine Zusammenlegung einmal die Inflation anheize ("Aufrunden der Preise"), zum andern die Währungsinstanzen zu einer Stabilitätspolitik zwinge. Abschreckend waren die lateinamerikanischen Erfahrungen (z. B. Argentinien: Zwischen 1970 und 1992 erfolgten fünf Währungsumstellungen, i.d.R. 1000 : 1).

Auf einer anderen Ebene steht der Übergang zum dekadischen System, der eine wesentlich längere Vorbereitungsdauer verlangt[235].

c) Die Währungsreform im engeren und eigentlichen Wortsinn ist demgegenüber immer mit einer definitiven Abschöpfung von Teilen der Geldmenge und einem Verlust aller Gläubiger einschließlich der Geldbesitzer verbunden: sie bezweckt stets die Sanierung einer zerrütteten Währung[236].

1. Der Tatbestand einer Währungsreform i.e.S. muß u. E. drei Bedingungen erfüllen: (a) Die bisherige Währungseinheit wird durch eine neue ersetzt - anstelle der Mark tritt die Reichsmark (1924), anstelle der Reichsmark die Deutsche Mark (1948). Die neue Währungseinheit wird (b) einem Mehrfachen der alten Währungseinheit gleichgesetzt: 1 Deutsche Mark = 10 Reichsmark. Bis hierher unterscheidet sich die Währungsreform i.e.S. nicht von der Zusammenlegung. Den Unterschied macht (c) die dritte Bedingung aus: Der Umstellung unterliegen nur Vergangenheits-, nicht jedoch Gegenwartsgrößen. Geldwerte und Verbindlichkeiten werden im Verhältnis 10 : 1 von Reichsmark auf DM umgestellt, Löhne und Preise ändern demgegenüber nur die Währungsbezeichnung. Der Preis für eine Wareneinheit belief sich am 20.6.1948 auf 25 Reichsmark, am 21.6.1948

233 Seit 1945 wird in Italien eine Umstellung der seit Schaffung der Währung unveränderten Währungseinheit diskutiert - seit 1961 im Verhältnis 1 : 1000. Es zeichnen sich bisher vier Diskussionsspitzen ab: 1961 (NN; Diskussion über eine Währungsreform in Italien, in: NZZ 1.10.1961), 1973, 1977 und 1986 (Reinhold Gemperle, Ein Nullen-Schnitt an Italiens Währung, in: NZZ 15./16.6.1986). Alle verantwortlichen Instanzen sind jedoch bisher vor der Einführung einer "schweren Lira" zurückgeschreckt.

234 Ein erster Versuch zu einer Schaffung des "schweren Yen" wurde 1973 eingeleitet. Zentralbank und Finanzminister konnten sich jedoch nicht durchsetzen: auch in Japan dominierte die Furcht, ein "Streichen" der Nullen würde das Preisbewußtsein zerstören (vgl. NN, Diskussion über Geldreform in Japan, in: NZZ 17.10.1973; NN, Japan: kleiner denken, in: Der Spiegel 43/1973, S. 153).
Umstellungen im Verhältnis 1 : 100 würden sich auch empfehlen für die Währungen Osteuropas, von Portugal und Spanien sowie der meisten lateinamerikanischen Länder. Für die Türkei wäre eine Umstellung 1 : 10.000 angebracht.

235 Die Dezimalisierung der Sterling-Währung (1 Pfund Sterling = 20 sh à 12 d = 240 d) trat nach langjährigen Diskussionen mit der Errichtung eines "Dezimalisierungsausschusses" (19.12.1961) in die Planungsphase. Die ersten "dekadischen Münzen" (50 p = 10 sh) kamen am 14.10.1969 in Umlauf: in den folgenden Monaten wurden etappenweise leicht umrechenbare Münzen ersetzt (5 d = 1 sh). Im September 1970 erfolgte die Festsetzung des "Dezimalisierungstages" (D-day) auf den 15.2.1971 (vgl. dazu NN, Großbritannien auf dem Weg zur Dezimalwährung, in: NZZ 23.12.1970).

236 Vgl. dazu Otto Pfleiderer, Art. Währungsreformen, in: Staatslexikon, Bd. 8, 6. A., Freiburg i.B. 1957, S. 423 ff.; ferner Manfred Pohl (Hrsg.), Währungsreformen, Bankhistorisches Archiv, Beiheft 21, Frankfurt/Main 1992.

auf 25 Deutsche Mark. Das bedeutet, daß in diesem Falle 90 % der bisherigen Geldmenge "abgeschöpft" wurden.

Nur beim Zusammentreffen aller drei Bedingungen können wir also von einer Währungsreform i.e.S. sprechen: Allein die Änderung Reichsmark-Deutsche Mark erfüllt daher den Tatbestand der Währungsreform, ebenso die Umstellung Mark der DDR gegen DMark (3. Juli 1990). Die Änderung franc francais - Nouveau Franc (1960) war demgegenüber eine einfache Währungsumstellung, die Änderung Mark der Deutschen Notenbank - Mark (DDR 1952) lediglich eine Währungsumbenennung.

2. Der Abschöpfungseffekt einer Währungsreform läßt sich noch vergrößern, wenn nicht alle Vergangenheitswerte umgestellt werden. Wir verweisen auf die Annullierung der öffentlichen Schulden und das unterschiedliche Umtauschverhältnis zwischen Kleingeld und den übrigen Zahlungsmitteln bei der Währungsreform des Jahres 1948.

Auf die Aufzeigung der verschiedenen Möglichkeiten zur Gestaltung solcher Währungsreformen dürfen wir verzichten; allein zur Beseitigung der Reichsmark-Inflation wurden 250 verschiedene Pläne aufgestellt[237]. Eine Kombination von Blockierung und Abschöpfung wurde 1990 bei der Eingliederung der DDR in die Bundesrepublik diskutiert. Die Währungsumstellung konzentrierte sich dann allerdings auf die Abschöpfung.

3. "Die relative Häufigkeit, mit der im Zeitalter der manipulierten Währungen eine 'abgenutzte' Geldeinheit durch eine neue ersetzt wird ..., rechtfertigt es, von Währungsreform als von einem eigenen, wenn auch sicherlich dem äußersten Mittel der Geldpolitik zu sprechen"[238]. Das gleiche gilt vielleicht für die Abschöpfungsmaßnahmen. Beides sind jedoch die einzigen Mittel, eine hochgradige Inflation zu beseitigen. Es gibt kein währungspolitisches Instrument, das den Grundsatz der Rechtsstabilität (vgl. 1. Abschnitt C.III,a) mehr verletzt. Man muß sich aber auch darüber im klaren sein, daß jede Inflation das Ergebnis eines Handelns ist, das der Rechtsstaatlichkeit widerspricht. Da die Ursache jeder Inflation eine der Währungsbank aufgezwungene übermäßige Staatsfinanzierung ist, müssen konsequenterweise die Maßnahmen zu ihrer Beseitigung der Regierung überlassen werden. Da Blockierungen wie Währungsreformen jedoch zur Verhinderung von Ausweichhandlungen schlagartig erfolgen müssen, scheidet eine parlamentarische Behandlung aus: Hier ist - analog zur Einführung der Rentenmark/Reichsmark 1924 - eine von der Währungsbank vorbereitete Regierungsmaßnahme nötig[239]. Eine entsprechende gesetzliche Ermächtigung erscheint jedoch notwendig. Allerdings sollte das Wort "Inflation" auf die hochgradige Währungsentwertung beschränkt bleiben und nicht auf die säkulare Entwertung der Geldeinheit übertragen und damit zugleich selbst entwertet werden.

---

237 Vgl. dazu Hans Möller, Zur Vorgeschichte der Deutschen Mark, Tübingen 1961

238 Günter Schmölders, Geldpolitik, a.a.O., S. 239

239 Die deutsche Währungsreform 1948 erfolgte durch Verfügung der damaligen Besatzungsmächte.

Analoges gilt für den Ruf nach einer "Währungsreform", der z. B. 1980 in der Bundesrepublik verschiedentlich laut wurde[240].

c) Die Einwirkung durch Beschränkungen

Beschränkungen in der Verwendung der Kassenbestände bedeuten eine Einschränkung der "Kaufmacht" des Geldes im Sinne von Wilhelm Gerloff[241] bzw. der "Kaufpotenz" des Geldes im Sinne von Heinrich Rittershausen[242]: Der Inhaber der Kassenbestände ist nicht ohne weiteres in der Lage, eine Güternachfrage auszuüben.

Es ist dabei zu unterscheiden zwischen einer personenbezogenen und einer sachbezogenen Kaufmachtbeschränkung.

1. Die personenbezogene Kaufmachtbeschränkung

Die personenbezogene Kaufmachtbeschränkung entzieht den Kassenbeständen bestimmter Personen die volle Verfügungsgewalt über ihre Mittel. Insbesondere zwei Personenkreise sind bevorzugte Objekte solcher Beschränkungen: Ausländer und öffentliche Hand.

a) Sehen wir von den Maßnahmen gegen "Feindvermögen" einmal ab, so sind an erster Stelle die Verfügungsbeschränkungen zu erwähnen, denen seit 1931 im Rahmen der Devisenbewirtschaftung die Guthaben von "Devisenausländern" (heute: "Gebietsfremden") unterliegen. Verwiesen sei insbesondere auf die "Sperrmark" der Jahre 1931 bis 1954. Diese Beschränkungen wurden zunächst erlassen, um eine Belastung der Zahlungsbilanz durch diese Guthaben zu verhindern. Daneben spielte zeitweilig auch das Bestreben eine Rolle, den "Ausverkauf" der einheimischen Wirtschaft zu unterbinden[243]. Nach dem zweiten Weltkrieg wurden in Zahlungsbilanz-Überschußländern (Schweiz, Bundesrepublik Deutschland) ebenfalls solche Beschränkungen erlassen. Primäres Ziel dieser Maßnahmen war es, Ausländer vom Kapitalmarkt fernzuhalten - ob darüber hinaus auch noch das Motiv eine Rolle spielte, die Anreize für einen Kapitalimport zu verringern, bleibe dahingestellt.

b) Die Diskriminierung der öffentlichen Hand begann in Deutschland etwa ab 1961, als von der Deutschen Bundesbank die öffentlichen Haushaltungen für die laufenden Preissteigerungen verantwortlich gemacht und nachdrücklich gegen das "Zuviel" der öffentli-

240 Vgl. dazu Hans Möller, Wird eine Währungsreform notwendig?, Volkswirtschaftliche Korrespondenz der Adolf Weber-Stiftung Nr. 5/1981; ferner Fritz Aschka, Gerede vom Währungsschnitt, in: NN 15.9.1980

241 Vgl. Wilhelm Gerloff, Die Kaufmacht des Geldes, Frankfurt/M. 1947

242 Vgl. Heinrich Rittershausen, Internationale Handels- und Devisenpolitik, 2. A., Frankfurt/M. 1955, S. 213 f.

243 Vgl. dazu Walter Lückfahr, Sperrmark und Registermark, Diss. Köln 1958

chen Investitionstätigkeit Stellung bezogen wurde. Mit dem Stabilitätsgesetz wurde der Bundesminister der Finanzen ermächtigt, "bei der Ausführung des Bundeshaushaltsplans ... im Falle einer die volkswirtschaftliche Leistungsfähigkeit übersteigenden Nachfrageausweitung ... die Verfügung über bestimmte Ausgabemittel, den Beginn von Baumaßnahmen und das Eingehen von Verpflichtungen zu Lasten künftiger Rechnungsjahre von dessen Einwilligung abhängig zu machen." (§ 6, (1) Stabilitätsgesetz). Diese Einwirkungsmöglichkeit steht - entsprechend unseren früheren Vorstellungen (vgl. 1. Abschnitt C.III,a) - zurecht dem Finanzministerium und nicht der Währungsbank zu. Unabhängig davon widerspricht die einseitige Belastung der öffentlichen Hand dem Gleichheitsgrundsatz und ignoriert zudem die Betriebseigenschaft der öffentlichen Haushalte.

c) Das System der totalen Zentralverwaltungswirtschaft verbietet eo ipso die freie Verfügung der Unternehmungen über ihre liquiden Mittel. Die Beschränkungen, denen die staatseigenen Unternehmungen bei der Verwendung ihrer Kassenbestände unterworfen werden, sind dort die logische Folge der Gesamtplanung.

2. Die sachbezogene Kaufmachtbeschränkung

Der personenbezogenen steht die sachbezogene Kaufmachtbeschränkung gegenüber: Um eine "gerechte" Verteilung knapper Güter zu gewährleisten, ist zum Erwerb bestimmter Güter neben Geld noch eine staatliche Lizenz - in Form des "Bezugsscheins" - notwendig. Man kann in der Einführung von Bezugsscheinen auch die staatliche Errichtung einer Nebenwährung sehen. Eine solche Bezugsscheinwirtschaft ist - von den seltenen Situationen mit ausschließlich güterwirtschaftlicher Ursache (Katastrophenfälle) einmal abgesehen - regelmäßig die Folge einer Inflationspolitik; für die entsprechenden Maßnahmen zur "Milderung" der Inflationsfolgen ist auch hier der Urheber - nämlich die Regierung - zuständig.

II. Die Kreditaufnahme als Ansatzpunkt

Maßnahmen der Währungsbank, die auf behördliche Beeinflussung der Fremdfinanzierung der Bankkunden gerichtet sind, können sämtliche oder ausgewählte Bankkunden unterworfen werden; sie lassen sich auf alle oder einzelne Finanzierungsarten beziehen.

Die Reglementierung der Kreditaufnahme der Bankkunden ist von den Beschränkungen abzugrenzen, denen die Banken im Kreditgeschäft mit den Bankkunden unterworfen sind (vgl. Unterabschnitt C.III,c.1). Beide Beschränkungsformen engen den Kreditspielraum der Bankkunden ein. Während jedoch die auf Banken bezogene Reglementierung grundsätzlich die Verteilung des Kreditpotentials den Banken überläßt, nehmen die direkt gegenüber den Bankkunden ausgesprochenen Beschränkungen den Banken die Möglichkeit einer Steuerung ihrer Kapazitäten in eigener Verantwortung. Überschneidungen scheinen sich allerdings zwischen der Reglementierung der Kreditaufnahme der Bankkunden (die Gegenstand dieses Unterabschnittes C ist) und der den Banken auferlegten Kreditselektion (vgl. Unterabschnitt C.III,c.2) zu ergeben. Aber auch hier zeigen sich grundsätzlich deutliche Grenzen. Die Kreditselektion erlegt den Banken qualitative Normen auf, ohne dabei die Kreditaufnahmefähigkeit der Bankkunden generell einzugrenzen: Beschränkungen, die den Bankkunden auferlegt werden, begrenzen demgegenüber direkt deren Finanzierungsmöglichkeiten.

a) Die Situation in der Zentralverwaltungswirtschaft

Für die Zentralverwaltungswirtschaft ist diese Ebene der Einwirkung systemimmanent. Dabei spielt es keine Rolle, ob ein ein- oder zweistufiges Bankensystem vorliegt: Im einstufigen System besitzt die Währungsbank das Monopol der gesamten oder zumindest der kurzfristigen Fremdfinanzierung für die Wirtschaft. Im zweistufigen System erfolgt die Kreditzuteilung durch die Geschäftsbanken entsprechend den Weisungen der Währungsbank. In beiden Fällen ist Kriterium für die Auswahl der Volkswirtschaftsplan.

b) Die Beeinflussung der Fremdfinanzierung in Marktwirtschaften

1. Angesichts der relativ geringen Zinsempfindlichkeit und dem krassen Mißverhältnis zwischen betriebswirtschaftlicher Verschuldungsgrenze und gesamtwirtschaftlich gerechtfertigtem Investitionsvolumen der öffentlichen Haushalte[244] stellt sich auch in einer Marktwirtschaft die Frage nach einer Reglementierung der gesamten Kreditaufnahme (einschließlich Anleihefinanzierung) der öffentlichen Haushalte - sofern man nicht die Kreditaufnahme des Staates auf die Vorfinanzierung von Steuereinnahmen beschränkt und ansonsten das "ewige Problem der Finanzwirtschaft: Steuer oder Anleihe"[245] zugunsten der Steuer löst.

Das Stabilitätsgesetz gibt - wiederum nicht der Währungsbank, sondern der Bundesregierung mit Zustimmung des Bundesrats - das Recht, "zur Abwehr einer Störung des gesamtwirtschaftlichen Gleichgewichts" die Kreditaufnahme von Bund, Ländern und Gemeinden zu beschränken (§ 19 StabGes): Für jede der in Frage kommenden Körperschaften können Höchstbeträge der Neuverschuldung für einen bestimmten Zeitraum fixiert werden, die allerdings mindestens 30 % der entsprechenden Durchschnittswerte der

244 Vgl. dazu Oswald Hahn, Die Zinsempfindlichkeit der Kreditnehmer, in: ÖBA 11/1967, S. 438 f.
245 Günter Schmölders, Finanzpolitik, 2. A., Berlin-Heidelberg-New York 1965, S. 405 f.

letzten fünf Jahre betragen müssen; diese Beschränkungen dürfen für höchstens ein Jahr verfügt werden (§ 20 StabGes).

2. Die einseitige Reglementierung der Kreditaufnahme der öffentlichen Haushaltungen läßt sich mit der oben angeführten mangelnden Zinsempfindlichkeit dieser Betriebswirtschaften begründen, die darüber hinaus durch die individuelle Notlage der öffentlichen Hand neutralisiert würde[246]. Sofern allerdings auch Unternehmungen zinsempfindlich sind oder eine an sich gegebene Zinsempfindlichkeit durch die Abwälzbarkeit gestiegener Zinsen (auf Marktpartner bzw. über Subventionen), Währungsentwertungen oder spezifische Kapitalknappheit kompensiert wird, fallen die Gründe für die einseitige Benachteiligung der Staaten und Gemeinden weg.

3. Eine einseitige - wohlbemerkt: für Notfälle vorgesehene - Einengung der Kreditbeschränkung auf Vorhaben der öffentlichen Hand ist daher inkonsequent: "Wenn ... durch Kreditbegrenzung die Nachfrage der öffentlichen Hand reduziert wird, dann wird dadurch noch ganz und gar nicht die Gesamtnachfrage reduziert, was aus konjunkturpolitischen Gründen der Sinn der Kreditbegrenzung sein müßte, sondern es ist damit zu rechnen, daß die Privaten die sich ihnen dadurch bietenden Möglichkeiten nutzen"[247]. Daraus läßt sich - im Interesse der Gleichbehandlung - durchaus eine analoge Kontrolle der Kreditaufnahme der Wirtschaft ableiten. Nach herrschender Meinung gilt jedoch als Pendant für die Beschränkung der Kreditaufnahme der öffentlichen Hand die Kreditplafondierung.

c) Die Emissionskontrolle

Kreditrestriktionen aller Art erlauben den Ausweg über Alternativen: Ausländische Märkte und inländische Emissionsmärkte. Für eine Beschränkung dieser Finanzierungsarten wird i.d.R. das Genehmigungsverfahren gewählt.

Die bis 1990 erforderliche Genehmigung für die Emission von Schuldverschreibungen in der Bundesrepublik bezweckte primär den Schutz der staatlichen Finanzwirtschaft vor den Emissionen der Privatwirtschaft, die Börsenzulassungs-Formalitäten haben ihren Grund im Gläubigerschutz. Der Zentrale Kapitalmarktausschuß schließlich bezweckt eine Kontrolle der Aufnahmefähigkeit des Kapitalmarktes für Neuemissionen. Alle drei in der Bundesrepublik Deutschland vorhandenen bzw. vorhanden gewesenen Kontrollinstanzen haben bzw. hatten andere als währungspolitische Zielsetzungen. Diese lagen demgegenüber dem englischen "Borrowing Control and Guarantees Act" von 1946 zugrunde, der 1958 durch "The Control of Borrowing Order" ersetzt wurde. Aufgrund dieser Gesetzesnorm ver-

246 Vgl. Rudolf Stucken, Haushaltspolitik, a.a.O., S. 205 f.
247 Ebenda, S. 211

suchte das Schatzamt bis 1959, eine Ausweitung des Finanzierungsvolumens und einen Kursverfall an der Börse zu unterbinden[248].

Die geänderte Situation in der Bundesrepublik Deutschland könnte allerdings eine Zuständigkeit der Deutschen Bundesbank für die Emissionskontrolle begründen[249].

---

248 Vgl. Kurt Klein, a.a.O., S. 117 ff.

249 "Die Bundesbank als Zentralnotenbank muß sich aber aufgrund der geld- und währungspolitischen Aufgaben, die ihr obliegen, für eine Regelung des nach der Aufhebung der §§ 795 und 808a BGB nunmehr nicht regulierten Marktes zuständig fühlen. Anders ausgedrückt könnte durch die Gesetzesnovelle die Zuständigkeit und Verantwortung von der bisherigen Zulassungsstelle im Bundesfinanzministerium auf die Bundesbank übertragen worden sein. Aufgabe der Bundesbank wird es nun sein, im Zusammenspiel mit den anderen Entscheidungsträgern einen Rahmen zu entwickeln, der für die Zukunft einen leistungsfähigen, transparenten, eigenständigen und wettbewerbsfähigen DM-CP-Markt gewährleisten kann. Als erster Schritt kann die Aufnahme der DM-CP in die Monatsberichte der Bundesbank ab März 1992 aufgefaßt werden." (Hubertus von Trebra-Lindenau, Die Beurteilung des Commercial-Paper-Marktes, Diplomarbeit Erlangen-Nürnberg 1992, S. 41 f.)

3. Abschnitt: Die Währungsbank als Unternehmung: Das absatzpolitische Instrumentarium

Herkömmlicherweise wird in der Bankbetriebslehre - erfolgsrechnerisch orientiert - von einer (kostenverursachenden) Einlagen-"Beschaffung" einerseits und einem (erlösbringenden) Kredit- und Dienstleistungs-"Absatz" gesprochen.

Wir haben an anderer Stelle versucht, die Stellung der Universalbank gegenüber den Bankkunden auf die eines Anbieters von Bankleistungen zurückzuführen. Als Nachfrager auf Finanzmärkten sahen wir die Universalbank nur in den Geldmarktoperationen[1]. Der gleiche Weg soll bei der Entwicklung der Unternehmungspolitik der Währungsbank beschritten werden. Wir sehen die Zentralnotenbank nur insoweit als "Nachfrager" auf Finanzmärkten, als sie Kredite bei gleich- oder höhergestellten Banken aufnimmt, also durch eine Kreditaufnahme im Ausland (vgl. 5. Abschnitt, B.III). Gegenüber allen anderen Marktpartnern tritt die Währungsbank demgegenüber als Anbieter auf: als Anbieter von "Währungsbankleistungen".

Die Leistungen, die die Währungsbank anbietet, lassen sich aus dem Kreditbegriff ableiten: Kredit dabei nicht im Sinne von "Vertrauen" verstanden, sondern im Sinne eines Tausches "gegenwärtiger Güter gegen zukünftige Güter"[2]. Den Ausdruck "gegenwärtige Güter" kann man durch die Bezeichnung "aktuelle monetäre Mengen" oder "Zentralbankgeld" ersetzen, die "zukünftigen Güter" mit "potentiellen monetären Mengen" oder "zentralbankfähigen Aktiva" umschreiben[3]. "Zentralbankgeld" und "zentralbankfähige Aktiva" sind die beiden von der Währungsbank angebotenen Leistungen. Im Kreditgeschäft und bei Offenmarktkäufen bietet die Währungsbank Zentralbankgeld an, bei Offenmarktverkäufen zentralbankfähige Aktiva.

Als Unternehmung setzt die Zentralnotenbank ihr absatzpolitisches Instrumentarium ein, bei dem herkömmlicherweise zwischen Produkt-, Entgelt-, Distributions- und Kommunikationspolitik unterschieden wird[4]. Dabei muß im Hinblick auf die beiden völlig verschiedenen Positionen der Währungsbank als Behörde und Unternehmung die Kommunikationspolitik als beide Positionen berührendes Instrument angesehen werden. Daher ist sie der dritten Aktionsebene, der Position der Währungsbank als "Autorität", zuzuordnen, die als Alternative zu den beiden anderen Ansatzmöglichkeiten gelten kann (4. Abschnitt). Zum andern treten angesichts der besonderen Stellung der Währungsbank mit monopolistischem Charakter als besonderes Instrument die quantitativen Maßnahmen auch

---

1 Vgl. Oswald Hahn, Das Passiv-Geschäft als Bankleistungs-Angebot, in: ÖBA 10/1976, S. 392 ff.

2 Vgl. Ludwig von Mises, Theorie des Geldes und der Umlaufmittel, München-Leipzig 1912, S. 297 ff.

3 In Anlehnung an Wolfgang Graebner, der von aktueller und potentieller Liquidität spricht (a.a.O., S. 14).

4 Vgl. dazu Heribert Meffert, Marketing, 8. A., Wiesbaden 1987; ferner Robert Nieschlag/Erwin Dichtl/Hans Hörschgen, Marketing, 16. A., Berlin 1991.

der Unternehmenspolitik hinzu, die von der Betriebswirtschaftslehre nur sehr vereinzelt als eine Form der Preispolitik Beachtung finden[5].

Auch hinsichtlich der Rangfolge ergeben sich Abweichungen gegenüber den generellen betriebswirtschaftlichen Gegebenheiten. Dies beruht auf der Unterscheidung zwischen institutionierender, den Rahmen der Aktivitäten bildenden Währungspolitik und der laufenden Gestaltung des Einsatzes der Instrumente als funktionale Währungspolitik (vgl. Einleitung). Die Bedeutung der vier Gruppen unternehmerischer Instrumente ist in beiden Bereichen sehr verschieden. Unter institutionellem Aspekt rangiert an erster Stelle die Entscheidung der Notenbank darüber, mit welchen Wirtschaftssubjekten sie in unmittelbare Beziehung treten möchte (Distributionspolitik im allgemeinen und Absatzmethode im besonderen, Unterabschnitt A). Die Bedeutung der Absatzmethoden als funktionales Instrument ist demgegenüber sehr gering.

Anschließend tritt die Frage nach dem Inhalt der angebotenen Leistungen als Leistungspolitik im allgemeinen und qualitativer Währungspolitik im besonderen (Unterabschnitt B). Quantitative Maßnahmen (Unterabschnitt C) rangieren innerhalb der funktionalen Währungspolitik teils vor der qualitativen Politik, teils kurz dahinter: Institutionierend ist die Qualitätspolitik als unmittelbares unternehmerisches Instrument nur wenig vor der in dieser Hinsicht bedeutungslosen Preispolitik einzuordnen. Diese ist ihrerseits allerdings dominierend als funktionales Instrument (Unterabschnitt D).

---

5 So bei Curt Sandig, Betriebswirtschaftspolitik, 2. A., Stuttgart 1966, S. 258 f.

A. Die Distributionspolitik: Die Geschäftspartnerwahl

Kriterien für die Aufgliederung der Absatzwege ist für das betriebswirtschaftliche Schrifttum die Einschaltung des Handels: Beim Direktabsatz wendet sich der Produzent unmittelbar an den Verwender, beim indirekten Absatz wird der Handel zwischengeschaltet. Analog hierzu ist bei der Währungsbank Entscheidungskriterium die Einschaltung der Banken: Hier steht dem (traditionellen) Direktgeschäft (Geschäftspartner Nichtbanken, Unterabschnitt III) das zentralbanktypische Bankengeschäft (Geschäftspartner ausnahmslos Banken, Unterabschnitt I) gegenüber. Eine Kombination zwischen Direkt- und Indirektgeschäft war das "Sowohl-als-auch" der alten Institute, die sich aus Universalbanken entwickelt haben. Diese Zwischenstufe finden wir heute dergestalt, daß sich die Währungsbank des Direktgeschäfts mit der Wirtschaft enthält, wohl aber den Staat finanziert (Unterabschnitt II).

Man kann dabei das System "Zentralbank" (totale Direktgeschäft-Abstinenz) als das marktwirtschaftliche, das System "Direktgeschäft" als zentralverwaltungswirtschaftlich, das System "Zentral- und Staatsbank" als das dominierende System und schließlich das Mischsystem als Alternative zum behördlichen Instrumentarium auffassen.

I. Die zentralbanktypischen Geschäftspartner: Das ausschließliche Zentralbankgeschäft

Entwicklungsgeschichtlich ist diese Absatzform die jüngste: Sie geht davon aus, daß die Währungsbank allein über Geschäftsbanken auf die Wirtschaft einwirkt (zweistufiges Bankensystem[6]). Es handelt sich hierbei um die rein marktwirtschaftliche Gestaltung: Bei der Existenz von Geschäftsbanken würde jede Form des Direktgeschäfts eine Wettbewerbsbenachteiligung dieser Institute bedeuten.

Diese Absatzwegbeschränkung entspricht den idealtypischen Vorstellungen des US-Federal Reserve Systems. Durch das Erfordernis der Staatsfinanzierung als Quelle der Geldschöpfung wurde diese Konzeption jedoch unmittelbar nach Realisierung des neuen Banksystems im Jahre 1913 aufgegeben.

6 Vgl. dazu 2. Abschnitt C.I

II. Die Währungsbank als Zentral- und Staatsbank

Ein erster Abstrich vom System der reinen Zentralbankfunktion erfolgt im zweistufigen Banksystem mit der Aufnahme des Staats als Gründer der Währungsbank unter deren Kundenkreis. Man kann dieses System als Kombination von US-Federal Reserve System und Prinzip der Bank of England interpretieren: Letztere verdankt ihre Entstehung als Währungsbank der Monetarisierung der Staatsschuld (Währungsbank als Hausbank des Staates).

Diese Abkehr vom reinen System der Zentralnotenbank läßt sich währungspolitisch mit der Beeinflussung der Giralgeldschöpfung der Geschäftsbanken begründen (Steuerung des Kundenkreises, 2. Abschnitt C.I,b.3). Diese Aufnahme des Direktgeschäfts mit dem Staat kann inzwischen weltweit als Normalfall konstatiert werden.

III. Die Währungsbank mit Direktgeschäft

Unter "Direktgeschäft" wird die Ausweitung der Geschäftspartner auf Nichtbanken verstanden. Im eigentlichen Sinn des Wortes umfaßt das Direktgeschäft jedoch nur den um den Staat reduzierten Kundenkreis der Nichtbanken-Gruppe.

Dieses Direktgeschäft kennt drei Entstehungsgründe.

a) Traditionelle Begründung

Die klassische Notenbank konnte als ein Institut der Umsatzfinanzierung der Wirtschaft gelten: Erst mit Übertragung von Währungsbankfunktionen (vgl. 1. Abschnitt A.I) traten neben die "Direktkunden" Geschäftsbanken als Kontrahenten der Bank. Im Verlauf von etwa 75 Jahren gingen jedoch immer mehr Währungsbanken dazu über, das klassische Direktgeschäft (Diskontierung von Wechseln ohne Einschaltung von Banken) aufzugeben[7], mit an letzter Stelle die deutsche Währungsbank[8]. Dieser Verzicht wird mit wettbewerbspolitischen und marktwirtschaftlichen Argumenten begründet[9].

b) Wirtschaftspolitische Begründung

Drei Ländergruppen verlangen indes nach wie vor das Direktgeschäft der Währungsbank.

1. Einmal sind es unterentwickelte Länder, denen entweder Geschäftsbanken fehlen oder die unter fehlender Filialdichte der Geschäftsbanken leiden[10]. Im letztgenannten Fall liegt wieder das Mischsystem vor.

2. Vereinzelt fehlt auch den Geschäftsbanken das Interesse an der Durchführung bestimmter Vorhaben - sei es, daß sie eine zu geringe Rendite abwerfen, sei es, daß die Bereitschaft zur Übernahme bestimmter Risiken (z.B. Auslandsgeschäft) fehlt[11]. Hier übernimmt die Währungsbank mit dem Direktgeschäft teilweise Aufgaben, die in den Zuständigkeitsbereich staatlicher Entwicklungsbanken fallen.

3. Schließlich sind es Länder mit Zentralverwaltungswirtschaft, die eine Steuerung der Wirtschaft durch die Kreditversorgung anstreben, womit kontrollierte Geschäftsbanken (Zwei-Bank-System) und eine monopolistische Währungsbank als Universalbank (Ein-Bank-System) miteinander konkurrieren. Dabei wird für die zweite Alternative ein höherer Wirkungsgrad unterstellt. In den kommunistischen Systemen der Jahre 1917 bis 1991 lösten sich im Zeitverlauf beide Variationen zum Teil mehrmals ab.

---

7 Ein traditionelles Direktgeschäft mit gewisser Bedeutung betreiben heute noch die Zentralbanken folgender Länder:
West-Europa: Dänemark, Finnland, Frankreich, Griechenland, Island, Italien, Jugoslawien, Niederlande, Portugal, Schweden, Türkei
Asien: Afghanistan, Republik China (Taiwan), Libanon
Afrika: Marokko, Südafrikanische Republik
Amerika: Chile, El Salvador, Haiti, Kolumbien, Uruguay
Ozeanien: Australien, Neuseeland.

8 In Westdeutschland begannen 1946 die Landeszentralbanken der US-amerikanischen Besatzungszone mit dem Rückzug aus dem traditionellen Direktgeschäft. Mit den Zentralbankgesetzen 1948 zog die britische Besatzungsmacht nach. Den Landeszentralbanken in der ehemaligen französischen Besatzungszone blieb das Direktgeschäft bis zum Inkrafttreten des Bundesbankgesetzes (1957) erlaubt.

9 Vgl. dazu Otto Veit, Grundriß, a.a.O.,S. 241, 338; Otmar Issing, Einführung in die Geldpolitik, 3. A., München 1990, S. 12 f.; ferner Heinz Beck, a.a.O., S. 362 ff. (mit Bibliographie)

10 Diese Voraussetzungen waren u.a. lange Zeit in Afghanistan, Äthiopien und Nepal gegeben. Zunächst hatten die betreffenden Währungsbanken Monopolcharakter. Nach Errichtung von Geschäftsbanken brauchten diese längere Zeit, um ein entsprechendes Filialnetz zu errichten. Bis dahin waren in vielen Orten die Filialen der Währungsbank die einzigen Bankstellen.

11 Begründung des Direktgeschäfts durch die Bank von Griechenland. Vgl. Nikolaos Kalitsounakis, Auswirkungen des gemeinsamen Bankenmarktes auf die griechischen Commercial Banks, Diplomarbeit Erlangen-Nürnberg 1992, S. 6.

Derzeit findet das Modell einer monopolistischen Währungs- und Universalbank keine praktische Realisierung.

c) Die währungspolitische Begründung

Jeder Währungsbank muß für den Fall fehlender Durchsetzbarkeit der Maßnahmen über die Banken die Möglichkeit einer unmittelbaren Kontrahierung mit der Wirtschaft zur Verfügung stehen - analog den administrativen Instrumenten zur Beeinflussung der monetären Mengen der Bankkunden (vgl. 2. Abschnitt, D). Es handelt sich hierbei wieder um ein "Mischsystem".

In diesem Fall konkurriert die Währungsbank mit den Geschäftsbanken. Eine solche Konkurrenz sollte sich allerdings grundsätzlich auf Handels- und Dienstleistungsgeschäfte (hier primär Zahlungsverkehr) beschränken[12], da das Direktkreditgeschäft die umfassende Selektion erschweren würde. Proteste der Geschäftsbanken sind dabei vorprogrammiert[13]. Das direkte Kreditgeschäft (Direktgeschäft i.e.S.) widerspricht einmal dem System der Marktwirtschaft und zum andern dem Prinzip der Subsidiarität: Es gilt die Forderung, daß die Währungsbank zwischen sich und die Wirtschaft die Geschäftsbanken schaltet[14].

12 Vgl. dazu Wolfram Engels, Konkurrenz der Notenbanken mit dem Habenzins, in: Kreditwesen 18/1969, S. 878 ff.

13 Vgl. dazu NN, Das Zentralbanksystem als Konkurrenz, in: IK 4.8.1960; NN, Die Notenbank soll bei ihrem Leisten bleiben, in: HB 21.11.1977

14 Vgl. dazu Hanns Linhardt, Kritik, a.a.O., S. 50 f.

B. Die qualitativen Instrumente der Währungs-Unternehmung

Basis des unternehmerischen Instrumentariums ist die Leistungspolitik (Unterabschnitt I). Hieraus werden die drei Ansatzmöglichkeiten entwickelt, die dann Gegenstand der folgenden Unterabschnitte sind: Kreditgeschäft, Handelsgeschäfte und Zahlungsverkehr.

I. Leistungspolitik der Währungsbank

Als Leistungs- oder Produktpolitik gilt in der Allgemeinen Betriebwirtschaftslehre die Gestaltung der Leistungssubstanz: Einmal Qualität der Einzelleistung und zum andern Umfang des Leistungsprogramms (Sortiment)[15]. Die klassische Bankbetriebslehre ordnet dies unter die Lehre von den Bankgeschäften ein: Eine bankbezogene "wirtschaftliche Warenlehre" (Wolfgang Stützel), wobei die Position der Bank als "Anbieter von Bankleistungen" (vgl. Einführung 3. Abschnitt) die Verbindung mit der Leistungspolitik herstellt. Auszugehen ist dabei vom Geschäftskreis der Zentralnotenbank, der Ausfluß der entsprechenden "institutionierenden Währungspolitik" ist und der jeweils die Obergrenze für alle unternehmerischen Aktivitäten der Bank setzt. Die funktionale Währungspolitik besteht im Anheben der Anforderungen und dem (späteren) Senken bis zu der vom Gesetz zugelassenen Mindestgrenze.

Hieraus leiten wir die drei Ansatzmöglichkeiten ab (Unterabschnitt b). Niederschlag der wesentlichen unternehmerischen Aktivitäten ist sodann die Aktivseite der Notenbankbilanz mit den drei typischen Geschäften (Unterabschnitt c).

Vorab muß noch die Frage des Kontrahierungszwangs der Währungsbank beantwortet werden. De jure ist zumindest die Deutsche Bundesbank grundsätzlich keiner derartigen Pflicht unterworfen[16]. Ausnahmen sind bei der Edelmetallumlaufswährung die Einlösung der Banknoten, bei Vorliegen von Interventionsverpflichtungen der An- und Verkauf von Valuten auf dem Markt sowie der Umtausch von Geldzeichen[17].

Der juristische Aspekt deckt sich mit dem einzelnen Kreditgeschäft, das ja eine Kreditwürdigkeitsprüfung verlangt, nicht allerdings mit dem ökonomischen Anspruch des Kunden auf Zentralbankkredit. Das Schrifttum hat sich zu dieser Frage allerdings nur sehr wenig geäußert. Während Hanns Linhardt einen generellen Anspruch bejaht[18], akzep-

15 Vgl. dazu die grundlegenden Feststellungen von Meffert und Nieschlag/Dichtl/Hörschgen, a.a.O.
16 Vgl. dazu Heinz Beck, a.a.O., S. 312 (K 514), S. 372 f. (K 670)
17 Vgl. Otto Veit, Grundriß, a.a.O., S. 543
18 Hanns Linhardt, Bankbetriebslehre I, a.a.O., S. 160 f.; Kritik, a.a.O., S. 19

Otto Veit dies nur im Rahmen der Kontingente[19]. Demgegenüber ist die Notenbank im Offenmarktgeschäft keinem solchen Kontrahierungszwang unterworfen.

a) Der Geschäftskreis der Währungsbank

Die klassische Dreiteilung der Bankbetriebslehre (Aktiv-, Passiv- und Dienstleistungs- oder bilanzneutrales Geschäft) ist für währungspolitische Betrachtungen ebenso ungeläufig wie die moderne, auf Wolfgang Stützel zurückgehende Dreiteilung der Marktleistung (Angebot von Finanzierungs-, Geldanlage- und Geldverkehrsmöglichkeiten)[20]. Statt dessen wird regelmäßig der im Zentralbankgesetz oder -statut festgestellte Geschäftskreis[21] herangezogen (Beispiel Deutsche Bundesbank, Abbildung 4). Dieser klammert allerdings das typische Passivgeschäft der Zentralnotenbank (Ausgabe von Banknoten) aus[22]. Im allgemeinen führt der Geschäftskreis Kredit-, Handels- und Zahlungsverkehrsgeschäfte auf. Darüber hinausgehende Dienstleistungen finden sich nur als traditionelle Restbestände oder bei den wenigen Währungsbanken mit Universalbankcharakter[23].

---

19 Otto Veit, Grundriß, a.a.O., S. 208 f.

20 Vgl. Wolfgang Stützel, Bankpolitik heute und morgen, Frankfurt/Main 1964, S. 12 f.

21 Vgl. hierzu u.a. die ständig aktualisierte Studie "Die Deutsche Bundesbank. Geldpolitische Aufgaben und Instrumente" (Sonderdrucke der Deutschen Bundesbank Nr. 7, 5. A., Stuttgart 1990; kostenlose Abgabe an Interessenten). Vgl. Der Wochenausweis der Deutschen Bundesbank, in: Monatsberichte Januar 1990, S. 22 ff.

22 Vgl. z.B. Bankgesetz von 1875: § 13 ("Die Reichsbank ist befugt, folgende Geschäfte zu betreiben ...") und § 16 ("Die Reichsbank hat das Recht, nach den Bedürfnissen ihres Verkehrs Banknoten auszugeben"); Reichsbankgesetz von 1924: Geschäftskreis der Bank (Abschnitt IV, §§ 21-26), Notenausgabe (Abschnitt V, §§ 27-36); Gesetz über die Deutsche Bundesbank von 1957: Notenausgabe (4. Abschnitt: Währungspolitische Befugnisse, § 14) und Geschäftskreis (5. Abschnitt, §§ 19-25).

23 Am Beispiel der Deutschen Bundesbank wird nachstehend eine Übersicht über das "Jedermann-Geschäft" gegeben (Verfasser: Jürgen Singer):
Das Sortengeschäft als Handel in ausländischen Banknoten ist heute zumindest in den Zentralbanken von Industriestaaten unbedeutend geworden. Ursprünglich betrieb die Bundesbank im Rahmen des Jedermann-Geschäfts den Sorten-Verkauf und -Ankauf, wobei Verkäufe eine Ausnahmeerscheinung blieben. Die Kunden waren neben den Banken vor allem Mitarbeiter der Bundesbank und öffentliche Stellen oder US-Standortverwaltungen. Auch manche kleine Raiffeisenbank gab beim Sortenkauf der LZB-Niederlassung den Vorzug gegenüber der Verbundorganisation. Primär bezog sich das Sortengeschäft auf umsatzstarke Währungen. Sortenbestände wurden weitgehend in den LZB-Stellen vermieden - bei Käufen mußten die Beträge erst bei der zentralen Sortenkasse der Bundesbank bestellt werden. Das Sortengeschäft wird wegen der hohen fixen Kosten der technisch-personellen Organisation als uninteressant eingestuft. Deshalb erscheint uns die Aufgabe lediglich eine Zeitfrage zu sein.
Direktgeschäfte werden auch mit den eigenen Mitarbeitern getätigt. Die früher attraktive Verzinsung der Kontoguthaben mit dem Diskontsatz (max. 5 %) wurde wegen der fiskalisch bedingten Einstufung als geldwerter Vorteil verringert - derzeit bekommen die Mitarbeiter einen Einlagenzins von 1 % und einen Kreditzins (für Überziehung in Höhe des Monatseinkommens) von Diskontsatz plus 1-2 % offeriert.
Beizubehalten beabsichtigt die Bundesbank ihre Funktion als "fiscal agent" für den Bund. In diesem Zusammenhang bietet sich die Bundesbank als Annahmestelle für Käufe von Finanzierungsschätzen, Bundesschatzbriefen, Anleihen des Bundes und seiner Sondervermögen, Bundesobligationen usw. an. Die Depotführung erfolgt durch die Bundesschuldenverwaltung. Dieses Direktgeschäft mit "Jedermann" möchte sich die Bundesbank offenhalten, was auf den künftigen Ersatz des administrativen Instruments Mindestreserve hindeutet. Will die Bundesbank auf die Mindestreservepolitik verzichten, so müßte sie stärker eine zu hohe

Abbildung 4: Der Geschäftskreis der Deutschen Bundesbank
(Die Paragraphen in Parenthese beziehen sich auf das Bundesbankgesetz)

(1) An- und Verkauf von Schecks und Wechseln; Kontrahenten: Banken (Wechsel: höchstens 90 Tage Restlaufzeit; grundsätzlich drei, im Falle anderweitiger Sicherheitsleistung mindestens zwei gute Unterschriften; es sollen gute Handelswechsel sein); § 19,(1),1

(2) An- und Verkauf von Schatzwechseln (Emittent: Bund, BuBahn, BuPost, Ausgleichsfonds, ERP-Sondervermögen, Land); Restlaufzeit 90 Tage. Kontrahenten: Banken oder Emittenten; § 19,(1),2

(3) An- und Verkauf von Devisen und Edelmetallen; Kontrahenten: jedermann. § 19,(1),8 i. V. m. § 22.
Devisen: Zahlungsmittel in ausländischer Währung (Kontrahenten lt. Allg. Geschäftsbedingungen BBk nur Banken)
Edelmetalle: Gold, Silber, Platin

(4) "Vornahme aller Bankgeschäfte im Verkehr mit dem Ausland"; Kontrahenten: jedermann (Generalvollmacht für sämtliche Kreditierungen an das Ausland); § 19,(1),9 i. V. m. § 22

(5) Lombardkreditgewährung:
(a) gem. § 19,(1),3 an Banken (bis zu 90 Tagen) gegen

i.	Wechsel (Bedingungen zu 1)	zu höchstens 90 % des Nennwerts
ii.	Schatzwechsel (Bedingungen zu 2)	zu höchstens 90 % des Nennwerts
iii.	U-Schätze (Emittenten wie 2)	zu höchstens 75 % des Nennwerts
iv.	Sonstige Schuldverschreibungen (Emittenten wie 2)	zu höchstens 75 % des Kurswerts
v.	Ausgleichsforderungen	zu höchstens 75 % des Nennwerts
vi.	von der Bank bestimmte andere Schuldverschreibungen und Schuldbuchforderungen ("Lombardverzeichnis")	zu höchstens 75 % des Kurswerts

(b) gem. § 24,(1) an Banken, Versicherungen und Bausparkassen gegen Ausgleichsforderungen, "soweit und solange es zur Aufrechterhaltung der Zahlungsfähigkeit des Verpfänders erforderlich ist"

(6) An- und Verkauf "zur Regelung des Geldmarkts", § 21; (nicht zur Regelung oder Förderung des Kapitalmarktes oder zwecks Kursstützung von Staatspapieren) zu Marktsätzen (nicht zum Diskontsatz wie bei 1 u. 2 bzw. Lombardsatz wie bei 5 auf dem "offenen Markt":
(a) Wechsel (Bedingungen zu 1)
(b) Schatzwechsel, Schatzanweisungen, Schuldverschreibungen und Schuldbuchforderungen (Emittenten nach 2)
(c) "andere zum amtlichen Börsenhandel zugelassene Schuldverschreibungen"
Kontrahenten: Teilnehmer am Geldmarkt

(7) Beschaffung von Schatzwechseln oder unverzinslichen Schatzanweisungen der Bundesrepublik Deutschland für Offenmarktoperationen:
(a) im Umtausch gegen Ausgleichsforderungen der Bundesbank (Mobilisierungspapiere, § 42)
(b) als Ersatz eigenen Emissionsrechts bis zum Betrag von 8 Mrd. DM (Liquiditätspapiere, § 42a)

Geldmenge bei den Einlegern abschöpfen. Dies verlangt die Intensivierung des Direktgeschäfts mit "Jedermann", worauf die 1993 kreierten "Bulis" (Bundes-Liquiditäts-U-Schätze) hindeuten. Diese "Bulis" sind kurzfristig und nicht börsennotiert; sie dienen ausschließlich der geldpolitischen Steuerung.

(8)	Gewährung von Buchkrediten an Bund und Länder bis zu einer Höchstgrenze ("Kreditplafonds"), in die auch die von der BBk für eigene Rechnung angekauften oder mit Refinanzierungszusagen ausgestatteten Schatzwechsel (nicht indes SchWechsel nach Ziff. 7) einbezogen sind (hinsichtlich der Höhe der Kontingente handelt es sich nicht um qualitative, sondern quantitative Maßnahmen institutionierender Währungspolitik):			
	(a)	Kassenkredite (§ 20,(1),1) an Bund und Sondervermögen (BRep. 6 Mrd., BuBahn 600 Mio., BuPost 400 Mio., Ausgl. Fonds 200 Mio., ERP-SoVermögen 50 Mio.		7.250 Mio.
		an Länder (Berlin, Bremen, Hamburg DM 80, übrige Länder DM 40 je Einwohner)	ca.	3.400 Mio.
	(b)	Übernahme von "Ausgleichsforderungen" gegenüber der Bundesrepublik Deutschland (faktisch Gegenwert der ersten Zentralbankgeldschöpfung anläßlich der Währungsreformen von 1948 und 1990))	rd.	64.000 Mio.
	(c)	(bis 24.12.1970: Kredite zur Erfüllung der Verpflichtungen als Mitglied von IMF, Weltbank und Europäischem Fonds bis zum Betrag von 4,45 Mrd. Erloschen wegen Übergangs der Mitgliedschaft auf die Deutsche Bundesbank)		
(9)	Ankauf von Ausgleichsforderungen, sofern dies zur Aufrechterhaltung der Zahlungsbereitschaft des Verkäufers erforderlich ist. Kontrahenten: Banken, Versicherungen, Bausparkassen (§ 24,(2)).			

Das deutsche Bundesbankgesetz bringt sowohl unter nationalem als auch internationalem Aspekt erstmals eine Systematik, die sich an den Geschäftspartnern (also der Absatzmethode) orientiert[24], wiewohl dieses Modell nicht eindeutig ist[25] und zum andern später durchbrochen wird[26].

Ohne weitere Kommentierung können Zahlungsverkehrsgeschäfte als dritter Ansatzpunkt unternehmerischer Tätigkeit herausgestellt werden (Unterabschnitt IV). Die Gegenüberstellung von Kredit- und Handelsgeschäft bedarf einer Begründung (Unterabschnitt b). Abschließend erfolgt eine Diskussion der drei typischen Niederschläge der Kredit- und Handelsaktivitäten in der Notenbankbilanz (Unterabschnitt c)[27].

---

24 Geschäfte mit Kreditinstituten (§ 19), mit öffentlichen Verwaltungen (§ 20), am offenen Markt (§ 21) und mit jedermann (§ 22).

25 Geschäfte am "offenen" Markt sind identisch mit solchen mit Kreditinstituten, da Teilnehmer des Geld- wie Kapitalmarkts nur Banken sind.

26 Die anschließend aufgeführte Scheckbestätigung (§ 23) ist ein "Jedermann-Geschäft", die Beleihung und der Ankauf von Ausgleichsforderungen (§ 24) ist ein Geschäft mit "Kreditinstituten und Versicherungen".

27 Vgl. dazu für Deutschland NN, Der Wochenausweis der Deutschen Bundesbank, in: Monatsberichte Deutsche Bundesbank Januar 1990, S. 22 ff.

b) Kredit- und Handelsgeschäft

Schwerpunkt unternehmerischer Aktivitäten der Währungsbank ist das Aktivgeschäft. Neben dem Kriterium des "Endbegünstigten" (vgl. Unterabschnitt c,2) bietet sich als Klassifizierungsmöglichkeit die Frage an, ob sich die Währungsbank bei diesen Geschäften "refinanzieren" kann: Die Frage, ob der Währungsbank ein späterer Verkauf der erworbenen Titel möglich ist oder nicht. Unter diesem Aspekt lassen sich die Aktivgeschäfte der Währungsbank aufspalten in "Kreditgeschäfte" und "Handelsgeschäfte".

1. Begriffsabgrenzung

a) Von "Kreditgeschäften" möchten wir dann sprechen, wenn die Währungsbank im Aktivgeschäft Titel erwirbt, die sie nicht weiterverkaufen kann. Die mangelnde "Refinanzierungsmöglichkeit" zeigt sich zunächst bei der Beleihung, also im "Lombardgeschäft". Die Verkaufsfähigkeit fehlt ferner den Buchkrediten in Form der "unverbrieften Staatsschuld" wie auch in Gestalt der "Kassenkredite". Neben die nicht vorhandene rechtliche Mobilität tritt schließlich die mangelnde ökonomische Mobilität infolge Fehlens eines Marktes. Das trifft zu für die von der Zentralbank angekauften Handelswechsel im allgemeinen[28] und für die Schatzwechsel und Staatsobligationen, die die Zentralbanken vieler Entwicklungsländer erworben haben, im besonderen[29].

Neben den bereits erwähnten weiteren Aufgliederungsmöglichkeiten des Kreditgeschäfts (Wirtschafts-, Auslands- und Staatsfinanzierung; Buchkredit, Titeldiskont und Titelbeleihung) tritt die Unterscheidung in "Diskont- und Rediskont"- bzw. "Finanzierungs- und Refinanzierungsgeschäft"[30]. Dem Finanzierungsgeschäft, bei dem die Währungsbank die Endbegünstigten direkt kreditiert ("Direktgeschäft"), steht das "Refinanzierungsgeschäft" gegenüber, bei dem die Notenbank die Geschäftsbanken als Finanzier ablöst.

b) Handelsgeschäfte setzen im Gegensatz zum Kreditgeschäft voraus, daß die Währungsbank die Möglichkeit zum Weiterverkauf der erworbenen Titel hat. Im Handelsgeschäft

28 Die Bankgesetze kennen diese Unterscheidung nicht expressis verbis: Sie sprechen vielmehr nur von den beiden Tätigkeiten "Gewährung von Darlehen" (bzw. "Krediten") und "Kaufen und Verkaufen". Letzteres läßt sich identifizieren mit "Handel".

29 Das galt nicht für Privatdiskonten während der Zeit ihrer Bundesbankfähigkeit (1959-1991).

30 Die Deutsche Bundesbank darf zwar - ebenso wie ihre Rechtsvorgänger - Wechsel "kaufen und verkaufen" (§ 19,(1),1 BBankG, § 13 Ziff. 2 RBankG 1875 usw.). "Diese Ermächtigung erlaubt der Bank den Rückverkauf von Wechseln an den ursprünglichen Verkäufer (Rückruf von Exporttratten, Pensionsgeschäfte). Entsprechende Geschäfte am Markt unterbleiben jedoch: Die Bundesbank dürfte entsprechend der Handhabung der Reichsbank hiervon im Inlandsgeschäft keinen Gebrauch machen, da sie selbst als Bank der Banken höchste Kreditinstanz und letzter Diskontgeber ist." (Heinz Beck, a.a.O., S. 321) Entscheidend für die Einordnung des Wechseldiskonts unter die Kreditgeschäfte ist jedoch vor allem die Regreßmöglichkeit gegenüber dem Giranten, die den Kreditcharakter gegenüber diesem unterstreicht.

kann die Währungsbank also sowohl Käufer als auch Verkäufer von Titeln sein. Diese Geschäfte können wir als "Offenmarkt-Geschäfte im weiteren Wortsinn" bezeichnen (weil sich die Währungsbank als Käufer oder Verkäufer auf den offenen Markt begibt). Sie lassen sich naturgemäß wie die Kreditgeschäfte nach den im folgenden Unterabschnitt noch zu unterscheidenden Endbegünstigten aufspalten: Handel in Wirtschafts-, Staats- und Auslandsfinanzierungstiteln. Zweckmäßiger ist auch hier die Zweiteilung: Handel einmal in inländischen, zum andern in ausländischen Werten.

1. Der Handel in inländischen Werten kann im allgemeinen mit der Bezeichnung "Effektenhandel der Währungsbank" identifiziert werden. Er umfaßt all das, was im Sprachgebrauch der Praxis unter den Begriff der Offenmarktpolitik fällt. Aber auch die Ausgabe und die Einziehung von eigenen verzinslichen Obligationen der Währungsbank gehören dazu, wiewohl es sich dabei ja um ein Passivgeschäft der Zentralbank handelt. Schließlich können auch andere Inlandswerte Gegenstand des "Handelsgeschäfts" der Zentralbank sein: In Anlehnung an die Festverzinslichen auch Dividendenwerte, in Anlehnung an die Effekten als inländische Wertobjekte auch Grundbesitz und in Anlehnung an den Sachwertcharakter der Effekten auch Waren.

2. Unter die Handelsgeschäfte in Auslandstiteln darf man nach heutiger Vorstellung streng genommen nur die Devisenhandelsgeschäfte der Notenbank rechnen. Angesichts der besonderen Rolle des Goldes als internationales Zahlungsmittel ist jedoch auch dieses hierunter einzuordnen, zumal ja das Gold der Vorgänger der "Devisen" war.

c) Die Unterscheidung in "Kredit- und Handelsgeschäfte" darf nicht über die Tatsache hinwegtäuschen, daß die klassischen Aktivgeschäfte der Zentralbank in jedem Fall Finanzierungen und damit auch weitgehend Kreditierungen sind[31]. Der Trennung, die wir hier vorgenommen haben, entspricht die Unterscheidung zwischen dem eigentlichen "Kreditgeschäft" und dem "Effekten- und Emissionsgeschäft" der Geschäftsbanken.

2. Die Wesensunterschiede

Wir kommen damit zum Wesensunterschied zwischen den beiden Geschäften der Währungsbank. Im Kreditgeschäft ist die Bank in eine weitgehend passive Rolle gedrängt, während sie im Handelsgeschäft eine starke Aktivität entfalten kann. Dieser Wesensunterschied wird vom Schrifttum durch die unterschiedliche "Initiativstellung" und den unterschiedlichen Ermessensspielraum der Notenbank im Kreditgeschäft einerseits und im Offenmarktgeschäft (als dem vom Schrifttum allein unter die "Handelsgeschäfte" der

31 Schuldverschreibungen gehören zur Fremdfinanzierung und stellen daher Kredite i.w.S. dar. Devisen sind Guthaben bei ausländischen Banken, also Forderungen und damit ebenfalls Kredite. Das Gold kann den Devisen gleich erachtet werden: als Quasi-"Forderung" an das Ausland bietet sich eine analoge ökonomische Einordnung unter "Auslandskredite" an.

Zentralbank gerechneten) andererseits charakterisiert[32]. Hinzu kommt der Unterschied in der Marktstellung[33].

a) Das "Initiativkriterium" äußert sich darin, daß die Zentralbank im Kreditgeschäft ihre Bedingungen fixiert und die Reaktion des Marktes abwarten muß. Sie ist zum Abwarten gezwungen, bis Verkäufer potentieller monetärer Mengen an sie herantreten. Im Handelsgeschäft kann sich die Notenbank demgegenüber selbst an die Verkäufer potentieller monetärer Mengen wenden. Ihr fehlt hier die Macht, ihre Bedingungen zu diktieren. Sie ist vielmehr an die Konditionen des Marktes gebunden und sie kann sich nur entscheiden, ob sie diese akzeptiert. Wie jeder Marktteilnehmer hat naturgemäß auch die Zentralbank die Möglichkeiten, die Marktbedingungen durch entsprechendes Angebot bzw. Nachfrage zu beeinflussen. Die Unabhängigkeit gegenüber Rentabilitätsüberlegungen erlaubt dabei der Zentralbank, den Markt entscheidend zu beeinflussen.

b) Das Kriterium der unterschiedlichen Marktstellung kommt bereits im Wort "Handel" zum Ausdruck. Während die Bank im Kreditgeschäft stets Nachfrager nach potentiellen monetären Mengen ist, kann sie im Handelsgeschäft auch als Anbieter auftreten.

c) Was schließlich das "Ermessenskriterium" angeht, so werden für das Kreditgeschäft der Zentralbank eine zwar nicht rechtliche, aber doch "gewohnheitsmäßige Verpflichtung" zum Wechselankauf und die Berücksichtigung der fixierten Konditionen unterstellt. Dem Handelsgeschäft in Effekten fehlen diese Einschränkungen des Entscheidungsspielraums der Banken: "Die Befugnis der Notenbank, zum Zwecke einer Offen-Markt-Politik bestimmte Wertpapiere zu kaufen, (berechtigt) den Markt nicht zur Erwartung ..., solche Titel jederzeit bei der Notenbank monetisieren zu können."[34] Durch entsprechende Vereinbarungen mit den Emittenten der Titel (vor allem bei Staatspapieren) kann jedoch auch im Offenmarktgeschäft ein solcher faktischer Ankaufszwang begründet werden. Wir verweisen auf die Vereinbarung zwischen Open Market Committee und Schatzamt der Vereinigten Staaten vom März 1942, die das Federal Reserve System verpflichtete, alle ihm angebotenen Staatstitel aufzukaufen[35]. Insofern bestehen keine grundlegenden Unterschiede zum Valutenhandel, der über Devisenbewirtschaftungsnormen oder internationale Verträge (Interventionspflicht) der Währungsbank ebenfalls einen Kontrahierungszwang geben kann. Zweifelsohne ist aber der "Spielraum" der Bank im Handelsgeschäft im allgemeinen größer als im Diskontgeschäft.

---

32 Vgl. dazu Paul-Otto Höchst, Offen-Markt-Politik und Staatskredit, dargestellt an dem Konflikt um die Frage des Selbsteintrittsrechts des Bundes in die Mobilisierungspapiere der Deutschen Bundesbank, Diss. Köln 1959, S. 14 ff. Höchst lehnt sich dabei vor allem an Albrecht Forstmann an.

33 Für die Unterscheidung zwischen Offenmarkt- und Diskontgeschäft zieht Höchst ferner das "Formkriterium" heran, das sich auf die unterschiedliche Fristigkeit der Titel (Diskont- und Lombardgeschäft: 3 Monate; Offenmarkttitel: Effekten mit längerer Laufzeit; vgl. Paul-Otto Höchst, a.a.O., S. 18) bezieht.

34 Paul-Otto Höchst, a.a.O., S. 17

35 Vgl. dazu u.a. H. L. Hennemann, Staatsfinanzwirtschaft und Zentralbankpolitik, Köln 1952

3. Vergleich der Wirksamkeit

Die unterschiedliche Situation der Zentralbank im Kredit- und Handelsgeschäft soll am Beispiel der expansiven wie auch kontraktiven Währungspolitik kurz aufgezeigt werden.

a) Bei expansiver Währungspolitik - die sich in einer Ausweitung des Geld- und Kreditvolumens niederschlagen soll - muß die Zentralbank im Kreditgeschäft warten, bis entsprechende Kreditnachfrage auf sie zukommt. Sie kann der Wirtschaft zusätzliche Mittel auf dem Kreditweg nicht aufzwingen. Allenfalls bleibt die Möglichkeit, Engagements zu verlängern - fällige Wechsel zu prolongieren - oder auf den Abbau des Debetsaldos der staatlichen Finanzverwaltung zu verzichten. Eine Aktivität im Kreditgeschäft ist daher - wenn überhaupt - nur im "Altgeschäft" möglich.

Im Handelsgeschäft kann die Notenbank demgegenüber uneingeschränkt Initiative entfalten: Sie fragt auf dem Markt Effekten oder Devisen nach und kommt damit den "geldmengenarmen", aber "anlagereichen" Betriebswirtschaften entgegen.

b) Ein entsprechendes Bild zeigt auch die kontraktive Währungspolitik, die auf eine Verringerung des Geld- und Kreditvolumens abzielt. Da den Währungsbanken im allgemeinen das Kontokorrent- und längerfristige Darlehnsgeschäft fehlt, entfällt im Kreditgeschäft eine Einwirkung auf das Altgeschäft durch entsprechende Kündigungen - von der allgemein geringen Wirksamkeit solcher Maßnahmen im Kreditgeschäft überhaupt einmal abgesehen: Durch Kündigungen können praktisch nur solche Engagements liquidiert werden, die ohnehin ausgereift sind. Die Wirksamkeit restriktiver Maßnahmen im Kreditgeschäft ist daher zunächst auf Neuausleihungen beschränkt. Der Umfang der kontraktiven Wirkungen aus dem Altgeschäft richtet sich nach den Fristigkeiten, die die Währungsbank gewährt. Er ist bei Notenbanken mit dem Dreimonatswechsel-Prinzip größer als bei solchen Währungsbanken, die Wechsel mit Laufzeiten von 180 Tagen ankaufen (vgl. Unterabschnitt II.a,2).

Das Handelsgeschäft befähigt die Währungsbank demgegenüber auch bei restriktiver Währungspolitik, aktiv in das Marktgeschehen einzugreifen: Durch entsprechende Titelverkäufe ist es ihr möglich, innerhalb kurzer Zeit größere aktuelle monetäre Mengen stillzulegen. Zu einem entsprechenden Preis lassen sich immer die entsprechenden Mengen im Publikum unterbringen. Grenzen ergeben sich lediglich aus dem Titelbestand der Währungsbank und Rentabilitätsüberlegungen. Letztere sollten in der Währungspolitik keinen Platz haben (vgl. 1. Abschnitt, C.II,a), erstere lassen sich durch die Befugnis der Notenbank zur Ausgabe verzinslicher Obligationen (vgl. Unterabschnitt III.a) aufheben.

c) Die typischen Zentralbankaktiva

Der Währungsbank wird monetäre Elastizität abverlangt. Hieraus ergeben sich erste Anforderungen an den Bestand ihrer Aktiva (Unterabschnitt 1). Vereinfachend lassen sich die Zentralbankaktiva auf drei Typen zurückführen (Unterabschnitt 3), die ihrerseits drei unterschiedliche Quellen haben und zugleich Ausfluß von drei unterschiedlichen Prinzipien der Geldschöpfung sind (Unterabschnitt 2). Aus den Bilanzen der Zentralnotenbank der Gegenwart und Vergangenheit können schließlich verschiedene Typen von Zentralnotenbanken gebildet werden, die eine Aussage über den jeweiligen Schwerpunkt unternehmerischer Aktivitäten erlauben (Unterabschnitt 4).

1. Die Flexibilitätsbedingung: Die Notenbank als Bank des kurzfristigen Geschäfts

a) Die Notenbank läßt sich zusammen mit den Depositenbanken als ein "Institut des kurzfristigen Geschäfts" charakterisieren. Für die klassische Notenbank ergibt sich das aus der Einlösungsverpflichtung; für die moderne Notenbank mit konvertibler Währung gilt Analoges. Unabhängig davon verlangt jedoch die Aufgabe als Währungsbank von jeder modernen Notenbank eine Elastizität - d. h. die Fähigkeit zu kurzfristigem Teilabbau des von ihr emittierten Geldes. Aus all dem ergibt sich die Forderung an die Notenbank, sich im Aktivgeschäft auf den Erwerb kurzfristig liquidierbarer Vermögenswerte zu beschränken.

b) Wie für die Depositenbanken gilt jedoch auch für die Notenbanken das "Bodensatz-Prinzip": Bei sämtlichen Schwankungen verbleibt ein praktisch unveränderlicher "Bodensatz" an Einlagen bzw. umlaufendem Zentralbankgeld, "der selbst bei ungünstiger Wirtschaftslage und bei geringen Wirtschaftsumsätzen vorhanden sein muß, um den laufenden Zahlungsverkehr abzuwickeln." Dieser Teil an Noten kann "ohne Bedenken ... langfristig, etwa durch eine Dauerschuld des Staates oder durch andere, wenig liquide Aktiven gedeckt sein." Entscheidend ist dabei nur, den Umfang dieses Teils zu begrenzen[36]. In der Notenbankpraxis machte man sich diesen Grundsatz durch die "Fiduciary Issue" (Erstausstattung mit Geld) zunutze - erstmals bei Gründung der Bank of England und in diesem Jahrhundert bei allen Währungsreformen (vgl. z. B. die deutschen "Ausgleichsforderungen"). Eine Übertragung der Bodensatztheorie auf die Währungsreserven findet sich in der bundesdeutschen Diskussion der sechziger Jahre (vgl. Unterabschnitt III.b).

c) Bei der Diskussion wird häufig übersehen, daß Kurzfristigkeit auch durch künstliche Liquidität der Aktiva erreicht werden kann, verbunden allerdings mit einem Kursrisiko. Diese Gefahr ist übliches Hindernis für die Erweiterung des Katalogs zentralbankfähiger

36 Otto Veit, Grundriß, a.a.O., S. 223

Aktiva, was seine eigentliche Ursache in Rentabilitätsvorstellungen hat (vgl. 1. Abschnitt, C.II,a).

2. Die drei klassischen Geldschöpfungsquellen der Währungsbank

Es gibt drei klassische Quellen der Geldschöpfung durch die Notenbank, die wir nach ihrer zeitlichen Entstehung reihen: das Edelmetall, der Staatskredit und der Handelswechsel. Entwicklungsgeschichtlich lautet indes die Reihenfolge Handelswechsel, Edelmetall und Staatskredit.

a) Das Prinzip der Geldschöpfung über Handelswechsel[37] (Ziehung von Verkäufer auf Wiederverkäufer) basiert auf der Vorstellung des "klassischen Geldes" (Friedrich Bendixen)[38] und geht aus vom Realmodell der "Schottischen Notenbank" (Heinrich Rittershausen)[39]. Die Diskontierung von Wechseln durch die Notenbank bedeutete erstens die Umwandlung von Zahlungsmitteln niederer in solcher höherer Ordnung: Banknoten werden hier als "zerhackte Handelswechsel" (Heinrich Rittershausen)[40] angesehen. Sodann gilt der Handelswechsel zweitens als Beweis dafür, daß konsumfähige Güter vorhanden sind, dem durch die Zirkulation entstehenden Geldumlauf also ein entsprechender Güterumlauf gegenübersteht. Die These des klassischen Geldes unterstellt dabei eine inflationsfreie Geldschöpfung. Allerdings stehen dem Einwendungen gegenüber: güterwirtschaftlicher time-lag (das gegen Diskontierung von Handelswechseln geschöpfte Geld tritt vor dem Güterangebot in Umlauf), Diskrepanz zwischen der Wechsellaufzeit und der Güterumschlagsdauer und schließlich die Tatsache, daß Preiserhöhungen bereits in die Wechselsumme eingehen können und daher automatisch monetisiert werden. Hauptgegenargument ist jedoch das natürliche Knapphalten der Geldschöpfung infolge beschränkten Aufkommens an Umsätzen und damit Handelswechseln. Entscheidend sind aber für die Konzeption des Handelswechselprinzips drittens kurze Laufzeiten und damit eine zeitliche Begrenzung der Geldschöpfung[41].

b) Die Geldschöpfung durch Ankauf von Edelmetallen stellt die Geburtsstunde der klassischen Banknote ("Goldsmith-Note") dar: Entgegengesetzt zum klassischen Geld die Umwandlung von Zahlungsmitteln "höherer Ordnung" in solche "niederer Ordnung" aus

---

37 Vgl. dazu Oswald Hahn, Diskontpolitik, Berlin 1992, S. 16 ff.

38 Vgl. Friedrich Bendixen, Das Wesen des Geldes, 4. A., München-Leipzig 1926

39 Heinrich Rittershausen, Der Neubau des deutschen Kreditsystems, Berlin 1932, S. 23 ff.

40 Ebenda, S. 23

41 Dem Handelswechselprinzip und der darin zum Ausdruck kommenden "Deckung" des umlaufenden Geldes steht die "Arbeitswährung" gegenüber, deren Deckung die "gesamtwirtschaftliche Produktion" ist und die von der Reichsbank in den Jahren 1939 ff. propagiert wurde (vgl. dazu Ernst Wagemann, Wo kommt das viele Geld her?, Düsseldorf o.J. - ca. 1940). Hier stehen jedoch nicht nur konsumfähige, sondern auch von den Geldinhabern nicht konsumierbare Güter dem Geldumlauf gegenüber. David Marsh sieht in dieser Konzeption einen "Vorläufer des modernen Monetarismus" (a.a.O., S. 165).

Gründen einer Rationalisierung des Zahlungsverkehrs. Die ursprüngliche Rechtfertigung (1) wird heute rein betriebswirtschaftlich eingestuft und entspricht der Begründung der (passiven) Giralgeldschöpfung unter Bargeldeinzahlung. Währungspolitische Begründung ist einmal der damit verbundene Anspruch auf Auslandsgüter und zum anderen die Wirkungsweise des Goldautomatismus. Auf die heutigen Hindernisse einer entsprechenden Anpassung haben wir im 1. Abschnitt bereits hingewiesen (vgl. Unterabschnitt C.I). Gleich dem Handelswechsel wird die goldgetragene Geldschöpfung aber auch (2) durch die Knappheit gerechtfertigt, darüber hinaus (3) durch die hohe künstliche Liquidität.

Handelswechsel- und Golddeckungsprinzip basieren auf Vorstellung der Banking Theorie (Thomas Tooke, John Fullerton, Adolph Wagner): Diese geht davon aus, daß nicht die Geldmenge für die Stabilität der Währung entscheidend ist, sondern der Ursprung der Geldschöpfung[42]. Die Zentralnotenbank darf nur insoweit eine Geldschöpfung betreiben, als damit direkt (über Handelswechsel) oder indirekt (über Gold bzw. Goldsubstitute) konsumierbare Güter zur Verfügung stehen[43]. Ihre Aktualisierung erfuhr diese Theorie mit der Geldstrom-Theorie der sechziger Jahre[44].

c) Die dritte Form klassischer Notenbank-Geldschöpfung ist die bereits erwähnte "Monetisierung der Staatsschuld"[45].

1. Als unmittelbare Notenbankfinanzierung tritt sie in drei Formen auf. (i) Die älteste Form ist die "Fiduciary Issue" (fiduziarische Geldemission): ewige oder langfristige Buchkredite. Klassischer Anlaß für eine solche zentralbankgetragene Staatsfinanzierung ist die Neugründung einer Notenbank. Die Gewährung des Rechts auf bankmäßige Geldschöpfung durchbricht das bisherige Geldschöpfungsmonopol des Staates über das Münzregal (vgl. 2. Abschnitt B.II). Als Äquivalent für die Konzession übernimmt die Notenbank die Verpflichtung, einen bestimmten Betrag an Staatstiteln zu monetisieren[46]. Die "moderne" Ursache solcher Erstausstattungen sind Währungsreformen: (Untilgbare) deutsche "Ausgleichsforderungen"[47] und (weitgehend getilgte) österreichische "Forderungen gegen den Bundesschatz", daneben die Übernahme von Kriegsfolgen durch

42 Vgl. dazu Adolph Wagner, System der Zettelbankpolitik mit besonderer Berücksichtigung auf das geltende Recht und auf deutsche Verhältnisse, 2. A., Freiburg i. B. 1873; ferner Karl-Erich Born, Entwicklung, a.a.O.

43 Vgl. dazu Charles Rist, Geschichte der Geld- und Kredittheorien von John Law bis heute, Bern 1947, S. 176 ff.

44 Vgl. Helmut Leutner,Geldstrom- und Liquiditätstheorie, Frankfurt/Main 1962

45 Vgl. Heinz-Dieter Hessler, Die Wirkung staatlicher Anleihen auf die monetäre Struktur der Volkswirtschaft, Diss. Köln 1965

46 Neben lange Zeit vergessenen, bisher allerdings noch zu wenig erforschten Vorläufern der asiatischen Antike schlugen erstmals britische Krone und Bank von England 1694 diesen Weg ein. Als Äquivalent für die Verlängerung des Notenprivilegs gewährte die Bank von Frankreich 1857 dem französischen Staat einen "unkündbaren Vorschuß".

47 Es handelt sich dabei um "Ausgleichsforderungen (Z)" im Gegensatz zu den (zu tilgenden) "Ausgleichsforderungen (G)" der Geschäftsbanken und Versicherungen aufgrund der Währungsumstellung. Vgl. dazu Heinz Baumgart, Grundlagen und Mobilisierung der Ausgleichsforderungen, Diss. Mannheim 1957

die Notenbank[48]. Hinzu kommt (ii) die Vorfinanzierung von Staatsausgaben bzw. die Bevorschussung von Staatseinnahmen: Diese Kredite dienen der Deckung von Staatskassendefiziten (im Gegensatz zur dritten Form, der Deckung von Haushaltsdefiziten). Man bezeichnet sie daher als "Kassenkredite" in der typischen Form eines Ankaufs von Schatzwechseln. Diese lassen sich gedanklich als "Ziehungen des Steuerfiskus auf die Steuerschuldner" auffassen und damit dem Handelswechsel gleichsetzen. (iii) Der dritte Anlaß für die Kreditgewährung an den Staat ist die Deckung von Haushaltsdefiziten durch die Notenbank.

2. Damit wird die währungspolitische Beurteilung der Monetisierung der Staatsschuld angesprochen. Die Currency-Theorie des 18. Jahrhunderts (John Stuart Mill, David Ricardo[49]) ignoriert die Herkunft der Geldschöpfung: Entscheidend ist allein, daß die Geldmenge knapp gehalten wird - eine Theorie, die ihre Renaissance durch die Quantitätstheorie der zwanziger Jahre (Irving Fisher[50]) und die Geldmengentheorie der siebziger Jahre (Milton Friedman[51]) erfahren hat (vgl. Unterabschnitt C.I,a). Hieraus folgt, daß auf der Ebene des Staatskredits keine qualitative Währungspolitik, sondern (neben Zinspolitik) die Politik der Kreditplafonds (Unterabschnitt C.II,b) erforderlich ist.

3. Die Erweiterung der klassischen Form

Die drei eben vorgestellten klassischen Zentralbankaktiva erlauben einmal eine Erweiterung, zum andern eine entsprechende Typenbildung unter dem Aspekt der Endbegünstigten der Geldschöpfung.

a) Die Zentralnotenbank wird mit dem Ankauf oder der Beleihung von Handelswechseln zum Träger der Wirtschaftsfinanzierung. Unter die Wirtschaftsfinanzierung läßt sich darüber hinaus der Ankauf und die Beleihung von Schuldverschreibungen der Wirtschaft und von Aktien rechnen. Außerdem fallen hierunter die klassische Beleihung von Waren, die Erweiterung auf den Handel und schließlich die Einbeziehung von Immobilien.

b) Der Erwerb von Gold macht die Zentralnotenbank zum Träger der Export- oder Auslandsfinanzierung. Miteinzubeziehen sind dabei sämtliche Forderungen gegenüber fremden Wirtschaftsgebieten: ausländisches Bargeld (Sorten), Guthaben in Fremdwährung bei ausländischen Banken (Devisen im engsten Wortsinn), Exportwechsel, Kreditgewährung an ausländische Institute (insbesondere an nationale oder überstaatliche Zentralban-

---

48 Erwähnt seien hierzu die seit der Währungsbereinigung in unveränderter Höhe bilanzierten "Créance Consolidée sur l'Etat" (Belgische Nationalbank), die nur geringfügig reduzierten Beträge des "Government consolidated account" (Norges Bank) und das laufend getilgte "Statens reguleringskonto" von Danmarks Nationalbank.

49 Vgl. Charles Rist, a.a.O., S. 177 ff.

50 Vgl. Irving Fisher, Feste Währung. Zur Entwicklungsgeschichte der Idee, Uchtdorf-Weimar-Leipzig 1937

51 Vgl. Milton Friedman, Die optimale Geldmenge, München 1970; ferner Bernhard Ziese, Zur Neubegründung der Quantitätstheorie, Tübingen 1970

ken) und schließlich auch sämtliche ausländische Schuldverschreibungen, ausländische Beteiligungen und im Ausland belegene sonstige Werte.

c) Zur Direktkreditgewährung der Notenbank an den Staat tritt die mittelbare Staatsfinanzierung hinzu. Dies ist einmal die Beleihung von Staatstiteln (Lombardkredit) und zum andern die Aufnahme der Staatstitel vom Markt (Offenmarktgeschäft). Als eine Vorfinanzierung kann die "Fremdemission" von Staatsanleihen über die Währungsbank aufgefaßt werden: Die Zentralnotenbank übernimmt die Emission en bloc und und bringt anschließend die Titel auf dem Markt unter. Währungspolitisch ist eine solche Art der Staatsfinanzierung dann unproblematisch, wenn ein funktionsfähiger Kapitalmarkt besteht.

Auf die Problematik der Ausweitung des Kreises der klassischen Zentralbankaktiva, insbesondere der Wirtschaftsfinanzierung, wird im Rahmen der Erörterung der Handelsgeschäfte (Unterabschnitt III) noch näher eingegangen.

4. Die Bildung von Währungsbank-Typen

a) Heinrich Rittershausen hat aus jeder der drei "Endfinanzierungen" die klassische Form herausgenommen und hieraus drei "klassische" Notenbanktypen entwickelt.

1. Den Notenbanktyp A, dessen Vermögen aus dem klassischen Typ der Wirtschaftsfinanzierung, dem Dreimonats-Handelswechsel besteht (Typ der "schottischen Notenbank"),

2. den Notenbanktyp B mit dem klassischen Vermögenswert der Auslandsfinanzierung, nämlich dem Gold (Typ der "Goldschmiede-Bank") sowie seinen modernen Nachfolger Valuten (Devisen) und

3. den Notenbanktyp C, dessen Bilanz auf der Aktivseite nur Staatsanleihen enthält. Entstehungsgeschichtlich und hinsichtlich des gegenwärtigen Geschäfts ist dieser Typ in der "Bank of England" realisiert (Typ der Staatsbank in funktionaler Sicht)[52].

Wir möchten entsprechend der im letzten Unterabschnitt vorgenommenen Ergänzungen auch die drei Modelle erweitern zur Bank der Wirtschafts-, Auslands- und Staatsfinanzierung.

b) In praxi finden sich jedoch die drei Idealtypen nur vereinzelt; vielmehr treten die Notenbanken meist als Mischtypen auf[53]. Man kann allerdings die Zuordnung zu ei-

---

52 Vgl. Heinrich Rittershausen, Internationale Handels- und Devisenpolitik, 2. A., Frankfurt/Main 1955, S. 223 ff.

53 Eine Ausnahme stellen die verschiedenen Währungsämter (Currency Board) dar, die eine 100%ige Gold- und Devisendeckung vorweisen (Typ A): per 1990/91 Bahrain, Malta, Oman, Quatar, Saudi Arabien und Singapur.

Tabelle 5: **Realtypen der Währungsbanken 1990/91**
(Anteil der drei typischen Aktiva in der Bilanz)

Quelle: Errechnet aus den Geschäftsberichten, ersatzweise IMF, International Financial Statistics

Typ: Träger der	Währungsbank von	Wirtschaft	Ausland	Staat
Wirtschaftsfinanzierung (A)	VR China	80	6	14
	Marokko	63	15	22
	Indonesien	56	30	14
	Chile	56	15	29
Auslandsfinanzierung (B)	verschiedene Währungsämter[1]	-	100	-
	Irland	-	98	2
	Republik China	8	-	92
	Schweiz	3	89	8
	Malaysia	-	88	12
	Libanon	2	86	12
	Australien	0	83	17
	Belgien	-	82	18
	Niederlande	11	80	9
	Venezuela	17	77	6
	Neuseeland	2	74	24
	Paraguay	12	66	22
	Österreich	35	62	3
	Frankreich	33	60	7
	Spanien	17	57	26
	Südafrika	23	57	20
Staatsfinanzierung (C)	Kanada	5	1	94
	Afghanistan	2	10	88
	Großbritannien	15	-	85
	USA	0	16	84
	Indien	11	7	82
	Ägypten	13	7	80
	Algerien	15	6	79
	Madagaskar	2	22	76
	Mexiko	0	29	71
	Panama	25	4	71
	Nigeria	8	22	70
	Bolivien	17	17	66
	Ecuador	21	20	59
	Italien	2	39	59
	Pakistan	28	14	58
Wirtschafts- und Auslandsfinanzierung (AB)	Tunesien	37	60	3
	Norwegen	37	56	7
	Thailand	35	55	10
	Dänemark	49	50	1
	Finnland	54	44	2
	Uruguay	49	46	5
	Korea	51	37	12
Wirtschafts- und Staatsfinanzierung (AC)	Polen	55	32	13
	Ungarn	46	40	14
	Peru	31	52	17

Auslands- und Staatsfinanzierung (BC)	Portugal	1	58	41
	Island	0	50	50
	Kolumbien	10	43	47
	Deutschland	12	42	46
	Costa Rica	16	42	42
	Israel	17	42	41
	Philippinen	21	41	38
	Schweden	12	41	47
	Griechenland	11	39	50
	Türkei	6	35	59
	Nepal	13	32	55
"Neutral" (ABC)	Japan	33	28	39

1 Bahrain, Malta, Oman, Quatar, Saudi Arabien, Singapur

nem der drei Grundtypen bei überwiegender Konzentration auf einen der drei Geschäftskreise vornehmen, wie dies der Verfasser für 1960 an anderer Stelle getan hat[54]. Eine erweiterte, neuere Übersicht zeigt Tabelle 5.

Dabei erscheint besonders erwähnenswert, daß die Zentralbanken der zwölf EG-Länder vier verschiedene Typen zuzuordnen sind, was naturgemäß erhebliche zusätzliche Probleme bei einer Währungsunion und dem Zentralbanksystem ergibt:

Typ B (Dominieren der Auslandsfinanzierung) in Belgien, Frankreich, Irland, den Niederlanden und Spanien, Typ C (überwiegend Staatsfinanzierung) in Großbritannien und Italien, Mischtyp AB (Wirtschafts- und Auslandsfinanzierung) in Dänemark und Mischtyp BC (Auslands- und Staatsfinanzierung) in Deutschland, Griechenland und Portugal. Dabei handelt es sich um eine Momentaufnahme; im Zeitverlauf lassen sich bei vielen Zentralbanken erhebliche Verschiebungen feststellen, wie das Beispiel der deutschen Währungsbank (vgl. Tab. 6) im Verlauf von 140 Jahren zeigt.

Der Umfang der drei Gruppen von potentiellen monetären Mengen am Geschäftsvolumen der Zentralbank wurde dabei in gewissem Umfang durch die funktionale Währungspolitik der Notenbank-Unternehmung geprägt: In der Notenbankbilanz schlägt sich die Bedeutung der verschiedenen Aktivgeschäfte innerhalb der Geschäftspolitik der Bank nieder. Allerdings läßt sich damit nicht die Frage beantworten, ob die Forcierung des einen und die Vernachlässigung des anderen Geschäfts Ausfluß der freien Entscheidung der Notenbank oder das Ergebnis des Marktangebots war. Bei der Beurteilung der Staatsfinanzierung sind auch Vorhandensein und Qualität des nationalen Kapitalmarktes zu berücksichtigen.

54 Oswald Hahn, Die "Schwächen" des Handelswechsels, in: Kreditwesen 5/1963, S. 183 ff.

Tabelle 6:	**Prozentualer Anteil der typischen Zentralbank-Aktiva bei der Deutschen Währungsbank 1852-1992** (jeweils Jahresende) (bis 1875 Preußische Bank, bis 1945 Deutsche Reichsbank, bis 1957 Bank deutscher Länder und Landes-Zentralbanken, ab 1957 Deutsche Bundesbank)			
Jahresende	Kredite an Wirtschaft (A)	Gold und Devisen (B)	Kredite an Staat (C)	Typ[55]
1852	41	34	25	AB(C)
1876	68	27	5	A
1900	68	27	5	A
1914	19	30	51	BC
1918	1	6	93	C
1925	49	44	7	AB
1930	58	39	3	A(B)
1937	91	2	7	A
1945	5	0	95	C
1948	3	14	83	C
1955	20	59	21	(A)B(C)
1960	3	83	14	B
1965	11	64	25	B
1970	18	66	16	B
1975	9	78	13	B
1980	26	56	18	(A)B
1985	22	51	27	(A)B(C)
1990	16	41	43	BC
1992	14	43	43	BC

II. Das Kreditgeschäft

Klassische Formen des Kreditgeschäfts der Zentralnotenbank sind der Ankauf von Wechseln und die Gewährung von kurzfristigen Darlehen. Die Einräumung von Kontokorrentkrediten seitens der Währungsbank ist unüblich: Seine Einführung wurde im Zusammenhang mit dem rückläufigen Wechselaufkommen diskutiert[56]. Sie scheiterte jedoch einmal im Hinblick auf Bonitätsüberlegungen, sodann aber primär wegen der Mindestreservepflicht[57].

Bei den beiden Kreditformen ist nach den Partnern der Währungsbank zu unterscheiden. Die Kreditierung an den Staat erfolgt durch Kassenkredite: in Wechselform als Schatzwechsel, ansonsten als Buchkredit. Dabei werden im Hinblick auf fehlende Insolvenzmöglichkeiten des Staates die Schatzwechsel den Wertpapieren zugeordnet: Die Zen-

55 Die Parenthese soll eine geringere Bedeutung des Aktivums signalisieren.

56 Vgl. Heinrich Rittershausen, Die Zukunft der Notendeckung durch Handelswechsel, unveröffentl. Manuskript 1944, S. 41 ff.

57 Das schließt nicht aus, daß dem Lombardkredit Kontokorrent-Elemente zugeführt wurden (vgl. Unterabschnitt b,3).

tralbank kauft und verkauft diese Werte im Handelsgeschäft. Wie bereits erwähnt (Unterabschnitt I,c) ist in qualitativer Hinsicht das Kreditgeschäft mit dem Staat unproblematisch: Wesentliche Aktionsparameter der Zentralbank sind Beschränkungen (Unterabschnitt C.II,b). Wir können uns daher auf das Kreditgeschäft mit der Wirtschaft beschränken. Hier ist die Darlehensgewährung an dingliche Sicherheiten gebunden (Lombardkredit). Beim Wechselankauf unterscheidet man zwischen dem Erwerb von der Wirtschaft (Direktgeschäft: Wechsel**diskont**) und dem Ankauf von Banken (**Rediskont**geschäft). Im folgenden soll vereinfachend jeweils von einer Diskontierung im weiteren Sinne des Wortes gesprochen werden.

Als dritte, moderne Form des Kreditgeschäfts kam in Deutschland in Anlehnung an Gepflogenheiten des Handelsgeschäfts in den siebziger Jahren das Pensionsgeschäft in Kredittiteln hinzu. Dabei deckten sich ursprünglich die Gegenstände von Diskont- und Pensionsgeschäft weitgehend, während der Kreis der Lombardgeschäfte naturgemäß weitergezogen war. Inzwischen wurde aber das Pensionsgeschäft auch auf Offenmarkttitel ausgedehnt, weswegen es bei diesen Sicherheiten eine Alternative zu Offenmarktoperationen darstellt.

Unterschiede zwischen den drei Geschäftsformen liegen - von der Zinsgestaltung einmal abgesehen - vor allem in der Fristigkeit. Der Diskontkredit orientiert sich an der Wechsellaufzeit, der Lombardkredit ist im allgemeinen auf einen Monat begrenzt und dabei eine vorzeitige Rückzahlung möglich, beim Pensionsgeschäft bestimmt die Zentralbank von Fall zu Fall die Laufzeiten. Diese ist beim Diskontkredit am längsten, bei der Pensionierung am kürzesten.

a) Die Wechseldiskontierung[58]

Gestaltungsmöglichkeiten qualitativer Währungspolitik sowohl institutioneller als auch funktioneller Art sind Grundgeschäft, Bonitätsanforderung und Laufzeit. Aus diesen drei Elementen setzt sich der jeweilige "zentralbankfähige Wechsel" zusammen. Die Variierung der Anforderungen durch die Zentralbank im Rahmen funktionaler Währungspolitik hat allerdings nur eine geringe Bedeutung.

58 Vgl. dazu Oswald Hahn, Diskontpolitik, Berlin 1992, S. 15 ff.; ferner Cornelia Herold, Variationsmöglichkeiten in der qualitativen Diskontpolitik der Deutschen Bundesbank, Diplomarbeit Erlangen-Nürnberg 1991

1. Das Grundgeschäft

Die Gesetze geben den Währungsbanken unterschiedliche Spielräume. Das Bankgesetz von 1875 enthielt keinerlei Einschränkungen. Im Reichsbankgesetz von 1924 wurde das Handelswechselerfordernis[59] als Soll-Vorschrift eingeführt. Diese entspricht den Vorstellungen des klassischen Geldes (vgl. Unterabschnitt I,c.2). Die Deutsche Bundesbank sieht diese Soll-Norm weitgehend als Obergrenze an: Eine Ausnahme machte der Ankauf von Lagerwechseln (früher Vorratsstellenwechsel[60], später BALM-Wechsel[61]). Die eigentliche funktionale Währungspolitik besteht in einer Eingrenzung des Grundgeschäfts: Ausschluß von bestimmten Branchen (z. B. Baustoffwechsel). Die Kontrolle der Handelswechseleigenschaft läßt sich zwar bei Branchenkenntnis durchführen. Zur Erleichterung dienen generelle oder spezielle "Grundgeschäftserklärungen" der diskontierenden Bank.

Die Variierung der Anforderungen an das Grundgeschäft innerhalb des Handelswechselprinzips wird als "selektive Kreditpolitik" verschiedentlich ebenso abgelehnt wie das entsprechende administrative Instrument (vgl. 2. Abschnitt C.III,c.2)[62].

2. Die Laufzeit

Weltweit gibt es keine "üblichen" Höchstlaufzeiten: Diese schwanken von Land zu Land[63] zwischen der "traditionellen" Laufzeit von drei Monaten (z.B. Deutschland, Frankreich, Österreich, USA) über sechs Monate (Skandinavien, Neuseeland) und zwölf Monaten (Irland, Spanien) bis hin zum völligen Fehlen (z. B. Australien, Belgien, Großbritannien und Portugal). Üblich ist es, von "Restlaufzeiten" auszugehen. Die Deutsche Bundesbank hat funktional den Grundsatz entwickelt, Abschnitte nur dann anzukaufen, wenn ihre Laufzeit nicht die übliche Warenumschlagsdauer überschreitet. Der Federal

---

59 Wir bezeichnen den Handelswechsel als "Ziehung eines Verkäufers auf einen Wiederverkäufer". Vgl. zur Definitionsproblematik Oswald Hahn, Diskontpolitik, a.a.O., S. 16 ff. Die Deutsche Bundesbank hält an der traditionellen Definition fest, die indes auch Investitionswechsel einschließt: "Als Handelswechsel im Sinne von § 19 Abs. 1, Nr. 1 BBankG kauft die Bundesbank solche Wechsel an, die aufgrund von Warenlieferungen oder von Dienstleistungen zwischen Unternehmen und/oder wirtschaftlich Selbständigen begeben worden sind." Deutsche Bundesbank, Geschäftsbericht 1991, S. 98

60 Solawechsel der 1950 errichteten Einfuhr- und Vorratsstellen für Zucker, Getreide, Fette und Fleisch

61 BALM = Bundesanstalt für landwirtschaftliche Marktordnung als Nachfolgerin der Einfuhr- und Vorratsstellen seit 1.7.1976

62 Von Spindler/Becker/Starke sehen eine selektive Diskontpolitik, die über die oben beschriebenen Maßnahmen hinausgeht, als Verletzung des Gebotes der Gleichbehandlung aller Bürger an, da dadurch eine Benachteiligung bestimmter Wirtschaftskreise und Institute entstehe (vgl. Joachim von Spindler/Willy Becker/O.-Ernst Starke, Die Deutsche Bundesbank, 4. A., Stuttgart 1973, S. 318). Dickertmann/Siedenberg dagegen sehen in der selektiven Variierung die Gefahr, daß die Bundesbank als autonome Institution "leicht in die Kontroversen verschiedener Interessengruppen zu geraten droht" (Dietrich Dickertmann/Axel Siedenberg, Instrumentarium der Geldpolitik, 4. A., Düsseldorf 1984, S. 87). Vgl. ferner Cornelia Herold, a.a.O., S. 26

63 Übersicht bei Oswald Hahn, Diskontpolitik, a.a.O., S. 52

Reserve Board hatte zeitweilig die Restlaufzeit auf 15 Tage herabgesetzt. Eine Anhebung der Höchstlaufzeit ist zwar ausgeschlossen, die Währungsbank kann jedoch eine Erweiterung über Prolongationen erwirken[64]. Die Einführung von Mindest-Restlaufzeiten[65] geschieht demgegenüber allein aus Wirtschaftlichkeitsüberlegungen[66].

3. Die Bonitätsanforderungen

Das dritte Qualitätselement äußert sich in der Zahl der guten Unterschriften: Traditionell gehen die deutschen Bankgesetze von mindestens zwei, regelmäßig drei Wechselverpflichteten einwandfreier Bonität aus. Auch hierbei handelt es sich um eine Muß-Vorschrift. Die Zahl der Unterschriften wird bereits durch den Handelswechsel vorbestimmt: Eine Erhöhung erscheint daher überflüssig. Eine funktionale Währungspolitik müßte sich dabei in einer Verschärfung der Kreditwürdigkeitsprüfung äußern. Auch dies unterbleibt regelmäßig, da die Bonität von Ausstellern und Bezogenen durch die der diskontierenden Bank verstärkt wird. Es ist zudem umstritten, ob im Hinblick auf die Regreßhaftung der diskontierenden Bank eine Prüfung der übrigen Bonitäten durch die Währungsbank überhaupt erforderlich ist[67].

b) Der Lombardkredit[68]

Elemente der Lombardpolitik sind der Kreis lombardfähiger Güter, der Verwendungszweck und die Laufzeit: die Beleihungssätze lassen sich zwar der Bonitätspolitik unterordnen, sie haben aber eher den Charakter quantitativer Maßnahmen (vgl. Unterabschnitt C).

---

64 In praxi kauft die Deutsche Bundesbank nur Abschnitte mit einer Gesamtlaufzeit von drei Monaten an. Vgl. Cornelia Herold, a.a.O., S. 44

65 Deutsche Bundesbank: früher sieben, seit 1990 zwanzig Tage

66 Vgl. Cornelia Herold, a.a.O., S. 45

67 Auch hier zeigt sich, daß viele Prüfer aus Übervorsicht alle Kreditsicherheiten im Detail analysieren. Vgl. Uwe Jaiser, Die Revision von gewerblichen Krediten im Rahmen der Jahresabschlußprüfung der Kreditbanken, Diplomarbeit Erlangen-Nürnberg 1991, S. 33

68 Vgl. dazu Heidrun Haase, Die Lombardpolitik der Zentralnotenbanken, Berlin 1962; ferner Rudolf Brand, Wesen und Eignung des Effektenlombards als eine Form des passiven und aktiven Bankkredits, Berlin 1968

1. Der Umfang lombardfähiger Güter

a) Die ursprüngliche Form des Lombardkredits war die Beleihung von "Kaufmannswaren"[69]. Hier wird nicht (wie beim Wechselkredit) der Waren**verkäufer**, sondern der Waren**eigentümer** kreditiert: Nach der Banking-Theorie werden Waren nicht in Umlauf gebracht, sondern gehortet bzw. als unverkäuflich erkannt. Die Currency-Theorie akzeptiert umgekehrt den Lombardkredit, weil dadurch eine Begrenzung des Geldumlaufs gewährleistet ist[70]. In Deutschland wurde der Warenlombard 1948 abgeschafft[71].

Gegenwärtig findet sich der Warenlombard noch bei den Zentralbanken aller Entwicklungsländer. Er ist aber auch nach wie vor der Bank of Japan und den Währungsbanken Frankreichs, Griechenlands, Italiens, der Niederlande, Österreichs, Schwedens, der Schweiz und Spaniens gestattet. Alternative ist die Diskontierung von Lagerwechseln[72].

Eine Renaissance könnte der Notenbank- und Warenlombard erfahren, wenn entweder eine Offenmarktpolitik in Waren stattfindet oder die staatliche Vorratshaltung in lebenswichtigen Waren größere Bedeutung erlangt.

Zeitweilig wurde die Konzeption des notenbankgetragenen Warenlombards auch auf Immobilien übertragen. Dabei finden sich in der Geschichte zwei verschiedene Lösungsansätze: Das Modell einer Zwangsbelastung von Immobilienbeständen[73] und die ein-

---

69 Vgl. dazu Oswald Hahn, Die Bedeutung der Waren für die Währungspolitik, in: Udo Koppelmann (Hrsg.), Die Ware in Wirtschaft und Technik, Festschrift zum 65. Geburtstag von Artur Kutzelnigg, Herne-Berlin 1969, S. 72 ff. (Die Waren als Gegenstand der Lombardpolitik)

70 Vgl. zur Banking- und Currency-Theorie Unterabschnitt I,c.2

71 Die Deutsche Reichsbank durfte "gegen im Inland lagernde Kaufmannswaren oder sie vertretende Urkunden zu höchstens 2/3 ihres Werts" beleihen (§ 13,(1),5e Reichsbankgesetz von 1939; ähnlich § 21, Ziff. 3 f Reichsbankgesetz von 1924; § 13 Ziff. 3e Bankgesetz von 1875). Der Anteil der Warenlombarde am Gesamtlombard der Reichsbank belief sich zwischen 1880 und 1914 stets auf unter 10 %; 1924 erlebte die Reichsbank einen Rekord von 23 %, während von da an der Anteil ständig sank. Die letzte spezifizierte Analyse erfolgte für 1929 mit einem Anteil von 0,5 % (vgl. Heidrun Haase, a.a.O., S. 18 u. 39). Die Zentralbankgesetze des Jahres 1948 schlossen den Waren- (und Edelmetall-)Lombard aus.

72 Alternative sind z.Zt. in Deutschland die BALM-Wechsel (vgl. Anm. 61)

73 Das älteste Beispiel wurde von John Law in Form eines seiner beiden Projekte gegeben: Die Idee einer Zwangsbelastung der Ländereien des französischen Kolonialbesitzes in Nordamerika (1716) - im Gegensatz zum realisierten Plan (1717-1720) einer Deckung der ausgegebenen Banknoten durch Aktien der Mississippi-Gesellschaft. (Vgl. dazu Ernst Sanhaber, Der Magier des Kredits, 2. A., München 1941; ferner Richard Kerschagel, John Law - Die Erfindung der modernen Banknote, Wien 1956.) Die Idee wurde dann während der französischen Revolution realisiert (Deckung der Assignaten durch den enteigneten Grundbesitz des Adels). Das Projekt scheiterte vor allem am fehlenden Markt für Immobilien. Eine Anlehnung an den Law-Plan führte die Deutsche Rentenbank 1923/24 durch: Ihre Noten, die "Rentenbankscheine", waren voll durch "Rentenbriefe" gedeckt und in diese einzulösen. Die Rentenbriefe waren Schuldscheine, die aufgrund einer Zwangsbelastung des landwirtschaftlichen Grundbesitzes und der gewerblichen Wirtschaft ausgegeben wurden. Vgl. dazu Rudolf Imhof, Die Rentenmark, Diss. Freiburg i. B. 1928

fache hypothekarische Lösung[74]. Beide Modelle konnten sich allerdings auf Dauer nicht durchsetzen[75]: Haupthindernis ist die fehlende Liquidität von Immobilien, die dem Grundsatz der Flexibilität (Unterabschnitt I,c.1) widerspricht.

b) Neben den Warenlombard (bzw. in zunehmendem Umfang an seine Stelle) ist heute die Beleihung grundsätzlich aller Objekte getreten, die Gegenstand der übrigen Aktivgeschäfte sind: Handelswechsel und Edelmetalle bzw. Effekten und Valuten[76]. Damit kommt der heutige Charakter des Lombardgeschäfts der Notenbanken zum Ausdruck: Es schafft der Währungsbank wie auch den Marktpartnern die Ausweichmöglichkeit, anstelle eines Kaufs bzw. Verkaufs die Form der Beleihung bzw. Verpfändung dieser drei Grundtypen von Zentralbankaktiva zu wählen. Die Währungsbank wird den Weg der Beleihung gehen, wenn sie den definitiven Erwerb vermeiden möchte bzw. ihre Liquiditätshilfe sehr kurzfristig gestalten will. Die Marktpartner sind an einer Beleihung interessiert, wenn es sich um einen sehr kurzfristigen Geldbedarf handelt und sie diese ertragbringenden Aktiva weiter behalten möchten oder aber wenn die augenblickliche Marktlage einen Verkauf an die Notenbank nur unter Inkaufnahme von Kursverlusten erlaubt.

Bei der Grundsätzlichkeit gibt es Ausnahmen: Es existieren Zentralbanken, deren lombardfähiger Güterkreis größer als der erwerbsfähiger Aktiva ist, es findet sich aber auch die umgekehrte Situation sowohl in der institutionierenden als auch bei der funktionellen Währungspolitik. Die Deutsche Bundesbank darf z. B. Edelmetalle und Valuten kaufen und verkaufen, aber nicht beleihen.

c) Der Kreis lombardfähiger Werte der Deutschen Bundesbank umfaßt diskontierbare Wechsel, Schatzwechsel und Schatzanweisungen, festverzinsliche Schuldverschreibungen und Ausgleichsforderungen. Dabei besteht allerdings die Möglichkeit einer Einschränkung des Kreises im Rahmen der funktionalen Währungspolitik nur bei Wechseln und anderen

---

74 Diese Idee wurde erstmals mit den (älteren) Preußischen Landschaften (1769) praktiziert. Man sieht in diesen Instituten im allgemeinen immer nur den Vorläufer der Hypothekenbank. Sie waren ihrer ursprünglichen Zielsetzung nach aber Notenbanken, wie aus der Kabinettsorder Friedrich des Großen vom 29.8.1769 hervorgeht: "Unter denen zum Cours bestimmten Pfandbriefen verstehe Ich diejenigen Hypothequen-Instrumente, welche unter der Guarantie der Landschaft künftig ... gleich dem baaren Gelde circulieren werden." Den Geldcharakter verloren die Landschaftsbriefe nur allmählich in der ersten Hälfte des 19. Jahrhunderts, definitiv aber erst mit Gründung der Landschaftlichen Banken, die zur Unterbringung der von den Landschaften emittierten und den Hypothekenschuldnern ausgezahlten Pfandbriefe dienten. (Vgl. Hartwig Jessen, Das landschaftliche Kreditwesen, Wiesbaden 1962, S. 70 ff.)
In Nordamerika entstanden in Anlehnung an das preußische Vorbild Mitte des 18. Jahrhunderts "Land-Banks", die Noten gegen hypothekarische Beleihung von Grundbesitz ausgaben. Diese Banken scheiterten daran, daß zu dieser Zeit für die Nordamerikaner der Boden mehr oder weniger beliebig vermehrbar war und ihm somit der Charakter eines echten Gutes fehlte (von der Kostbarkeitseigenschaft ganz zu schweigen), im Gegensatz zur Situation in Preußen, wo die hypothekarisch belasteten Ländereien einen hohen Wert besaßen und ein Markt existierte.

75 Vgl. zur theoretischen Konzeption Hanno Svoboda, Grund und Boden als Währungsunterlage, Nürnberg 1928

76 Aus der Sicht der Banking-Theorie wäre die Beleihung von Handelswechseln die Alternative zum Diskont, die Beleihung von Gold und Valuten die Alternative eines Handelswechsel-Substituts. Bedenklich erscheint die Beleihung von Effekten, insbesondere die der faktisch unbegrenzt vermehrbaren Staatstitel.

Schuldverschreibungen als die von Bund oder Land ausgestellten[77]: der Kreis der "sonstigen" Schuldverschreibungen ist im Lombardverzeichnis der Deutschen Bundesbank enthalten, das sie erweitern und einengen kann[78].

2. Der Verwendungszweck des Kreditnehmers

Die meisten Bankgesetze schweigen sich hierüber aus. Allenfalls über die Bestimmungen der Fristigkeit lassen sich Folgerungen ziehen (wie z. B. in den Vereinigten Staaten). Der chilenische Gesetzgeber spricht sich allerdings klar dahingehend aus, daß Lombardkredite nur "in Notfällen" den Mitgliedsbanken zugestanden werden können[79].

Die Zentralbanken entwickelten aber im Laufe der Zeit gewisse Grundsätze für die Vergabe von Lombardkrediten, die man als Teil der institutionierenden Lombardpolitik auffassen kann. Für die Bundesrepublik Deutschland gilt dabei der Grundsatz: "Ob ein Lombardkredit gewährt wird, richtet sich nach der allgemeinen kreditpolitischen Lage und nach den individuellen Verhältnissen des Kreditnachsuchenden. Ein Lombardkredit soll grundsätzlich nur gewährt werden, wenn es sich um die kurzfristige Überbrückung eines vorübergehenden Liquiditätsbedürfnisses handelt und keine Bedenken gegen den Zweck der Kreditaufnahme bestehen."[80] Eine weitere Einschränkung der Verwendungsmöglichkeit ergibt sich aus den Allgemeinen Geschäftsbedingungen der Bundesbank (Ziff. VI, 2): "Der Lombardkredit soll in wechselnder Höhe in Anspruch genommen werden. Das Darlehn ist jeweils innerhalb von 30 Tagen wenigstens einmal vollständig zurückzuzahlen." Damit erhält der Lombardkredit der Deutschen Bundesbank den Charakter eines Kontokorrentkredits: Sein Wesen liegt in der Deckung eines gelegentlichen, unabweisbaren Spitzenbedarfs, wenn etwa bei der täglichen Scheckabrechnung von einem Kreditinstitut unvorhergesehene Zahlungen verlangt werden.

Änderungen dieser Grundsätze sind bisher nicht erfolgt: Die funktionale Lombardpolitik findet primär auf der Ebene des Zinses und der Kontingente, aber auch mit der Gestaltung

---

77 Vgl. dazu Heinz Beck, a.a.O., S. 329

78 Für alle lombardfähigen Effekten könnte man einen Kontrahierungszwang vermuten (vgl. Unterabschnitt I, Vorbemerkung). Einmal werden die entsprechenden Titel namentlich in ein Lombardverzeichnis aufgenommen - im Gegensatz zu den Praktiken bei der Offenmarktpolitik, wo lediglich die anonyme Masse der "Festverzinslichen" als potentielle Handelsobjekte schlechthin aufgeführt wird. Sodann entfallen hier die Einwendungen der Kreditwürdigkeitsprüfung, die einen Kontrahierungszwang im Diskontgeschäft ausschließt. Aber die währungspolitische Zweckmäßigkeitsprüfung verbietet auch hier eine Lombardierungspflicht, was die Deutsche Bundesbank nachdrücklich betont: "Die Aufnahme eines Wertpapiers in das Lombardverzeichnis verpflichtet die Bundesbank nicht zur Gewährung von Lombardkrediten und beschränkt nicht ihr Recht, die vom Kreditnehmer zu stellende Deckung zu bestimmen." (Geschäftsbericht 1990, S. 101)

79 Art. 39c Bankgesetz

80 Beschluß ZBR 17./18.12.1952. Vgl. Geschäftsbericht Deutsche Bundesbank 1990, S. 101

des Lombardverzeichnisses (Kreis der beleihbaren "anderen" Schuldverschreibungen, § 19 (1), 3e BBankG) statt[81].

3. Befristung

Im Gegensatz zum Diskontkredit gilt für den Lombardkredit nahezu weltweit die Dreimonatsfrist.

Die Deutsche Bundesbank hat diesen Rahmen von sich aus weiter eingeschränkt und den Lombardkredit faktisch zu einem 30-Tage-Kredit gemacht. Es steht ihr allerdings frei, diese Frist von Fall zu Fall auszuweiten; von dieser Möglichkeit wurde jedoch noch kein Gebrauch gemacht. Insofern hat die 30-Tage-Grenze institutionierenden Charakter.

Es steht jedoch im Ermessen der Währungsbank, von Fall zu Fall Überschreitungen zuzulassen. Unabhängig davon ist über "Sonderlombardaktionen" eine Ausweitung der Laufzeit über drei Monate möglich (§ 24 (1) BBankG).

c) Das Pensionsgeschäft[82]

Das Pensionsgeschäft stellt die Kombination eines Kassa- und Termingeschäfts dar (Kassaverkauf an die Währungsbanken unter Terminrückkauf: In-Pensions-Nahme seitens der Währungsbank). Es handelt sich dabei sowohl um eine Alternative zur Beleihung als auch um eine solche zum Titelverkauf an die Zentralnotenbank (Wechseldiskont, Verkauf am offenen Markt). Beide Male ist die Währungsbank Pensionsnehmer. Bei Handelsgeschäften kann sie jedoch auch als Pensionsgeber auftreten (Kassaverkauf an die Partner unter Terminrückkauf): Dies scheidet jedoch als Alternative zum Kreditgeschäft aus.

Mit dem Pensionsgeschäft ist der Währungsbank die Möglichkeit gegeben, analog zum Handelsgeschäft auch im Kreditgeschäft initiativ zu werden (vgl. Unterabschnitt I,b).

Eine eigenständige institutionierende Währungspolitik fehlt hier: Der Gegenstand leitet sich aus den zulässigen Kredit- bzw. Handelsgeschäften ab. Für die funktionale Währungspolitik bleibt das weite Feld der Auswahl der Objekte seitens der Währungsbank. Hinsichtlich des Verwendungszwecks könnte man sich einerseits den Vorstellungen des Lombardgeschäfts anschließen. Da aber die Pensionsgeschäfte in Effekten den Offenmarktoperationen zugerechnet werden, erübrigt sich diese Frage. Unter die Innovationen

---

81 Es steht also im jeweiligen Ermessen der Bundesbank, hier eine entsprechende Qualitätspolitik zu verfolgen, wobei allerdings u. U. eine Rücksichtnahme auf den Kapitalmarkt und/oder die Offenmarktpolitik notwendig sein kann.

82 Vgl. Hans Paul Bisani, Die Pensionsgeschäfte der Zentralnotenbank, Diss. Erlangen-Nürnberg 1987

können die Devisenpensionen als Surrogate von Geldmarktgeschäften rechnen - im Gegensatz zu den Devisen-Swapgeschäften (vgl. Unterabschnitt D.III,c.2).

Zweites qualitatives Element für währungspolitische Maßnahmen ist die Dauer: Hier stehen der Währungsbank außerhalb des Wechsels alle Möglichkeiten offen[83]. Als Alternative zum Kreditgeschäft werden hier allerdings die Fristen kürzer sein[84].

d) Die unterschiedliche Bedeutung der Instrumente

Eindeutige Rangordnungen der drei Kreditinstrumente Diskontierung, Lombardierung und Pensionierung lassen sich nicht aufstellen.

1. Ein erster Einflußfaktor sind die Marktverhältnisse.

a) Nimmt man die Bedeutung des Wechsels als Maßstab, so dominiert im internationalen Vergleich die Lombardpolitik: Dies hat seinen Grund im unterschiedlichen Gebrauch des Wechsels. Eine bedeutende Stellung besitzt der Lombardkredit in Skandinavien mit Ausnahme von Finnland, in Griechenland, Italien und den Niederlanden, ferner in Japan und Korea.

b) In wechselaktiven Ländern (Deutschland, Finnland, Frankreich, Neuseeland, Österreich und Südafrika) ist die Nachfrage der Wirtschaft nach Rediskontierung wesentlich höher als die nach Beleihung[85]. Dabei geben die klassischen Bilanzstichtage ein falsches Bild, da der Lombard primär bei Spitzenbelastungen in Anspruch genommen wird. Selbst am Jahresultimo sind Anteile des Lombardkredits an der Refinanzierung der deutschen Geschäftsbanken von 10 Prozent eher Ausnahme: Im Monatsdurchschnitt liegen die Anteile zwischen ein und fünf Prozent (vgl. Tab. 7). Allerdings ist die Schwankung zwischen den Extrempositionen (höchster und niederster Obligowert) beim Lombardkredit ein Mehrfaches des Diskontkredits.

2. Damit werden bereits Einflußfaktoren der Währungspolitik angesprochen: Die Kontrolle der Währungsbank zur Verhinderung eines "Mißbrauchs des Lombardkredits"[86]. Sodann beeinflussen unterschiedliche Zinssätze und schließlich auch differenzierte Einbeziehungen der verschiedenen Refinanzierungsarten unter die Kreditkontingentierung den Geschäftsumfang und damit auch den Ansatz der Währungspolitik.

---

83 Vgl. ebenda, S. 51

84 Vgl. ebenda, S. 138 ff.

85 Vgl. dazu Volkhard Szagunn, Diskont- und Lombardkredit der deutschen Notenbanken, in: Kreditwesen 6/1980, S. 214 ff.

86 Einen "Mißbrauch" des Lombardkredits sieht die Deutsche Bundesbank dann als gegeben an, wenn er von den Banken zur Dauerfinanzierung verwendet wird, also nicht lediglich zur kurzfristigen Überbrückung vorübergehender Liquiditätsbedürfnisse.

Tabelle 7: Bedeutung von Diskont- und Lombardkrediten sowie Effektenpensionen im Aktivgeschäft der Deutschen Bundesbank

Jahresende	(1) Diskontkredite (In- und Auslandswechsel)		(2) Lombardkredite		(3) Effektenpensionen		(4) Kredite an inländische Kreditinstitute (1)+(2)+(3)	(5) Rediskontkontingente (ohne Sonderkontingente)
	Mrd. DM	%	Mrd. DM	%	Mrd. DM	%	Mrd. DM	Mrd. DM
1980	43,68	75,9	7,71	13,4	6,16	10 ,7	57,55	42,57
1981	50,19	73,7	5,99	8,80	11,88	17,5	68,06	46,39
1982	53,74	71,8	12,03	16,0	9,10	12,2	74,87	51,69
1983	56,03	65,5	13,30	15,6	16,17	18,9	85,50	51,63
1984	62,58	65,0	7,97	8,3	25,74	26,7	96,29	59,84
1985	61,38	58,3	2,32	2,2	41,63	39,5	105,33	63,83
1986	60,86	63,1	2,37	2,5	33,19	34,4	96,42	59,44
1987	53,95	65,5	0,77	0,9	27,64	33,6	82,36	52,67
1988	55,52	38,4	11,24	7,7	77,98	53,9	144,74	53,30
1989	61,31	35,0	5,19	2,9	108,83	62,1	175,33	58,77
1990	84,90	40,7	6,18	3,0	117,44	56,3	208,52	84,56
1991	74,96	33,3	1,90	0,8	148,46	65,9	225,32	78,80
1992	63,19	33,4	1,64	0,9	124,10	65,7	188,93	64,35

3. Die Einführung der Effektenpensionsgeschäfte durch die Deutsche Bundesbank im Juni 1979 wirkte sich vor allem auf den Lombardkredit aus[87]. Die Auswirkung auf das Rediskontgeschäft war nur in relativer Hinsicht zu spüren[88] (vgl. Tab. 7). Daraus geht auch hervor, daß über die Effektenpension Kreditkontingente kompensiert werden. Verschiedentlich wird auch die Meinung vertreten, daß die Pensionsgeschäfte das "überholte" Rediskontgeschäft der Währungsbank ablösen sollten, wobei Hauptansatz der Kritik die Schwächen der Banking-Theorie, das ungleiche Wechselaufkommen der verschiedenen Bankengruppen und die hohen Kosten sind[89].

III. Das Handelsgeschäft

Als Gegenstand des Handelsgeschäfts der Zentralnotenbank werden herkömmlicherweise nur die Schuldverschreibungen der Offenmarkt-Kategorie angesehen. Die Transaktionen der Währungsbanken in Gold und Devisen lassen sich jedoch ebenfalls dieser Geschäftssparte zuordnen. Vom Grundsätzlichen her dürfte eine Ausweitung auf Effekten generell zulässig sein, und in Anlehnung an die klassischen Warenlombarde könnten auch Sachgüter in den Kreis der Handelsgeschäfte einbezogen werden. Im Hinblick auf die unterschiedliche währungspolitische Beurteilung erscheint die Heranziehung der drei Gruppen zur Bildung der folgenden Unterabschnitte angebracht.

Ebenso wie beim Kreditgeschäft ist das Pensionsgeschäft eine Alternative, wobei sich Unterschiede zwischen dem Effekten- und Valutahandel ergeben.

Als generelle Voraussetzung für die währungspolitische Rechtfertigung der Handelsgeschäfte gilt die Existenz eines funktionsfähigen Marktes[90].

---

87 In den Jahren zuvor schwankte der Anteil des Lombardkredits im Jahresdurchschnitt zwischen 11 und 30 %. 1978 - im Jahr vor der Einführung des Pensionsgeschäftes - belief sich die Lombardquote noch auf 27 % des Refinanzierungsvolumens.

88 Vgl. NN, Neuere Tendenzen bei den Wertpapierpensionsgeschäften der Bundesbank, in: Monatsberichte Oktober 1985, S. 19 ff.

89 Vgl. dazu Jürgen Wagemann, Wertpapierpensionsgeschäfte. Das überlegene Refinanzierungsinstrument: Darstellung, Kritik und ein Vorschlag zur Umgestaltung des Refinanzierungsinstrumentariums der Deutschen Bundesbank, Pfaffenweiler 1991

90 Diese Voraussetzung ist im allgemeinen in Industrieländern erfüllt, setzt jedoch einen Mindestumfang an Währungsstabilität voraus. Beides verhindert jedoch nicht Marktschwächen (vgl. NN, Stumpfe währungspolitische Instrumente Italiens, in: NZZ 1.9.1992).

a) Der Wertpapierhandel[91]

Das älteste Handelsgeschäft der Zentralnotenbank bezieht sich auf Wertpapiere, was regelmäßig mit "Offenmarktpolitik" identifiziert wurde. Dabei lassen sich unterschiedliche Einschätzungen in praxi feststellen: Auf der einen Seite die Vorstellung, den Kreis der einzubeziehenden Titel klein zu halten, um die Operationen "übersichtlich" zu halten. Demgegenüber läßt sich die Meinung vertreten, daß ein breites Spektrum die Aktionsmöglichkeiten erweitert.

Der Effektenhandel konkurriert mit dem Pensionsgeschäft, das die Deutsche Bundesbank seit 1979 praktiziert und das den Handel in enge Verbindung mit dem Lombardgeschäft bringt[92]. Die Fristen bewegten sich im Untersuchungszeitraum 7.1.1987 bis 1.2.1989 auf zwischen 15 und 63 Tage, im Mittel auf 32 Tage[93].

1. Bei der Bundesbank ist der Kreis der zugelassenen Offenmarktpapiere größer als der des lombardfähigen Portefeuilles: Er umfaßt sämtliche, also auch die nicht im Lombardverzeichnis aufgenommenen sonstigen festverzinslichen Schuldverschreibungen. Voraussetzung ist nur die Börsenfähigkeit (§ 21 BBankG). Dabei konzentrierte sich das Aktionsfeld im Rahmen der funktionalen Währungspolitik ursprünglich auf den Geldmarkt und den Handel in Geldmarktpapieren (Schatzwechsel, unverzinsliche Schatzanweisungen), zeitweilig auch auf Vorratsstellen- bzw. BALM-Wechsel (vgl. Anm. 61) und Privatdiskonten[94]. Hier erfolgt (aus Sicht der öffentlichen Stellen) regelmäßig eine "Fremdemission" der Staatspapiere: Erstabsatz an die Notenbank, die dann die Unterbringung besorgt.

2. Eine erste Ausweitung des Handelsgeschäfts bezieht sich auf die Märkte. Hierunter fällt einmal die Intervention der Zentralnotenbank auf den Kapitalmärkten (Effektenbörse:

---

91 Vgl. dazu Hans-Jürgen Breuer, Die Offenmarktpolitik der Deutschen Bundesbank - Vorschläge, Realisierungsmöglichkeiten und Wirkungen, Freiburg i. B. 1981; ferner Helmut Speyerer, Die Offenmarktpolitik der Deutschen Bundesbank - Analyse und Reformvorschläge aufgrund der Erfahrungen in den USA, Baden-Baden 1979

92 Die Offenmarktpolitik der Deutschen Bundesbank konzentriert sich seit einigen Jahren auf das Pensionsgeschäft ("Offenmarktgeschäfte mit Rückkaufsvereinbarung"). Vgl. Geschäftsbericht Deutsche Bundesbank 1990, S. 102

93 Die Deutsche Bundesbank, a.a.O., S. 73

94 Zu unterscheiden ist weiter zwischen

1. Finanzierungspapieren (Kassenkredite an Bund und Länder), Mobilisierungspapieren (Umwandlung von Ausgleichsforderungen in Geldmarktpapiere, § 42 BBankG) und Liquiditätspapieren (Überlassung weiterer Geldmarktpapiere durch den Bund, § 42a BBankG) und
2. in die Marktregulierung einbezogene Titel (jederzeit zurückgebbare Titel) und nicht einbezogene Titel (N-Titel, ohne Rücknahmeverpflichtung).

Deutsche Reichsbank 1933, Deutsche Bundesbank 1957)[95]. Im Gegensatz zur Kreditpolitik und auch zur Politik der Abgabe von Geldmarktpapieren erfolgten die Interventionen erstens nur sporadisch und zweitens teilweise auch anonym. Zum andern ist anzusprechen der Direktabsatz von Geldmarktpapieren an Privatanleger, wie er 1971 zeitweilig von der Deutschen Bundesbank aufgenommen wurde[96]. Anlaß war die unterentwickelte Bereitschaft der Geschäftsbanken, Zinserhöhungen weiterzugeben (vgl. Unterabschnitt D. II,a).

3. Problematisch wird die Handelspolitik stets bei fehlenden Beständen. In der Bundesrepublik versuchte man die Problemlösung durch die "Leihe" entsprechender Titel von der öffentlichen Hand[97]. Eine Alternative ist die Übertragung des Emissionsrechts an die Währungsbank (vgl. 1. Abschnitt D.III,a). Dieses Recht läßt sich bei "alten", aus der Privilegierung einer Universalbank entstandenen Instituten aus der Entgegennahme verzinslicher Einlagen ableiten[98], für alle übrigen Institute aus der Einlage-Verpflichtung der öffentlichen Hand (vgl. 2. Abschnitt C.I,b.3). Die Zentralbanken von Dänemark und Finnland besitzen nach wie vor das Recht auf Entgegennahme verzinslicher Einlagen. Das wie die Eigenemission ist währungspolitisch eine Alternative zur Erwerbsauflage (vgl. 2. Abschnitt C.III,b; D.I,b). Historisches Vorbild ist die Deutsche Rentenbank, die in den Jahren 1923/24 zeitweilig die Funktion einer Währungsbank ausübte. Die von der Bank ausgegebenen Rentenbanknoten mußten bei Vorlage in verzinsliche "Rentenbankbriefe" eingelöst werden, die die Rentenbank zu diesem Zweck emittierte[99]. Inzwischen haben einige Währungsbanken das Emissionsrecht erhalten, neben Österreich auch 1978 die Schweiz[100] (vgl. Tab. 8). Mit der Novellierung des Bundesbankgesetzes im Herbst 1992 wird der Bundesbank Gelegenheit zur Ausgabe von "Bundesbank-Liquiditätspapie-

95 Hierbei tritt naturgemäß ein Interessenkonflikt auf. Für die Bundesrepublik Deutschland gilt der Grundsatz, daß Offenmarktoperationen nur zur Regelung von Geldmenge und Zinsniveau stattfinden dürfen, die primäre Zwecksetzung "Kursstützung von Staatstiteln" oder "Pflege des Kapitalmarkts" unzulässig ist. Vgl. Heinz Beck, a.a.O., S. 361 (K 638)

96 Vgl. dazu NN, Auch bei der Bundesbank kann man Geld anlegen. Schatzanweisungen für alle Kaufinteressenten, in: HB 6.11.1972; Geschäftsbericht Deutsche Bundesbank 1972, S. 110; ebenda 1974, S. 78

97 Seit 1955 Umwandlung von Ausgleichsforderungen in Schatzwechsel oder unverzinsliche Schatzanweisungen ("Mobilisierungstitel", § 42 BBankG) - anstelle der unterlassenen Umwandlung der Ausgleichsforderungen in marktfähige Titel. Darüber hinaus ist der Bund durch das Stabilisierungsgesetz verpflichtet, der Bundesbank auf Wunsch solche Titel bis zum Betrage von 8 Mrd. DM zu überlassen (§ 42a BBankG). Das 4. Gesetz zur Änderung des Bundesbankgesetzes (15.07.1992) hebt die Unterscheidung zwischen "Mobilisierungs"- und "Liquiditätspapieren" auf und spricht nur noch von "Liquiditätspapieren" mit einer Höchstgrenze von 50 Mrd. DM (Neufassung § 42).

98 Die französische Bankenquête der sechziger Jahre des vergangenen Jahrhunderts schlug nicht zuletzt deswegen die Aufnahme dieses Geschäfts in das Notenbankgesetz vor. Bei der Ablehnung dieser Vorlage spielten nicht so sehr wettbewerbspolitische Überlegungen eine Rolle als vielmehr die möglichen Zielkonflikte zwischen gesamtwirtschaftlicher Aufgabe und Rentabilitätsstreben in Zeiten der Geldverflüssigung. Vgl. Felix Somary, Bankpolitik, 2. A., Tübingen 1930, S. 135 f.

99 § 15 Rentenbankverordnung. Vgl. dazu Rudolf Imhof, a.a.O., S. 45 ff.

100 Art. 14, 2 bis Nationalbankgesetz (eingeführt durch Bundesgesetz vom 15.12.1978)

ren" (Bulis) mit dem rechtlichen Charakter von (kurzfristigen) unverzinslichen Schatzanweisungen gegeben - als Ersatz für das eigentliche Emissionsrecht[101].

Tabelle 8:	**Emission von Schuldverschreibungen durch Währungsbanken**
Währungsbank von	Bezeichnung der ausgegebenen Obligationen
Argentinien	Bonos
Chile	Bonos
Ceylon	Central Bank Bonds
Dänemark	Nationalbankens Bonds
Dominikanische Republik	Bonos de Establizacion
Ecuador	Bonos de Establizacion
Honduras	Certificados de Absorcion
Israel	Bank of Israel Securities
(Süd)Korea	Stabilization Bonds
Mexiko	Bonos de Caya
Österreich	Kassenscheine
Philippinen	Central Bank Obligations
Schweiz	eigene verzinsliche Schuldverschreibungen

4. Eine Ausweitung des Effektenhandels auf Aktien ist seit einigen Jahren Gegenstand der öffentlichen Diskussion. Angesichts der Mißerfolge der Konzeption John Law[102] gilt die Aktie innerhalb währungspolitischer Erörterungen als suspekt: Hierin wird die Möglichkeit zu Spekulationen vermutet, also zur Zweckentfremdung der Offenmarktpolitik. Ein Plädoyer für die Einbeziehung gibt Heinrich Rittershausen[103]. Die Ablehnung basiert primär auf Kapazitätsüberforderung der Zentralnotenbank[104]. Selbstverständ-

101 Vgl. dazu NN, Ausschreibung von Bundesbank-Liquidations-U-Schätzen, Anhang Monatsbericht Bundesbank Februar 1993, S. 15 ff.; ferner Martin Kohlhausen, "Bulis" - Was denken Sie darüber?, in: Kreditwesen 6/1993, S. 256 f.

102 Ausgabe von Banknoten, die durch Aktien der Mississippi-Gesellschaft gedeckt waren (im Gegensatz zum Planprojekt einer Deckung durch Grundbesitz, vgl. Anm. 73).

103 Vgl. Heinrich Rittershausen, Zentralnotenbank, a.a.O., S. 193 ff. (Die Hereinnahme der Aktie in die Kapitalmarktpolitik der Zentralnotenbank). Positiv äußert sich auch Heiko Faber, Die Aktienmarktintervention als neues Instrument der Bundesbankpolitik, in: Ztschr. f. Rechtspolitik 12/1969, S. 275 ff.; ferner Wolfram Engels, Geldpolitik aus der Vor-Dampf-Zeit, in: Wirtschaftswoche 1-2/1978

104 Vgl. Hans E. Büschgen, Offenmarktpolitische Interventionen der Deutschen Bundesbank am Rentenmarkt - und auch am Aktienmarkt?, in: AG 7-8/1972, S. 210 ff., 244 ff.

lich rechnen Interventionen der Zentralbank zur Verhinderung von Bankinsolvenzen[105] nicht unter diese Offenmarktpolitik[106].

5. Ausdrücklich sei noch einmal darauf hingewiesen, daß Voraussetzung für die Einbeziehung von Objekten in die Handelspolitik die Existenz eines funktionsfähigen Marktes ist. Aus diesem Grund scheiterte bisher in vielen Entwicklungsländern die Einführung der klassischen Offenmarktpolitik.

b) Der Handel in Edelmetallen und Valuten

Sämtliche Währungsbanken sind traditionell zum Handel in Edelmetallen[107] und Devisen berechtigt. Die Ausnutzung dieses Spielraums ist unterschiedlich.

1. Eine Verkaufspflicht von Devisen und Edelmetallmünzen ergibt sich aus der Konvertibilität, eine Ankaufspflicht bei Devisen und Edelmetallen aus der Devisenbewirtschaftung. Die Handelspflicht in Devisen erwächst einer Zentralbank ferner aufgrund von Interventionsabkommen und Vereinbarungen bei Über- bzw. Unterschreitung von Interventionspunkten (vgl. Unterabschnitt D.III,b). Diese Abkommen umfassen derzeit grundsätzlich alle EG-Länder, darüber hinaus bestehen teilweise Vereinbarungen (z. B. Bundesbank und Federal Reserve Board). Damit verbleibt einer Währungsbank im Valutenbereich zwar nominell ein weiter Spielraum, der de facto jedoch deshalb gering ist, weil sich das Marktaufkommen auf die Interventionswährungen konzentriert.

2. Der darüber hinausgehende Handel in Kassadevisen ist daher beschränkt[108], nicht indes Operationen der Währungsbank auf dem Devisenterminmarkt.

i. Dies konzentriert sich primär auf Kurssicherung zur Beeinflussung des Kapitalverkehrs - entweder als Swapgeschäfte (Kombination von Kassa- und Termingeschäft: Kassaverkauf unter Terminrückkauf mit Kapitalexporteuren, Kassakauf unter Terminrückverkauf mit Kapitalimporteuren) oder als unmittelbare Aktion auf den Terminmärkten (Outright-Operationen). Diese Aktivitäten sind ausnahmslos auf Kursbeeinflussung gerichtet und

---

105 Als Ausfluß einer im Einzelfall gegebenen Währungsbank-Zuständigkeit für die generelle Bankenkontrolle (vgl. 1. Abschnitt D.III,a; 2. Abschnitt C.I,b).

106 Dies wurde in den letzten Jahrzehnten wiederholt von der Bank of England und der Bank of Finland praktiziert: Übernahme insolvent gewordener Geschäftsbanken zur Abwicklung oder Sanierung bei späterem Verkauf.

107 Die Reichsbank von 1875 und 1924 war zum Handel und zur Beleihung von Gold und Silber, die Reichsbank von 1939 zu entsprechenden Geschäften nur in Gold berechtigt. Dem Westdeutschen Zentralbanksystem und der Deutschen Bundesbank ist der Edelmetall-Lombard untersagt, der Handel von Gold und Silber sowie Platin gestattet.

108 Vgl. für die Deutsche Bundesbank NN, Die Währungsreserven der Bundesbank im Spiegel des Wochenausweises, in: Monatsberichte Deutsche Bundesbank Januar 1982, S. 15 ff.

bezwecken indirekt eine Beeinflussung des Zinses, während die Geldmengenwirkung lediglich "begleitenden" Charakter hat und zum Teil sogar unbeabsichtigt ist[109].

ii. Eine andere Wirkung bezweckt der Einsatz der Devisenbestände (Währungsreserven) einer Zentralnotenbank. Auf der einen Seite sei auf die Diskussion einer Verpfändung der Bestände zur Kreditierung von Entwicklungsländern verwiesen[110]. Zum andern wurde verschiedentlich die Aktivierung der Valuten für den Erwerb strategischer Rohstoffe angesprochen[111], die uns als Offenmarktpolitik in Rohstoffen nochmals begegnen wird. Ein dritter Vorschlag konzentrierte sich auf die "überflüssigen" Währungsreserven, die in einen Investmentfonds eingebracht werden sollten[112]. Alle diese Vorstellungen konkurrieren mit betriebswirtschaftlichen Überlegungen der Währungsbank (vgl. 5. Abschnitt, B.II,b).

3. Primär eine Geldmengenänderung bezwecken verschiedene Operationen:

i. Für Entwicklungsländer bietet sich angesichts des Fehlens entsprechender Kapitalmärkte eine Offenmarktpolitik in Devisen an. Bekanntestes Beispiel ist die nepalesische Währungspolitik der fünfziger und sechziger Jahre[113].

ii. Theoretisch die gleiche Möglichkeit ergibt sich auch für Industrieländer außerhalb der oben angeführten Grenzen. Allerdings besteht hierzu kein Bedarf, vor allem im Hinblick darauf, daß die nicht der Intervention unterworfenen Devisen (häufig Weichwährungsvaluten) keine besondere Attraktivität aufweisen.

iii. International bedeutsam dürfte jedoch eine Offenmarktpolitik in Edelmetallen im allgemeinen und in Goldmünzen im besonderen sein[114]. Hier bietet sich vor allem die Neuprägung an[115]. Der Wegfall der Goldbindung der Währungen (Demonetisierung des Goldes) hat ein entscheidendes Hindernis beseitigt. Nach wie vor gravierendes Hindernis dürfte jedoch die panische Angst vieler Währungsbanken vor der Entstehung einer Ersatzwährung sein (vgl. 2. Abschnitt A.II), wiewohl gerade in Inflationszeiten gute Erfahrungen mit dem Einsatz der "goldenen Offenmarktpolitik" gemacht wurden[116]. Abnehmende Bedeutung des Goldes innerhalb der Währungsreserven und die hohen

---

109 Vgl. dazu zum Grundsätzlichen Wolfgang Filc, Devisenmarkt und Geldpolitik, Bern 1981

110 Vgl. dazu Carl Otto Heuser, Dr. Schacht als Kritiker, in: HB 24.10.1956; NN, Ketzereien zum Problem Entwicklungshilfe, in: IK 2.7.1960; Volkmar Muthesius, Der Kampf gegen die Liquidität, in: RM 5.8.1960

111 Wir verweisen in diesem Zusammenhang auf einen Leserwettbewerb: "Was soll die Bundesbank mit ihrem Devisenschatz anfangen?", in: Capital 3/1976, S. 38 ff.

112 Vgl. dazu Sonning Bredemeier, Währungsreserven privatisieren?, in: Kreditwesen 15/1972, S. 668 ff. Der Beitrag setzt sich kritisch auseinander mit einem entsprechenden Plan von Herbert Giersch.

113 Vgl. dazu Oswald Hahn, Geldpolitik in Nepal, a.a.O.

114 Vgl. hierzu Helmut Jenkis, Die importierte Inflation. Eine theoretisch-empirische Untersuchung zur deutschen Währungspolitik von 1950 bis 1960, Meisenheim am Glan 1966, S. 157 ff. (Die "goldene" Offenmarktpolitik)

115 Verwiesen sei hier auf die steigende Typenzahl an Nachprägungen (Österreich) und neuen Prägungen (insbesondere Südafrika und Kanada).

116 Wir erwähnen die britischen Bemühungen in Indien und die deutschen Versuche zur Eindämmung der Inflation in Griechenland im 2. Weltkrieg. (Vgl. Hermann Neubacher, Sonderauftrag Südost, Göttingen 1956, S. 72 ff.)

stillen Reserven könnten zumindest für die Deutsche Bundesbank[117] ein weiteres Argument sein[118].

c) Der Handel in Sachgütern

Die Einbeziehung von Sachgütern in die Offenmarktpolitik läßt sich einmal aus dem Handel in Edelmetallen nach Aufgeben der Goldbindung ableiten, zum andern aus dem Ziel aller Handelsoperationen der Zentralnotenbank: Beeinflussung der Geldmenge.

1. Bei der Diskussion über diese Frage ist selbstverständlich dreierlei zu beachten: Erstens kann es sich bei der Einbeziehung nur um Sachgüter mit entsprechendem Markt handeln, wobei sich sehr rasch eine Einschränkung auf Rohstoffe ergibt. Zum zweiten dürften solche Aktivitäten naturgemäß nur mit währungspolitischer Zielsetzung erfolgen. Drittens schließlich ist die Währungsbank mit der technischen Durchführung überfordert, was indes kein Hindernis darstellt: Hier stehen zahlreiche Möglichkeiten der Funktionsausgliederung zur Verfügung.

2. Es bieten sich drei Möglichkeiten an[119]: Erstens die Übernahme der Konzeption einer Warenreservewährung (B. Graham[120]). Zweitens die Finanzierung nationaler Rohstoff-Reserven, wie sie vor allem im Zusammenhang mit der Stockpile-Politik der USA und den beiden Energiekrisen auftraten[121]. In beiden Fällen obliegt der Währungsbank die Finanzierung dieser Anlagen. Die dritte Möglichkeit bedient sich der Auslandshilfe, falls diese der Währungssanierung und nicht der Investitionsfinanzierung dienen soll: Entgegennahme der Gratiswarenlieferung durch notenbankkontrollierte Verkaufsgesellschaften und Bildung eines Gegenwert-Fonds aus den Verkaufserlösen[122].

3. Die Einwendungen gegen diese Erweiterung einer Handelspolitik der Zentralnotenbank sind gravierend. Sie richten sich zunächst gegen die damit zumindest teilweise verbundene Minderung der Währungsreserven. Hinsichtlich der Stockpile-Politik wird auf die primäre

---

117 Die Goldreserven der Deutschen Bundesbank belaufen sich seit 1979 unverändert auf 13,7 Mrd. DM Buchwert (historischer Anschaffungswert), während der Marktwert derzeit (1993) 137 Mrd. DM beträgt. Das entspricht einem Drittel des Bargeldumlaufs der Bundesrepublik Deutschland.

118 Offenmarktpolitisch ähnlich können die zeitweiligen vierteljährlichen Goldauktionen des US-Schatzamtes charakterisiert werden (vgl. dazu Rudolf Herlt, Wiederentdeckung des Goldes. Die amerikanischen Verkäufe haben währungspolitische Motive, in: Die Zeit 28.4.1978).

119 Vgl. Oswald Hahn, Waren, a.a.O., S. 76 f. (Waren als Gegenstand der "Handelspolitik" der Währungsbank)

120 Vgl. Otto Veit, Grundriß, a.a.O., S. 126 ff.

121 Vgl. dazu Wilhelm Bühler, Zur Problematik notenbankfinanzierter Rohstoffreserven, in: Bühler/Lucius (Hrsg.), Notenbank und Kreditapparat, Bankwissenschaftliche Schriftenreihe Nr. 58, Wien 1980; Oswald Hahn, Die Problematik einer Finanzierung der Rohstoffreserven durch die Währungsbank, in: Sparkasse 3/1980, S. 82 ff.

122 Vgl. Oswald Hahn, Währungs- und Währungsbankreform - notwendigster und einfachster Schritt der Krisenlösung in der DDR, in: Kreditwesen 5/1990, S. 224

Verantwortung der Wirtschaft verwiesen: Hier könnte allerdings nur eine gesetzliche Bevorratungspflicht helfen. Gewichtig erscheint der Hinweis auf das hohe Preisrisiko im Hinblick auf die erheblichen Preisschwankungen. Eine entsprechende Streuung erlaubt aber ohne weiteres einen Ausgleich. Relativ leicht entkräftbar erscheint der Einwand der Banking-Theorie, durch entsprechende Aufkäufe würden Waren nicht in Umlauf gebracht (Unterabschnitt II,b): Die entsprechenden Güter sind im Hinblick auf ihre Bedeutung ähnlich den Devisen einzustufen. Auch die Frage der Überforderung der Zentralnotenbank mit Aufgaben der Sachgüter-Lagerverwaltung läßt sich leicht beantworten: Die Währungsbank muß nicht als "Leihhaus" fungieren, sondern kann die Technik der Lagerverwaltung ebenso übertragen wie dies Banken beim Warenlombard schon immer taten. Es bleibt das Verlustrisiko im Hinblick auf die erheblichen Preisschwankungen, das aber eine nicht auf Gewinnstreben ausgerichtete Währungsbank nicht berühren darf (vgl. 1. Abschnitt C.II,a).

Als tolerable Alternative wird die notenbankgetragene Beleihung von Rohstofflägern oder die Diskontierung von Lagerwechseln vorgeschlagen, also letztlich die Rückkehr zum Warenlombard. Dieser Weg muß ausnahmslos bei einer eventuellen Heranziehung von Grundstücken gewählt werden (vgl. Unterabschnitt II,b).

IV. Die Zahlungsverkehrsleistung

Die Leistungen der Währungsbank im Zahlungsverkehr berühren das Passiv- und Dienstleistungsgeschäft. Im Passivgeschäft fallen darunter die Ausgabe von Bargeld, die Entgegennahme von Sichteinlagen und die Bestätigung von Schecks.

a) Die Emission von Bargeld

1. Die Zentralbank hat einmal weltweit das Notenmonopol[123], besitzt allerdings nur teilweise das Münzregal (vgl. 2. Abschnitt B.II). Das Regierungsmünzregal ist indes auf niedrige Nominalwerte begrenzt[124], wobei umgekehrt die Notenbank Noten über Münznennwerte nur mit Genehmigung des Regalinhabers ausgeben darf.

Bei der Münzprägung machen die angesichts des Sammelbedarfs für den Geldumlauf bedeutungslosen Sondermünzen eine Ausnahme[125]. Hier lassen sich erhebliche infla-

123 Bezüglich der Ausnahmen Hongkong, Luxemburg und Schottland vgl. 2. Abschnitt, Anm. 27 ff.

124 Z.B. Bundesrepublik Deutschland, Finnland, Niederlande und Schweiz jeweils bis zu fünf Währungseinheiten, Österreich 20 öS, Belgien 50 bfr.

125 Bundesrepublik 10 DM, Österreich 500 öS, Schweiz 20 sfr

tionsfreie Prägegewinne des Regalinhabers erzielen[126]. Festzuhalten ist dabei, daß sich auch bei Vorliegen eines Regierungsmünzregals die eigentliche Administration der Münzen in der Hand der Zentralnotenbank befindet: Der Staat liefert die Produktion entsprechend dem von der Zentralnotenbank angemeldeten Bedarf an die Bank ab[127].

2. Dem Bargeldemittenten obliegt die Sorge für eine entsprechende Versorgung der Wirtschaft mit Geldzeichen. Hierunter fallen drei wesentliche Aufgaben: Erstens die Wahl der verschiedenen Wertkategorien und ihre Verteilung, wobei im Zentrum der Diskussion die jeweils kleinste und größte Münze bzw. Banknote stehen. Besondere Aufmerksamkeit gilt dabei der kleinsten Einheit, in der Bundesrepublik der Pfennigmünze ("Bräunling")[128]: Rationalisierungsüberlegungen sprechen für die Abschaffung, das Prinzip der Währungsstabilität für die Beibehaltung[129]. Zweite Aufgabe des Emittenten ist die Gewährleistung eines ausreichenden Bestandes an Geldzeichen der einzelnen Stückelung, vor allem an Kleinmünzen[130]: Eine Mangelsituation aktualisiert automatisch wieder die Frage nach der Existenzberechtigung des Regierungsmünzregals. Drittes Problem ist die Sicherheit vor Mißbräuchen: Dies äußert sich primär bei Banknoten im Fälschungsrisiko, bei Münzen im Automatenbetrug (Verwendung "minderwertiger" ähnlicher ausländischer Münzen zur Bedienung inländischer Automaten). Ein viertes Erfordernis ist die Handhabung für den Verwender: schon immer die exakte Unterscheidbarkeit der verschiedenen Typen[131] und neuerdings die Automatisierungsfähigkeit[132].

3. Ein letztes Problem der Währungsbank aus der Emission ergibt sich mit der Pflicht zum Umtausch. Neben den üblichen "Wechseln" fällt darunter zunächst der Ersatz beschädigter Stücke. Die "Lebensdauer" von Banknoten liegt naturgemäß wesentlich unter

---

126 Vgl. Jürgen Hartmann, Problematik der Ausgabe von Sondermünzen, Diplomarbeit Nürnberg 1975; ferner Barbara Tauwald, Die Sondermünzen in der Bundesrepublik Deutschland, Diplomarbeit Nürnberg 1980

127 Vgl. dazu Alfred Benthin, Scheidemünzen und Reichsbank, Rostock 1929

128 Vgl. Ilona Wachter, Die Einpfennigmünze, Diplomarbeit Nürnberg 1989

129 Für die Bundesrepublik Deutschland ergab sich 1975 die groteske Situation, daß die für die Währungsstabilität verantwortliche Deutsche Bundesbank angesichts der hohen Distributionskosten im eigenen Bereich die Abschaffung der Ein- und Zweipfennig-Münze empfahl, der Bundesminister der Finanzen indes trotz des damit verbundenen Verzichts auf Erhöhung des Münzgewinns im Hinblick auf die Preisdisziplin an beiden Münzen festhielt (vgl. dazu NN, Bundesbank will Pfennige aus dem Verkehr ziehen, in: Quick 20/1975).

130 Vgl. dazu Franz Ettlin, Der schweizerische Notenumlauf 1962-1988, in: Schweizer Nationalbank, Quartalshefte 3/1989, S. 257 ff.; ferner NN, Ausgabe, Umlauf und Vernichtung von Banknoten, in: Deutsche Bundesbank, Monatsbericht Februar 1963, S. 23

131 Verwiesen sei auf die Unterscheidungsprobleme zwischen den Münzen über eine und zwei DM bei der ersten Zweimark-Prägung 1950 f. und auf die Beschwerden über eine Verwechslungsgefahr zwischen den Banknoten über 10 und 100 DM der Serie 1990 ff.

132 Vgl. Automatisierung der Papiergeldaufbereitung, in: Deutsche Bundesbank, Monatsbericht Januar 1974, S. 19 f.; Robert Kremer, Geldbearbeiter: Eine Branche holt Luft, in: gi 3/1987, S. 92 ff.

der von Münzen; sie fällt mit abnehmendem Nominalwert und abnehmender Kaufkraft[133], wobei Hygienevorstellungen[134] sowohl Einfluß auf Lebensdauer als auch auf das verwendete Material von Banknoten haben[135]. Sodann erfolgen von Zeit zu Zeit Umtauschaktionen[136] entweder bezüglich einzelner Sorten oder ganzer Serien: Letzteres entweder als partielle Währungsreform (vgl. 2. Abschnitt D.I,b.2) oder zur Beseitigung von Mängeln, regelmäßig zur Verringerung der Fälschungsgefahr oder aber Verbesserung der Automatenfähigkeit[137]. Alternativen sind die Schaffung neuer Geldzeichen-Typen (üblich) oder aber die Beibehaltung der äußeren Form unter Einbau von Sicherheitselementen in die bisherigen Notentypen (Ausnahme)[138]. Die verschiedenen Phasen der Einführung von Entwurf und Planung über die Vorbereitung bis zur Durchführung des Umtausches können hier nur angesprochen werden[139]. Offene Probleme und tatsächliche Fehler bleiben indes nicht aus[140].

133 Vgl. dazu NN, Lebensdauer von Bargeldzeichen, in: Geldgeschichtliche Nachrichten Nr. 76,S. 94. Die Norges Bank errechnete folgendes Durchschnittsalter der von ihr ausgegebenen Banknoten in Jahren:

	1974	1989
1000 nkr	16,2	9,5
500 nkr	9,0	3,0
100 nkr	3,3	2,8
50 nkr	0,8	0,8

Quelle: Norges Bank, annual report 1975, S. 100; 1991, S. 61

134 Vgl. Peter Brügge, Das ist der größte Bazillenträger, in: Der Spiegel 30/1978, S. 61 ff.

135 Versuchsweiser Ersatz von Papier- durch Plastiknoten in Australien, Frühjahr 1989

136 Nach der Währungsreform 1948 wurden bis 1951 drei verschiedene Serien von Banknoten aufgelegt. 1963 erfolgte die Ausgabe der ersten Serie von Bundesbanknoten, 1990/92 die zweite. Die Vereinigten Staaten erneuerten die 1928 aufgelegten Serien erst 1990. Die deutschen Ausgabezyklen decken sich weitgehend mit denen von Frankreich, den Niederlanden, Norwegens und der Schweiz. Der schwedische Zyklus schwankt je nach Sorte zwischen einer und drei Änderungen. In Großbritannien und Italien lassen sich bei den kleinen Stückelungen vier bis sechs neue Serien feststellen (Quelle: unverbindliche Auflistung der Deutschen Bundesbank - H 10-1 - für den Verfasser vom 9.1.1993).

137 Vgl. NN, Die neuen Banknoten der Deutschen Bundesbank, in: Monatsbericht Bundesbank August 1990, S. 34 ff.

138 Praktiziert in den USA 1986 (NN, Neue Banknoten für die USA, in: NZZ 22.3.1986)

139 Vgl. NN, Die neuen Banknoten, in: Monatsbericht Bundesbank November 1962, S. 3 ff.; NN, Zur Einführung der neuen Banknotenserien, in: Monatsbericht Bundesbank November 1992, S. 32 ff.

140 Vgl. Horst M. Westphal, Neue DM-Noten: Kein ungeteilter Beifall?, in: Kreditwesen 23/1988, S. 1074

b) Durchführung des bargeldlosen Zahlungsverkehrs[141]

Die wesentlichen Leistungen der Währungsbank im bargeldlosen Zahlungsverkehr können am Beispiel der Deutschen Bundesbank als typisch für alle Währungsbanken gelten: der Überweisungs- und vereinfachte Scheckeinzugsverkehr sowie die tägliche Bundesbankabrechnung[142].

Mit Hilfe des bargeldlosen Zahlungsverkehrs ist die Währungsbank in der Lage, die Geldschöpfungskapazität der Geschäftsbanken einzuschränken: Die unternehmerische Leistung konkurriert mit entsprechenden administrativen Maßnahmen (vgl. 2. Abschnitt, C.I). Beides setzt das Vorhandensein eines entsprechenden Filialnetzes der Währungsbank (vgl. 1. Abschnitt B.III) voraus. Mit dem unternehmerischen Instrumentarium auf dieser Ebene appelliert die Währungsbank dabei primär an Möglichkeiten der Funktionsausgliederung der Banken, weniger an partielle Übernahme von Teilen des Geschäftsbanksortiments.

1. Dieses Angebot richtet sich zunächst an alle Kunden der Geschäftsbanken, wobei Voraussetzungen hinsichtlich der Wirtschaftlichkeit bestehen: einmal (im Hinblick auf das fehlende Direktgeschäft der meisten Notenbanken) das Vorhandensein anderer Bankverbindungen, zum andern ein entsprechendes Mindestaufkommen an Zahlungsverkehrsdiensten. Angesichts der Preispolitik der Währungsbank im Einlagengeschäft (Unverzinslichkeit) erwächst hieraus eine Arbeitsteilung zwischen Währungsbank und Geschäftsbanken: Die Währungsbank wird zum Kassenführer (Durchführung von Zahlungen), die Geschäftsbanken bleiben Kassenhalter (Führung verzinslicher Bestände)[143].

Zur Erfassung auch kleinerer Umsatzvolumina wie auch zur Verbesserung der Konditionen empfiehlt sich in den meisten Ländern eine Kooperation zwischen Währungs- und Postbank, die sich aus Sicht der Währungsbank als Funktionsausgliederung darstellt:

---

141 Dieses Thema wird vom Schrifttum leider ebenso vernachlässigt wie der Gesamtkomplex bargeldloser Zahlungsverkehr in der Betriebswirtschaftslehre, sofern er nicht die Elektronik-Ebene berührt. Otto Veit ist u. W. nach wie vor der einzige Autor, der die Übernahme von Leistungen des Zahlungsverkehrs unter das Notenbankpolitische Instrumentarium rechnet. Veit zählt vier Geschäfte auf:
"a) Annahme von Einlagen,
b) Regelmäßige Spitzenabrechnung der Banken in den Räumen der Zentralbank mit Verbuchung über Zentralbankkonten (täglich einmal oder mehrmals),
c) Überweisungsverkehr von Zweigstelle zu Zweigstelle,
d) Einzug von Schecks."
(Grundriß, a.a.O., S. 313)

142 Es finden sich in neuerer Zeit lediglich Kurzdarstellungen zu Teilbereichen. Vgl. dazu Wilhelm David, Zweite Automationsphase der Deutschen Bundesbank und Kreditgewerbe, Göttingen 1979; ferner Michael Ernst und Lothar Witte, EAF - Ein neuer Service der Bundesbank, in: bm 4/1990, S. 31 ff. Neben einer Kurzdarstellung der Deutschen Bundesbank (zur Rolle der Deutschen Bundesbank im unbaren Zahlungsverkehr, Monatsbericht März 1981, S. 31 ff.) wird auf eine Schülerarbeit verwiesen: Eduard Kick, Die Zentralnotenbank im bargeldlosen Zahlungsverkehr, Diplomarbeit Erlangen-Nürnberg 1977.

143 Vgl. dazu Oswald Hahn, Die Postbank: Ihre Stellung in der Bankwirtschaft, Wiesbaden 1978, S. 160 ff.

Die Postbank führt die entsprechenden Zahlungsleistungen durch und legt die Einlagengegenwerte in Vereinbarung mit der Währungsbank an. Neben der Preispolitik (vgl. Unterabschnitt D.I,a.2) kann die Währungsbank vor allem qualitative Vorteile (Schnelligkeit) bieten.

In praxi finden sich drei Konstellationen: Zum ersten Währungsbanken, die entsprechende Zahlungsverkehrssysteme unterhalten und diese auch nutzen (Banque de France, Banca d'Italia). Zweitens Währungsbanken, die ihr Potential nicht aktiv einsetzen (Deutsche Bundesbank) und schließlich Währungsbanken, denen die entsprechenden Einrichtungen und Befugnisse fehlen (Bank of England)[144].

2. Die Zahlungsverkehrsleistungen sollen jedoch in erster Linie die Geschäftsbanken ansprechen. Hier stellt das Angebot der Währungsbank die Möglichkeit zur Funktionsausgliederung (Erstellung von Teilen des Zahlungsverkehrs durch die Bundesbank) anstelle der Funktionsausübung (Eigenherstellung: eigenes Netz) dar[145]. Eine Bank wird dabei den finanzwirtschaftlichen Nutzen reduzierter Geldschöpfungsmöglichkeiten der leistungswirtschaftlichen Kostenersparnis der Währungsbankeinschaltung gegenüberstellen[146]. Besondere Ansatzmöglichkeiten bietet der elektronische Zahlungsverkehr[147].

3. Die institutionierende Währungspolitik hat dem bargeldlosen Zahlungsverkehr einen weiten Rahmen gesetzt: So darf z. B. die Deutsche Bundesbank für jedermann Geschäfte des in- und ausländischen Zahlungsverkehrs durchführen[148]. Sie hat sich bisher auf funktionale Maßnahmen in der Preispolitik (vgl. Unterabschnitt D.I,a.2) und - traditionell - auf die Praktizierung eines administrativen Protektionismus[149] beschränkt. Die Zahl der geführten Konten gilt offenbar als Bankgeheimnis[150].

144 Vgl. dazu Peter Troberg, "Das Öl im Getriebe des Binnenmarktes", in: gi 7/8-1992, S. 7

145 Vgl. dazu Oswald Hahn, Selbsterstellung und Funktionsausgliederung als bankbetriebliches Entscheidungsproblem, in: Wilfried Schneider und Konrad Fuchs (Hrsg.): Management im Kreditwesen - Festschrift für Hans Krasensky zum 70. Geburtstag, Wien 1973, S. 83 ff.

146 Vgl. Oswald Hahn, Das Zahlungs- und Inkassogeschäft der Banken, Frankfurt/Main 1970, S. 76 f., 92

147 Vgl. Hans-Dieter Becker, Praktische Erfahrungen der Deutschen Bundesbank bei der elektronischen Öffnung, in: vbo-informationen 3/1991, S. 63 ff.

148 Vgl. § 22 i. V. m. § 19 (1) Nr. 4 bis 9 BBankG

149 Dieser konzentrierte sich bei Reichsbank wie auch bei den Landeszentralbanken bei Anträgen auf Kontoeröffnung zunächst auf Hinweise über eine anderweitig bessere Bankverbindung. Wer auch massiven Belehrungsversuchen gegenüber hartnäckig blieb, konnte sich schließlich durchsetzen. In der neuesten Fassung ihrer Geschäftsbedingungen weist die Bank darauf hin, daß Girokonten für Nichtbanken und Private "nur in Ausnahmefällen" geführt werden (II, 1, 2. Halbsatz).

150 Lt. Schrb. S 11 v. 4.1.1993 an den Verfasser.

c) Die Bestätigung von Schecks

Die deutsche Währungsbank besitzt traditionell das rechtliche Monopol der Bestätigung auf sie gezogener Schecks (faktische Scheckakzeptierung). Es leitet sich aus dem Bargeldmonopol ab und kann als sicherer Ersatz von großen Geldzeichen gelten[151]. Die Bedeutung war noch nie groß; sie nimmt absolut wie relativ ständig ab[152].

151 Vgl. dazu Oswald Hahn, Bestätigter Scheck, a.a.O., S. 87 ff.

152 Scheckbestätigungen der Deutschen Bundesbank

Jahr	Zahl (1000 Stück)	Beträge (Mrd.DM)	Durchschnittl. Betrag (DM)	in % der Lastschriften
1957	21,4	19,3	903.000	1,97
1970	14,2	28,6	2.015.000	0,62
1980	12,0	17,7	1.480.000	0,13
1991	19,5	7,3	376.000	0,02

C. Die quantitativen Instrumente der Währungs-Unternehmung

Die quantitätsorientierte unternehmerische Währungspolitik ist grundsätzlich auf mengenmäßige Begrenzung ausgerichtet. Zu Beginn unserer Betrachtungen hat daher eine Abgrenzung zu stehen (Unterabschnitt I). Bei der eigentlichen Qualitätspolitik ist sodann zu unterscheiden zwischen der institutionierenden Währungspolitik (Unterabschnitt II) und funktionalen Maßnahmen. Unter die letzteren rechnet einmal die quantitative Kreditpolitik der Währungsbank als Unternehmung (Unterabschnitt III), zum andern die Politik der Devisenkontingente (Unterabschnitt IV).

I. Abgrenzung der unternehmerischen Mengenpolitik

Die unternehmerische Mengenpolitik stellt eine Form der Geldmengenpolitik dar (Unterabschnitt a). Sie ist sodann einmal abzugrenzen von unternehmerischen Maßnahmen der Währungsbank mit der Menge als Aktionsparameter (Unterabschnitt b) und ferner von den quantitativen Wirkungen qualitativer Maßnahmen (Unterabschnitt c).

a) Geldmengenpolitik und unternehmerische quantitative Maßnahmen

Währungspolitik läßt sich je nach Zielsetzung entweder als Geldmengen-, Zins- oder Liquiditätspolitik bezeichnen[153]. Die Geldmengenpolitik umfaßt dabei alle währungspolitischen Maßnahmen, während die unternehmerische Mengenpolitik der Währungsbank die gesamten administrativen Aktionen und Maßnahmen wie auch die Qualitäts- und Preispolitik der Währungs-"Unternehmung" ausschließt. Die unternehmerische Mengenpolitik hat somit einen wesentlich engeren Begriffsumfang.

153 Vgl. Otmar Issing, Geldpolitik, a.a.O., S. 238 ff.

Die "Menge" im Sinne der Geldmengenpolitik ist indes nicht identisch mit der "Geldmenge" der Geldstatistik[154], unter die lediglich die im Besitz von Bankkunden befindlichen Gelder fallen[155].

b) Unternehmerische Mengenpolitik und Menge als Aktionsparameter

Zum zweiten ist die Mengenpolitik abzugrenzen von den unternehmerischen Maßnahmen, die durch Käufe oder Verkäufe monetärer Mengen den Preis (Zins, Devisenkurs) beeinflussen möchten: Die Menge dient in diesem Falle als Aktionsparameter im Gegensatz zum Erwartungsparameter Preis. Die Währungsbank setzt hier (insbesondere beim Tenderverfahren) Mengen ohne vorherige Begrenzung ein, während bei mengenmäßigen unternehmerischen Aktivitäten die von der Zentralbank angekauften Titel bzw. die von ihr emittierte Geldmenge begrenzt werden. Der Einsatz von Menge als Aktionsparameter erfolgt grundsätzlich im Handelsgeschäft, die unternehmerische Mengenpolitik demgegenüber im Kreditgeschäft. Quantitative Grenzen ergeben sich auch im eigentlichen Handelsgeschäft aus den Beständen der Zentralnotenbank für Verkäufe, zum andern bei allen Aktivgeschäften aus Emissionsbeschränkungen (vgl. Unterabschnitt II).

c) Quantitative Wirkungen von Qualitätsänderungen

Schließlich ist noch auf die Auswirkung qualitativer Maßnahmen auf die Quantitäten zu verweisen: Eine Heraufsetzung der Anforderung für ankaufsfähige Titel bedeutet automatisch eine Reduzierung der für einen Ankauf verfügbaren Mengen und umgekehrt. Analoge Interdependenz wird uns später noch bei der Preispolitik begegnen (vgl. Unterabschnitt D.I,c).

---

154 Vgl. dazu Manfred Neumann, a.a.O., Bd. I, S. 153 ff.; ferner Hans-Joachim Jarchow, Theorie und Politik des Geldes, Bd. II, 6. A., Göttingen 1992, S. 179 ff.

155 Die "Geldmenge" wird international wie folgt definiert:

M 1 = Bargeldumlauf (abzüglich Kassenbestände der Banken) plus Sichtguthaben inländischer Banken (abzüglich Zentralbankguthaben der öffentlichen Haushalte)

M 2 = M 1 plus Termineinlagen inländischer Nichtbanken mit Befristung bis zu vier Jahren

M 3 = M 2 plus Spareinlagen inländischer Nichtbanken mit gesetzlicher Kündigungsfrist.

Vgl. zum Geldmengenbegriff Gerhard Förster, Der optimale Geldmengenbegriff - eine theoretische und empirische Analyse für die Bundesrepublik Deutschland, Berlin-München 1981; ferner Otmar Issing, Einführung in die Geldtheorie, 9. A., München 1993, S. 4-16; ders., Einführung in die Geldpolitik, 3. A., München 1990, S. 161-169; insbesondere aber derselbe, Theoretische und empirische Grundlagen der Geldmengenpolitik der Deutschen Bundesbank, in: Wirtschaftsdienst X/1992, S. 537 ff.

II. Institutionierende quantitative Währungspolitik

Es ist hierbei zwischen zwei völlig verschiedenen Ansatzpunkten zu unterscheiden. Gegenüber stehen sich die Begrenzung der Aktivitäten der Währungsbank als Unternehmung und Begrenzung der Refinanzierungsmöglichkeiten der Währungsbankkunden wie auch schließlich noch die Beleihungshöchstgrenzen.

a) Emissionsbeschränkungen als Grenzen der Währungsbankaktivitäten

Emissionsbeschränkungen lassen sich zweifach interpretieren: Sie schränken einmal die Möglichkeit der Währungsbank ein, geben ihr aber zum andern ebenso wie die Sortimentsbeschränkung und die qualitativen Mindestanforderungen eine starke Position bei der Zurückweisung entsprechender Finanzierungswünsche insbesondere des Staates. Wir können daher die Emissionsbegrenzung als indirekte Begrenzung der Notenbank-Aktivgeschäfte auffassen.

Im wesentlichen lassen sich drei Formen der Emissionsbeschränkung unterscheiden: Quantitative Begrenzungen, Deckungsvorschriften und Notensteuer[156], wobei verschiedene Kombinationen möglich sind. Generell kann festgestellt werden, daß die Bedeutung dieser Beschränkungen rückläufig ist. Einmal steigt die Zahl der Währungsbankgesetze ohne Emissionsbeschränkung[157], zum andern haben diese Begrenzungen nur geringe praktische Wirkung.

1. Quantitative Begrenzung

Es stehen sich hier das (ausgestorbene) Prinzip der Emissionsbegrenzung durch das Eigenkapital (USA 1875-1913) analog der Umlaufgrenze deutscher Hypothekenbanken und das Emissionskontingent gegenüber. Dieses letztere System bezieht sich nur auf die Notenemission und war lange Zeit charakteristisch für die Bank von Frankreich (1848-1936). Es wurde nach dem zweiten Weltkrieg von verschiedenen Zentralnotenbanken (u. a. Bank deutscher Länder 1948-1957 und Deutsche Notenbank bzw. Staatsbank der DDR 1949 ff.) übernommen. Der gewichtigste Nachteil dieser Form institutionierender Währungspolitik liegt darin, daß die Umlaufgrenze ständig heraufgesetzt werden muß, da sich absolute Größen mit einer dynamischen Wirtschaft nicht vertragen.

156 Vgl. dazu im einzelnen Oswald Hahn, Währungsbanken, Bd. II, a.a.O., S. 70 ff.
157 Vgl. Übersicht ebenda, S. 188 ff.

2. Deckungsvorschriften

Die Gold- (später auch Devisen-)Deckung der ausgegebenen Banknoten (später auch des gesamten Zentralbankgeldes) ist die klassische Emissionsbeschränkung für Notenbanken[158], die in zahlreichen Variationen realisiert wurde[159]. Sie diente im Zeitalter einlöslicher Banknoten der Liquiditätssicherung und galt später als Instrument des Goldautomatismus, den wirken zu lassen man jedoch nicht bereit war (vgl. 1. Abschnitt C.I): Überdeckungen wurden angestrebt und Unterdeckungen umgangen. Auch die damit verbundene Begrenzung des Geldumlaufs ließ sich durch Abwertungen bei Bilanzierung zum Tageskurs verhindern[160]. Deckungsvorschriften haben im Hinblick auf Handhabung und Umgehungsmöglichkeiten daher keine restriktive Bedeutung mehr[161]. Teils aus optischen Gründen, teils unter Besinnung auf den Liquiditätscharakter der Deckung bei Konvertibilität folgten jedoch die meisten Gesetzgeber dem US-amerikanischen Beispiel einer Aufhebung der Deckungsvorschriften[162] nicht.

3. Besteuerung der Emissionen

Die Emissionssteuer als Begrenzungsmittel läßt sich nur historisch erklären: Sie war eine Art "Pacht", die von der Notenbank an den Träger des Münzregals zu entrichten war. Diese Norm verdankt ihre Entstehung also ähnlichen Überlegungen wie die Einführung der Scheck- und Wechselsteuer. Die Wirksamkeit der Notensteuer als Begrenzungsmittel richtete sich nach der Höhe der Steuer, ihrem Verhältnis zu den erzielbaren Zinserträgen und den Kreditbedürfnissen der Wirtschaft. Die Steuer als einziges Mittel einer Emissionsbegrenzung kannten die australischen Notenbanken im 19. Jahrhundert. Damals wurde eine Steuer von 10 Prozent erhoben, die naturgemäß stark einschränkend wirkte. Die Notensteuer - in reiner Form wie auch kombiniert mit anderen Begrenzungsmitteln - verliert ihre Wirksamkeit völlig, wenn das Kapital der Notenbank in Staatshand ist. Sofern der gesamte Notenbankgewinn an den Staat abzuführen ist, verlagert die Notensteuer lediglich die Staatseinkünfte von den abzuliefernden Bankgewinnen auf die Steuer-

158 Bibliographie vgl. Wilhelm König, Zum Problem der Banknotendeckung, Graz-Köln 1951

159 Vgl. zu den (allerdings z. T. überholten) Regelungen und den Kombinationen Oswald Hahn, Währungsbanken II, a.a.O., S. 190 ff.

160 Vgl. ebenda, S. 78, 204 ff.; ferner Otto Veit, Grundriß, a.a.O., S. 124 ff.

161 Zur aktuellen Diskussion vgl. NN, Revisionsbedürftige Golddeckung des Notenumlaufs, in: NZZ 17./18.7.1988

162 Dieser Entscheidung ging eine zehnjährige umfangreiche Diskussion voraus (vgl. z.B. NN, Geringere Golddeckung in Amerika?, in: FAZ 21.11.1959; NN, Golddeckung in der Diskussion. Für den Amerikaner ist sie ohne Bedeutung, in: IK 24.5.1961). Es folgte die Einschränkung auf den Notenumlauf im März 1965 (vgl. dazu Wilhelm Vocke, Änderung der amerikanischen Golddeckungsvorschriften?, in: NZZ 24.1.1965), bis dann exakt drei Jahre später die Deckungsvorschriften gänzlich aufgehoben wurden.

einnahmen. Wenn aber nur ein Teil des Notenbankgewinns dem Staat zufällt und der Rest den Rücklagen der Bank zufließt, dann erhöht sich der fiskalische Effekt.

b) Quantitative Begrenzungen des Aktivgeschäftes

Einer gesetzlichen bzw. statutarischen Begrenzung unterliegt traditionell allein der Staatskredit im Hinblick auf fehlende ökonomische Begrenzungen[163], die sich im Geschäft mit der Wirtschaft ergeben. Die Notwendigkeit leitet sich auch aus der Tatsache ab, daß eine Staatsfinanzierung durch die Währungsbank immer wieder trotz ihrer inflatorischen Gefahren als Alternative zur Steuerpolitik angesehen wird[164]. Die Begrenzungsnormen sind ein Element der Unabhängigkeit der Währungsbank (vgl. 1. Abschnitt D.II,b).

Bei den Begrenzungen ist zu unterscheiden zwischen Gegenstand und Umfang.

1. Gegenstand der Begrenzung

Die drei typischen Formen der Staatsfinanzierung sind Buchkredite, Emission von Geldmarkttiteln (Schatzwechsel und unverzinsliche Schatzanweisungen) und von Schuldverschreibungen[165]. Währungspolitisch interessant sind dabei primär die von der Zentralnotenbank gewährten Kredite. Diese tritt in jedem Fall bei der Buchkreditgewährung ("Kassenkredite") als Kreditgeber in Erscheinung. Beim Ankauf von Schatzwechseln, U-Schätzen und Schuldverschreibungen müßte unterschieden werden zwischen Ankauf vom Staat und Erwerb vom Markt, bei ersteren wieder danach, ob ein aufnahmefähiger Kapitalmarkt mit der Möglichkeit zum Weiterverkauf vorhanden ist oder nicht[166]. In jedem Fall tritt aber bei der Offenmarktpolitik in Staatstiteln ein Interessenkonflikt

---

163 An deren Stelle treten haushaltsrechtliche Grenzen (vgl. Wilhelmine Dreißig, Die Technik der Staatsverschuldung, in: HdF, Bd. III, Tübingen 1981, S. 57 ff.). Ökonomische Grenzen werden in der Konjunktur- und/oder Währungsverträglichkeit gesehen (vgl. Heinz Haller, Finanzwirtschaftliche Stabilisierungspolitik, in: HdF, Bd. III, S. 359 ff.). Der Interessenkonflikt des Staates verlangt jedoch eine Grenze für die währungsbankgetragene Staatsfinanzierung.

164 Vgl. dazu Harry Runge, Haushaltsfinanzierung durch Notendruck, Berlin 1986

165 Übersichten über die wichtigsten Formen und die Höhe öffentlicher Kreditnahme gibt in unregelmäßigen Abständen die Zeitschrift "Der langfristige Kredit" (zuletzt: Stand März 1990). Ein Tableau (Die wichtigsten Formen öffentlicher Kreditnahme) wurde vom Institut für Kapitalmarktforschung (Frankfurt/Main) entwickelt (vgl. Kreditwesen 2/1985, S. 70).

166 Hieraus ergibt sich die Problematik der unbegrenzten Aufnahme und Beleihung von öffentlichen Titeln durch Währungsbanken unterentwickelter Länder: Fehlende organisierte Kapitalmärkte machen eine entsprechende Offenmarktpolitik unmöglich, weswegen derartige Aktivgeschäfte der Währungsbank eine definitive Staatsfinanzierung darstellen.

zwischen der Hausbank des Staates und der Währungsbank auf[167]. Nur mittelbar erscheint der Staat bei der Beleihung solcher Titel finanziert. Es liegt jedoch letzten Endes auch hier eine Staatsfinanzierung vor ("Monetisierung der Staatsschuld").

Der Erwerb öffentlicher Titel unmittelbar vom Staat ist die charakteristische Geldschöpfung in den Vereinigten Staaten. Er ist indes in den deutschen Zentralbankgesetzen der Jahre 1948 und 1957 nicht vorgesehen und dem Europäischen System der Zentralbanken (ESZB) ausdrücklich verboten (Art. 21,1). Der Deutschen Reichsbank von 1924 war sogar der Erwerb von Staatstiteln auf dem Markt untersagt (§ 25,6 RBankG 1924).

2. Umfang der Begrenzung

Bei der Begrenzung der Staatsfinanzierung finden sich vier Konstellationen: Verbot der Staatsfinanzierung, relative und absolute Höchstgrenzen sowie schließlich fehlende Begrenzung (vgl. auch Unterabschnitt B.I,c.2). Die Abwehrposition der Währungsbank bei entsprechenden Finanzierungswünschen des Staates fällt in dieser Reihenfolge.

Nicht unter die "Begrenzung" rechnet allerdings die Höchstgrenze für die Ausgabe von Mobilisierungs- und Liquiditätstiteln für die Offenmarktpolitik der Deutschen Bundesbank[168].

3. Die Kombination[169]

Entscheidend ist, auf welche Form der Staatsfinanzierung sich die Beschränkungen beziehen.

a) Das totale Verbot aller Formen währungsbankgetragener Staatsfinanzierung kann als Idealmodell bezeichnet werden.

b) Sehr selten sind Verbote der eigentlichen Staatsfinanzierung (Kredite und Titelkauf): Neben verschiedenen Währungsämtern der Gegenwart (vgl. Anm. 53) kannte nur die Deutsche Reichsbank von 1924 eine solche Norm.

c) Als verbreitet können Vorschriften gelten, die sich auf die direkte Finanzierung des Staates durch die Währungsbank beziehen, also auf Kassenkredite und den unmittelbaren Erwerb von Titeln vom Staat. Hier finden sich folgende Abstufungen:

---

167 Vgl. dazu Paul-Otto Höchst, Offen-Markt-Politik und Staatskredit, dargestellt an dem Konflikt um die Frage des Selbsteintrittsrechts des Bundes in die Mobilisierungspapiere der Deutschen Bundesbank, Diss. Köln 1959

168 § 42 und § 42a BBankG: Hier geht die Geschäfts-Initiative nicht vom Staat, sondern von der Währungsbank aus.

169 Eine Länderübersicht gibt Oswald Hahn, Währungsbanken II, a.a.O., S. 177 ff.

1. Völliges Verbot der Kreditierung des Staates: die erwähnte Regelung für das Europäische System der Zentralbanken. Dies stellt jedoch eine Diskriminierung der Gewährleistungsbetriebe dar.

2. Relativer Kreditplafond der öffentlichen Hand, der einer Bevorschussung der Staatseinnahmen dient. Heinrich Rittershausen[170] sieht in Anlehnung an das Handelswechselprinzip ein Kreditkontingent in Höhe von etwa vier Monatseinnahmen (d. h. ein Drittel der jährlichen Haushaltseinnahmen) als äußerste Grenze an[171]. Diese Regelung mit Quoten zwischen fünf und 33 Prozent ist allerdings nur in wenigen Industriestaaten (Italien, Kanada, Neuseeland), in Lateinamerika und verschiedenen jungen Staaten realisiert[172].

3. Absolute Höchstgrenzen: diese ignorieren die Entwicklung des Staatshaushaltes[173]. Sie bedeuten entweder eine Diskriminierung des Staates[174] oder erzwingen laufend Erhöhungen[175]. Absolute Kontingente finden sich z. B. in Belgien, Deutschland, Griechenland, Österreich, Portugal und den USA.

---

170 Vgl. Heinrich Rittershausen, a.a.O., S. 225

171 Man könnte den Schatzwechsel dem Handelswechsel in etwa gleichstellen. Es handelt sich um gedankliche Ziehungen des Steuerfiskus auf die Steuerschuldner. Der Schatzwechsel ist insofern ökonomisch nichts anderes als der trassiert-eigene Wechsel an eigene Order, der als Ersatz für den Handelswechsel bei Kleinabschlüssen gilt (vgl. Oswald Hahn, Diskontpolitik, a.a.O., S. 43 f.). Quantitative Maßnahmen im Schatzwechselankauf seitens der Notenbank würden sich erübrigen, wenn entweder jedem Schatzwechsel eine "Grundgeschäftserklärung" beigefügt wäre oder aber das Recht auf Ausstellung von Schatzwechseln davon abhängig gemacht wird, daß in Höhe dieses Betrags innerhalb der nächsten drei Monate Steuereinnahmen anfallen.

172 Das Kontingent für die deutschen Bundesländer orientiert sich an der Einwohnerzahl (40 DM je Einwohner in den Flächen-, 80 DM in den Stadtstaaten). Diese Art der Kontingentfestsetzung erscheint für die Mittelzuweisung einer Wohlfahrtseinrichtung oder einer Erstausstattung mit fiduziarischem Geld angebracht. Als Basis für Kassenkredite trägt die Einwohnerzahl jedoch die gleichen Schwächen in sich wie eine absolute Grenze - der Kopfbetrag wurde folgerichtig auch nach zehn Jahren verdoppelt. (Anderer Meinung Heinz Beck, a.a.O., K 616)

173 "Behindert man den Finanzminister an einem zweckmäßigen Gebrauch des kurzfristigen Kredits, so zwingt man ihn unter Umständen zu andersartigen und weniger sichtbaren Vorkehrungen für einen etwa in Zukunft eintretenden Mangel an liquiden Mitteln. Eine solche Politik kann umfassen: Unterschätzung von Einnahmen im Voranschlag (Soll-Etat), Überschätzung der dort enthaltenen Ausgaben, nachhinkende Steuerveranlagung, Aufbau von Barmittelreserven (Juliusturm), im Defizitfall unsichtbare Kreditaufnahme, verspätete Zahlung der Rechnungen (Aufnahme von Lieferantenkredit) usw." (Heinrich Rittershausen, Zentralnotenbank, a.a.O., S. 306 f.) Dem hielt jedoch der Referentenentwurf zum Bundesbankgesetz entgegen: "Bei der Bemessung der Kreditplafonds ... sind gleitende Relationen etwa zum Steueraufkommen oder zum Umsatz vermieden, weil es für den Kreditbedarf zur Überbrückung vorübergehender Kassenschwankungen nicht nur auf die Höhe der Umsätze, sondern auch auf die Intensität der Umsatzschwankungen ankommt, die bei den verschiedenen Stellen unterschiedlich sind. Deshalb sind feste Plafonds vorzuziehen, die sich aus der Erfahrung ergeben." (BTD 3/2781 v. 18.10.1956, S. 38)

174 Der Kreditplafond der Bundesrepublik Deutschland bei der Deutschen Bundesbank betrug bis 1967 drei Mrd. DM und wurde dann auf sechs Mrd. DM erhöht. Er entsprach 1957 rd. 11 %, 1966 nur noch rd. 5 % der Steuereinnahmen. Der Anteil stieg dann 1967 auf rd. 10 % an und fiel bis 1991 auf rd. 2 %. Auf der anderen Seite verzehnfachte sich die Marktverschuldung des Bundes im Zeitraum 1967 bis 1991, wobei allerdings bei der Wertung der öffentlichen Verschuldung auch der (infolge der Kameralistik nicht errechenbare) Vermögensbestand zu berücksichtigen wäre.

175 In Frankreich wurden bis 1959 jedes Jahr gesetzlich neue Kontingente festgesetzt, seither erfolgen Festsetzungen durch die Bank von Frankreich nach Absprache mit dem Finanzministerium.

Alle Begrenzungen verlieren jedoch ihre Wirkung zumindest teilweise dann, wenn die Währungsbank aus zinspolitischen Gründen zur Aufnahme von Staatstiteln im Offenmarktgeschäft gezwungen ist (vgl. Unterabschnitt B.III,a)[176].

d) Eine Reihe von Staaten kennt keinerlei Beschränkungen der notenbankgetragenen Staatsfinanzierung: Neben den kommunistischen und nationalsozialistischen Diktaturen sind zu nennen Australien, Brasilien, Republik China, Dänemark, Finnland, Großbritannien, Indien und Pakistan, Japan und Südafrika.

Ebenfalls unter die Monetisierung der Staatsschuld ist das Münzmonopol der meisten Länder zu rechnen. Die früher einmal bestehenden absoluten oder relativen Höchstgrenzen sind weggefallen (in Deutschland 1963[177]). Eine faktische Begrenzung ergibt sich einmal durch eine Festsetzung der Höchstregelung, sodann durch die Aufnahmefähigkeit des Marktes. Diese resultiert zunächst aus dem Zwang, die Münzen nur über die Währungsbank in Umlauf bringen zu dürfen, sodann durch entsprechende Höchstbeträge bei der Annahmepflicht seitens der Wirtschaftssubjekte. Sie hängt weiter vom zulässigen Nennwert der "größten" Münze und dem Einfluß der Notenbank ab[178]. Mit zunehmendem Höchstnennbetrag steigt zwar die Aufnahmebereitschaft des Marktes, zugleich reduziert sich jedoch die Prägebereitschaft angesichts der Notwendigkeit zur Prägung von Silbermünzen. Die Beschränkungen von "Großprägungen" auf Sondermünzen bewirkt im Hinblick auf die vollständige Übernahme durch Sammler eine währungspolitische Neutralität solcher Emissionen (vgl. Unterabschnitt B.IV,a).

c) Die Beleihungshöchstgrenzen

Beleihungssätze lassen sich sowohl qualitativ wie quantitativ einordnen: Es gelten hier die Feststellungen über die Interdependenz (Unterabschnitt I,c). Unter währungspolitischem Aspekt empfiehlt sich jedoch die Einordnung unter die quantitativen Instrumente.

---

176 In Chile, Deutschland und Österreich ist der Notenbank der Ankauf von Schuldverschreibungen nur im Rahmen von Offenmarktoperationen erlaubt. Der österreichische Gesetzgeber ist dabei allerdings wesentlich deutlicher als der deutsche: "Die Deutsche Bundesbank darf zur Regelung des Geldmarktes am offenen Markt zu Marktsätzen kaufen und verkaufen: ..." (§ 21 BBankG).
Demgegenüber ist "die Österreichische Nationalbank ... berechtigt, aus währungspolitischen Gründen auf dem offenen Markt zu kaufen und zu verkaufen: ...", wobei aber ausdrücklich betont wird: "Ein Kauf ... darf nicht dazu dienen, dem Bund, den Ländern oder den Gemeinden (über das Kontingent hinaus, O. H.) ... Kredithilfe zu leisten" (§ 54 NatBkGes).

177 Vgl. dazu Oswald Hahn, Münzregal, a.a.O., S. 712 ff.

178 In Deutschland und der Schweiz stand längere Zeit die Ausgabe von Münzen über 10 Währungseinheiten, in Österreich über 50 und 100 S zur Diskussion, ausgelöst durch die Zunahme des Automatenverkaufs. Die Entwicklung von Automaten mit Banknotenannahme entzog jedoch einem gewichtigen Argument für eine Ausweitung des Prägerechts die Basis.

1. Die Mehrheit der Währungsbankgesetze in Gegenwart und Vergangenheit schweigt sich über die Beleihungssätze aus: Verschiedene Normen sprechen nur von der Notwendigkeit "ausreichender Sicherheiten" (Dänemark, verschiedene Commonwealth-Länder). Die Gestaltung wird damit voll der Währungsbank übertragen[179], womit das Instrument zumindest formal Gegenstand der funktionalen Währungspolitik wird. Damit erhält einerseits die Währungsbank einen weiteren Ermessensspielraum, aber andererseits erfährt ihre Abwehrposition gegenüber der Notenbankleitung eine Abschwächung.

2. Zur Minderheit der Länder mit Höchstbeleihungsgrenzen für den Lombardkredit gehören Belgien, Deutschland, Norwegen, etwa die Hälfte der lateinamerikanischen Staaten und verschiedene Commonwealth-Länder. Dabei ist wiederum eine Ausnahme die Festlegung einheitlicher Beleihungssätze (Jamaika, Yemen).

Bei der fixierten Beleihungsquote stellen wir ein Gefälle vom Handelswechsel[180] über Schuldverschreibungen bis hin zu Waren fest. Hier zeigen sich in etwa folgende Schwankungsbreiten:

Handels- und Schatzwechsel 75-95 %

staatliche Schuldverschreibungen 50-90 %

sonstige zugelassene Schuldverschreibungen 50-85 %

Waren 50-67 %.

Die Höchstsätze haben sich in den fünf deutschen Währungsbankgesetzen (1875, 1924, 1939, 1948 und 1957) nur geringfügig verändert. Es gelten derzeit folgende Höchstbeleihungsquoten:

90 % für bundesbankfähige Wechsel und Schatzwechsel

75 % für Schuldverschreibungen und Ausgleichsforderungen und

67 % für Waren (bis 1948).

Eine Ausnahme gilt für den "Sonderlombard" von Ausgleichsforderungen bei Liquiditätsschwierigkeiten (§ 24 BBankG): Hier ist eine Beleihung bis zu 100 % erlaubt[181].

179 Der österreichische Gesetzgeber überläßt die Feststellung der Bedingungen im Lombard-Geschäft ausdrücklich dem Generalrat der Österreichischen Nationalbank (§ 51 NatBkGes).

180 Eine Ausnahme verzeichnet der Irak: Dort dürfen Handelswechsel nur mit 60 %, Staatstitel demgegenüber mit 90 % beliehen werden.

181 Vgl. dazu Heinz Beck, a.a.O., S. 374 (K 674)

III. Funktionale Währungspolitik im Kreditgeschäft

Hierunter fallen Variierungen der Kreditkontingente der öffentlichen Hand, der Beleihungssätze im Lombardgeschäft und die Festsetzung von Refinanzierungskontingenten gegenüber Banken. Größere praktische Bedeutung haben nur die letzteren.

a) Variierung der Plafonds der öffentlichen Hand

Die funktionale Währungspolitik erfolgt hier einmal mit der Festlegung von Plafonds beim Fehlen gesetzlicher Vorschriften und zum andern als fallweise Regelung im Rahmen der gesetzlichen Limite.

Vor allem in den skandinavischen Ländern, aber auch in Belgien schließen Zentralbank und Staat von Zeit zu Zeit Vereinbarungen über die Kreditlinien der öffentlichen Hand.

Den übrigen Zentralbanken bleibt als einziges währungspolitisches Mittel innerhalb des Bereichs der Staatsfinanzierung die fallweise Festsetzung von Grenzen innerhalb des gesetzlichen Limits. Das bedeutet, daß sich z. B. die Deutsche Bundesbank weigert, vorübergehend oder aber dauernd dem Bund mehr als 2,5 Mrd. DM an Kassenkrediten zu gewähren - obwohl das gesetzliche Limit 6 Mrd. DM beträgt.

Eine solche funktionale Währungspolitik setzt allerdings voraus, daß die gesetzlich fixierten Kreditplafonds keinen Kontrahierungszwang der Notenbank begründen (vgl. Unterabschnitt B.I, Vorbemerkung). Wie oben dargelegt, fehlt dieser überall dort, wo Kreditwürdigkeitsprüfungen notwendig sind. Bonitätsprüfungen erscheinen gegenüber dem Fiskus als überflüssig, zumal wenn eine Art Verschuldungsgrenze besteht. Aber trotzdem wird die Finanzierungspflicht der Zentralbank abgelehnt: "Die gesetzliche Festlegung der Kreditplafonds stellt lediglich eine Befugnis für die Bundesbank dar, Kredite zu geben. Die betreffenden Verwaltungen haben jedoch keinen Anspruch darauf, daß ihnen der Kredit bis zu der festgesetzten Höhe eingeräumt wird. Ob und in welchem Umfang die Notenbank einen Kredit im Rahmen des Kreditplafonds gewährt, hängt von ihrer pflichtgemäßen Entscheidung ab, die auf der Beurteilung der kredit- und währungspolitischen Gesamtsituation beruht."[182] Die Deutsche Bundesbank hat von dieser Möglichkeit allerdings bislang keinen Gebrauch gemacht. Sie beschränkte sich vielmehr darauf, im Rahmen der psychologisch-kooperativen Einwirkung auf die währungspolitische Problematik einer Vollausnutzung der Kontingente zu verweisen (vgl. 4. Abschnitt B.I). Diese Möglichkeiten können allerdings nur im Zusammenhang mit der fiscal policy gesehen werden (vgl. 1. Abschnitt C). Sofern man - wie der Verfasser - die öffentlichen Haushalte

182 Spindler/Becker/Starke, a.a.O., S. 352 f.

ebenfalls als Betriebswirtschaften ansieht, muß man diesen aber auch die Möglichkeit einer kurzfristigen Vorfinanzierung offenhalten. Voraussetzung ist dabei, daß die Plafonds die Grenzen des Handelswechselprinzips nicht übersteigen.

b) Variation der Beleihungssätze

Über die Ausnutzung von Entscheidungsspielräumen bei der Beleihungsquote finden sich im Schrifttum keine Informationen. Sieht man vom Lombard der Deutschen Bundesbank einmal ab (Anhebung der Beleihungsgrenzen für Ausgleichsforderungen von 75 bis auf 100 %), so bieten sich theoretisch nur Reduzierungen an. Solche haben in der Geschichte der deutschen Währungsbanken bisher noch nicht stattgefunden. Auch im Ausland tragen die von der Zentralbank in eigener Zuständigkeit festgesetzten Beleihungssätze u. W. den Charakter langfristiger Festsätze. Das Instrument ist daher faktisch der institutionierenden Währungspolitik unterzuordnen[183].

Eine der Beleihungsquotenänderung vergleichbare Maßnahme ist die Politik variierender Rediskontquoten: Die Währungsbank verlangt bei der Rediskontierung von Wechseln den Nachweis, daß das Grundgeschäft zu einem bestimmten Prozentsatz anderweitig finanziert wurde. Die erstmalige Einführung eines solchen Procederes kann dabei als funktionale Währungspolitik gelten. Dieses Verfahren würde bei festen Sätzen der Banking Theorie entsprechen, bei variablen, von Zeit zu Zeit geänderten Finanzierungsquoten der Currency Theorie (vgl. Unterabschnitt B.I,c.2)[184].

c) Die Politik der Refinanzierungskontingente[185]

Es gibt drei wesentliche Gründe für eine quantitative Refinanzierungspolitik der Währungsbank: Erstens die Geldschöpfungsfähigkeit der Banken, zweitens einen gewissen "Überfluß" an refinanzierungsfähigen Titeln bei den Banken und drittens die fehlende Zinsempfindlichkeit der Kreditnehmer[186].

---

183 Nicht unter die quantitative funktionale Währungspolitik dieser Art ist die Festsetzung des Beleihungswerts zu rechnen. Dieser richtet sich nach den jeweiligen Marktgegebenheiten. "Sinkt während der Dauer des Darlehns der Kurs eines Pfandes oder wird sein von der (Deutschen Bundes-)Bank für die Beleihung festgesetzter Wert herabgesetzt und überschreitet infolgedessen das Darlehn die Beleihungsgrenze, so ist der Schuldner verpflichtet, die vorschriftsmäßige Sicherung durch Pfandverstärkung oder Darlehnsrückzahlung wiederherzustellen." (Ziff. VI, 17 der AGB der BBk)

184 Vgl. dazu Oswald Hahn, Diskontpolitik, a.a.O., S. 101 f.

185 Vgl. ebenda, S. 93 ff.

186 Vgl. Otto Veit, Grundriß, a.a.O., S. 38

Die Refinanzierungskontingente beziehen sich auf das Kreditgeschäft mit Unternehmungen, bei fehlendem Direktgeschäft auf die Kreditierung der Banken. Es handelt sich daher ausnahmslos um Maßnahmen der funktionalen Währungspolitik: Den Geschäftsbanken wird ein Rahmen eingeräumt, bis zu dem sie sich unter Beachtung der allgemeinen Normen bei der Zentralnotenbank refinanzieren können. Ansatzpunkte der Politik sind Kontingentfestsetzung, -umfang und -variation.

1. Die Kontingentfestsetzung

a) Es stehen sich hier zwei Möglichkeiten gegenüber[187].

Beim ersten Verfahren ermittelt die Währungsbank ein Gesamtkontingent, das auf die einzelnen Banken verteilt wird. Dies ist charakteristisch für eine Wirtschaftspolitik der Zentralsteuerung. Es wurde lange Zeit praktiziert von der Bank von Frankreich und der Österreichischen Nationalbank und findet heute noch Anwendung bei den Währungsbanken der verschiedenen Franc-Zonen.

Die andere Methode orientiert sich nicht an gesamtwirtschaftlichen Größen, sondern ermittelt für jede Bank anhand der einzelwirtschaftlichen Daten Kontingente. Hieraus errechnet sich dann der Gesamtbetrag des maximalen Refinanzierungsvolumens. Diese Einzelkontingent-Methode wird von den Zentralbanken in Deutschland, Italien und Skandinavien praktiziert. Während die Methode der Globalkontingent-Ermittlung unmittelbar geldmengenorientiert ist, zielt die Einzelkontingent-Ermittlung auf die Beeinflussung der Geldschöpfungskapazität der Banken ab.

b) Zur Ermittlung der Einzelkontingente verfügt die Währungsbank über zwei verschiedene Bemessungsverfahren[188].

1. Dem "Bewirtschaftungscharakter" entsprechen historische Werte, insbesondere die Refinanzierungsvolumina früherer Zeitpunkte oder -räume. Die Währungsbank legt z.B. fest, daß die Verschuldung jeder Bank zehn Prozent des Vorjahres nicht überschreiten darf oder auf 80 Prozent eines Vorjahreszeitpunktes zurückzuführen ist. Diese Methode wird zweckmäßigerweise bei einer einmaligen Restriktionsaktion praktiziert.

2. Als ständig einzusetzendes Instrument bezieht sich die Kontingentpolitik demgegenüber auf aktuelle Wirtschaftsdaten der Geschäftsbanken: Eigenkapital, Einlagenvolumen, Kreditvolumen. Während das Eigenkapital den Banken relativ leicht Anpassungen erlaubt, erscheint das kurzfristige Kreditvolumen auf den ersten Blick als die währungspolitisch bessere Basis. Es würde jedoch einmal die kreditaktiven Banken bevorzugen und zum andern die unterschiedlichen Geldschöpfungsmöglichkeiten ignorieren. Daher erweist sich

187 Vgl. Wolfgang Graebner, a.a.O., S. 45
188 Vgl. dazu Richard Nowak, a.a.O., S. 448 f.

eine Kombination der drei Bemessungsfaktoren als optimal, wie dies seit 1974 u. a. die Deutsche Bundesbank praktiziert[189].

c) Als Mittel der Kontingentpolitik wurde zeitweilig von der Deutschen Bundesbank die Verheimlichung der Bemessungsgrundlage eingesetzt. Umgekehrt versuchen Banken, unterschiedliche Bedarfe durch einen "Kontingenthandel" auszugleichen[190]. Auf ähnlicher Ebene liegt die Praxis von Pensions-Konsortien im Rahmen des Lombardgeschäfts[191]. Eine entgegengesetzte Politik schlug die Schweizer Nationalbank im März 1993 ein, indem sie den Banken ein Antragsrecht und damit eine Mitwirkung an der Kontingentfestsetzung einräumte[192].

2. Gegenstand der Kontingentierung

Hier stehen sich die Totalerfassung aller Refinanzierungsvolumina (Rediskont, Lombard, Pension) und die Teilerfassung gegenüber. In Deutschland wurde die Kontingentierung im Herbst 1951 auf den Wechselrediskont eingeführt und von 1970 bis 1980 auf das Lombardgeschäft ausgedehnt. Verschiedentlich erfolgten Ausnahmeregelungen, beispielsweise die zeitweilige Nichtanrechnung von Privatdiskonten oder bestimmten Exportwechseln. Zu beachten ist allerdings, daß bei partieller Kontingentierung ein Ausweichen auf die übrigen Refinanzierungsmöglichkeiten gegeben ist, in der Bundesrepublik beispielsweise auf Pensionsgeschäfte.

Die Einhaltung der Kontingente wurde in der Vergangenheit uneinheitlich gehandhabt: Beim Rediskont bestand die Tendenz zur strikten Einhaltung, beim Lombard erfolgten zeitweilig Suspendierungen.

3. Die Variationshäufigkeit

Aus der Sicht der Betroffenen dürfte die Forderung nach Konstanz der Kontingente erhoben werden. Der währungspolitische Aspekt verlangt demgegenüber ständige Anpassungen an die geänderten Situationen.

---

189 Vgl. dazu Otmar Issing und Bernd Rudolph, Der Rediskontkredit, Stuttgart-Frankfurt/Main 1988, S. 61 ff.; ferner Regelungen für die Bemessung von Rediskont-Kontingenten, in: Deutsche Bundesbank, Monatsbericht April 1975, S. 21 ff.

190 Vgl. dazu NN, Ein Rediskont-Transfer? Liquiditätshandel der Banken ist legal, in: IK 14.6.1966

191 Vgl. NN, "Gerittene" Lombardkredite. Pensionskonsortien holen billiges Bundesbank-Geld, in: Christ und Welt 29.4.1966

192 Vgl. NN, Neue Lombardpolitik der Nationalbank, in: NZZ 6.3.1993

Insbesondere in lateinamerikanischen Ländern ist eine Langfristigkeit der Kontingentfestsetzung anzutreffen. Die Deutsche Bundesbank hat in den Jahren 1948-1991 insgesamt 43mal generelle Änderungen der Kontingente vorgenommen - gegenüber 77 Diskontsatzänderungen[193]. Hieraus kann ein sehr intensiver Einsatz dieses Instruments gefolgert werden. Unabhängig ist die Gültigkeit des individuellen Kontingents auf ein Jahr beschränkt, wobei sich die Bundesbank ausdrücklich das Recht auf jederzeitige Änderung der Zusagen vorbehält.

IV. Funktionale Währungspolitik im Devisengeschäft

Quantitative devisenpolitische Maßnahmen beschränken mengenmäßig den Verkauf und/oder den Ankauf von Devisen. Es handelt sich im ersten Fall um eine Valutaabgabe im Rahmen der Devisenbewirtschaftung[194], im zweiten Fall um unternehmerische Maßnahmen der Devisenbannwirtschaft ("negative Devisenbewirtschaftung"). Beide Maßnahmen verbieten sich für eine marktwirtschaftlich ausgerichtete Währungsbank.

a) Devisenverkäufe im Rahmen der Devisenbewirtschaftung

Devisenbewirtschaftung wird durch Anbietungspflicht von Auslandswerten im Besitz der Wirtschaftssubjekte an die Währungsbank und Abgabe von Valuten an Zuteilungsberechtigte charakterisiert. Deren Verfechter begründen die Notwendigkeit mit einem Devisenmangel, während Gegner im Devisenmangel allein die Folge fehlender Bereitschaft der verantwortlichen Stellen zur Akzeptierung der Marktpreise sehen[195].

Die Bewirtschaftung kann sich auf sämtliche Auslandswerte beziehen oder eingeschränkt sein auf ausländische Zahlungsmittel und schließlich lediglich an der Herkunft der Werte ausgerichtet sein. Auch bei der Abgabe - der unternehmerischen quantitativen Maßnahme - sind verschiedene Variationen möglich: Einmal kann die Währungsbank auf ein uneingeschränktes Verkaufsmonopol bestehen, das "freie" Devisenmärkte ausschließt. Jeder Nachfrager nach Fremdvaluten ist dann auf die Währungsbank angewiesen, die eine Verteilung nach den verschiedensten Prioritäten vornimmt und dabei unterschiedliche Klassen von Berechtigten (z. B. "Essentials" und "Non-Essentials") unterscheidet. Regel-

---

193 Vgl. Oswald Hahn, Diskontpolitik, S. 106 ff.

194 Im Gegensatz zu den Devisenverkäufen handelt es sich bei der Devisenanbietungspflicht um eine behördliche Maßnahme ("Auflage"). Vgl. 2. Abschnitt D.I.

195 Vgl. dazu Heinrich Rittershausen, Devisenpolitik, a.a.O., S. 171 ff., 219 ff., 432 ff.; ferner derselbe, Zentralnotenbank, a.a.O., S. 457 f.

mäßig werden dann auch bestimmte Verwendungskategorien von der Zuteilung und damit vom Erwerb von Valuten überhaupt ausgeschlossen.

Die "eingeschränkte" Devisenbewirtschaftung verweist bestimmte Kategorien von Nachfragern auf die freien Märkte, während die bevorzugte Kategorie Zuteilung zu einem unter dem Marktkurs liegenden Preis erfährt. Die häufigste Konstellation in den sogenannten "Weichwährungsländern" sieht so aus: Verbot des Kapitalexports, Zuteilung von Devisen an Importeure von "Essentials" unter Abstufung von Prioritäten und regelmäßig unterschiedlich, unterhalb des Marktpreises liegende Kurse, sowie Verweisung aller übrigen Nachfrager auf den freien Markt[196].

b) Begrenzung des Devisenankaufs bei Devisenbannwirtschaft[197]

Quantitative Maßnahmen sind primär geldmengenorientiert: Sie müssen sich darin äußern, daß die Währungsbank nur in beschränktem Umfang Valuten zur Parität ankauft - im Gegensatz zu Marktoperationen, die eine - erwünschte oder unerwünschte - Kursentwicklung haben und beim Vorliegen von Interventionspunkten (vgl. Unterabschnitt D.III,b) Grenzen unterliegen. Bei quantitativen Maßnahmen ist die Aufnahmebereitschaft vorgegeben: Sie kann sich entweder auf Quoten des Gesamtaufkommens beziehen, bestimmte Valutenherkünfte ausschließen oder beides miteinander kombinieren. Die Problematik besteht zunächst in einer entsprechenden Erfassung des Valutenaufkommens, was durch Auskunftspflichten gewährleistet sein kann. Zum andern stellt sich die Frage nach einer Verteilung der "Anrechte", die analoge Regelungen wie bei der Devisenzuteilung erlaubt. Die Extremlösung stellt die Ankaufsverweigerung von Fremdvaluten dar. Dies praktiziert speziell zum Beispiel die Deutschen Bundesbank mit der fehlenden Interventionsbereitschaft gegenüber den meisten Währungen außerhalb des EWS. Einen generellen Ankaufsstopp hat die Central Bank of China (Taipeh) im Frühjahr 1992 verfügt.

---

196 Es darf darauf verzichtet werden, die Vielzahl von Varianten der Devisenbewirtschaftung aufzuführen, die für die Bundesrepublik Deutschland aufgrund des Außenwirtschaftsgesetzes (28.4.1961) möglich sind und bei der kleinsten außenwirtschaftlichen Veränderung (Passivierung der Handels-, Dienstleistungs- oder Zahlungsbilanz) von führenden Wirtschaftsmanagern sofort als erforderliche Alternative angesprochen werden (vgl. dazu Fritz W. Meyer und Hans Willgerodt, Devisenbewirtschaftung, in: HdWW, Bd. 2, Stuttgart u.a. 1980, S. 159 ff.). Eine Devisenbewirtschaftung verlangt in jedem Fall der Währungsbank einen hohen Personalbestand ab. Vgl. dazu Heinrich Rittershausen, Zentralnotenbank, a.a.O., S. 44 f. Einen Überblick über die weltweite Situation gibt der jeweilige IMF-Annual Report "Exchange Arrangements and Exchange Restrictions".

197 Eine Übersicht über alle möglichen Maßnahmen geben Helmut Jenkis (Die Neutralisierung von Zahlungsbilanzüberschüssen. Eine theoretisch-empirische Untersuchung zur deutschen Währungspolitik von 1950 bis 1960, Diss. Freiburg/Br. 1965) und Mathias Zurlinden (Devisenmarktinterventionen und das Sterilisationsproblem, Bern-Stuttgart 1989).

Auf dieser Ebene unternehmerischer Maßnahmen gibt jedoch die Währungsbank administrativen Alternativen (vgl. 2. Abschnitt D.I,b) den Vorzug, der sich zum Beispiel in der Schweiz in Gestalt des "Exportdepots" 1970/71 äußerte.

D. Das preispolitische Instrumentarium der Währungs-Unternehmung

Preispolitische Maßnahmen der Zentralnotenbank gelten einerseits als das klassische Instrument der Währungspolitik und stellen zum andern den Kern der Aktionen einer marktwirtschaftlich ausgerichteten Währungsbank dar. Sie umfassen in erster Linie die Zinssatzpolitik und die Kurspolitik auf den Geld- und Kapitalmärkten als Zinspolitik i. w. S. (Unterabschnitt II) sowie die Devisenkurspolitik (Unterabschnitt III). Vor der Diskussion dieser Instrumente findet eine generelle Einordnung und Behandlung statt (Unterabschnitt I).

I. Die preispolitischen Möglichkeiten der Währungsbank

Die Preispolitik richtet sich auf Kapitalien (Einsatz unmittelbar oder mittelbar über Effektenkurse), auf ausländische Währungseinheiten (Wechsel-, Valuta- oder Devisenkurs) sowie auf die Dienstleistungen (Gebühren). Überall ist die Häufigkeit der preispolitischen Maßnahmen ein Beurteilungskriterium, das Einordnungen bis hin zu einer institutionierenden Währungspolitik erlaubt.

Bei der Preispolitik im allgemeinen sowie bei der Zins- und Kurspolitik (Unterabschnitte II und III) im besonderen stehen der Währungsbank drei Ansätze zur Verfügung: Autonome Preisfestsetzung (Unterabschnitt b), Preisbeeinflussung durch quantitative Maßnahmen (Unterabschnitt c) und schließlich - als Kombination - die Versteigerung (Unterabschnitt d). Zunächst ist jedoch die Grundsatzfrage nach den Preisuntergrenzen zu stellen (Unterabschnitt a).

a) Die Preisuntergrenze im allgemeinen

Grundsätzlich stehen der Währungsbank unter der Berücksichtigung ihrer Kosten vier alternative Orientierungsmöglichkeiten der Preispolitik zur Verfügung: Gewinnmaximierung, Kostendeckungsprinzip, Ausgleichskalkulation und kostenunabhängige Preisfestsetzung. Wir haben bereits eingangs betont, daß das Rationalprinzip in jedem Fall als endogene Nebenbedingung aufzufassen ist (1. Abschnitt C.II,a) - ungeachtet des Erfordernisses einer entsprechenden Arbeitsproduktivität und im Gegensatz zu den Interessen der Kapitalgeber. Die beiden ersten Alternativen (Gewinnmaximierung und Kostendeckungsprinzip) scheiden daher aus. Konfliktsituationen mit beiden Prinzipien sollen im folgenden am Beispiel der Kurspolitik, der Gebührenpolitik im bargeldlosen Zahlungsverkehr und der Kleingeldversorgung aufgezeigt werden. Grundsätzlich läßt sich aber festhalten, daß sich eine nichtkostendeckende Preispolitik in Teilbereichen durch Gewinne insbesondere im Kreditgeschäft kompensieren läßt (Ausgleichskalkulation).

1. Die nichtkostendeckende Kurspolitik

Klassisches Konfliktthema ist die Situation, daß bei Effekten- und Devisenverkäufen die Erlöse der Währungsbank unterhalb der Buchwerte (im allgemeinen der Beschaffungspreise) liegen. Hier gilt das irreführende Schlagwort: "Der Weg in die Offenmarktpolitik (Kauf) ist einfach, der Weg heraus (Verkauf) schwierig."[198] Eine öffentliche Diskussion erfuhr dieses Problem vor der ersten DM-Aufwertung durch die Argumentation des H. J. Abs, die damit verbundenen Verluste könne kein Wirtschaftsunternehmen verantworten[199]. Diese Vorstellung einer allenfalls kostendeckenden Preispolitik entsprach auch der "Reichsbank-Ideologie" im Zentralbankrat[200], die dann mit dem Ausscheiden der betreffenden Persönlichkeiten (Vocke, Blessing) zumindest in der großen Linie in Wegfall kam und die heute die Politik der Deutschen Bundesbank nicht mehr prägt.

2. Das Gebot von Dumping-Preisen im bargeldlosen Zahlungsverkehr

Von 1875 bis Ende 1991 pflegten die deutschen Währungsbanken im bargeldlosen Zahlungsverkehr das Prinzip des "Null-Tarifs". Mit der Schaffung des Reichsbank-Giroverkehrs (1875) war erstmals ein das ganze Deutsche Reich umfassende Überweisungssystem entstanden, das allerdings im Hinblick auf die Geldschöpfungsmöglichkeiten die Errichtung eigener Gironetze der Geschäftsbanken nicht verhindern konnte. Die Einführung des "Vereinfachten Scheckverkehrs" (1951) bezweckte eine Reaktivierung der Reichsbank-Einschaltung, der - ebenso wie der Giroverkehr - neben hoher Qualität (schnelle Abwicklung) durch Dumping-Preise das Interesse der Geschäftsbanken am "float" reduzieren, den Verzicht auf Realisierung eines Teils der Geldschöpfungskapazität damit anregen sollte. Die von währungspolitischem Sachverstand naturgemäß ungetrübte Beanstandung der hohen ungedeckten Zahlungsverkehrskosten seitens des Bundesrechnungshofes (1990) veranlaßte jedoch die Deutsche Bundesbank nicht nur zu einer Überprüfung der bisherigen Preispolitik[201], sondern auch zu deren Revision (Gebührenerhebung ab 1.7.1991). Vertretbar erscheint dabei die Politik einer Abwehr der Klein-

198 Vgl. dazu Heinz Beck, a.a.O., S. 274 (K 419): Es "liegt eine gewisse Grenze der Offenmarktpolitik in ihren Kosten, die große Beträge des Gewinns einer Notenbank ausmachen können."

199 Vgl. dazu Otmar Emminger, D-Mark, Dollar, Währungskrisen, Stuttgart 1986, S. 118 f.

200 Vgl. ebenda, S. 38, 97, 156; ferner David Marsh, a.a.O., S. 188 ff.

201 Vgl. dazu Oswald Hahn, Bundesbank im Visier, in: Kreditwesen 19/1991, S. 886 ff.

kunden zugunsten einer Förderung des Massenzahlungsverkehrs[202]. Auf Unverständnis muß jedoch die von der Deutschen Bundesbank vorgebrachte Begründung gelten: Man wolle damit den Massenzahlungsverkehr "auf ein angemessenes Maß begrenzen"[203].

Als Folge zeichnen sich einmal die - erwarteten - rückläufigen Umsätze im Überweisungs- und Einzugsverkehr der Notenbank ab, zum andern aber auch Preiserhöhungen der Banken gegenüber ihren Kunden[204].

Damit hat die Deutsche Bundesbank freiwillig auf ein Instrument verzichtet, was sie allerdings über eine entsprechende Gestaltung der Mindestreservepolitik kompensieren kann.

3. Die kostenunabhängige Versorgung mit Kleingeld

Der "Münzgewinn" je Sorte steigt mit zunehmendem Nennwert (vgl. Tab. 9).

Er ist bei gegebener optimaler Zusammensetzung der Stückelungen abhängig von dem Höchst-Nennwert einer Münze, insgesamt aber weltweit als solcher gegeben. Ein Münzgeldmangel dürfte daher nur dann eintreten, wenn entweder die Prägekapazitäten und/oder die entsprechenden Einsatzfaktoren für die Prägung (Material, Arbeit) fehlen[205], die Höchstnennwerte bei Kostendeckungsorientierung des Münzregal-Inhabers zu niedrig angesetzt sind[206] oder aber der Regalinhaber Gewinnmaximierung anstrebt. Lediglich hinsichtlich der zu niedrigen Höchstnennwerte der Scheidemünzen trägt die Zentralnotenbank die Verantwortung für einen Kleingeldmangel. Ein weiterer Grund - Demonetisierung von Kleingeld - ist auf den zu hohen Metallwert zurückzuführen ("Zahlungsmittel-Verwendung durch Stoffverwertung"[207]): bedingt entweder durch eine Hausse in Rohstoffen oder falsche Wahl des Metalls.

---

202 Vgl. dazu Oswald Hahn, Deutsche Bundesbank: Jedermann-Geschäft belebt die Konkurrenz, in: Kreditwesen 22/1990, S. 1106 f.

203 Geschäftsbericht Deutsche Bundesbank 1991, S. 139

204 Vgl. Geschäftsbericht LZB Hamburg 1991, S. 48 f.

205 Begründung für den Mangel an 1- und 2-Pfennigmünzen in Deutschland 1961 ff. Vgl. auch NN, Münzgeldversorgung, in: Bayerische Vereinsbank, BV-Dienst 2/1963, S. 3.

206 Ursache des chronischen Kleingeldmangels in Italien bis 1979 (Einführung der 500 Lire-Münze).

207 Vgl. Oswald Hahn, Zahlungsmittelverkehr der Unternehmung, Wiesbaden 1962, S. 89, 109 ff.

Tabelle 9: Herstellkosten für deutsche Scheidemünzen*	
Münzsorte	Herstellungskosten (Pfg.)
1 Pfennig	2,2 (1979)
2 Pfennig	2,7 (1979)
5 Pfennig	3,0 (rd.)
10 Pfennig	4,0 (rd.)
50 Pfennig	9,5 (rd.)
1 DMark	15,0 (rd.)
2 DMark	35,0 (rd.)
5 DMark	50,0 (rd.)

* Für 1979 wurde vom Bundesminister der Finanzen noch der exakte Preis bekanntgegeben (vgl. Jürgen Pahlke, Staatliche Geldschöpfung als Einnahmequelle, a.a.O., S. 124). Für 1993 sah sich der Bundesminister der Finanzen nicht in der Lage, exakte Angaben und die Aufteilung nach Materialpreis und Prägegebühren zu machen, da "eine Veröffentlichung der Kostenbestandteile für den Bund bei der Ausschreibung der Münzronden von Nachteil sein kann" (!!!Schrb. VII A 5-W 4035-89/92 vom 20.1.1993 an den Verfasser).

Insgesamt gesehen lassen sich Mangelsituationen immer dann vermeiden, wenn der Währungsbank das Münzregal übertragen wird und diese eine Kostenorientierung unterläßt[208]: Ein Münzgewinn dürfte in jedem Fall entstehen, weshalb die Konfliktsituation "fehlende Kostendeckung" der Münzprägung insgesamt nicht eintritt.

b) Die autonome Preisfestsetzung

Diese Preispolitik ist neben der Gebührenpolitik charakteristisch für das Kreditgeschäft und Teile der Geldmarktoperationen, grundsätzlich für die Festlegung der Paritäten, der Interventionspunkte bei Konvertibilität und der Abgabesätze von Valuten bei Devisenbewirtschaftung. Gestaltungsmöglichkeiten beim Einsatz ergeben sich bei der Orientierung, bei der Marktbreite und bei der Gültigkeit.

208 Vgl. dazu aber Anm. 129

1. Die Initiative: Konstatierende oder gestaltende Preispolitik

Bei der Diskontsatzpolitik wird zwischen konstatierender und gestaltender Politik unterschieden[209]: das läßt sich auch auf die Devisenpolitik übertragen.

Eine konstatierende Preispolitik liegt immer dann vor, wenn die Notenbank bei ihrer Fixierung der Preisentwicklung des gesamten, des freien oder des grauen bzw. schwarzen Marktes folgt. Die Währungsbank bezweckt mit dieser Marktanpassung einen realistischen Preis für ihre Aktivgeschäfte. Sie bereitet darauf auch die Voraussetzungen für eine künftige gestaltende Preispolitik vor. Die konstatierende Preispolitik bedeutet immer das Eingeständnis abnehmenden Einflusses und/oder einer Beeinträchtigung der Marktunabhängigkeit. Es zeigen sich dabei erhebliche Variationen im Umfang dieser Politik: Diese reichen bis hin zur automatischen Anpassung der Notenbankpreise an die Marktlage, womit die Währungsbank jedoch auf jegliche Initiative verzichtet.

Demgegenüber zielt die gestaltende Preispolitik auf eine Beeinflussung des Marktes ab, die auch auf eine Weitergabe dieser Preisänderung an alle Wirtschaftssubjekte ausgerichtet ist. Voraussetzung für diese Form der Preispolitik ist das Vorhandensein eines tatsächlichen Spielraums. Der Einsatz dieses Instruments kann immer als Beweis der Stärke und Abhängigkeit der Wirtschaftssubjekte von der Währungsbank einerseits und deren Unabhängigkeit andererseits gelten.

Strittig ist die Einordnung preispolitischer Maßnahmen, die sich an Auslandsgegebenheiten orientieren. Von einem konstatierenden Verhalten spricht man aber zweckmäßigerweise immer nur dann, wenn Anlaß der Anpassung entsprechende Preisänderungen ausländischer Währungsbanken sind.

2. Die Marktbreite: Einheitspreise oder Preisspaltung

a) Einheitspreise setzen Güterhomogenität voraus: Diese ist grundsätzlich nur bei Valuten gegeben. Bereits die verschiedenen Erscheinungsformen des Kredits erzwingen Preisdifferenzen: Genannt seien die klassischen Spannen zwischen Diskont-, Lombard- und Pensionssatz. Hier wird man zweckmäßigerweise nicht von einer Preisspaltung sprechen. Diese ist vielmehr erst dann gegeben, wenn "künstlich" neue Klassen gebildet werden. Es liegt bereits eine Form der Kreditselektion vor, die zum Teil auch Elemente der Zentralverwaltungswirtschaft in sich trägt.

b) Im Kreditgeschäft bedeutet Preisspaltung die Trennung zwischen den Verwendungszwecken: Nach Gruppenzugehörigkeit (Unterscheidung zwischen privaten und öffentlichen

209 Vgl. Oswald Hahn, Diskontpolitik, a.a.O., S. 58 ff.

Titeln, zum Beispiel dem für Handelswechsel geltenden Diskontsatz und den Abgabesätzen für staatliche Geldmarktpapiere), nach Branchenzugehörigkeit (Politik der gestaffelten Diskontsätze, insbesondere in den Entwicklungsländern) oder nach Verwendungszweck.

c) Die größte Bedeutung haben gespaltene Preise bei Vorliegen einer Devisenbewirtschaftung, worauf im Unterabschnitt III im einzelnen einzugehen ist.

3. Die Gültigkeit der Preise

Hier ist zu unterscheiden zwischen generellen und auf den Einzelfall ausgerichteten Preisen. Der generelle Preis kann als die Normalform gelten. Er wird öffentlich bekanntgemacht. Individuelle Preisfestsetzungen sind die Ausnahme. Ein solches Verfahren praktizierte die Deutsche Bundesbank bei der Rücknahme der klassischen Geldmarktpapiere (heute: "In die Marktregulierung einbezogene Titel"). Zeitweilig finden auch bei Pensionsgeschäften individuelle Sätze Anwendung[210].

c) Der Preis als Erwartungsparameter

Bei der autonomen Preisfestsetzung war der Preis Aktionsparameter der Währungsbank. Der Umfang der Mengenbewegung ist im voraus unbekannt: Die Menge ist somit Erwartungsparameter. Dem gegenüber steht die Preiserwartung bei der Menge als Aktionsparameter: Die Zentralbank versucht, über Käufe bzw. Verkäufe eine entsprechende Preisentwicklung zu erreichen.

Diese Form der Preispolitik bietet sich nur für das Handelsgeschäft an, scheidet also für das Kreditgeschäft aus. Allerdings lassen sich theoretisch auch Offenmarktoperationen in Handelswechseln durchführen (was allerdings zu einem gespaltenen Diskontsatz führen würde)[211].

Die Preispolitik über Mengenoperationen beinhaltet eine doppelte Problematik. Einmal erlaubt sie keine Preisspaltung, zum andern sind die Aktivitäten bei Verkäufen zunächst einmal durch die vorhandenen Bestände beschränkt. Nach Erschöpfung bietet sich nur an der Weg einer entsprechenden Kreditaufnahme. Dieser ist bei der Offenmarktpolitik in inländischen Effekten währungspolitisch nur über eine Art "Leihe" bei der öffentlichen Hand möglich, die eine Finanzierung des Staates ausschließt ("Aushändigung von Liquiditätspapieren an die Bundesbank", § 42 a BBankG). Als Alternative bietet sich das Emissionsrecht der Währungsbank an (vgl. Unterabschnitt B.III,a). Kredite zur Durchführung

210 Vgl. Hans-Paul Bisani, a.a.O., S. 89 f.
211 Vgl. NN, Offenmarktpolitik in Wechseln (?), in: Kreditwesen 9/1973, S. 335

von Valuta-Offenmarktgeschäften verlangen entsprechende Kreditbereitschaft des Auslandes (vgl. 5. Abschnitt B.III).

d) Das Auktionsverfahren

Die Preisermittlung durch Versteigerung stellt gewissermaßen eine Kombination der beiden anderen Methoden dar. Sie erfolgt einmal in Ländern mit eingeschränkter Devisenbewirtschaftung ("Devisenversteigerung") als Teil einer Politik der gespaltenen Devisenmärkte, insbesondere in Lateinamerika. Daneben ist es die bei der Unterbringung von Schatzwechseln in verschiedenen Ländern entwickelte Form des "Zinstenders", der auch bei Pensionsgeschäften Verbreitung gefunden hat.

Hier sind vor allem zwei Formen bedeutsam[212]. Die ältere Form findet in den USA Anwendung ("amerikanisches Tenderverfahren"): Es entspricht einer individuellen Preisermittlung, bei der jeder Kaufinteressent eine Zuteilung zu dem von ihm gebotenen Preis erfährt. Bei diesem Verfahren trägt der Zentralbank-Geschäftspartner das Risiko, zu einem schlechteren Preis abzuschließen als andere Marktteilnehmer, was auch zu Unregelmäßigkeiten geführt hat[213].

Die kontinentale Methode orientiert sich demgegenüber an den Preisermittlungen der Effektenbörse entweder als niederländisches (Auktions-)Verfahren oder als deutsches (Einheitskurs-)Verfahren. Dabei hängt die abschließende Zuteilung von dem Volumen ab, das die Zentralbank zu dem ermittelten Preis zur Verfügung stellt: Höhere Preisgebote erhalten den Vorzug gegenüber den anderen.

II. Besonderheiten der Zinspolitik[214]

Die Zinspolitik der Zentralnotenbank kann auf drei Teilmärkte ausgerichtet sein: auf die klassische Geschäftsbankrefinanzierung (Diskont- und Lombardsatzpolitik), auf den Geldmarkt (Politik der Abgabe- und Pensionssätze sowie autonome Marktinterventionen) und auf den Kapitalmarkt (Offenmarktpolitik i. e. S.). Dabei ist zunächst nach der Bedeutung der einzelnen Transaktionen zu fragen (Unterabschnitt a). Hieraus leiten sich

---

212 Vgl. Hans-Paul Bisani, a.a.O., S. 88 ff.

213 Vgl. dazu NN, Umstrittene Auktionen für US-Staatsanleihen, in: NZZ 31.8.1991; NN, Maßnahmen zur Sicherung "integrer" US-Auktionen, in: NZZ 13.9.1991; NN: Reform des Systems für US-Bond-Auktionen, in: NZZ 24.1.1992

214 Vgl. zum folgenden die generellen Darstellungen zur Diskontpolitik (Oswald Hahn, Diskontpolitik, a.a.O., S. 58), Lombardpolitik (Heidrun Haase, a.a.O.) und Offenmarktpolitik (Hans-Jürgen Breuer, a.a.O.)

die Häufigkeit der Operationen (Unterabschnitt b) und schließlich auch die Abstufung zwischen den Zinssätzen (Unterabschnitt c) ab.

a) Die Bedeutung der einzelnen Transaktionen

1. Klassischer Ansatzpunkt für die Zinspolitik der Zentralnotenbank ist die Variierung des Diskontsatzes. Seine Bedeutung beruht auf den Aktivitäten der Nichtbanken und den sich hieraus ableitenden Kreditaufnahmen bei Banken. Es stehen sich hier die drei Aktivitäten Wirtschaftsfinanzierung, Staatsfinanzierung und Auslandsfinanzierung gegenüber. Dies kann im Zeitverlauf zu einer Verschiebung der Bedeutung des Diskontsatzes führen.

Der Lombardsatz wie auch die Pensions- und Abgabesätze sprechen demgegenüber primär die Geldmarktfinanzierung der Banken und damit eine kurzfristige Liquiditätsüberbrükkung an. Operationen auf dem Kapitalmarkt (Interventionen) schließlich beeinflussen unmittelbar den Zinssatz für Investitionskredite. Hieraus hat sich in der Vergangenheit immer wieder die Forderung nach einer Zurückhaltung der Zentralnotenbank auf den Rentenmärkten abgeleitet, zumal die Gefahr von Kursstützungsaktionen nicht von der Hand zu weisen ist (vgl. Unterabschnitt B.III,a; C.II,b). Schließlich sind insbesondere Kapitalmarktoperationen auch Instrumente der Geldmengenpolitik, was zu Interessenkonflikten innerhalb der Zentralnotenbank führen kann.

2. Unterschiede zeigen sich hinsichtlich der Weitergabe der zinspolitischen Maßnahmen an die Bankkunden durch die Geschäftsbanken.

a) Änderungen des Diskont- und Lombardsatzes können relativ schnell an die Kunden des kurzfristigen Kreditgeschäfts weitergegeben werden: Einmal im Hinblick auf die Signalfunktion, zum andern angesichts der Bindung vieler Kreditverträge an den Diskont- bzw. Lombardsatz. Aus optischen Gründen hat sich jedoch immer mehr eine Bindung an den "höheren" Lombardsatz durchgesetzt.

Eine Übertragung auf die Einlagenzinsen ergibt sich allein aus den Wirkungen der Diskont- bzw. Lombardsatzpolitik auf den Kapitalmarkt[215].

b) Die Weitergabe von zentralbankverursachten Änderungen der Geldmarktzinsen (Abgabe- und Pensionssätze) ist schwieriger. Ihre Einstufung kann ähnlich den Änderungen der Mindestreservesätze erfolgen. Hier fehlt die unmittelbare Beziehung zum Kredit- wie Einlagengeschäft der Universalbanken.

c) Interventionen der Zentralnotenbank auf den Rentenmärkten schlagen sich zunächst nieder in den Konditionen der (kapitalmarktabhängigen) Emittenten, unter anderem auch der Hypothekenbanken. Da diese als Marktführer fungieren, erwächst hieraus auch ein

215 Vgl. dazu Oswald Hahn, Diskontpolitik, a.a.O., S. 62 ff.

Einfluß auf die Zinsen für Hypothekarkredite der Universalbanken und daraus auch auf die Konditionen des Investitionskredites generell. Mittelbare Einflüsse gehen auch auf die Zinssätze für Bankeinlagen aus[216].

3. Der Währungsbank stehen in allen Fällen Möglichkeiten zur Durchsetzung von Zinsänderungen gegenüber Bankkunden zur Verfügung: Einmal behördliche Maßnahmen (vgl. 2. Abschnitt C.III,c.3), zum andern die Einwirkung über Warnungen und Empfehlungen (vgl. 4. Abschnitt B) oder Vereinbarungen (vgl. 4. Abschnitt C).

4. Unabhängig von der Weitergabe stellt sich die Frage nach der Zinsempfindlichkeit von Kreditnehmern und Sparern. Dabei geht es primär um die generelle im Gegensatz zur auslandsbezogenen und vor allem der institutionellen Zinsempfindlichkeit: um die Frage, ob Zinssatzänderungen Reaktionen im Kapitalangebot (Änderung der Sparquote) und in der Kapitalnachfrage auslösen[217]. Hierbei wird von der Währungsbank regelmäßig auf das schlechte Vorbild der öffentlichen Hand verwiesen[218].

Man muß den Sparern bisher generell eine Zins-Unempfindlichkeit bescheinigen: das Sparerverhalten kann zinsmäßig nur in Richtung auf verschiedene Sparformen beeinflußt werden. Fehlende generelle Zinsempfindlichkeit der Kreditnehmer verlangt den Einsatz qualitativer und quantitativer Maßnahmen der Geschäftsbanken, die von der Währungsbank gesteuert werden können.

b) Die "Häufigkeit" der zentralbankinduzierten Zinsänderungen

Aus der großen Bedeutung der Refinanzierungssätze müßte eigentlich folgen, daß dort die meisten Änderungen stattfinden. Dies ist der Fall bei den Zentralbanken, die ihren Diskont- oder Lombardsatz an den Marktzins binden (Politik flexibler Diskontsätze: Norwegen, zeitweilig Schweden; Politik flexibler Lombardsätze: Schweiz seit 1989).

Für Deutschland und die meisten anderen Länder trifft das jedoch nicht zu: Dort werden am häufigsten die Geldmarktsätze geändert. Man spricht hier auch von einer taktischen "Feinsteuerung" im Gegensatz zur operativen "Grobsteuerung" durch Änderung der Refinanzierungssätze. Diese Änderungen der Geldmarktzinsen tendieren weniger auf eine Weitergabe an die Bankkunden als vornehmlich auf eine Abschöpfung der Bankenliquidität, wobei allerdings die Zinsempfindlichkeit der Banken Grenzen hat: Eine Umschichtung

216 Vgl. dazu Oswald Hahn, Die Auswirkungen einer Diskonterhöhung auf die Rentabilität der Universalbanken, in: Sparkasse 1-2/1967, S. 5 ff., 24 ff.

217 Vgl. dazu Oswald Hahn, Die Führung des Bankbetriebes, Stuttgart u.a. 1977, S. 199 ff.; ders., Die Zinsempfindlichkeit der Kreditnehmer, in: ÖBA 10 u. 11/1967, S. 390 ff., S. 431 ff.

218 Hierunter rechnet einmal die Ignorierung des Zinses bei Staatsausgaben (vgl. Oswald Hahn, Zinsempfindlichkeit, a.a.O., S. 408 ff.), zum andern Zinssubventionen (vgl. Zinssubventionen und sonstige Finanzierungshilfen im geeinten Deutschland, in: Monatsberichte Deutsche Bundesbank August 1992, S. 22 ff.

größerer Beträge zu Lasten des Kreditgeschäftes scheidet für die Geschäftsbanken aus, weil damit die Gefahr eines Abflusses der Einlagen verbunden ist im Hinblick auf die sich ständig ändernden Positionen der Bankkunden als Debitor und Kreditor[219]. Innerhalb der bundesbankgetragenen Konditionen des Geldmarktes weisen die häufigsten Änderungen die Pensionssätze auf, gefolgt von den Abgabesätzen der Geldmarktpapiere mit Rückkaufsmöglichkeit.

Aktivitäten der Währungsbank auf den Kapitalmärkten finden vielfach anonym statt. Immerhin läßt sich feststellen, daß Zentralbankinterventionen dort nur sporadisch erfolgen.

Schließlich ist noch zu fragen nach Unterschieden in der Änderung von Diskont- und Lombardsatz. Hier zeigen sich international erhebliche Abweichungen. In Deutschland erfolgten bis zum August 1967 jeweils gleichzeitig Änderungen beider Zinssätze. Seither nahm die Bundesbank verschiedentlich isolierte Variierungen des Lombardsatzes vor. Damit soll die eigenständige Position des Lombardkredits als Alternative zur Geldmarktfinanzierung zum Ausdruck kommen.

c) Die Abstufung zwischen den Zinssätzen

Unsere folgenden Betrachtungen beziehen sich nur auf Zinssätze gleicher Herkunft: Diskont- und Lombardsatz einerseits und Geldmarktsätze andererseits.

1. Traditionell liegt zwischen Diskont- und Lombardsatz eine Spanne.

Einen institutionierenden Charakter hat die Spannenpolitik dann, wenn sie vom Gesetzgeber vorgegeben ist (z. B. Malaysia: 1 %) oder von der Zentralbank bei Diskontsatzänderungen unverändert beibehalten wird. Üblicherweise liegt der Lombardsatz über der Diskontrate; am häufigsten ist eine Spanne von einem Prozentpunkt anzutreffen (z. B. Bundesrepublik bis 1966). Im Extremfall beläuft sich die Spanne auf Null: Dann nämlich, wenn die Diskontierung zum Lombardsatz erfolgt (wie beispielsweise in Italien seit 1961 und in den Vereinigten Staaten). Selten sind Spannen zugunsten des Lombardsatzes (Lombardsatz liegt unterhalb des Diskontsatzes, Spanien bis 1962). Seit 1966 bewegt sich die deutsche Spanne zwischen 0,5 und 2,5 %.

2. Die funktionale Diskont- und Lombardsatzpolitik läßt sich unterschiedlich gestalten. Grundsätzlich bieten sich drei Wege an:

a) Diskont- und Lombardsatz werden neu festgesetzt und dabei die bisher vorhandene Spanne geändert. Hier verbinden sich allgemeine Zinspolitik (Diskontsatzpolitik) und Lombardsatzpolitik der Notenbank miteinander. Damit möchte die Währungsbank sowohl

219 Vgl. Eberhard Aust, Der Wettbewerb in der Bankwirtschaft, Frankfurt/Main 1963, S. 60 f.

eine generelle Zinserhöhung auslösen als auch das Ausweichen der Banken auf den Lombardkredit nach Erschöpfen der Rediskontkontingente erschweren.

b) Bei unverändertem Diskontsatz wird der Lombardsatz geändert (idealtypische Lombardsatzpolitik). Die Zentralnotenbank sieht das allgemeine Zinsniveau als richtig an. Es geht nur darum, die Lombardaufnahme zu erschweren oder zu erleichtern.

c) Umgekehrt erfolgt bei unverändertem Lombardsatz eine Neufestsetzung des Diskontsatzes. Hier zeigt sich - wie bei der ersten Form - eine Verbindung zwischen allgemeiner Zinspolitik und Diskontsatzpolitik. Nicht das allgemeine Zinsniveau (wie beim zweiten Weg), sondern der Lombardsatz wird als "richtig" empfunden. Es geht nur darum, die Spanne zu verringern (Diskontsatzerhöhung) oder sie anzuheben (Diskontsatzsenkung).

3. Eine besondere Form ist die Einführung gespaltener Zinssätze. Im Gegensatz zur Diskontsatzpolitik, die in diesem Falle selektive bis zentralistische Ziele verfolgt, bezweckt die Politik gespaltener Lombardsätze entweder die Schaffung von Alternativen zur Kontingentpolitik bzw. zur Geldmarktfinanzierung oder Erleichterung kurzfristiger Ultimo-Überbrückungen.

4. Für die Spannen zwischen den Refinanzierungs- und Geldmarktsätzen der Zentralbank lassen sich demgegenüber keine generellen Aussagen machen: Im allgemeinen liegen die Pensionssätze über, die Abgabesätze für Geldmarktpapiere unter dem Lombardsatz. Darüber hinaus werden laufzeitbezogene Abstufungen vorgenommen.

III. Besonderheiten der Valutapreispolitik

Ähnlich den Offenmarktoperationen in Effekten bezwecken Transaktionen der Zentralnotenbank am Devisenmarkt zweierlei: In erster Linie eine Beeinflussung des Valutapreises, daneben aber auch eine Steuerung der Zentralbank-Geldmenge. Hinzu kommt - ähnlich den Geschäften in Staatstiteln - eine kommerzielle Tätigkeit für ihre Klientel, die von einer Versorgung des Staates bis hin zu einer Betreuung der Wirtschaft reicht. Das kommerzielle Engagement der Währungsbank auf Devisenmärkten soll im folgenden nicht weiter interessieren: Es ist vor allem bedeutsam für Währungsbanken mit Direktgeschäft.

Die Valutapreispolitik richtet sich zunächst auf die Festsetzung von Umtauschrelationen (Unterabschnitt a). Die laufenden Aktivitäten der Währungsbank beziehen sich sodann auf Interventionen generell (Unterabschnitt b) und auf die Kurspolitik der Terminvaluten (Unterabschnitt c).

a) Die Festsetzung der Umtauschrelationen

Mit der Devisenkursfestsetzung werden drei Problemkreise angesprochen: Die Entscheidung über das Währungspreissystem (1), bei Wahl der Konvertibilität die Festsetzung der Interventionskurse (2) sowie schließlich - im Rahmen einer internationalen Kooperation - (3) die Bildung multilateraler Währungseinheiten.

1. Die Wahl des Währungskurssystems

Der Begriff "Währungssystem" hat sehr uneinheitliche Inhalte. Wir möchten daher den Ausdruck "Währungskurssystem" verwenden und damit das Kriterium der Austauschbarkeit ansprechen. Unter diesem Aspekt stehen sich zeitneutral wie weltweit drei Systeme gegenüber[220]: Konvertibilität (mit dem Zwang zur Einhaltung der Regeln des Goldautomatismus), freie Wechselkurse (Flexibilität, Floating) mit der Möglichkeit zur marktwirtschaftlich währungspolitischen Autonomie[221] und Inkonvertibilität (feste Devisenkurse unter Devisenbewirtschaftung).

Entscheidend für die Wahl des Währungskurssystems ist die Liquiditätssituation der Währungsbank (vgl. 1. Abschnitt C.I,b; 5. Abschnitt B.I). Konvertibilität und Inkonvertibilität verlangen die Festsetzung einer Parität, die sich bei der Flexibilität erübrigt: Dort wird die Konvertierung über den Markt vollzogen.

a) Die Festsetzung der Parität wurde lange Zeit als Teil der institutionierenden Währungspolitik angesehen[222]: Paritätenänderungen zählten zu den Ausnahmen. Auf dem System fester Paritäten basierte die Konzeption von Bretton Woods (1947-1973)[223], deren Ende mit der Aufhebung der Gold-Konvertibilität der US-amerikanischen Währung eingeleitet wurde[224]. Bei der Paritätenänderung ergeben sich drei wesentliche Problemkomplexe:

---

220 Vgl. dazu Egon Sohmen, Wechselkurs und Währungsordnung, Tübingen 1973

221 Vgl. dazu Wolfgang Stützel, Über unsere Währungsverhältnisse. Zehn Jahre Floating: Verheißungen und Erfahrungen, Tübingen 1982; ferner Ralph Th. Honegger, Währungspolitik bei flexiblen Wechselkursen. Eine positive Analyse des Interventionsverhaltens der Schweiz, der Bundesrepublik Deutschland, Englands, Japans und Kanadas, Chur 1989

222 Wir verweisen dazu auf die Erklärung des damaligen Bundesbankpräsidenten Karl Blessing zur ersten DM-Aufwertung (5.3.1961): "Die Bundesbank hat sich lange gegen eine Wechselkursanpassung gesträubt. Für eine Notenbank ... ist nun einmal die Währungsparität eine sakrosankte Sache, die man nur verändern darf, wenn alle anderen Mittel nicht zum Erfolg führen."

223 Verpflichtung der Mitglieder zur Paritätsfestsetzung (Art. IV Abs. 1a IMF-Statut) und Konvertibilität (Art. VIII Abs. 4). Von den Suspendierungsmöglichkeiten haben nahezu alle Mitgliedsländer in unterschiedlicher Form Gebrauch gemacht. Über die jeweiligen Kurssysteme unterrichtet IMF, Exchange Arrangements and Exchange Restrictions, Annual Report.

224 Vgl. Franz Zehetner, Die Suspendierung der Goldkonvertibilität des Dollars, Wien 1973

1. Die Frage nach der Wahl der "richtigen" Parität (Kaufkraftparitäten- versus Zahlungsbilanztheorie)[225].
2. Die Entscheidung über die Wahl der Mittel zur Lösung des Problems chronischer Ungleichgewichte der Zahlungsbilanz: Entweder generelle Maßnahmen zur Herstellung des außenwirtschaftlichen Gleichgewichts (Praktizierung der Spielregeln des Goldautomatismus mit erheblichen binnenwirtschaftlichen Auswirkungen vgl. 1. Abschnitt, C.I,b.4) oder aber devisenpolitische Maßnahmen: Paritätenänderung, Aufgabe der Parität und Übergang zu flexiblen Wechselkursen oder Beibehaltung der Parität unter Einführung der Devisenbannwirtschaft (bei aktiver Zahlungsbilanz) oder einer Devisenbewirtschaftung (bei chronisch passiver Zahlungsbilanz).
3. Bei Paritätenänderung die Frage der Zuständigkeiten (Parlament, Regierung, Zentralnotenbank - jeweils allein oder gemeinsam[226]), wobei die Unabhängigkeit der Währungsbank deren entweder alleinige oder bevorrechtigte Zuständigkeit verlangt (vgl. 1. Abschnitt D.III,a)[227].

b) Eine Kombination zwischen Konvertibilität und flexiblen Devisenkursen stellen Währungsabkommen dar, wie sie auf europäischer Ebene in unterschiedlicher Form seit 1951 bestehen: An die Stelle der Paritäten sind Leitkurse getreten[228]. Die Währungen der elf Mitglieder des Europäischen Währungssystems (EWS) besitzen untereinander Leitkurse, während gegenüber den Währungen der Drittländer[229] Flexibilität besteht (sofern diese nicht durch individuelle Vereinbarungen mit ausländischen Zentralbanken wiederum eingeschränkt ist[230]).

c) Devisenbewirtschaftung wird regelmäßig durch ein System "gespaltener" Devisenkurse charakterisiert, die teils von der Zentralnotenbank festgesetzt, teils durch Versteigerung ermittelt werden. Auf die Zweiteilung in bewirtschaftete und freie Devisenmärkte haben wir bereits hingewiesen (vgl. Unterabschnitt C.IV). Die Marktteilung kann von der Unterscheidung zwischen Kapital- und Handelsvaluten bis hin zu einem umfangreichen System multipler Devisenkurse reichen, wie sie sich vor allem in den lateinamerika-

---

225 Vgl. dazu Ulrich auf der Heide, Die Kaufkraftparitätentheorie, in: wisu 1/1992, S. 25 f.; ferner Fritz W. Meyer, Art. Kaufkraftparität, in: HdSW Bd. 5, S. 589 ff. (jeweils mit Bibliographie)

226 Vgl. dazu Hugo J. Hahn und Günter Roth, Fragen des Rechts der Auf- und Abwertung, Karlsruhe 1979; ferner Friedhelm Brackmann, Die institutionelle Seite der Währungsparitätenänderungen, Diss. Köln 1961

227 In der Bundesrepublik ist die Situation nach wie vor ungeklärt (a. M. Klaus Müller, Die Änderung der Währungsparität als Problem der innerstaatlichen Kompetenzenverteilung, in: BB 17/1971, S. 726 ff.). Als Problemlösung hat sich die Herstellung eines Einvernehmens zwischen Bundesregierung und Bundesbank ergeben (vgl. Otmar Emminger, a.a.O., S. 98 ff., 135 ff., 228 ff.).

228 Europäische Zahlungsunion (EZU, 1951-1955) und Europäisches Währungsabkommen (EWA, 1955-1972) mit den Ländern Westeuropas (außer Finnland), Kanada und USA, Europäischer Wechselkursverbund ("Schlange", 1972-1978) mit einigen EG-Ländern und Europäisches Währungssystem (EWS, seit 1979) der EG-Mitgliedsländer.

229 Z. B. Österreich, Schweiz, die skandinavische Halbinsel, Kanada, USA und Japan.

230 Vgl. Hanspeter K. Scheller, Währungspolitik: Ergänzungen zu Oswald Hahn, in: Kreditwesen 13/1988, S. 567

nischen Weichwährungsländern nach dem zweiten Weltkrieg entwickelt haben[231]. Die Devisenbewirtschaftung führt - wie jede Bewirtschaftung oder Planwirtschaft - stets zu Fehlleitungen, zur Entstehung von Schwarzmärkten und schließlich zur Korruption[232].

2. Die Festsetzung der Bandbreiten

Konvertibilität verpflichtet die Währungsbank zu entsprechender Kurspflege. Diese auf die Parität zu beziehen wäre sowohl technisch schwierig als auch unwirtschaftlich. Aus diesem Grunde werden - analog den Goldpunkten der Goldumlaufswährung - maximale Schwankungs- oder Bandbreiten festgelegt, die durch einen unteren und oberen Interventionspunkt begrenzt sind. Diese Spannen schwanken in praxi zwischen 0,5 und 2,5 Prozent. Ein Absinken einer Valuta unter den unteren Interventionspunkt verpflichtet die Währungsbank, diese Währung abzugeben, während der Anstieg über den oberen Interventionspunkt einen Kaufzwang begründet, bis jeweils der Interventionspunkt wieder erreicht ist. Die währungspolitische Souveränität der einzelnen Zentralnotenbank steigt dabei mit zunehmender Bandbreite[233].

Die Festsetzung der Bandbreiten ist Angelegenheit der betreffenden Währungsbank bzw. Regierung.

3. Die Bildung multinationaler Währungseinheiten

Eine multinationale Währungseinheit ist die Summe der Produkte eines bewerteten Währungskorbs. Sie entsteht dadurch, daß man aus der Bedeutung der einzelnen Währungen ein "Mengengerüst" (Währungskorb) bildet, die einzelnen Gewichte mit dem Marktkurs multipliziert und die Produkte addiert[234]. So setzt sich das Sonderziehungsrecht (SZR) des Internationalen Währungsfonds aus fünf, der ECU aus neun (1979), zehn (1984), zwölf (1989) bzw. zehn (1992) Währungen zusammen[235]. Die Zuständigkeit für die Festsetzung dieses Korbes liegt bei allen Mitgliedsländern des Währungsraums bzw. der beteiligten Währungen, wobei zwar Einstimmigkeit erforderlich ist, der Entscheidungsspielraum jedoch durch ökonomische Daten sehr begrenzt ist. Maßgeblich für die Zusammensetzung des Korbes sind in der Regel Außenwirtschaftsumsätze. Allerdings

---

231 Vgl. im einzelnen Heinrich Rittershausen, Handelspolitik, a.a.O., S. 165 ff., 219 ff.; ferner Wolfgang König, Devisenkurspolitik in Lateinamerika, Hamburg 1969

232 Vgl. Emil Küng, Zahlungsbilanzpolitik, Tübingen 1959, S. 680 ff.

233 Vgl. dazu George N. Halm, Die Vergrößerung der Bandbreiten für Devisenkursschwankungen, Berlin 1965

234 Vgl. dazu Albrecht von Moltke, Die private Verwendung von ECU, Reutlingen 1986

235 Vgl. dazu Die Märkte für private ECU, in: Monatsberichte Deutsche Bundesbank, Mai 1992, S. 26 ff.

obliegt es allein der nationalen Währungsbank, über die Verwendung dieser multinationalen Währungseinheit im Währungsgebiet zu befinden[236].

b) Preispolitik auf Devisen-Kassa-Märkten

Bei der Intervention ist zunächst der Grad der Unabhängigkeit der Währungsbank beim Einsatz dieses Instruments entscheidend (1). Sodann haben wir nach der Zielsetzung der Instrumente zu fragen (2). Schließlich ergibt sich die Wahl der Strategien bei der Devisenkursstabilisierung (3).

1. Interventionspolitik[237]

Flexible Wechselkurse schließen begrifflich Interventionen der Währungsbank aus: Man spricht dabei von einem "reinen" oder "sauberen" Floaten. Eine Zentralnotenbank könnte in einem solchen System ohne die geringsten Liquiditätsreserven (Devisenbestände) auskommen[238].

Flexible Wechselkurse ohne Interventionspflicht aufgrund von Abkommen oder Vereinbarungen überlassen der Währungsbank ein breites Feld der Interventionen (kontrolliertes oder "schmutziges" Floaten)[239], die nur bei Verkäufen durch den Bestand an entsprechenden Fremdwährungen und den internationalen Kreditspielraum der Bank begrenzt sind.

Währungsabkommen schränken mit steigender Zahl und Bedeutung der angeschlossenen Währungen und fallenden Bandbreiten die Handelsoperationen in Devisen ein[240]. Hinzu kommen gegebenenfalls zwei weitere Einschränkungen: Erstens eventuelle Konsultationen der übrigen Mitglieder bei (freiwilliger) Intervention in anderen Währungen, und zweitens eine eventuelle Pflicht zum "Gruppenfloating" gegenüber einer oder mehreren Drittwährungen.

---

236 Vgl. dazu Statistische Beihefte zu den Monatsberichten der Deutschen Bundesbank, Reihe 5: Die Währungen der Welt, jeweils Abschn. 10 und 13 sowie Erläuterungen

237 Vgl. dazu Hans-Joachim Klöckers, Devisenmarktinterventionen zur Konjunkturstabilisierung - eine theoretische Analyse für eine kleine offene Volkswirtschaft bei Datenänderungen im In- und Ausland, Freiburg i. B. 1990

238 Vgl. Peter Marcus Reichenstein, Währungsreserven und Reservepolitik bei flexiblen Wechselkursen. Ansätze zur vermögenspolitischen Betrachtung der Aktiva einer Zentralbank, Grüsch 1987

239 Vgl. Harmen Lehment, Devisenmarktinterventionen bei flexiblen Wechselkursen. Die Politik des Managed Floating, Tübingen 1980

240 Diese Feststellung bezieht sich nicht auf die Umsätze: Das Festhalten an falschen Interventionskursen kann sehr hohe Kauf- oder Verkaufsvolumina in den betreffenden Währungen auslösen.

2. Zielsetzung der Intervention

Bei allen Interventionen ist die Menge Aktionsparameter. Als Erwartungsparameter wird normalerweise der Devisenkurs angesehen. Dabei tritt ständig die Frage nach der Wirksamkeit der Interventionen auf den Devisenkurs auf, die für die Vereinigten Staaten eher negativ beurteilt wird[241].

Ziel dieser Verkäufe kann aber andererseits auch eine Reduzierung des Zentralbankgeld-Umlaufes im allgemeinen, unter Umständen auch der Geldmenge im besonderen sein, beispielsweise als Alternative zu einer Devisenbannwirtschaft. In diesem Fall sind Devisen Gegenstand der Offenmarktpolitik. Umgekehrt bezwecken Käufe einer Zentralbank eine Devisenbeschaffung. In beiden Fällen ist die Auswirkung auf den Kurs ein erwünschter oder in Kauf genommener unerwünschter Nebeneffekt.

Geld- oder devisenmengenausgerichtete Interventionen der Zentralnotenbanken sind allerdings Ausnahmen[242].

3. Strategien bei der Devisenkursbeeinflussung[243]

Bei den kursausgerichteten Interventionen der Zentralnotenbank haben sich zwei Strategien entwickelt. Die Referenzkursstrategie wird dadurch gekennzeichnet, daß die Währungsbank von einem gewünschten Währungskurs ausgeht. Sie kauft Devisen bei einem darunterliegenden Kurs der Fremdwährung und verkauft bei einem darüberliegenden Kurs[244]. Dem gegenüber steht die Strategie des Abbremsens von Devisenkursbewegungen (Konzeption des "Gegen-den-Strom-Schwimmens"): Ziel der Währungsbank ist es hier, eine sich abzeichnende Marktentwicklung abzustoppen. Sie wird bei steigendem Fremdwährungskurs verkaufen, bei fallendem Fremdwährungskurs Devisen kaufen[245]. Im allgemeinen dürfte die Strategie des Abbremsens bevorzugt werden: Sie liegt näher im Bereich der konstatierenden Kurspolitik, während die Referenzkursstrategie gestaltenden Charakter hat. Ein abgestimmtes und plötzliches Verhalten der beteiligten Zentralbanken erhöht die Erfolgsaussichten derartiger "Abbrems"-Aktionen. Da die Finanzmärkte infolge der Globalization miteinander verflochten sind, müssen die Währungsbanken ebenfalls kooperieren, um ihre Ziele noch durchsetzen zu können.

241 Vgl. NN, Für und wider die Devisen-Interventionspolitik. Ein Rückblick auf US-Erfahrungen in den achtziger Jahren, in: NZZ 27.8.1992

242 Zeitweilig praktiziert von der Nepal Rastra Bank. Vgl. Oswald Hahn, Bankpolitik in Nepal, I, in: Kreditwesen 2/1966, S. 77 ff.

243 Vgl. Adalbert Palm, Stabilisierungspolitik bei flexiblen Wechselkursen. Die Deutsche Bundesbank zwischen Dollarauf- und -abwertung, Berlin 1988

244 Vgl. dazu Lothar Bopp, Wechselkursmanagement der Zentralbanken, Freiburg i. B. 1982, S. 76 ff.

245 Vgl. ebenda, S. 131 ff.

c) Preispolitik auf den Devisen-Termin-Märkten[246]

Devisenterminkurse stehen praktisch außerhalb von Interventionsabkommen: Hier bietet sich der Währungsbank eine autonome Preispolitik an. Diese hat unterschiedliche Zielsetzungen. Einmal bezwecken sie primär Kurssicherungen im grenzüberschreitenden Kapitalverkehr über Devisen-Swapgeschäfte[247] (gleichzeitiger Kassakauf von Devisen unter Terminrückverkauf für Kapitalexporteure, Kassaverkauf unter Terminrückkauf für Kapitalimporteure[248]). Zum andern können diese Geschäfte auf Geldmarktoperationen entweder mit ausländischen Zentralbanken (vgl. 5. Abschnitt B.III) oder mit inländischen Kreditinstituten ("Devisenpensionsgeschäfte") ausgerichtet sein. Der Währungsbank stehen dabei Interventionen auf dem Terminmarkt (Outright-Operationen), Abschlüsse außerhalb der Märkte (Zentralbankvereinbarungen) oder Festsetzung von Swapsätzen zur Verfügung.

1. Interventionen am Devisen-Termin-Markt

Durch entsprechende Angebote bemüht sich die Währungsbank, den Kurs für Termindevisen in die gewünschte Richtung zu bringen (höherer Terminkurs: Report zur Förderung des Kapitalexports; niederer Terminkurs: Deport zur Anregung des Kapitalimports). Die Interventionen haben den Vorteil, daß sie nicht bekannt werden. Ihr Nachteil besteht darin, daß auch die Kurssicherung der Warenex- und -importeure betroffen wird.

2. Die Politik der Swapsätze im Bankengeschäft

Mit der Festsetzung von Swapsätzen (relative Spanne zwischen Termin- und Kassakurs) betreibt die Währungsbank eine Marktspaltung: Sie führt den gleichzeitigen Handel in Kassa- und Termindevisen außerhalb des freien Terminmarktes durch, schafft also (ebenso wie bei der Refinanzierung und den Geldmarkttransaktionen) einen eigenen Markt. Der

---

246 Vgl. dazu Steffen-Thomas Ehrig, Devisentermingeschäfte als Instrument der Währungspolitik unter besonderer Berücksichtigung der Devisentermingeschäfte der Deutschen Bundesbank und der Schweizer Nationalbank, Berlin 1973

247 Der Begriff "Swapgeschäft" war seit seiner Einführung in den deutschen Sprachgebrauch (1955) bis Mitte der achtziger Jahre eindeutig (Pensionsgeschäft in Devisen). Die Ausweitung des Begriffs "Swap" macht jedoch den Zusatz "Devisen-Swap" zur Unterscheidung der (außerhalb des Währungsbankbereichs anzutreffenden) Währungs-, Zins- und Debt-Equity-Swaps notwendig. Leider finden sich im Schrifttum nur unvollständige Gesamtübersichten. Verwiesen sei auf Stefan Nabben (Financial Swaps, Wiesbaden 1991, S. 10-15) und auf Joerg Peters (Swap-Finanzierung, Wiesbaden 1990, S. 2-5).

248 Theoretisch müßte der Swapsatz das internationale Zinsgefälle aufheben (vgl. Richard Stehle, Das Zinsparitätengesetz, in: WiSt 6/1984, S. 291 ff.). Die fehlenden Prämissen verhindern dies jedoch; die Spekulation auf Paritätenänderung bewirkt darüber hinaus u. U. eine Erhöhung des Gefälles.

Vorteil dieser Geschäfte liegt darin, daß die Warentransaktionen von der Kurspolitik nicht berührt werden. Als nachteilig erweisen sich jedoch Arbitragegeschäfte der Banken durch Ausnutzung von Differenzen zwischen den Währungsbank-Swapsätzen und den auf dem freien Markt gebildeten Spannen ("Karussell-Geschäfte"[249]).

3. Devisenpensionen als Geldmarktgeschäfte

Die Deutsche Bundesbank überläßt seit 1973 unter dem Namen "Devisenpensionsgeschäfte" den Banken einen "Herausgabeanspruch auf Auslandsaktiva der Bundesbank für befristete Zeit"[250], wobei die Aktiva im Bestand der Bundesbank bleiben und ihr auch die Zinserlöse zufließen. Erlös der Geschäftsbank ist der jeweilige Unterschied zwischen Kassa- und Terminkurs. Solche Geschäfte sind Alternativen zu Wechsel- und Effektenpensionen (vgl. Unterabschnitt B.II,c).

---

249 Vgl. Steffen-Thomas Ehrig, a.a.O., S. 93

250 Die Bezeichnung ist in gewisser Hinsicht inkonsequent: Jede Kombination eines Kassa- und entgegengesetzten Termingeschäfts stellt ein Pensionsgeschäft dar (vgl. Oswald Hahn, Finanzwirtschaft, 2. A., Landsberg/Lech 1983, S. 158). Das Swapgeschäft wurde zudem immer als Pensionsgeschäft in Devisen charakterisiert (vgl. ebenda, S. 315). Der Bundesbank-Terminus "Devisenpensionsgeschäft" soll jedoch die Unterscheidung von "Devisenswapgeschäft" deutlich machen.

4. Abschnitt: Die Währungsbank als Autorität: Das psychologisch-kooperative Instrumentarium

Die dritte Position der Währungsbank leitet sich aus ihrem öffentlichen Ansehen und ihrer Machtposition, also ihrer Autorität, ab: Sie versucht damit, ein entsprechendes Verhalten der Wirtschaftssubjekte auch ohne administrative oder unternehmerische Maßnahmen zu erreichen. Basis der Autorität ist einmal die Kompetenz der Zentralnotenbankleitung in währungspolitischen Angelegenheiten, zum andern das Wissen der Wirtschaftssubjekte darüber, daß bei Mißerfolgen der psychologischen bzw. kooperativen Einflußnahme der Einsatz unternehmerischer oder administrativer Instrumente zu erwarten ist, die mit nachteiligeren Folgen verbunden sind.

Üblicherweise werden Instrumente, die eine Beeinflussung des Verhaltens anstreben, der Kommunikationspolitik zugeordnet. Dies erscheint jedoch aus zwei Gründen unangebracht (vgl. 3. Abschnitt, Vorbemerkung): Zum einen erstrebt die Zentralnotenbank aus der Position der Unternehmung heraus mit den psychologischen Einwirkungen nicht - wie insbesondere bei der Werbung beabsichtigt - einen erhöhten Absatz ihrer Leistungen, sondern vielfach das Gegenteil. Zum andern bedient sich die Währungsbank dieses Instruments nicht nur aus ihrer Position als Unternehmung heraus, sondern auch als Behörde.

Als Autorität setzt die Währungsbank einmal psychologische Mittel ein, zum andern ist sie auf Zusammenarbeit mit ihren Geschäftspartnern ausgerichtet. Letzteres möchten wir als drittes Instrument dieser Gruppe bezeichnen (Unterabschnitt C). Bei der psychologischen Einwirkung soll eine Trennung erfolgen: Auf der einen Seite stehen Bemühungen um Änderungen der Verhaltensweisen der Wirtschaftssubjekte durch Überzeugung (Unterabschnitt A), auf der anderen Seite Warnungen und Empfehlungen (Unterabschnitt B). Es ist unbestritten, daß die Abgrenzung zwischen den beiden ersten Instrumenten fließend und nicht immer einfach ist.

Die Reihenfolge der Instrumente deutet bereits den Grad der Einwirkung an: Die Beeinflussung ist noch als neutral einzustufen. Warnungen und Empfehlungen erfolgen bereits mit dem Hintergrund eines Eingreifens als Unternehmung oder Behörde. Über die Kooperation schließlich hatten die Partner schon eine freiwillige Verpflichtung übernommen.

A. Überzeugungs-Bemühungen[1]

Mit diesem Instrument wendet sich die Währungsbank primär an die Endverbraucher (Konsumenten), aber auch an die Wirtschaft (Unternehmungen und Sozialpartner). Zwei Bezeichnungen haben sich im Zeitverlauf eingeprägt[2]: Der mehr spöttisch-abwertende Terminus "Seelenmassage" und die zum festen deutschen Wortschatz gehörende "Moral Suasion". Das erstgenannte Wort bezieht sich im allgemeinen auf die Bemühungen von Ludwig Erhard in den ersten Monaten nach der deutschen Währungsreform des Jahres 1948, die Preise "herunterzureden". Die "Moral Suasion" als "Politik des gütlichen Zuredens" (Günter Schmölders) fand erstmals Anwendung beim Federal Reserve System während der zwanziger Jahre mit dem Ziel einer Beseitigung der Rezession.

Es gibt zahlreiche Beispiele entsprechender Aktionen: Die Maßhalteappelle des Zentralbankrats (1948, 1966, 1992), Aufforderungen zur Zurückhaltung in den Tarifabschlüssen und bei der Preispolitik, Empfehlungen einer ausreichenden Liquiditätshaltung, Bedenken gegenüber einer staatlichen Pflegefallversicherung (1992) oder einer zu starken Auslandsfinanzierung (1927, 1965, 1973) u. ä. m. Häufig sind auch Appelle der Deutschen Bundesbank an die Regierung zur Ausgabenreduzierung. Es fehlen allerdings entsprechende Äußerungen über notwendige Steuererhöhungen mit konkreten Ansätzen[3]. Zur "Moral Suasion" als Überzeugungs-Bemühungen zählen aber auch alle Begründungen für den Einsatz unternehmerischer und administrativer Mittel wie auch die Rechtfertigung für die generelle Währungspolitik und ggf. eines grundlegenden Kurswechsels[4]. Man kann daher diesen Teil der moral suasion durchaus als "Währungsbank-Marketing" bezeichnen[5].

Formen, Mittel und Voraussetzungen für die Wirksamkeit sind die drei Elemente dieses Instruments.

I. Die Formen der Moral Suasion

Die Beeinflussung der Verhaltensweisen der Wirtschaft kann auf direktem oder indirektem Weg erfolgen[6]. Die indirekte Form geht von den in Vergangenheit eingesetzten administrativen und unternehmerischen Instrumenten der Währungsbank aus. Man könnte

1 Vgl. dazu Werner Siegert, Währungspolitik durch Seelenmassage?, Frankfurt/Main 1963
2 Vgl. ebenda, S. 2 ff.
3 Vgl. dazu Oswald Hahn, Bundesbank: Defizit in Moral Suasion, in: Kreditwesen 16/1992, S. 721
4 Vgl. NN, Bundesbank sucht nach Gründen zur Erklärung ihres Kurswechsels, in: FAZ 23.10.1992; Martin Kessler, Bundesbank: Wie ein Gespenst, in: WiWo 46/1992, S. 27 f.
5 Vgl. dazu die These von Heinz Rieter: Geldwertstabilität - ein Problem der Prozeß- oder Ordnungspolitik? (Vortrag vor der Irving Fisher-Gesellschaft in Siegen 9.3.1993)
6 Vgl. Werner Siegert, a.a.O., S. 66 ff.

dies auch den Voraussetzungen für die Wirksamkeit unterordnen. Im Mittelpunkt steht jedoch der Versuch der direkten Einflußnahme: Propaganda (der i. d. R. die entsprechende Fundierung fehlt), Faktenvermittlung (verständliche Information über gesamtwirtschaftliche Erscheinungen, wie Zahlungsbilanzsituation, Preisentwicklung und Beschäftigungslage) und schließlich Interpretation dieser Fakten.

II. Mittel der Moral Suasion

Werner Siegert zählt fünf Instrumente einer Information der Ansprechpartner auf[7]: Das Gespräch zwischen Zentralbankleitung und einflußreichen Persönlichkeiten des Gemeinwesens, Veröffentlichungen der Zentralbank (z. B. Monatsberichte der Deutschen Bundesbank, Federal Reserve Bulletin)[8], öffentliche Stellungnahmen (z. B. Blessing-Memorandum 1960[9]), Beratungsinformationen und der Einsatz von Massenmedien (Presse, Rundfunk und Fernsehen) oder individuellen Medien (Kultur- und Lehrfilme, Werbung und Lehrmaterial). Das Gespräch und die Beratungsinformation wenden sich an Multiplikatoren, während die Massen- und individuellen Medien sich im allgemeinen der Veröffentlichungen und Stellungnahmen bedienen und insofern ebenfalls nur mittelbaren Einfluß aufweisen. Diese beiden letztgenannten Mittel dürfen daher im Zentrum der Moral Suasion stehen. Wolfgang Stützel hat Mitte der fünfziger Jahre den Monatsberichten der Deutschen Bundesbank sogar den Charakter eines eigenständigen währungspolitischen Instruments zuerkannt[10], was gerade in jüngster Zeit bestätigt wurde[11]. Auch auf internationaler Ebene läßt sich moral suasion einsetzen[12].

---

7 Vgl. ebenda, S. 122 ff.

8 Vgl. dazu Reinhard Pohl, Geldtheoretische Analysen der Deutschen Bundesbank als Elemente einer Strategie der Überredung. Ein Beitrag zu Theorie und Praxis nationalökonomischer Sprachkritik, Berlin 1971

9 Deutsche Bundesbank, Memorandum über die Lohn- und Preisentwicklung, auf Wunsch des Herrn Bundeskanzlers erstattet, Januar 1960. Vgl. dazu Johann Frank, Blessing nimmt Partei, in: DZ 28.1.1960; Ernst Günter Vetter, Das Gutachten der Notenbank, in: FAZ 28.1.1960; Hans-Constantin Paulssen, Zum Blessing-Memorandum, in: Der Arbeitgeber 20.2.1960

10 Vortrag Universität zu Köln, 30.1.1956. Vgl. dazu auch NN, Notenbankausweis - ein geldpolitisches Kardiogramm, in: NZZ 4.3.1976

11 Die Bank von Griechenland versuchte mit der Herausgabe eines periodischen Bulletins u. a. ihre Unabhängigkeit gegenüber der Regierung auszuweiten. Vgl. NN, Wirtschaftsbericht der Griechischen Zentralbank. Verklausulierte Kritik an fiskalischen Maßnahmen Athens, in: NZZ 30.1.1993

12 Infolge der Globalization der Finanzmärkte gewinnen übernational wirkende Mittel an Bedeutung. Zu erwähnen sind hier Tagungen und Konferenzen, angefangen von einem Meeting der Notenbankpräsidenten bis hin zu deren Teilnahme an G 7- und Weltwirtschafts-Konferenzen. Mit Aussagen, Statements und Absichtserklärungen wird über die erwähnten Multiplikatoren versucht, die beabsichtigten Wirkungen auf internationaler Ebene zu erzielen. (Anmerkungen Jürgen Singer)

III. Voraussetzungen für die Wirkungsweise der Moral Suasion

Grundvoraussetzung für einen Erfolg der Überzeugungsbemühungen ist zunächst einmal die Glaubwürdigkeit[13], die primär auf Erfahrungen begründet ist: Wenn sich in der Vergangenheit die Befolgung von entsprechenden Appellen als falsch erwiesen hat, leidet darunter naturgemäß die Autorität der Notenbank. Genannt seien Maßhalteappelle an die Verbraucher oder Bauherren, denen beim Zeitvergleich mehrere Jahre später hohe Preissteigerungen gegenüberstanden. Die entsprechenden Mißerfolge rühren teilweise aber auch daher, daß ein zweites Gebot mißachtet wurde: Wahl des richtigen Zeitpunktes. Weiterhin hängt der Erfolg der Moral Suasion von der Koordination ab: einmal von der Zusammenarbeit Notenbank - Regierung (die naturgemäß bei Appellen an Investitionszurückhaltung der öffentlichen Hand fehlen dürfte), zum andern von flankierenden "kleinen" unternehmerischen oder administrativen Maßnahmen, wobei strittig ist, welche Maßnahmen flankierenden Charakter haben. Schließlich müssen entsprechende Empfehlungen von vorbildlichem Verhalten der Adressanten begleitet sein[14], insbesondere bei erfolgreichen Appellen[15].

Auch muß man sich darüber im klaren sein, daß Moral Suasion nicht die Generallinie einer entsprechenden Währungspolitik ersetzen kann[16].

---

13 Vgl. dazu Klaus Bernhardt, Die Staatsautorität ist in Gefahr, in: HB 1./2.6.1962; Raffée/Widman, in: DB 12/1986, S. 628

14 Beispiele für solche Negativwirkungen sind:

1. Bauvorhaben der Zentralnotenbank bei ständiger Kritik an öffentlichen Bauvorhaben (z.B. Karl Blessing, 1959 ff.), hohe Repräsentationsaufwendungen und Auslandsferienreisen von Mitgliedern der Notenbankleitung bei vorangehenden Appellen zur Zurückstellung von Bauvorhaben, zu Sparsamkeit und nach "Ferien im Inland" (vgl. dazu auch Volkmar Muthesius, Wer muß "maßhalten"?, in: IK 3.5.1962).
2. Appelle gegen Auslandsferienreisen bei angespannter Zahlungsbilanzsituation und gleichzeitigen vierwöchigen Aufenthalten von Mitgliedern der Zentralbankleitung in Luxushotels der Karibik.
3. Warnung vor hohen Tarifabschlüssen bei gleichzeitiger eigener Höherdotierung (vgl. NN, Österreichs Nationalbank unter Beschuß, in: NZZ 12./13.4.1992).
4. Forderung nach Kürzung von Staatsausgaben bei hohem eigenen Repräsentationsaufwand (vgl. Oswald Hahn, Bundesbank: Defizit in Moral suasion, in: Kreditwesen 16/1992, S. 721).

15 Vgl. Max Kruk, Bosch hat ein Warnlicht gezündet, in: FAZ 11.11.1965; NN, Vorbildliche Sparsamkeit, in: FAZ 17.11.1961

16 Vgl. dazu NN, "Maßhalte-Appelle kein Ersatz für Wirtschaftspolitik". Forderungen des DGB zur Stabilisierung der Wirtschaft, in: HB 4.7.1966; ferner Werner Siegert, a.a.O., S. 141 ff. (Grenzen der "Moral Suasion"), S. 148 ff. ("Moral Suasion" in der Kritik)

B. Warnungen und Empfehlungen

Das zweite Instrument der Währungsbank als Autorität weist gegenüber dem ersten zwei entscheidende Unterschiede auf: Es ist einmal primär an die Hauptkunden der Notenbank - Banken und Staat - gerichtet, und es deutet sodann für den Fall einer Mißachtung bereits Maßnahmen unternehmerischer und vor allem administrativer Art an. Die Währungsbank bedient sich dabei primär des Gesprächs, des Rundschreibens und nicht zuletzt auch der Aufnahme in ihre Periodika.

I. Kritik am staatlichen Finanzgebaren

In Anlehnung an die Maßhalteappelle an die Wirtschaftssubjekte erfolgt hier eine auf die Öffentlichkeit ausgerichtete Warnung. Im wesentlichen sind es weltweit und zeitneutral immer wieder drei Ansatzpunkte.

Am häufigsten sind die staatliche Ausgabenpolitik im allgemeinen und der fehlende Ausgleich des Ausgabendefizits im besonderen Gegenstand der Kritik seitens der Währungsbank. Eng damit zusammen hängen Warnungen vor einer zu starken Inanspruchnahme des Kapitalmarktes einerseits und einer Auslandsfremdfinanzierung andererseits[17].

In jüngster Zeit hat die Kritik der Währungsbank an der Steuerpolitik Bedeutung erlangt: Sie wendet sich gegen Steuersenkungen und/oder Unterlassung von Steuererhöhungen. Diese Appelle erhielten deswegen größere Bedeutung, weil im Hinblick auf die wachsenden Staatsaufgaben Forderungen nach Ausgabenreduzierungen stets ergebnislos sind.

In Deutschland war schließlich vor allem zwischen 1955 und 1975 die Investitionstätigkeit der öffentlichen Hand im Zentrum kritischer Äußerungen des Zentralbankrats.

II. Kritik an den Banken

Es würde zu weit führen, hier die gesamte internationale Sphäre zu durchleuchten. Stellvertretend seien die wesentlichen Praktiken der deutschen, schweizerischen und US-amerikanischen Währungsbank wiedergegeben.

Im wesentlichen geht die Kritik der Währungsbanken an dem Verhalten der Geschäftsbanken in drei Richtungen: Unterlassene Einhaltung von Normen, expansive Aktivitäten und unterbliebene Anpassung der Konditionen.

---

17 Vgl. dazu u.a. Resolution des Zentralbankrats über Währungspolitik und öffentlichen Kreditbedarf, in: Monatsberichte Deutsche Bundesbank, November 1959, S. 3

a) Mahnung zur Einhaltung von Normen

In den Vereinigten Staaten sind diese Mahnungen unter der Bezeichnung "Jawbone Policy" bekannt: Aufforderungen des Federal Reserve Board bzw. der jeweiligen Federal Reserve Bank an die Mitgliedsbanken, die erlassenen Richtlinien zu beachten. Von den Monita der Deutschen Bundesbank seien beispielhaft drei herausgegriffen: Erstens die Kritik am "Window Dressing" deutscher Universalbanken über den Jahresultimo (1962)[18]. Zweitens die Beanstandung verschiedener Mißbräuche des Lombardkredits mit dem Hinweis, bei einem Andauern müsse mit einer Kontingentierung auch dieser Refinanzierungsform gerechnet werden (1969)[19]. Drittens eine nachdrückliche Warnung vor dem Unterlaufen der Maßnahmen gegen Auslandsgelder (1972), das mit Überprüfung der Kreditfazilitäten geahndet wurde[20].

b) Bitten um Zurückhaltung in der Geschäftspolitik

Während sich entsprechende Mahnungen der Schweizer Nationalbank weitgehend auf Auslandsgelder konzentrieren, reichen die entsprechenden Appelle der Deutschen Bundesbank in alle Richtungen. Immer wieder wurde in den Jahren 1950-1990 die "übermäßige" Expansion des inländischen Kreditgeschäfts beanstandet. Spezielle Bitten richteten sich verschiedentlich auf Zurückhaltung bei Effekten- und Konsumentenkrediten. Daneben finden sich Empfehlungen zur Einschränkung im Emissionsgeschäft im allgemeinen und bei Übernahme ausländischer DM-Emissionen im besonderen. Warnungen vor Aufnahme von Auslandsgeldern blieben jedoch weitgehend erfolglos und lösten daher administrative Maßnahmen aus. In den Vereinigten Staaten gibt man auf dieser Ebene den Erlaß von "Regulations" (administrative Instrumente) den Vorzug.

c) Appelle zur Weitergabe von Zinsänderungen

Zinskartelle in der Schweiz und hohe Anpassungsbereitschaft der US-amerikanischen Banken machen dort entsprechende Interventionen der Zentralnotenbank überflüssig (vgl. 3. Abschnitt D.II,a). Seit Aufhebung der Zinsverordnungen (1967, vgl. 2. Abschnitt C.III,c.3) sieht sich jedoch die Deutsche Bundesbank immer wieder veranlaßt, die Banken

18 Schreiben Deutsche Bundesbank an die Spitzenverbände des deutschen Bankgewerbes vom Dezember 1962 (vgl. NN, Kritik der Bundesbank am "Window Dressing", in: NZZ 20.12.1962).

19 Vgl. Geschäftsbericht Deutsche Bundesbank 1969, S. 53 f.

20 Schreiben Deutsche Bundesbank an die Spitzenverbände Juli 1972 (vgl. NN, Bundesbank warnt Kreditgewerbe, in: FAZ 12.7.1972).

zur Weitergabe von Zinsänderungen aufzufordern. Das bezieht sich seit etwa 20 Jahren vor allem auf das Kreditgeschäft bei Zinssenkungen und das Einlagengeschäft bei Zinserhöhungen. In den ersten Jahren nach Aufhebung der Zinsbindung waren mitunter auch Appelle der Bundesbank zu hören, Diskontsatzerhöhungen an die Kreditnehmer weiterzuleiten. Das ist inzwischen weitgehend Ausnahme geworden.

C. Die Kooperation Währungsbank - Geschäftsbanken

Die Kooperation ist primär eine Alternative zum administrativen Instrumentarium (vgl. 2. Abschnitt). Nach Vorstellung von Wesen und Problematik (Unterabschnitt I) behandeln wir - analog zu den Ansatzmöglichkeiten der Währungsbehörde (2. Abschnitt C.III) - die beiden Hauptanwendungsgebiete Liquiditätstillegung (Unterabschnitt II) und Kreditbeschränkungen (Unterabschnitt III).

I. Wesen und Problematik der Kooperation[21]

a) Die Charakterisierung der Kooperation

Wir verzichten auf die Herausarbeitung des Begriffs und des Wesens der Kooperation schlechthin und beschränken uns auf die spezielle Situation. Man kann davon ausgehen, daß Währungsbank und Geschäftsbanken als gemeinsame Träger der Geldschöpfung und geborene Interessenten an einer stabilen Währung automatisch Partner sind[22]. Die Partnerschaft ändert zwar nichts an der Überordnung der Währungsbank, bringt aber doch eine Beteiligung der Geschäftsbanken an der Währungspolitik mit sich. Sie vollzieht sich im allgemeinen in Form von Gentlemen's Agreements, Vereinbarungen und Abkommen.

b) Die Vorteile der Kooperation

Partnerschaft entspricht der liberalen Wirtschaftsordnung. Bereits hieraus läßt sich das Entstehen der Kooperation Währungsbank - Geschäftsbanken in Großbritannien und der Schweiz ableiten. Das bedeutet in jedem Fall eine erhebliche Einsparung für die Währungsbank. Die Kooperation schließt ein Durchkreuzen der Währungspolitik durch die Geschäftsbanken aus und ist insbesondere dann angebracht, wenn die Zentralnotenbank die Kontrolle über die Banken verloren hat[23].

---

21 Vgl. dazu Friedrich Sequens, Gentlemen's Agreements als Instrumente der Währungspolitik, in: Wilhelm Bühler/Otto Lucius (Hrsg.), Notenbank und Kreditapparat, Wien 1980, S. 88 ff.

22 Vgl. Bernhard Benning, Die Währungsbank und die Geschäftsbanken: Partnerschaft, in: Kreditwesen 1/1970, S. 6

23 Vgl. dazu Rudolf Stucken, Partnerschaft in der Kreditpolitik, in: FAZ 4.2.1961; derselbe, Geld- und Kreditpolitik, a.a.O., S. 153 ff.; derselbe, Was stimmt nicht, a.a.O., S. 76 ff.

c) Die Gefahren der Kooperation[24]

Den unbestrittenen Vorteilen - insbesondere dem Wegfall einer Konfrontation - stehen jedoch einige Nachteile gegenüber. Zunächst sind bei aller eingangs herausgestellten gemeinsamen Zielsetzung doch unterschiedliche Interessenlagen gegeben. Bei der Geschäftsbank tritt ein Interessenkonflikt auf, und es ergibt sich der Zwang zu Kompromissen. Hinzu kommt die Tatsache, daß die Aktionsfähigkeit der Zusammenarbeit mit abnehmender Zahl der Geschäftsbanken und zunehmender Konzentration steigt (vgl. 2. Abschnitt C.I,b.1), was sich ja am Beispiel Großbritanniens und der Schweiz besonders dokumentiert. In den USA und der Bundesrepublik bewirken die große Zahl von Banken und der relativ geringe Konzentrationsgrad eine lange Verhandlungsdauer oder (bei Kooperationen über die Verbände) die Gefahr verringerter Wirksamkeit.

Die Zentralnotenbank wird daher ihre Zielvorstellungen nur zum Teil durchsetzen können, weswegen sich eine Beschränkung dieses Instruments auf Teilbereiche, auf Sofortmaßnahmen und für zeitlich befristete Einsätze empfiehlt, nicht indes für Dauerregelungen[25]. Zu dieser Politik hat sich die Deutsche Bundesbank von Anfang an entschieden. Die Schweizer Nationalbank schloß sich dem seit einigen Jahren ebenfalls an, nachdem verschiedene Abkommen durch Außenseiter immer wieder ausgehöhlt worden waren[26].

II. Abkommen über Liquiditätsabschöpfung

a) Klassisches Instrument ist die durch Absprache fixierte Mindestreservepolitik. Zu den traditionellen "festen" Reservesätzen mit Charakter von Liquiditätsreserven traten in Großbritannien 1965 durch Vereinbarungen mit der Bank of England die "Special Deposits". In der Schweiz wurde zwischen 1950 und 1972 zeitweilig eine freiwillige Reservehaltung praktiziert, diese Praxis jedoch bald zugunsten des neueingeführten administrativen Instruments wieder aufgegeben.

b) In der Bundesrepublik erfolgten verschiedentlich Liquiditätsabschöpfungen durch einmalige Sondervereinbarungen. 1960 kam die "Blessing-Milliarde" zustande (freiwillige Übernahme einer Abschöpfungsanleihe durch das Bundesanleihe-Konsortium), zum andern eine Absprache mit den Sozialversicherungsträgern auf teilweise Anlage der Prämienreserven in Geldmarktpapieren.

---

24 Vgl. dazu Hans Günther, Polarität zwischen Notenbank und Geschäftsbanken, in: FAZ 20.5.1964

25 Vgl. Leo Schürmann, Noteninstitut und Banken: Wie steht es mit der Zusammenarbeit?, in: Wirtschaftsrevue 10/1975, S. 18 f.

26 Vgl. NN, Erhält Schweizer Notenbank doch noch gesetzliches Instrumentarium? "Abkommen mit Banken wird immer mehr unterwandert", in: HB 18./19.6.1971

c) In der Schweiz werden seit 1937 ständig befristete Abkommen zwischen Nationalbank und Bankiervereinigung über die Abwehr von Auslandseinlagen getroffen. Mit unter diese Kategorie von Abkommen kann auch ein 1971 von Bankenseite angeregter Kompromiß mit der Deutschen Bundesbank gerechnet werden: Die deutsche Bankwirtschaft verzichtet vorübergehend auf die Hereinnahme von Auslandsgeldern, und die Deutsche Bundesbank reduziert im Gegenzug den Diskontsatz. Dieser Plan scheiterte jedoch bereits an der Annahme durch die Geschäftsbanken[27].

III. Abkommen über Kreditbeschränkungen

Exemplarisch werden hier drei Typen von Vereinbarungen vorgestellt[28].

a) Am gravierendsten sind zwei Abkommen, die in Österreich und der Schweiz zwischen Nationalbank und Bankengruppen geschlossen wurden. Die Österreichische Nationalbank traf 1957 insgesamt neun "Abkommen über qualitative und quantitative Kreditmaßnahmen" (Kreditkontrollabkommen) mit den verschiedenen Gruppen der österreichischen Bankwirtschaft. Diese Abkommen legten den Rahmen fest, während die jeweiligen, an Eigenkapital und Verbindlichkeiten gebundenen Prozentsätze der Kreditplafonds fallweise Änderungen erfuhren[29]. In der Schweiz wurden zwischen 1927 und 1972 laufend Kreditbegrenzungsabkommen zwischen Nationalbank und Bankiervereinigung abgeschlossen[30], deren letzte 1967 für drei Jahre erfolgte[31].

b) Zweites Beispiel gibt die Vereinbarung der Deutschen Bundesbank mit den Spitzenverbänden über den zeitweiligen Verzicht auf die Auflage von DM-Auslandsanleihen im Frühjahr 1981[32].

c) Eine selektive Kreditbegrenzungsaktion soll als drittes Beispiel herangezogen werden: Die (geheimgehaltene) Absprache zwischen Bundesbank und Bankverbänden über vorübergehenden Verzicht auf Werbung für den Konsumentenkredit (Frühjahr 1973). Dies

---

27 Vgl. NN, Hesselbach: Gentlemen's Agreement - Auslandskreditaufnahme beschränken, Zinsen senken, in: FAZ 18.6.1971

28 Vgl. Hans E. Büschgen, Freiwillige Vereinbarungen als Mittel der Notenbankpolitik, in: BfG 3 u. 4/1967, S. 29 ff., S. 49 ff.

29 Vgl. dazu Hellmuth Klauhs, Die Kreditkontrollabkommen im Lichte der Bankpolitik, in: ÖBA 2/1964, S. 34 ff.

30 Vgl. Christine Hirszowicz, Schweizerische Bankpolitik, Bern 1983, S. 307 ff.

31 Vgl. Hans Strasser, Freiwillige Kreditbeschränkung: Das Schweizer Experiment - eine Zwischenbilanz, in: WiWo 39/1971, S. 28 ff.

32 Vgl. NN, Neue Auslandsanleihen: Die Wacht am Rhein, in: WiWo 16/1981, S. 86 ff.

kann aber zugleich auch als ein Beispiel für eine währungspolitische Fehlentscheidung gelten[33].

33 Durch diese Abmachung reduzierte sich zwar das Volumen der Konsumentenkredite innerhalb eines Jahres um die Hälfte. Zugleich nahmen jedoch auch die Ausleihungen über Kreditvermittler und der direkte Konsumenten-Geldkredit zu. Vgl. dazu Oswald Hahn, Notleidender Soldatenkredit, in: Kreditwesen 14/1972, S. 634 ff.

5. Abschnitt: Die Währungspolitik als globale Erscheinung

Währungspolitik ist - global betrachtet - dreierlei. Es umfaßt erstens den Einsatz der Instrumente, den man dem Oberbegriff "Absatzpolitik" unterordnen könnte (A). Zweitens rechnet darunter die Liquiditätspolitik - hier verstanden als Summe der Maßnahmen, die eine Zahlungsbereitschaft der Währungsbank gewährleisten (B). Schließlich gehört zu den Globalmaßnahmen die Kooperation der Zentralnotenbanken (C) als Instrument zur Verstärkung der Absatz- und Liquiditätspolitik.

A. Der kombinierte Einsatz der Instrumente

Wir haben im 3. Abschnitt das absatzpolitische Instrumentarium auf die Maßnahmen der Zentralnotenbank als Unternehmung bezogen. Fassen wir aber auch die anderen beiden Aktionsmöglichkeiten als Behörde und Autorität unter die währungspolitischen Instrumente, so läßt sich der kombinierte Einsatz als "Marketing Mix" der Währungsbank bezeichnen.

Es existieren umfangreiche Abhandlungen sowohl zum Marketing als auch zur Währungspolitik, in denen die einzelnen Instrumente diskutiert werden. Darlegungen zum Marketing Mix sind jedoch sowohl selten als auch ausgesprochen knapp: Sie beschränken sich auf die Bestimmungsfaktoren[1]. Die Abhandlungen über die Währungspolitik widmen sich ebenfalls ausführlich den einzelnen Instrumenten, gehen aber darüber hinaus auf die Globalwirkungen bei expansiver und restriktiver Währungspolitik ein. Dabei wird der kombinierte Einsatz der Instrumente unterstellt[2]. Detaillierte Betrachtungen über die konzertierte Operation sind jedoch ebenfalls Ausnahmen und knapp[3]. Einschätzungen finden sich zwar häufig hinsichtlich der einzelnen Instrumente. Es fehlt jedoch nach wie vor der Versuch einer "Rangordnung". Diese könnte sich an drei Kriterien orientieren: An den Kosten, an der Wirksamkeit und schließlich an der Systemverträglichkeit.

Während die Frage nach den Kosten relativ eindeutig beantwortet werden kann, ist die Wirksamkeit zumindest teilweise situationsbedingt. Beide Vergleiche - die Kosten-

1 Vgl. dazu Erich Gutenberg, Grundlagen der Betriebswirtschaftslehre, 2. Band: Der Absatz, z. B. 15. A., Berlin u.a. 1976, S. 496-500 (9. Kapitel: Die optimale Kombination des absatzpolitischen Instrumentariums, 1 % des Umfangs); Robert Nieschlag/ErwinDichtl/Hans Hörschgen, a.a.O., S. 833-840 (Die operative Festlegung des Marketing Mix; 0,8 % des Umfangs)

2 Vgl. z.B. Otmar Issing, Geldpolitik, a.a.O., S. 235 f.

3 Heinrich Rittershausen bringt lediglich ein Beispiel aus der Bundesbankpraxis (Zentralnotenbank, a.a.O., Abschnitt "Das kreditpolitische Instrumentarium", S. 58-170; Unterabschnitt X, "Der kombinierte Einsatz der Instrumente", S. 152-156). Diese Ausführungen umfassen seitenmäßig 4% des Abschnitts "Instrumentarium".

Nutzen-Analyse - läßt sich daher zumindest teilweise objektivieren[4]. Die Beurteilung der Systemverträglichkeit hat demgegenüber naturgemäß weitgehend subjektiven Charakter, der allerdings mit dem Zusammenbruch des Marxismus und rückläufiger Attraktivität auch eines demokratischen Sozialismus im Abklingen ist. Insofern dürfte im Jahre 1993 die abschließende Gesamtwertung leichter fallen als zehn Jahre zuvor.

I. Der Kostenaspekt

a) Grundsätzlich läßt sich aus Sicht der Notenbank folgende Rangordnung der Instrumente in der Reihenfolge steigender Kosten bilden: Einsatz des psychologisch-kooperativen Instrumentariums, unternehmerische Instrumente, Maßnahmen administrativen Charakters gegenüber Banken und solche gegenüber Nichtbanken. Diese grundsätzliche Einordnung dürfte auch Zustimmung der Geschäftsbanken finden. Aus der Sicht beider sind dabei Auflagen billiger als Beschränkungen.

b) Für die Zentralnotenbank würde sich im einzelnen unter Kostenaspekten folgende Rangfolge ergeben: Am günstigsten ist die autonome Preispolitik, gefolgt von Variierung der Mindestreservenormen (mit der Reihenfolge Einheitssatzvariation nach Einlagenkategorien und nach Größengruppen).

Qualitative unternehmerische Instrumente rangieren vor der quantitativen Kreditpolitik und am Schluß dürfte die Offenmarktpolitik einzuordnen sein.

c) Aus Bankensicht schließlich läßt sich die nachstehende Reihenfolge abnehmender Vorteilhaftigkeit aufstellen: konstatierende Preispolitik, Offenmarkt-Operationen, qualitative und quantitative Kreditpolitik. Die Mindestreserven haben für die Geschäftsbanken ebenfalls Priorität gegenüber den anderen Maßnahmen, wobei die übrigen Auflagen kostenmäßig vor den Beschränkungen liegen[5].

II. Die Effizienz

Was die Wirksamkeit angeht, so müssen unterschiedliche Situationen unterstellt werden[6]. Im allgemeinen rangieren hier unternehmerische und administrative Maßnahmen vor dem Auftreten der Währungsbank als Autorität.

---

4 Kosten-Nutzen-Analysen der Währungspolitik sind selten. Vgl. dazu Otmar Issing, Disinflation. Kosten und Nutzen der Inflationsbekämpfung, in: WiSt 1/1985, S. 9 f.

5 Vgl. dazu Gerald Braunberger, Die Kosten der Geldpolitik, in: FAZ 21.9.1989

6 Vgl. Bruno Gehrig, Geldpolitik unter alternativen funktionellen Voraussetzungen, Bern-Stuttgart 1980

a) Die klassische Situation wird charakterisiert durch innere und äußere Währungsstabilität, geringe Bankenkonzentration, funktionierende Finanzmärkte und Zinsreagibilität von Banken und Bankkunden. In dieser Situation reichen für die Währungspolitik Kreditsatzvariierungen und Offenmarktgeschäfte: Es bedarf keiner anderen Instrumente.

Eine gewichtige Rolle spielt auch die Währungskurs-Konstellation: flexible Wechselkurse machen die Währungsbank unabhängiger gegenüber dem Ausland als ein System der Konvertibilität. Nach herrschender Meinung kann bei Flexibilität eher auf administrative Maßnahmen verzichtet werden als bei Konvertibilität[7].

b) Eine hohe Giralgeldschöpfungskapazität der Geschäftsbanken verlangt zusätzlich das Instrument der Mindestreservepolitik, wobei - je nach Struktur der Bankwirtschaft - größenbedingte Abstufungen nötig sind, die allerdings erhebliche Zusatzkosten verursachen.

c) Fehlende Zinsempfindlichkeit macht zusätzlich die Heranziehung von qualitativen und quantitativen unternehmerischen Maßnahmen notwendig. In einer solchen Situation wird jedoch auch der Einsatz von Auflagen erwogen.

d) Eine inflationistische Situation erzwingt für die Effizienz die Vorrangstellung von Maßnahmen gegenüber Bankkunden, wobei hier folgende Reihenfolge der Beschränkungen anzusetzen ist: Emissionskontrolle, zeitweilige Blockierung, zeitweilige Beschränkungen und Währungsreform.

Zu beachten ist allerdings, daß mit zunehmender Härte der quantitativen wie administrativen Maßnahmen die Ausnutzung der Umgehungsmöglichkeiten steigt[8].

III. Die Systemverträglichkeit

Wir können vom Dominieren der Marktwirtschaft ausgehen. Insofern ergibt sich die grundsätzliche Rangordnung Autorität, unternehmerische Maßnahmen und administratives Instrumentarium. Bei den unternehmerischen Maßnahmen wird man eine Abstufung treffen können nach Preis, Qualität und Quantität, wobei die quantitativen hinter den behördlichen Instrumenten einer Schaffung entsprechender Infrastruktur (Einwirkung auf die Zahl der Banken und Marktanteil) und der Mindestreservepolitik rangieren.

Die administrativen Maßnahmen gegenüber Banken stehen weit vor den Einwirkungen gegenüber Nichtbanken, wobei wiederum die bankbezogenen Auflagen vor den Be-

---

7 Vgl. Bettina Müller, Notenbankpolitik bei flexiblen Wechselkursen. Eine ökonomische Analyse für die Bundesrepublik Deutschland im Zeitraum 1974-1984, Pfaffenweiler 1987

8 Vgl. dazu Reinhard Kohler, Grenzen der Bundesbankpolitik, Wirtschaftsanalyse restriktiver Zentralbankpolitik, Berlin-München 1979, insbes. aber Gudrun Narr-Lindner, Grenzen monetärer Steuerung - Die Restriktionspolitik der Bundesbank 1964-1974, Frankfurt/Main 1984

schränkungen, die Beschränkungen gegenüber Nichtbanken vor den Auflagen anzusetzen sind.

Wesentlich ist darüber hinaus die Forderung nach Wettbewerbsneutralität des Instrumentariums[9]. Diese wird für die preispolitischen unternehmerischen Möglichkeiten weitgehend bejaht. Einwendungen ergeben sich zunächst in bezug auf die qualitativen unternehmerischen Maßnahmen der Währungsbank angesichts des unterschiedlichen Anfalls an bundesbankfähigen Aktiva. Sieht man vom Devisenaufkommen einmal ab, so steht eine entsprechende Beeinflussung der Kunden im Ermessen der Banken[10]. Kritik an quantitativen und an administrativen Maßnahmen bezieht sich darauf, daß die Normen den betriebsgrößenbedingten Unterschieden viel zu wenig Rechnung tragen. Der hier gegebene Konflikt mit der notenbankbezogenen Kostenbetrachtung sollte jedoch zugunsten der Wettbewerbsneutralität gelöst werden.

IV. Zusammenfassung

Die folgenden Betrachtungen versuchen einmal eine Bewertung der einzelnen Kriterien und hierauf aufbauend eine Rangfolge der Instrumente zu geben (Unterabschnitt a). Anschließend soll die schwerpunktmäßige Bedeutung der einzelnen Instrumente in ausgewählten Ländern aufgezeigt werden (Unterabschnitt b).

a) Die Rangordnung der Instrumente

Bei der Gewichtung der Kriterien sollte u.E. der Systemkonformität der höchste, dem notenbankbezogenen Kostenaspekt der geringste Rang beigemessen werden. Ein solcher Versuch wird in Abb. 10 dargestellt. Diese Rangordnung kann nur skizzenhaft sein: So zeichnen sich Modifizierungen beispielsweise bei den quantitativen Begrenzungen (14) ab: Hier dürften geringe Beeinträchtigungen eine günstigere Rangordnung (niedrigere Wertezahl) einnehmen als die Mindestreserve für Bankkunden (12). Diese wäre u. a. auch vor der selektiven Kreditpolitik (11) einzuordnen. Auch ergeben sich Unterschiede in der Einschätzung der Autorität, die sich auf allen Stufen als zusätzliche Variation anbietet.

9 Vgl. dazu Horst Heubaum, Das kreditpolitische Instrumentarium der Deutschen Bundesbank unter dem Gesichtspunkt seiner Auswirkungen auf den Wettbewerb im Kreditgewerbe, Diss. Aachen 1964; ferner Hermann Remsberger, Geldpolitik und Bankenwettbewerb, in: Die Bank 12/1984, S. 564 ff.; Wolf-Konrad Zimmermann, Wettbewerbsverzerrungen im deutschen Bankensystem. Eine Analyse der Wirkungen notenbankpolitischer Instrumente auf den Wettbewerb zwischen den verschiedenartig strukturierten Bankengruppen, Göttingen 1984.

10 Beispielsweise kann eine Honorierung der Wechselkreditierung gegenüber dem Kontokorrentkredit die Bankkunden zu einer entsprechenden "Wechselaktivität" veranlassen.

Abbildung 10: Die Reihenfolge beim Einsatz der währungspolitischen Instrumente	
Rangordnung	Instrument bzw. Ansatzpunkt
1.	Zinspolitik gegenüber Banken
2.	Variierung der Anforderungen an zentralbankfähige Werte (qualitative Kreditpolitik)
3.	Geringe Mindestreserven für Banken
4.	Quantitative Begrenzung der Bankenrefinanzierung
5.	Hohe Mindestreserven für Banken
6.	Zinspolitik gegenüber Nichtbanken
7.	Finanzierungs- und Beleihungsquoten
8.	"Freiwillige" zeitweilige Blockierung von Geldbeständen der Bankkunden
9.	Beschränkung der Banken-Kreditgewährung (quantitativ)
10.	Währungspolitische Besteuerung
11.	Beschränkung der Banken-Kreditgewährung (qualitativ)
12.	"Mindestreserven" für Bankkunden
13.	Bestimmungsfaktoren der Giralgeldschöpfung der Banken (quantitativ)
14.	Kontingente bei der Kreditaufnahme der Bankkunden
15.	Qualitative Beschränkung bei der Kreditaufnahme der Bankkunden
16.	Kaufmacht-Beschränkungen
17.	Definitive Blockierung von Geldbeständen (grundsätzlich)

b) Die unterschiedliche nationale Bedeutung der Instrumente

Eine umfassende detaillierte Betrachtung würde den Rahmen dieses Buches sprengen. Es kann sich daher nur darum handeln, die Schwerpunkte der Währungspolitik bei ausgewählten Ländern und Staatengruppen wiederzugeben.

1. Relativ einfach stellt sich die Beantwortung der Frage für Zentralverwaltungswirtschaften mit dem Extrembeispiel kommunistischer Länder[11]. Als Muster hierfür kann die

11 Vgl. dazu Gholam M. Niaz, Die Zentralnotenbank in der freien Marktwirtschaft und in der Zentralverwaltungswirtschaft sowjetischen Typs, Diss. Erlangen-Nürnberg 1968, S. 150 ff.

Währungspolitik der Staatsbank der Sowjetunion (Gosbank, 1921-1991) gelten[12]. Das sowjetische Modell ist gegenwärtig noch in der Volksrepublik China, Vietnam, Nordkorea und Kuba anzutreffen[13]. Nahezu ausnahmslos werden nur administrative Instrumente eingesetzt, wobei die Staatsbank nahezu überall das Geldmonopol besitzt und sich - mangels entsprechender Geschäftsbanken - auf die Beeinflussung der monetären Mengen der Bankkunden konzentriert. Es dominiert die Kreditzuteilung.

2. Im Prinzip ähnliche Situationen finden wir in unterentwickelten Ländern mit marktwirtschaftlichem Gepräge, in denen der Staat primär über die Bankwirtschaft eine Wirtschaftslenkung anstrebt. Es dominiert dort das administraive Instrumentarium, wobei allerdings die Währungsbank hinsichtlich der Ausübung der Währungshoheit wie auch der Lizenzierungspflicht von Banktätigkeiten vielfach eine liberale Haltung an den Tag legt[14]. Allerdings zeigen sich z. T. erhebliche Unterschiede[15].

3. Beinahe ebenso leicht ist die Beurteilung für die Bank of England und - primär wieder seit Mitte der achtziger Jahre - der Central Bank of Eire: Dort konzentriert sich die Währungspolitik auf die Variierung des Diskontsatzes[16]. Dieser Politik haben sich - mit gewissen Einschränkungen - die skandinavischen Zentralnotenbanken[17] und vor allem die der hochentwickelten Commonwealth-Länder angeschlossen[18].

4. Das Federal Reserve System der USA zeigt demgegenüber primär drei Ansätze: Offenmarktgeschäfte, Mindestreservevariierung und den Erlaß von Vorschriften an die Banken über Beleihungssätze[19].

---

12 Vgl. dazu J.A. Kronrod, Das Geld in der sozialistischen Gesellschaft, Berlin-Ost 1963; O. Kuschpèta, The Banking and Credit System of the USSR, Leiden/Boston 1978; Hans Sigg, Grundzüge des sowjetischen Bankwesens, Bern-Stuttgart 1981

13 Vgl. dazu NN, Den Geschäftsbanken in China sind noch immer die Hände gebunden. Zentralbank kontrolliert allein die Geldmenge. Kreditlinie vorgegeben. Keine eigene Zinssetzung möglich, in: FAZ 20.01.1993; NN, Keine Kreditverknappung in China, in: NZZ 3.2.1993

14 Vgl. dazu Michael Krause, Bankstruktur und Notenbankpolitik in den ostarabischen Ländern, Diss. Erlangen-Nürnberg 1972. Die veränderte wirtschaftliche Situation hat dort allerdings zwischenzeitlich z. T. erhebliche Änderungen mit sich gebracht.

15 Vgl. dazu Max Kühner, Das währungspolitische Instrumentarium der südasiatischen Länder, Diss. Erlangen-Nürnberg 1971: So besaß in Thailand bereits immer das unternehmerische Instrumentarium Vorrang, während auf dem indischen Subkontinent (Indien, Pakistan, Ceylon) administrative Maßnahmen dominierten (was noch heute gilt). Malaysia bediente sich schon damals - ebenso wie Singapore auch heute - gleichmäßig aller Instrumente. Nepal und Afghanistan zeigen minimale zentralbankpolitische Aktivitäten. Zu ähnlich divergierenden Feststellungen kommt Mohammad Naim Assad (Das zentralbankpolitische Instrumentarium in ausgewählten ostasiatischen Ländern, Diss. Erlangen-Nürnberg 1972).

16 Vgl. Gisela Roth, Britische Geldpolitik 1971-1986, Analyse und kritische Bewertung, Frankfurt/M. u.a. 1989

17 Die erheblichen Unterschiede zwischen Norwegen (Dominanz des administrativen Instrumentariums), Dänemark (überwiegend unternehmerische Aktivitäten) und den drei übrigen Ländern (Kombination) sind dadurch etwas verringert worden (vgl. dazu Harald Rühl, Das währungspolitische Instrumentarium der nordischen Zentralbanken, Diss. Erlangen-Nürnberg 1972).

18 Vgl. dazu Peter Klaus, Das Instrumentarium der Währungsbank von Kanada, Australien, Neuseeland und der Republik von Südafrika, Diss. Erlangen-Nürnberg 1971

19 Vgl. dazu lfd. Berichterstattung in: NZZ

5. Die Schweizer Nationalbank kann sich auf zwei Instrumente beschränken: ihre bedeutendste Aktivität ist die Intervention auf den Devisenmärkten. Alles übrige wird über Absprachen mit den Geschäftsbanken geregelt: hierzu liegen in der Schweiz ideale Voraussetzungen vor, da alle Bankvorstände sich als Kameraden der Milizarmee empfinden[20].

6. Bei der Bank von Frankreich kann man drei wesentliche Ansätze feststellen: Erstens die Variation in den Anforderungen an refinanzierbare Titel. Sodann als zweites Absprachen mit den verstaatlichten Großbanken, wobei hier vergleichbare Positionen wie in der Schweiz vorliegen: Es handelt sich bei den Personen um Absolventen der dortigen Eliteuniversität. Bis Mitte der achtziger Jahre dominierte die Politik der Kreditplafondierung, die auch schon relativ früh von einigen skandinavischen Währungsbanken bevorzugt worden war in Anlehnung an die Wirtschaftspolitik der sozialistischen Regierungen. Aber auch diese Länder verzichten seit Ende der achtziger Jahre auf dieses administrative Instrument[21].

7. Bei der Deutschen Bundesbank lassen sich vier Schwerpunkte feststellen: Erstens - ähnlich der Schweizer Nationalbank - Interventionen auf dem US-$-Markt (mehr erlaubt die EWS-Interventionspflicht nicht). Zweitens - analog den USA - Variierung der Mindestreservesätze. Drittens die quantitative Kreditpolitik in Form einer Variierung der Rediskont-Kontingente - wiewohl hier in den letzten Jahren eine stärkere Zurückhaltung feststellbar ist. Schließlich viertens Offenmarktoperationen. Auf die verschiedenen Epochen der deutschen Währungsbank mit stark abweichenden Schwerpunkten kann hier nicht weiter eingegangen werden[22].

Ähnliche Konstellationen lassen sich für Österreich und Japan feststellen. Dabei tritt in Österreich die Devisen- und quantitative Diskontpolitik etwas in den Hintergrund[23]. Die japanische Zentralbank hat dem erst 1959 eingeführten Instrument der Mindestreservepolitik besondere Aufmerksamkeit gewidmet und ein sehr detailliertes System entwickelt[24].

8. Eine Beschränkung der Währungspolitik auf Offenmarktoperationen in Valuten findet sich schließlich bei allen Währungsbanken mit 100%iger Valutadeckung ihrer Verbindlichkeiten. Das gilt heute für die Währungsfonds verschiedener Kleinstaaten (Bahrein,

---

20 Vgl. Franz Ritzmann, Zum Instrumentarium der Schweizerischen Nationalbank. Kritische Betrachtungen, Bern-Stuttgart 1977

21 Vgl. dazu Wirtschaftsinformation NZZ

22 Vgl. dazu Hans E. Büschgen, in: Heinrich Rittershausen, Zentralnotenbank, a.a.O., S. 653 ff. (1954-1960); ferner die entsprechenden Beiträge von Helmut Schlesinger (1950-1958), Alois Oberhauser (1958-1968) und Norbert Kloten (1969-1974), in: Deutsche Bundesbank (Hrsg.), Währung und Wirtschaft in Deutschland 1876-1975, Frankfurt/Main 1976; schließlich Lutz Köllner, Chronik der deutschen Währungspolitik 1871-1991, 2. A., Frankfurt/Main 1992

23 Vgl. Heinz Handler, Grundlagen der Österreichischen Hartwährungspolitik, Wien 1989

24 Vgl. Michael Dotsey, Japanese Monetary Policy. A comparative Analysis, Tokyo 1986

Malta, Oman, Quatar, Singapur) und Saudi-Arabiens. Eine ähnliche Situation konnte in den Jahren 1936 und 1957 bei der Schweizer Nationalbank festgestellt werden: im Hinblick auf die geringe Größe des Währungsgebietes einerseits und die starke Auslandsorientierung des Landes andererseits können oder müssen sich diese Währungsbanken auf die Zielsetzung "Aufrechterhaltung der außenwirtschaftlichen Liquidität" konzentrieren und ignorieren das Ziel der inneren Stabilität (vgl. 1. Abschnitt C.I).

B. Die Liquiditätspolitik der Währungsbank

Der Begriff Liquiditätspolitik ist in der Bankbetriebslehre nicht gebräuchlich. Generell spricht man allenfalls von Liquiditätsstreben im Sinne einer ständigen Gewährleistung der Zahlungsbereitschaft. Liquiditätspolitik würde demnach alle Maßnahmen umfassen, die zur Erreichung dieses betrieblichen Teilziels nötig sind. Die Bankbetriebswirtschaftslehre bedient sich sehr selten dieser Bezeichnung[25]. Etwas häufiger gebräuchlich ist der Ausdruck "Geldpolitik der Banken" als Teilbereich der Liquiditätspolitik: Bezogen auf das kurzfristige irreguläre Geschäft und auf Zentralbankgeld[26], teilweise sogar eingeschränkt nur auf Zentralbankgeld ausgerichtet ("Zentralbankguthabenpolitik")[27]. Zentralbankbezogen werden jedoch beide Begriffe als Gesamtheit der Währungspolitik angesehen und synonym verwendet[28]. Die Liquiditätspolitik der Währungsbank findet vielfach eine Identifizierung mit allen Maßnahmen zur Steuerung der Liquidität der Geschäftsbanken[29].

Wir möchten den Begriff Liquiditätspolitik auf den Betrieb der Zentralnotenbank beziehen und unter ihr dreierlei Maßnahmen zusammenfassen: Als Ziel die ständige Aufrechterhaltung der Zahlungsbereitschaft (Unterabschnitt I) und als Objekte einmal die Gestaltung der Liquiditätsreserven (Unterabschnitt II) und zum andern die Kreditaufnahme im Ausland (Unterabschnitt III).

I. Die Aufrechterhaltung der Zahlungsfähigkeit

Bereits im 1. Abschnitt war wiederholt das Liquiditätsproblem der Zentralnotenbank angesprochen worden (vgl. Unterabschnitt A.I; Unterabschnitt C.I). Die Behandlung an dieser Stelle kann sich daher auf eine Zusammenfassung beschränken (Unterabschnitt a). In eine besondere Situation kommt die Währungsbank dann, wenn die von ihr vertretene Währung den Charakter einer Reservewährung erhält (Unterabschnitt b).

---

25 Ludwig Mülhaupt stellt die "Liquiditätspolitik als Zentralproblem der Bankpolitik" heraus (Einführung in die BWL der Banken, 3. A., Wiesbaden 1980, Abschnitt D, S. 196 ff.). Er definiert den Begriff nicht, sondern bezeichnet als "Aufgabe der Liquiditätspolitik der Kreditinstitute ... die Sicherung der Liquidität im Sinne der Zahlungsfähigkeit" (a.a.O., S. 197).

26 Oswald Hahn, Bankpolitik, a.a.O., S. 248

27 Vgl. Jan Wittstock, Eine Theorie der Geldpolitik von Kreditinstituten. Grundlagen einzelwirtschaftlicher Optimierung bankbetrieblicher Zentralbankguthaben, Berlin 1971, S. 18 (insbes. Anm. 28, S. 207 f.)

28 Vgl. z.B. Otmar Issing, Geldpolitik, a.a.O., S. 238

29 So von Heinrich Rittershausen (Zentralnotenbank, a.a.O., S. 210, S. 517 f.) und Otto Veit (Grundriß, a.a.O., S. 277 ff.); letzterer trennt diesen Bereich vom "eigenen Liquiditätsproblem der Währungsbank" (a.a.O., S. 224 ff.)

a) Die Alternativen zur Lösung des Liquiditätsproblems

Wir wiederholen nachstehend die drei Möglichkeiten, die der Zentralnotenbank zur Erfüllung ihrer Liquiditätsanforderungen zur Verfügung stehen (vgl. auch 3. Abschnitt D).

1. Die "Normalerscheinung" der Zentralbank-Liquidität ist eine ständige Zahlungsbereitschaft durch Einlösung der eigenen Währung in Zahlungsmittel höherer Ordnung - Gold, Leitwährung oder jede andere gewünschte Valuta. Dieser Normalfall ("Konvertibilität") galt bis zu Beginn des ersten Weltkrieges, der dann zwischen Weltwirtschaftskrise (1931) und der Deregulierungsphase (Beginn der 80er Jahre) zur Ausnahme wurde[30]. Interventionsabkommen der verschiedensten Art (EZU, EWA, Europäischer Wechselkursverbund, EWS) haben dann nach dem zweiten Weltkrieg in unterschiedlichem Umfang eine partielle Konvertibilität wiederhergestellt[31].

2. Devisenmangel führt zur Zahlungsunfähigkeit der Währungsbank, die jedoch mit Hilfe von zwei Alternativen vermieden wird[32]: Die marktwirtschaftliche Methode besteht in einer Freigabe der Wechselkurse (Flexibilität, Floating). Hier übernimmt der Markt die Aufgabe der Konvertibilität, allerdings verbunden mit Kursschwankungen. Das Liquiditätsproblem wird gelöst, indem die eigene Währung mit einem Abschlag gehandelt wird. Demgegenüber steht die "planwirtschaftliche" Methode der Einführung einer Devisenbewirtschaftung (vgl. 3. Abschnitt C.IV): Die Zentralnotenbank versucht eine Erhöhung des Devisenaufkommens durch Beschlagnahme und eine Reduzierung der Devisennachfrage durch Kontrahierungsverbote mit Devisenausländern. Die Währungsbank kann schließlich drittens eine Marktspaltung[33] vornehmen, wo dem kontrollierten Sektor freie Märkte gegenüberstehen. Letztere bilden sich auch bei der totalen Devisenbewirtschaftung als "Schwarzmärkte".

3. Neben der Zahlungsunfähigkeit (Liquiditätsdefizit) gibt es seit Wegfall des Goldautomatismus (vgl. 1. Abschnitt C.I,b.4) als zweiten Anlaß für die Aufhebung der Konvertibilität eine als währungspolitisch gefährlich eingestufte "Überschußsituation". Grund ist die Gefahr der importierten Inflation. Hier ist die Aufhebung der Konvertibilität betriebswirtschaftlich gesehen die Ablehnung der Hereinnahme von Fremdwährungen infolge fehlender Kreditwürdigkeit. Auch hier stehen sich die beiden Alternativen gegenüber: Die marktwirtschaftliche Methode des Übergangs zur Flexibilität[34] und die administrative Form der "Devisenbannwirtschaft" (vgl. 3. Abschnitt C.IV,b).

30 1941 nur noch portugiesischer Escudo, Schweizer Franken und US-Dollar.

31 Aus Sicht der Bundesrepublik Deutschland Ende 1992: gegenüber acht der Elf EG-Währungen bei derzeit 178 Fremdwährungen.

32 Diese Situation ist charakteristisch für unterentwickelte Länder, die regelmäßig den planwirtschaftlichen Weg einschlagen - sehr zum Nachteil der Volkswirtschaften (vgl. dazu Bernhard Dujim, Wechselkurspolitik für Entwicklungsländer, München 1990).

33 In jüngster Vergangenheit war die Trennung in eine "Handels-" und "Finanz-"WE (Ł, öS, ffr) verbreitet.

34 Aus der Sicht der Bundesrepublik Deutschland Ende 1992: gegenüber 170 der 178 Fremdwährungen.

b) Die Situation einer Reservewährungs-Zentralnotenbank

Nach einer kurzen Begriffsdefinition ist einmal nach den Entstehungsgründen der Reservewährung zu fragen und zum andern die Problematik der Zentralnotenbank des Reservewährungslandes herauszustellen.

1. Das Wesen der Reservewährung

Die Reservewährung wird dadurch charakterisiert, daß auf sie lautende Zahlungsmittel von anderen Währungsbanken als Devisenreserven gehalten werden. Die Reservewährung ist die Endstufe einer "Leitwährung". Diese läßt sich zunächst dadurch charakterisieren, daß andere Länder ihre Währungspolitik an der Bank des Leitwährungslandes ausrichten. Auf unterster Stufe geschieht das durch Bindung der Parität an die Fremdwährung, in einem fortgeschrittenen Stadium der Anlehnung durch Anpassung der währungspolitischen Entscheidung an die des Leitwährungslandes und schließlich in Form der höchsten Stufe des Übergangs zur Reservewährung. Dieser letzte Tatbestand liegt dann vor, wenn der betreffenden Währung international oder regional ein dominierender Anteil an Währungsreserven zukommt[35]. Historisch läßt sich dabei ein "Aufstieg und Niedergang" einzelner Reservewährungen konstatieren[36].

---

35 Vgl. dazu Otmar Issing, Leitwährung und internationale Währungsordnung, Berlin 1965, S. 11 ff., S. 62 ff., S. 191 ff.

36 Vgl. ebenda, S. 15 ff.

Tabelle 11: Entwicklung der Weltwährungs- und Weltdevisenreserven										
Jahresende	Weltwährungsreserven in %					Weltdevisenreserven in %				
	Gold[1]	IMF-Aktiva	ECU	Devisen	Insges. (Mrd. DM)	US-$	DM	Yen	Sonstige	Insges. (Mrd. DM)
1975	43,3	7,6	-	49,1	330	78,4	8,8	1,9	10,9	162
1980	47,8	3,8	6,5	41,9	971	68,3	15,3	4,4	12,0	311
1985	41,1	9,6	6,3	43,0	654[2]	65,4	14,6	7,6	12,4	340
1989[3]	31,4	5,5	5,3	57,8	1098	60,8	20,2	8,4	10,6	617

1 Bewertet zu Marktpreisen
2 Reduzierung des Goldmarktwerts von 562 auf 310 Mrd. DM
3 September

Quelle: Errechnet aus den Angaben "Die längerfristige Entwicklung der Weltwährungsreserven", in: Monatsberichte Deutsche Bundesbank, Januar 1990, S. 34 ff.

Die Position als internationale Reservewährung konnte nach Aufgabe der Goldwährung (1914) kurzfristig das Pfund Sterling erreichen, das dann bereits im zweiten Weltkrieg vom US-Dollar abgelöst wurde. Durch die Freigabe des Goldpreises 1971 stieg zwar die wertmäßige Bedeutung des Goldes wieder an, die aber seit dem erheblichen Preissturz ab 1980 rückläufig ist[37]. Weder die IWF-Sonderziehungsrechte noch der ECU konnten bisher mit dem US-Dollar entscheidend konkurrieren. Allerdings steht seit 1975 der abnehmenden Rolle des US-Dollar als Reservewährung eine Zunahme der DMark (Issing: "Zunehmende weltweite Bedeutung der DMark")[38] und des Yen (Issing: "Die begrenzte Rolle des Yen")[39] gegenüber (vgl. Tab. 11). Dabei besitzt die DMark derzeit im europäischen Währungssystem faktisch die Position einer Reservewährung[40].

37 Verschiedene Zentralnotenbanken verkauften in den letzten Jahren Goldbestände und zogen damit die Konsequenz aus dem kontinuierlichen Preisrückgang dieser Währungsreserve. Unseres Erachtens liegt ein wichtiger Grund für die negative Einschätzung des Goldes in der Zinslosigkeit. Im Vergleich dazu konnten die Zentralbanken durch Fremdwährungsanlagen hohe Zinserlöse erzielen, insbesondere in den 80er Jahren.

38 Vgl. hierzu die bereits vor 20 Jahren erfolgte Einschätzung durch Klaus Boeck und Dieter Gehrmann, Die DM als internationale Reservewährung, Hamburg 1974

39 Vgl. Otmar Issing, Institutionen und Evolution im internationalen Währungssystem. Zur Entwicklung der Reservewährungen, in: Görgens/Tuchtfeldt (Hrsg.), Die Zukunft der wirtschaftlichen Entwicklung - Perspektiven und Probleme, Bern usw. 1992, S. 351 ff.

40 Vgl. dazu Stefan Unger, Die D-Mark als internationale Reserve- und Anlagewährung. Ursachen, Entwicklung und Folgen der internationalen Verwendung der deutschen Währung, 2. A., Konstanz 1992

2. Die Entstehung der Reservewährung

Eine Reservewährung entsteht allmählich und teilweise im Rahmen eines langwierigen Prozesses: Sie entwickelt sich stets aus einer bereits vorhandenen Valuta[41].

a) Als Grundvoraussetzung gelten zunächst Konvertibilität und Stabilität. Die Konvertibilität kann jedoch - wie sich am Beispiel des US-Dollar nach Aufhebung der Goldkonvertibilität (1971) zeigte - durch allgemeine Anerkennung ersetzt werden. Allerdings bedeutet selbst die abnehmende Stabilität noch keinen Verlust der Reservewährungsposition, wie ebenfalls das US-amerikanische Beispiel zeigt (vgl. Tab. 12): Entscheidend ist auch hier die allgemeine Anerkennung, die sich aus der Bedeutung eines Landes als internationale Wirtschaftsmacht ableitet[42].

Tabelle 12: **Gewogener Außenwert fremder Währungen gegenüber 18 Industrieländern Oktober 1992** (Ende 1972 = 100)

Yen	240,5	Kanadischer Dollar	70,9
Schweizer Franken	232,2	Irisches Pfund	70,6
DMark	194,9	Finnmark	67,9
Österreichischer Schilling	150,7	Schwedische Krone	58,6
Holländische Gulden	149,8	Pfund Sterling	54,0
Belg.-luxemburgischer Franken	112,7	Spanische Peseta	50,2
Dänische Krone	96,2	Italienische Lira	31,5
Norwegische Krone	88,6	Portugiesischer Escudo	17,4
Französischer Franken	81,6	Griechische Drachme	12,0
US-Dollar	76,9		

Quelle: Deutsche Bundesbank, Devisenkursstatistik, Februar 1993, S. 6 ff.

b) Die wissenschaftliche Erklärung für die Entwicklung einer Valuta zur Reservewährung findet ihren Niederschlag in zwei Gruppen von Theorien[43].

1. Der "Transaktionsansatz" (Robert Heller/Malcolm Knight) leitet vom entsprechenden Bedarf der nationalen Währungsbanken nach Fremdvaluta ab: Mit zunehmender Bedeu-

41 Zeitweilig wurde auch die Frage diskutiert, ob ein Leitwährungssystem nicht auch aus mehreren Valuten ("Multi-Reservewährung") bestehen kann. Vgl. Otmar Issing, Leitwährung, a.a.O., S. 143 ff.

42 Karl Blessing spricht von der "langjährigen Wertschätzung seitens des Auslandes", die u.a. auch einen entsprechenden internationalen Finanzmarkt des betreffenden Landes voraussetzt (Die Voraussetzungen für eine "Reservewährung", in: Kreditwesen 1965, S. 309).

43 Vgl. Otmar Issing, Institutionen, a.a.O., S. 349 f.

tung einer Währung für die Außenhandelsfakturierung wird es aus Kostengründen für die Währungsbank immer günstiger, ihre Liquiditätsreserven in dieser Währung zu halten[44].

2. Demgegenüber führt der "Portfolio-Ansatz" (Avraham Ben-Bassat) die Konzentration der Devisenreserven auf eine Reservewährung auf die Rentabilitäts- und Sicherheitsvorteile dieser Währung zurück, was allerdings ein Gewinnmaximierungsstreben der Währungsbank unterstellt: unter anderem die Wahrnehmung hoher Zinssätze.

c) Wenn von einem Reservewährungssystem die Rede ist, dann zeigt sich, daß in der Realität eine alleinige Reservewährung praktisch niemals existierte[45]. Ausnahmen waren vorübergehend die Devisenreserven solcher Zentralnotenbanken, deren Währung stark an die einer Leitwährung gebunden war, was zeitweilig für die Nepal Rastra Bank (Indische Rupie) und die Zentralnotenbanken überseeischer Währungsunionen (Afro-Französische Währungsunion, Portugiesisches Reich) galt. Selbst in der Blütezeit der US-Dollar-Reservewährung unterhielten die übrigen Zentralbanken Teile ihrer Devisenreserven in anderen Valuten.

3. Die Problematik der Reservewährung

a) Der Reservewährungs-Status bewirkt in diesem Umfang eine Änderung des Liquiditätsproblems: den Ersatz des außen- durch das binnenwirtschaftliche Liquiditätsprinzip (vgl. 1. Abschnitt C.I,b.3): Einerseits die Forderung nach "innerer" Stabilität, zum anderen das Erfordernis einer Geltungsverschaffung. Diese kann jedoch im Gegensatz zur eigentlichen binnenwirtschaftlichen Liquidität nicht durch die betreffende Währungsbank erzwungen

44 Die Fakturierungen im Außenhandel der Bundesrepublik Deutschland stellten sich 1990 wie folgt:

Währungen	Export	Import
DMark	77,0	54,3
US-Dollar	6,5	20,9
Sonstige	16,5	24,8
Insgesamt	100,0	100,0

Im Vergleich zu 1980 war der DMark-Anteil im Export um 20 % zugunsten sonstiger Währungen zurückgegangen. Der DMark-Importanteil war im gleichen Zeitraum um über 25 % gestiegen - nahezu ausnahmslos zu Lasten der US-Fakturierungen.

(Monatsberichte Deutsche Bundesbank, November 1991, S. 42 f.). Der US-$-Anteil belief sich an den Währungsreserven der Bundesbank Ende 1988 auf 54 % (bei Bewertung der Goldbestände zum Marktwert allerdings nur auf 24 %), an den Devisenreserven auf 63 % (vgl. Die Währungsreserven der Bundesbank, in: Monatsberichte Deutsche Bundesbank November 1988, S. 31).

45 Vgl. Manfred Neumann, Theoretische Volkswirtschaftslehre I, a.a.O., S. 300 f.

werden, sondern ergibt sich allein aus der - freiwilligen - Annahmebereitschaft der übrigen Welt.

b) Für die Zentralnotenbank des Reservewährungslandes bringt die Reservewährungs-Position zwei entscheidende Vorteile. Erstens entfällt der Zwang zu einer zahlungsbilanzorientierten Währungspolitik: Die Zentralnotenbank wird - überspitzt formuliert - innerhalb weiter Grenzen zu einer "autonomen Währungspolitik" befugt[46]. Zweitens bewirkt die Reservewährungs-Position die automatische Finanzierung von Investitionen und Haushaltsdefiziten durch das Ausland.

Die Zentralnotenbank des Reservewährungslandes wird damit zur partiellen "Weltzentralbank" und übernimmt analog zur klassischen Notenbank und zur modernen Depositenbank eine Transformationsfunktion. Den kurzfristigen Verbindlichkeiten (die Devisenreserven ausländischer Zentralnotenbanken) als Kapitalimport stehen teils langfristige Inlandsinvestitionen, teils langfristige Kapitalexporte gegenüber, wobei die Rentabilitätswirkung für die Währungsbank nur erwähnt werden soll[47].

c) Den Vorteilen stehen gewichtige Nachteile gegenüber. Zunächst entsteht ein Spirale-Effekt: Zunehmende Reservewährungspositionen (Guthaben bei bzw. Verpflichtung der Währungsreserven führenden Zentralnotenbank) bewirken einen zunehmenden Kapitalexport. Dieser wiederum schlägt sich in Devisenguthaben der ausländischen Zentralnotenbanken und damit in einer Erhöhung der Verpflichtung der Reservewährungs-Bank nieder usw. Dieser Effekt führt zu einem "Überhang" in der Reservewährung, der durch die Existenz der XENO-Geld- und Kapitalmärkte noch verstärkt wird. Das wiederum beschränkt die Einwirkungsmöglichkeiten der Zentralnotenbank des Reservewährungslandes auf die Geldmenge: Träger der eigentlichen Währungspolitik ist nicht mehr die Reservewährungs-Zentralbank, sondern die ausländischen Gläubiger, insbesondere die ausländischen Zentralnotenbanken.

Die eigentliche Problemlösung liegt darin, die Leitwährungspositionen nicht zu überziehen und trotz fehlenden Zwangs an einer zahlungsbilanzkonformen Währungspolitik festzuhalten.

II. Die Optimierung der Währungsreserven

Zur Vermeidung von Verwechslungen spricht man bei den Liquiditätsreserven der Zentralnotenbank besser von Währungsreserven. Hierunter rechnen nach allgemeinem Sprachgebrauch Gold, Gläubigerpositionen gegenüber internationalen Institutionen und Devisen, letztere verstanden als Forderungen über ausländische Währungseinheiten.

46 Vgl. Otmar Issing, Leitwährung, a.a.O., S. 141
47 Vgl. Manfred Neumann, a.a.O., S. 299

Strittig ist dabei, ob auch Forderungen an das Ausland in eigenen Währungseinheiten den Devisen zuzurechnen sind.

Das Optimierungsproblem hat einmal qualitativen Charakter (Zusammensetzung der Währungsreserven, Unterabschnitt b) und beinhaltet zum anderen die quantitative Komponente (Umfang der Währungsreserven, Unterabschnitt c). Vor diesen Erörterungen ist die Frage nach der Funktion der Währungsreserven zu beantworten (Unterabschnitt a).

a) Die Funktion der Währungsreserven

1. Die klassische Aufgabe der Währungsreserven bezog sich auf die Einhaltung der Spielregeln des Goldautomatismus, d. h. sie bestimmt den Umfang des nationalen Geldvolumens insbesondere im Rahmen der Deckungsvorschriften. Diese Aufgabenerfüllung scheiterte am Streben der Zentralnotenbanken nach autonomer Währungspolitik (vgl. 1. Abschnitt C.I,b.4). Vielfach geht es heute um die Neutralisierung der Zahlungsbilanzüberschüsse (vgl. 3. Abschnitt C.IV,b).

2. Demgegenüber tritt heute die betriebswirtschaftliche Funktion der Sicherung der Währungsbank-Liquidität. Es stehen sich hier zwei Meinungen gegenüber, die von der Theorie entwickelt wurden[48], die ihrerseits auf der Notenbankpraxis basierte[49]. Die Währungsreserven dienen erstens allein dem Ausgleich von Zahlungsbilanz-Defiziten, was man als die primäre moderne Aufgabe der Reserven bezeichnen kann. Demgegenüber wird zweitens die Vorstellung vertreten, daß die primäre Aufgabe der Währungsreserven die Aufrechterhaltung der Konvertibilität bzw. eine entsprechende Beeinflussung des Außenwerts der Währungseinheit sei ("kontrolliertes Floating", vgl. 3. Abschnitt D.III,a).

Je nach der beabsichtigten Zielsetzung der Währungsbank bestimmt sich sodann der Umfang der Währungsreserven (Unterabschnitt c). Dabei ist festzuhalten, daß beim "reinen" Floaten die Währungsbank auf Währungsreserven verzichten kann[50]: Den Ausgleich der Zahlungsbilanz nimmt der Markt vor.

3. Als atypische Aufgabe möchten wir die Verwendung der Währungsreserven für Handelsgeschäfte zur Reduzierung des inländischen Geldvolumens bezeichnen. Auf den Ausnahmecharakter dieser Funktion wurde bereits verwiesen (vgl. 3. Abschnitt B).

---

48 Vgl. dazu Otmar Issing, Leitwährung, a.a.O., S. 88 ff.

49 Vgl. dazu § 21 (2) Reichsbankgesetz von 1939: "Gold- und Devisenbestände soll die Deutsche Reichsbank in einer Höhe halten, wie es nach ihrem Ermessen zur Regelung des Zahlungsverkehrs mit dem Ausland und zur Aufrechterhaltung des Wertes der Währung erforderlich ist."

50 Vgl. Fritz Machlup, Die Pläne zur Reform des Internationalen Geldwesens, Kiel 1962, S. 50; vgl. auch Peter Marcus Reichenstein, Währungsreserven und Reservepolitik bei flexiblen Wechselkursen. Ansätze zur vermögenspolitischen Betrachtung der Aktiva einer Zentralbank, Grüsch 1987

b) Die optimale Struktur der Währungsreserven

1. Währungsreserven mit dem Charakter von Liquiditätsreserven müssen jederzeit verfügbar sein: Dies schließt einmal die Heranziehung zu zahlreichen illiquiden Sachinvestitionen aus (vgl. 3. Abschnitt B.III)[51]. Sodann verbieten sich auch die Verleihung einerseits und die Einbeziehung der außerhalb der Verfügungsgewalt der Zentralbank stehenden Bestände bei Banken, der übrigen Wirtschaft und bei Privatpersonen[52]: Wenn man davon absieht, daß die Zentralnotenbank auf diese "fremden" Reserven im Wege der Devisenbewirtschaftung ebenfalls Zugriff nehmen kann (vgl. 2. Abschnitt D.I).

2. Es stellt sich sodann die Frage nach dem Verhältnis der Gold- und Devisenanteile. Während ursprünglich Devisen lediglich der einfachen Handhabung wegen als Goldersatz galten, stieg ihre Bedeutung angesichts der Goldknappheit im ersten Nachkriegsjahrzehnt. Zur Erhöhung der monetären Disziplin galt dann zu Beginn der 60er Jahre ein Verhältnis von zwei Drittel Gold und ein Drittel Devisen ("Blessing-Formel") als empfehlenswert. Dies wurde dann jedoch durch den "Goldpool" (1961/68) zeitweilig gegenstandslos: die Vereinbarung der "Zehnergruppe"[53] zum Verzicht auf Goldeinlösung von US-Dollar. Mit der Freigabe des Goldpreises (1968 bzw. 1971) und der sich anschließenden Abschaffung des offiziellen Goldpreises für Notenbanktransaktionen (1973) setzte die Demonetisierung des Goldes ein[54] - ungeachtet zeitweiliger Aktivierungsversuche[55]. Offenmarktgeschäfte (vgl. 3. Abschnitt B.III,b) und Schaffung stiller Reserven[56] stellen lediglich konkurrierende betriebswirtschaftliche Instrumente dar[57]. Als Folge hieraus ergab sich eine weitgehende Konstanz der von Zentralnotenbanken gehaltenen Goldmengen[58], wobei naturgemäß auch Rücksichtnahmen auf den Goldpreis und damit die

51 Eine Ausnahme stellen Investitionen in lebenswichtigen Importwaren (z. B. Rohöl) dar: Diese bedeuten eine Vorwegnahme künftiger Importe.

52 Vgl. Otmar Issing, Leitwährung, a.a.O., S. 68 f.

53 Belgien, Deutschland, Frankreich, Großbritannien, Italien, Japan, Kanada, Niederlande, Schweden, USA und - als 11. assoziiertes Mitglied - Schweiz.

54 Vgl. dazu u.a. Marcel Theron, Demonetisierung des gelben Metalls. Goldreserven bieten Notenbanken ein Höchstmaß an Unabhängigkeit, in: HB 2.4.1980

55 Vgl. NN, Gold: Versuch einer Remonetisierung, in: Industriemagazin 10/1980, S. 28 ff.; NN, Gold als Anker der Welt-Währungsordnung?, in: NZZ 24.10.1987

56 Vgl. NN, Währungsgold: Plötzlich sieht alles besser aus, in: WiWo 8/1980, S. 78 ff.

57 Hohe Goldbestände provozieren - analog zu entsprechenden Devisenreserven (vgl. 3. Abschnitt, B.III,b) - Politiker zu entsprechenden Vorschlägen "produktiver" Verwendung. Es geht hierbei vor allem um die Realisierung stiller Reserven, deren Einsatz zur Finanzierung von Infrastrukturen im Frühjahr 1993 von verschiedenen Politikern (Ulf Fink, Herbert Ehrenberg, Bruno Köbele) vorgeschlagen wurde. Vgl. dazu NN, Gold im Keller, in: FAZ 30.3.1993

58 Vgl. dazu NN, Kritische Urteile über die Goldstandard-Diskussion, in: NZZ 12.2.1982. Zur deutschen Situation vgl. Deutsche Bundesbank, Währungsreserven, a.a.O. Eine jährliche Übersicht gibt die First National City Bank of New York (Monthly Economic Letters, jeweils Januar-Ausgabe)

Sparerinteressen mitwirkten[59]. Informationen über die Goldbestände en détail unterbleiben jedoch weitgehend[60].

3. Ein letztes Entscheidungsproblem bezieht sich auf die Verteilung der Devisenreserven auf die einzelnen Währungen[61] und die Form der Anlage. Die Deutsche Bundesbank orientiert sich nach eigenen Angaben dabei grundsätzlich an den betriebswirtschaftlichen Zielgrößen Liquidität, Rentabilität und Sicherheit[62], die allerdings nach neuerer Ansicht währungspolitischen Kriterien untergeordnet werden müssen[63]. Dies dürfte auch den Vorstellungen der übrigen Währungsbanken entsprechen.

a) Die Vorstellungen gelten zunächst für die Auswahl der Währungen; hier dürfte einmal die Leitwährung dominieren, für die Bundesrepublik Deutschland also der US-Dollar[64]. Eine Einschränkung erfahren diese betriebswirtschaftlichen Überlegungen durch internationale Verpflichtungen. Hierunter rechnen einmal Stützungskäufe im Rahmen von Interventionsabkommen, zum andern die Verpflichtung zur Unterhaltung eines Teils der Währungsreserven bei internationalen Institutionen[65].

b) Während früher die Devisenreserven primär als Guthaben bei ausländischen Zentralbanken unterhalten wurden, erfolgt heute in großem Umfang eine Anlage in "verzinslicher" Form[66], wobei Angaben im einzelnen nicht gemacht werden[67].

---

59 Vgl. dazu Gerald Braunberger, Die Nibelungen vom Main hüten das Gold, das keinem etwas nützt. Die Edelmetallreserven der Bundesbank, in: FAZ 31.3.1993

60 Eine Ausnahme macht die Bank of England, die seit 1963 in ihren Quartalsberichten über den Goldanteil ihrer Währungsreserven berichtet.

61 Vgl. dazu Rolf Hasse, Multiple Währungsreserven, Köln 1980

62 Vgl. Deutsche Bundesbank, Währungsreserven (November 1988), a.a.O., S. 30

63 Schreiben vom Zentralbankratmitglied Otmar Issing an den Verfasser vom 6.1.1993

64 "Aus heutiger Sicht bieten nur die Finanzmärkte der USA eine hinreichende Gewähr für die jederzeitige Verfügbarkeit von Devisenreserven in jeden Größenordnungen, wie sie die Bundesbank hält und unter Umständen einsetzen muß, ohne daß es durch Dispositionen über diese Reserven zu eigenständigen Wechselkursstörungen und unerwünschten Zinsbewegungen käme. Angesichts der Tiefe der amerikanischen Finanzmärkte und der breiten Palette der Anlageinstrumente ist der Dollar die 'geborene' Reservewährung, die trotz der Tendenz zu einem Multireservestandard in der internationalen Währungsordnung bisher durch keine andere Währung und durch keinen Währungskorb zu ersetzen ist." (Otmar Issing, Schrb. 6.1.1993)

65 Seit 1979 sind die Währungsbanken des Europäischen Währungssystems verpflichtet, jeweils 20 % ihrer Dollar- und Goldbestände in den Europäischen Fonds für währungspolitische Zusammenarbeit (EFWZ) einzubringen.

66 Vgl. Geschäftsbericht der Deutschen Bundesbank 1991, S. 126

67 Die Deutsche Bundesbank sieht sich nicht in der Lage, genauere Angaben über die Zusammensetzung der Dollaranlagen und ihr Portfoliomanagement zu machen, da diese Daten vertraulichen Charakter haben (lt. Otmar Issing, Schrb. 6.1.1993).

c) Das optimale Volumen der Währungsreserven

Den "optimalen" Währungsreserven steht das Reserve-Ist gegenüber: Defizite müssen durch Kredite abgedeckt werden, während sich für die "Überschußreserven" zumindest theoretisch eine "artfremde" Verwendung anbietet (vgl. Unterabschnitt b).

1. Das Schrifttum spricht nicht von einer Optimierung des Reservevolumens, sondern eigentlich nur von einer "Angemessenheit". Sie richtet sich nach herrschender Meinung nach dem "Ausmaß möglicher Devisenbilanzdefizite"[68]. Diese sind ihrerseits abhängig vom Umfang des internationalen Handels einerseits und den Kapitalbewegungen andererseits. Letztere können dabei sowohl stabilisierend als auch destabilisierend wirken. Die Errechnung eines exakten Maßstabes hat sich allerdings bisher als unmöglich erwiesen[69].

2. Ersatzweise wird eine Einschätzung der konkreten Währungsreserven aufgrund ihrer "Reichweite" versucht: die Anzahl der Monate, für die diese Reserven ausreichen. Die Reichweite errechnet sich üblicherweise als Quotient aus Reserveaktiva und Monatsimporten[70], dessen Problematik eine sehr unterschiedliche Diskussion erfährt[71]. Man darf diesem Quotienten keine andere Aussagekraft als dem der Cash-Flow-Ziffer der Betriebswirtschaftslehre beimessen: Die Unterstellung, daß plötzlich sämtliche Waren- und Dienstleistungsexporte sowie Kapitalimporte eingestellt werden, ist ebenso unrealistisch wie die Vorstellung, den Cash Flow eines jeden Jahres zur Schuldentilgung zu verwenden. Der Quotient läßt sich allein als Vergleichsgröße verwenden, erlaubt in dieser Form jedoch keine Wertung der "Angemessenheit". Als Nenner des Quotienten bietet sich allein die Schätzung eines möglichen kurzfristigen Defizits an, das mit allenfalls 15 Prozent der Importe veranschlagt werden sollte. Eine zahlungsbilanzorientierte Währungspolitik würde bei mehrmonatiger passiver Devisenbilanz sicherlich Gegenmaßnahmen ergreifen.

3. Bemühungen um eine konkrete Ermittlung der "angemessenen Währungsreserven" wurden nicht mehr fortgesetzt: Zur Problematik der Berechnung kommt hinzu die nach wie vor verbreitete merkantilistische Einschätzung der Außenwirtschafts-Beziehungen, aufgrund derer die Einstufung der Währungsbanken nach dem Umfang ihrer Währungs-

---

68 Otmar Issing, Leitwährung, a.a.O., S. 92 ff.

69 Vgl. ebenda, S. 100 ff.; vgl. auch Kurt Bienert, Die internationale Liquidität der Volkswirtschaften, Frankfurt/M. 1967, S. 81 ff.

70 Vgl. Deutsche Bundesbank, Vermögensstatus der Bundesrepublik Deutschland gegenüber dem Ausland, Monatsbericht Oktober 1979, S. 35

71 Vgl. Volker Nienhaus, Die Reichweite der Währungsreserven. Zur Fragwürdigkeit veranschaulichender Reichweite-Rechnungen, in: Genossenschafts-Forum 7/1980, S. 26 ff.

reserven erfolgt. Es geht daher in praxi weniger um eine Angemessenheit oder gar Optimierung, sondern primär um die Forderung nach Maximierung[72].

III. Die Kreditaufnahme im Ausland

Im wesentlichen lassen sich drei Formen der Auslandsfinanzierung einer Zentralnotenbank unterscheiden: Stundung im Zahlungsverkehr (Unterabschnitt a), Verschuldung aufgrund besonderer Vereinbarungen (Unterabschnitt b) sowie Swap-Transaktionen (Unterabschnitt c). Diese Formen der Verschuldung vollziehen sich entweder aufgrund zweiseitiger Vereinbarungen oder im Rahmen von internationalen Abkommen (vgl. Unterabschnitt C.III).

a) Stundungen im Zahlungsverkehr

Die klassische Form der Stundung ist die Gutschrift von Zahlungsverkehrs-Salden auf Lorokonten der begünstigten Notenbank. Als moderne Erscheinungsform kann die entsprechende Handhabung der Notenbank eines Reservewährungs-Landes gelten. Der zweite Typ der Zahlungsverkehrsstundungen ist das Clearing im inter-regionalen Zahlungsverkehr (EZU, EWA, EWS), das die Bank für internationalen Zahlungsausgleich (BIZ) als Agent der betreffenden Organisationen durchführt. Die Kreditierung der Salden bis zur im allgemeinen monatlichen Abrechnung erfolgt in unbegrenzter Höhe ("sehr kurzfristige Finanzierung"). Eine eventuell notwendige anschließende Saldenstundung wird grundsätzlich auf die bilaterale Ebene verlagert. Ausnahmen sind die internationalisierten Gemeinschaftskredite (z.B. "Ölfazilität" 1975; Zahlungsbilanzanleihen des EWS). Hier beginnt bereits die Verschuldung aufgrund besonderer Vereinbarungen.

b) Verschuldung aufgrund besonderer Vereinbarungen

Diese Zentralbankkredite sind abzugrenzen von den Regierungskrediten, die ausnahmslos den Charakter von Investitionskrediten haben. Demgegenüber handelt es sich bei der Kreditgewährung zwischen Zentralnotenbanken um Bemühungen, den monetären Zahlungsbilanzausgleich auf meist mittlere, teilweise aber auch längere Sicht zu stunden. Die

---

72 Der Quotient "Währungsreserven dividiert durch Monatseinfuhr" ergäbe für die Bundesrepublik Deutschland für September 1992 den Wert von 179 Mrd. : 51,3 Mrd. = 3,5 Monate, für Oktober 1992 einen solchen von 139,8 : 51,3 = 2,7 Monate. Nimmt man statt dessen 15 % der Einfuhren, so erhielte man Reichweiten von 23 bzw. 18 Monaten.

klassischen bilateralen Kredite wurden seit dem zweiten Weltkrieg weitgehend abgelöst durch institutionalisierte Programme. Ausleihungen orientieren sich zwar nominell an der Kreditwürdigkeit der verschuldeten Zentralnotenbank und sind mitunter an Auflagen gebunden. Die Internationalisierung erzeugt jedoch vielfach im Interesse einer Mindestversorgung darüber hinausgehende Ausleihungen.

Im einzelnen handelt es sich dabei um die Programme des Internationalen Währungsfonds (IWF: Ziehungsrechte der Mitgliedsbanken über Reservetranchen und Sonderfazilitäten, Sonderziehungsrechte und temporäre Fazilitäten[73]) und des EWS (kurz- und mittelfristiger finanzieller Beistand[74]).

c) Die Swapvereinbarungen[75]

Diese Form der Kreditaufnahme im Ausland ist gegenüber dem unternehmerischen Notenbankinstrument "Swapsatzpolitik" abzugrenzen (vgl. 3. Abschnitt D.III). Im Gegensatz dazu geht es hier nicht um die Anregung zur Ausnutzung von Zinsdifferenzen und/oder die Beeinflussung bzw. Festsetzung von Devisenkursen. Verglichen mit den bisher angesprochenen Kreditaufnahmen im Ausland wird andererseits mit den Swapvereinbarungen nicht ein unmittelbarer Ausgleich der bereits passiven Devisenbilanz angestrebt, sondern die Beschaffung von Manövriermasse (Überlassung von Devisen von anderen Zentralbanken) zur Durchführung von Interventionen auf dem eigenen Markt[76]. Diese Überlassungen erfolgen kursgesichert, d. h. Kassa- und Terminkurse sind identisch.

Es haben sich bisher zwei Typen solcher Swap-Vereinbarungen entwickelt:

a) Ein- oder gegenseitige Einräumung von Kreditspielräumen mit oder ohne Zinsbelastung bei der Inanspruchnahme[77].

b) Pensionsgeschäfte in Titeln der "kreditsuchenden" Zentralbank (z. B. Erwerb von US-Schatzanweisungen über DM durch die Deutsche Bundesbank unter gleichzeitigem Rückverkauf an das Federal Reserve System per Termin).

---

73 Vgl. dazu - als einzige umfassende neuere Darstellung - Deutsche Bundesbank, Internationale Organisationen und Gremien im Bereich von Währung und Wirtschaft, 4. A., Frankfurt/M. 1992, S. 1-52

74 Vgl. Norbert Kleinheyer, Die Weiterentwicklung des Europäischen Währungssystems, Berlin 1987

75 Vgl. Die Deutsche Bundesbank (Sonderdruck 7), a.a.O., S. 80.

76 Vgl. Steffen-Thomas Ehrig, a.a.O., S. 98 ff., 114 ff.

77 Vgl. Nikolaus Würtz, Das Recht der Swap-Vereinbarungen zwischen den Zentralbanken - die Praxis der Bundesbank, Diss. Würzburg 1983

Bei Swap-Transaktionen mit dem Ziel einer Anschaffung von Fremdwährung für Interventionen handelt es sich um eine Alternative zur Einräumung von Währungskrediten an andere Zentralbanken[78].

78 Vgl. z.B. die gegenseitigen Devisenabkommen (reciprocal currency agreements) des Federal Reserve Systems mit den 10 bedeutendsten Zentralbanken über insgesamt 1,1 Mrd. US-$, davon über 200 Mio. US-$ mit der Deutschen Bundesbank vom 2.1.1962-31.3.1962:
1. BBk räumt FRS 800 Mio. DM Verfügungsguthaben für Interventionen am Devisenmarkt New York ein,
2. FRS räumt BBk 200 Mio. US-$ Verfügungsguthaben für Interventionen am Devisenmarkt Frankfurt ein.
Rückzahlung der in Anspruch genommenen Beträge per 31.3.1962 zum Kurs 2.1.1962.
(Vgl. Geschäftsbericht Deutsche Bundesbank 1962, S. 28)

C. Die Kooperation der Zentralnotenbank

Die Kooperation im weiteren Sinne ist der vertragliche Zusammenschluß von Betrieben im Gegensatz zu finanzwirtschaftlichen Verbindungen (Trust, Konzern)[79] mit den drei Typen Verband, Kartell und Kooperation i. w. S.[80]. Es erscheint uns nicht erforderlich, diese drei Formen der Kooperation i. w. S. voneinander abzugrenzen. Gemeinsam ist ihnen die wirtschaftliche Zusammenarbeit mit dem Ziel einer Verstärkung der Effizienz ihrer Mitglieder. Hier sollen vielmehr die drei konkreten Erscheinungsformen der Notenbank-Kooperation vorgestellt werden. Das ist erstens der Anpassungsprozeß als marktwirtschaftliche Zusammenarbeit (Unterabschnitt I). Sodann rechnen hierunter die Vereinbarungen als spezielle Form währungspolitischer Zusammenarbeit (Unterabschnitt II) und schließlich der Verbund als höchste Stufe (Unterabschnitt III). Diese Reihenfolge drückt bereits sowohl die zeithistorische Entstehung als auch den Grad der Zusammenarbeit aus.

I. Die Anpassung als marktwirtschaftliche Zusammenarbeit

Im wesentlichen gibt es zwei Formen dieser Kooperation durch Anpassung aufzuzeigen: Die Befolgung der Spielregeln des Goldautomatismus und die international konstatierende Diskontsatzpolitik.

a) Die Anpassung an die Regeln des Goldautomatismus

In Goldumlaufs- wie Goldkernwährungen verlangen die Spielregeln des Goldautomatismus den Notenbanken angesichts der Golddeckungsvorschriften wesentlich intensivere Anpassungsmaßnahmen an Zahlungsbilanzungleichgewichte ab als die normalen Wirkungen des Goldautomatismus. Bei einer Deckungsvorschrift von z. B. 40 Prozent hätte ein Zahlungsbilanzungleichgewicht das Zweieinhalbfache des Saldos als Ausweitung (Devisenüberschuß) bzw. Rückführung des Geldvolumens (Devisendefizit) verlangt. Diese Kooperation der Zentralnotenbanken wird zwar als historisch gegeben angesehen, war es jedoch nicht: Wie bereits mehrmals zum Ausdruck gebracht, bemühten sich alle Zentralbanken um Pufferreserven (Verzicht auf die Realisierung des Expansionsmultiplikators bei Devisenüberschüssen), die sie bei Zahlungsbilanzdefiziten vom Zwang zu intensiverer Geldmengenreduzierung befreiten (vgl. 1. Abschnitt C.I,b.4).

79 In Anlehnung an Wilhelm Vershofen (Die Marktverbände, Nürnberg 1928). Die von Erwin Grochla geprägte Terminologie (vertraglicher Zusammenschluß als Betriebsverband, finanzwirtschaftlicher Zusammenschluß als Verbundbetrieb) konnte sich nicht durchsetzen (Betriebsverbindungen, Berlin 1969).

80 Vgl. Hans Knoblich, Zwischenbetriebliche Kooperation, in: ZfB 8/1969, S. 497 ff.

b) Die international konstatierende Diskontsatzpolitik

Mit zunehmender wirtschaftlicher Verflechtung der einzelnen Staaten geht die Autonomie der einzelnen Währungsbank in der Festsetzung des Diskontsatzes zurück[81]. Dabei läßt sich schon seit langem immer die eine oder andere Zentralnotenbank als Preisführerin feststellen, dem sich andere Währungsinstitute in kurzen Zeitabständen anschlossen. Es ist indes weniger die Tendenz zu einem einheitlichen Zinssatz festzustellen als vor allem die Reaktion einer Änderung[82]. Allerdings behindern unterschiedliche Zielsetzungen nicht selten diese Kooperation: So war die Politik der Deutschen Bundesbank im Sommer 1992 antiinflationär eingestellt, während die meisten anderen Notenbanken diesen Schritt im Hinblick auf die Rezession im eigenen Land unterliefen.

Sowohl am Beispiel des Goldautomatismus als auch hier zeigen sich die Schwächen der marktwirtschaftlich induzierten Kooperation.

II. Die Vereinbarungen als währungspolitische Zusammenarbeit

Die Zusammenarbeit auf dieser Ebene begann mit verschiedenen internationalen Konferenzen unmittelbar nach dem ersten Weltkrieg[83]. Sie zeigten leider nur wenig konkrete Ergebnisse, und es gelang der Vielzahl von Ad hoc-Konferenzen der Notenbankgouverneure nicht, die Weltwirtschaftskrise abzumildern. Die Zeit nach dem zweiten Weltkrieg offenbart drei Erscheinungsformen der Kooperation: Einmal die Schaffung von Verbundeinrichtungen (vgl. Unterabschnitt III), sodann im Rahmen der jährlichen Konferenzen dieser Institutionen vielfältige Bemühungen zu gemeinsamen währungspolitischen Problemlösungen und schließlich im Rahmen der Verbundorganisation zahlreiche Vereinbarungen über Kreditierung und Fazilitäten einerseits und Neufestsetzung von Paritäten andererseits[84]. Ein aktuelles Beispiel ist die nordische Währungs-Kooperation (1.1.1993).

---

81 Vgl. dazu Adolf H. Rosenstock, Der internationale Zinszusammenhang. Eine theoretische Untersuchung in der Tradition von Irving Fisher, Frankfurt/Main 1988

82 Als Beispiel sei die Diskontsatzerhöhung der Deutschen Bundesbank vom 21.12.1991 genannt. Innerhalb weniger Tage erhöhten um jeweils 0,5 % (vorheriger Diskontsatz in Parenthese): D und A (7,5), B und NL (8,0), DK (9,5) und I (11,5). Es erhöhten um 0,35 % F (9,25), um 0,25 % E (12,5). Ähnliches ließ sich bei den Diskontsatzsenkungen der Bundesbank vom 4.2. und 18.3.1993 feststellen.

83 Vgl. dazu Alexander Schleidt, Die Kooperation der Notenbanken, Basel 1931

84 Vgl. Thomas Steinemann, Währungskooperation und Europäische Währungsunion, Chur 1992

III. Der Verbund

Der Verbund stellt die Gemeinschaftsunternehmungen mehrerer Zentralnotenbanken auf internationaler Ebene dar ("umgedrehter Konzern"): Nicht die Oberstufe ist an der Unterstufe, sondern die Angehörigen der Unterstufe sind an der Oberstufe beteiligt. Als einfachste Form des Verbunds gilt eine Institution ohne Rechtspersönlichkeit. Die höchste Ebene stellt das mehrstufige Zentralbanksystem dar, in der sich währungspolitische Kompetenzen auf alle Stufen verteilen (vgl. dazu 1. Abschnitt B.II). Zwischen beiden Ebenen liegt der eigentliche Verbund.

Es gibt zwei aktuelle Vertreter eines solchen Währungsbank-Verbundes: Der weltweite Ansatz in Form des Internationalen Währungsfonds (Unterabschnitt a) und europäische Konstruktionen, die sich weitgehend der Dienste der Bank für internationalen Zahlungsausgleich (BIZ) bedienen (Unterabschnitt b).

a) Der Internationale Währungsfonds (IWF)[85]

Eines der Ergebnisse der internationalen Währungskonferenz von Bretton Woods (Juli 1944) war die Gründung des Internationalen Währungsfonds, dem drei wesentliche Aufgaben zugewiesen wurden: Erstens Durchsetzung der Konvertibilität aller Mitgliedsländer-Währungen, zweitens Fungierung als Clearingstelle für den zwischenstaatlichen Zahlungsverkehr und schließlich drittens kurzfristige Überbrückung von Zahlungsbilanz-Defiziten. Das erste Ziel wurde lediglich sehr kurzfristig von maximal einem Drittel der Mitgliedsländer erfüllt. Seit der Aufhebung der (goldbezogenen) Dollar-Konvertibilität und dem Übergang der europäischen Währungen zur Flexibilität ist die IMF-Konvertibilität jedoch praktisch gegenstandslos. Die dritte Aufgabe einer kurzfristigen Stundung von Zahlungsbilanzdefiziten wurde wert- wie zeitmäßig erheblich ausgeweitet: Faktisch ist der IWF zu einer Bank der langfristigen Finanzierung von Zahlungsbilanzdefiziten geworden. Jüngste Erscheinung ist das vom IMF etablierte "Frühwarnsystem für Wechselkursturbulenzen". "In diesem Zusammenhang erhält der IWF eine große Bedeutung als übernationale Beratungs- und Überwachungsinstitution für Staaten, die sich in einer Wirtschaftskrise befinden oder ihre Wirtschaft umstrukturieren. Beispielsweise ordnet er Berater ab für die Zentralbank von Zaire. Des weiteren koordiniert er Umschuldungsaktionen für lateinamerikanische Staaten. Die harten wirtschaftspolitischen Auflagen mit sozialen Konflikten als Folge führten aber zu dem Vorwurf, ein Instrument des Neokolo-

85 Vgl. dazu IWF, The IMF in a Changing World 1945-1985, New York 1986

nialismus zu sein. Große Bedeutung bekommt der IWF bei der Einführung der Marktwirtschaft in ehemaligen Zentralverwaltungswirtschaften."[86]

Die oben erwähnten Jahresversammlungen dienen primär der Vereinbarungen neuer Kredithilfen; währungspolitische Aktivitäten werden seit Übergang zur Flexibilität nicht mehr wahrgenommen. Die frühere Vorstellung von Otto Veit, den Internationalen Währungsfonds zur Spitze eines zweistufigen Weltzentralbanksystems fortzuentwickeln[87], wurde nicht einmal in Ansätzen verwirklicht.

b) Europäische Institutionen

1. Als älteste Einrichtung zur Förderung der Zentralbank-Kooperation kann die Bank für Internationalen Zahlungsausgleich (BIZ, Basel, 1930) gelten, die allerdings erst nach dem zweiten Weltkrieg eine größere Bedeutung als Agent europäischer Währungseinrichtungen erhielt: Sie wurde Clearingstelle der Europäischen Zahlungsunion (EZU, 1950-1958), des Europäischen Währungsabkommens (EWA, 1958-1971), des Europäischen Wechselkursverbundes (1972-1978) und des Europäischen Währungssystems (EWS, seit 1979). Die Bank ist darüber hinaus aber auch mit der Durchführung von Währungskonferenzen der Mitglieds-Zentralbanken beauftragt[88].

2. Die erwähnten vier europäischen Währungseinrichtungen hatten sämtlich drei primäre Aufgaben: Einvernehmliche Festsetzung der Leitkurse, Realisierung des Systems flexibler Kurse mit engen Bandbreiten (derzeit maximal +/- 5 %) und schließlich monatliches Clearing des Zahlungsverkehrs und Gewährung kurzfristiger Überbrückungskredite, gegebenenfalls Mitwirkung bei der längerfristigen Konsolidierung. Das erhoffte System langfristig gültiger Leitkurse ließ sich nicht realisieren; das EWS hat verschiedene einvernehmliche Änderungen der Leitkurse bei gravierenden Zahlungsbilanzschwierigkeiten verschiedener Mitglieder ausgelöst. Der "Rat der Notenbankgouverneure" (1988) kann als Vorstufe zum zweistufigen "Europäischen System der Zentralbanken" (ESZB) gelten, das dann den Verbund ablöst (vgl. 1. Abschnitt B.I).

---

86 Jürgen Singer, Anmerkungen

87 Vgl. Otto Veit, Grundriß, a.a.O., S. 738 ff.

88 Vgl. BIZ (Hrsg.), Die Bank für internationalen Zahlungsausgleich und die Basler Zusammenkünfte 1930-1980, Basel 1980

ABKÜRZUNGSVERZEICHNIS

AG	Die Aktiengesellschaft
AP BWI ER-N	Arbeitspapiere des Betriebswirtschaftlichen Instituts der Friedrich-Alexander-Universität Erlangen-Nürnberg
BALM	Bundesanstalt für landwirtschaftliche Marktordnung
BB	Betriebs-Berater
BBankG	Bundesbankgesetz
BdL	Bank deutscher Länder
BfG	Blätter für Genossenschaftswesen
BFuP	Betriebswirtschaftliche Forschung und Praxis
Blick	Blick durch die Wirtschaft
bm	bank und markt
BTD	Bundestags-Drucksache
BULI	Bundesliquiditätspapiere
DVW	Der Volkswirt
DZ	Deutsche Zeitung
ESZB	Europäisches System der Zentralbanken
EWA	Europäisches Währungsabkommen (1955)
EWS	Europäisches Währungssystem (1979)
EZB	Europäische Zentralbank
EZU	Europäische Zahlungsunion (1948)
FAZ	Frankfurter Allgemeine Zeitung
gi	Geldinstitute
HB	Handelsblatt
HdF	Handbuch der Finanzwissenschaft, 3. A., 4 Bde, Tübingen 1977-1983
HdSW	Handwörterbuch der Sozialwissenschaften, 12 Bde, Stuttgart 1956-1965
HdWW	Handwörterbuch der Wirtschaftswissenschaften, 9 Bde, Stuttgart et al 1977-1982
IK	Industriekurier
Kreditwesen	Zeitschrift für das gesamte Kreditwesen

KuK	Kredit und Kapital
LZB	Landeszentralbank
NB	Neue Betriebswirtschaft
NN	Nürnberger Nachrichten
NZZ	Neue Zürcher Zeitung
ÖBA	Österreichisches Bank Archiv
RM	Rheinischer Merkur
Veröff. LSt. BkBWL FAU	Veröffentlichungen des Lehrstuhls für Allgemeine, Bank- und Versicherungs-Betriebswirtschaftslehre an der Friedrich-Alexander-Universität Erlangen-Nürnberg
WiSt	Wirtschaftswissenschaftliches Studium
WISU	Das Wirtschaftsstudium
WiWo	Wirtschaftswoche
ZfB	Zeitschrift für Betriebswirtschaft
ZfgG	Zeitschrift für das gesamte Genossenschaftswesen

ABBILDUNGS- UND TABELLENVERZEICHNIS

STICHWORTVERZEICHNIS

NAMENSVERZEICHNIS

LITERATURVERZEICHNIS

Aas, Ulrich: Die Beurteilung des Notenbank-Münzregals, Diplomarbeit Erlangen-Nürnberg 1989

Abs, Hermann Josef: Der Wechselkurs - kein Feld für Experimente, in: FAZ 11.6.1960

Achterberg, Erich: Coyne oder die unabhängige Notenbank, in: Kreditwesen 16/1961, S. 770 ff.

Agartz, Victor: Notenbank im Umbau - föderal oder zentral?, hrsg. vom Wirtschaftswissenschaftlichen Institut der Gewerkschaften, Köln 1951

Alesina, A./**Summers**, L.: Central Bank Independence and Macroeconomic Performance: Some Comparative Evidence, Harvard University 1991

Amsel, Hans-Georg: Kehrseite des Geldes, Wiesbaden 1976

Aschka, Fritz: Gerede vom Währungsschnitt, in: NN 15.9.1980

Assad, Mohammad Naim: Das zentralbankpolitische Instrumentarium in ausgewählten ostastiatischen Ländern, Diss. Erlangen-Nürnberg 1972

Aust, Eberhard: Der Wettbewerb in der Bankwirtschaft, Frankfurt/Main 1963

"**Autorenkollektiv**", Die Ausnutzung der Ware-Geld-Beziehungen durch die Wirtschaftspolitik der DDR, Berlin 1961

Bank deutscher Länder: Geschäftsberichte

Bärmann, Johannes/**Brink**, Ulrich: Stabilität als Rechtsproblem, in: Gelbe Reihe des Instituts für internationales Recht des Spar-, Giro- und Kreditwesens an der Universität Mainz, Nr. 16/17, Mainz 1976

Baumgart, Heinz: Grundlagen und Mobilisierung der Ausgleichsforderungen, Diss. Mannheim 1957

Bax, Christel: Das Industrieclearing, Heft 36 der Veröff. Lst. BkBWL FAU 1985

Beck, Heinz: Gesetz über die Deutsche Bundesbank vom 20. Juli 1957, Mainz-Düsseldorf 1959

Becker, Hans-Dieter: Praktische Erfahrungen der Deutschen Bundesbank bei der elektronischen Öffnung, in: vbo-informationen 3/1991, S. 63 ff.

Bellinger, Bernhard: Numerische Gesamturteile über eine Zentralnotenbank, in: Edwin Rühli und Jean-Paul Thommen (Hrsg.), Unternehmensführung aus finanz- und bankwirtschaftlicher Sicht, Stuttgart 1982, S. 239 ff.

Bendixen, Friedrich: Das Wesen des Geldes, 4. A., München-Leipzig 1926

Benning, Bernhard: Die Währungsbank und die Geschäftsbanken: Partnerschaft, in: Kreditwesen 1/1970, S. 6

Benthin, Alfred: Scheidemünzen und Reichsbank, Rostock 1929

Bernhardt, Klaus: Die Staatsautorität ist in Gefahr, in: HB 1./2.6.1962

Betz, Wolfgang/**Pelzl**, Wolfgang: Beurteilung von Geldmarktfonds, Frankfurt/Main 1989

Bienert, Kurt: Die internationale Liquidität der Volkswirtschaften, Frankfurt/M. 1967

Bing, Walter: Buchgeld nicht strafbar, in: Kreditwesen 4/1962, S. 146

Bisani, Hans Paul: Die Pensionsgeschäfte der Zentralnotenbank, Diss. Erlangen-Nürnberg 1987

BIZ (Hrsg.): Die Bank für internationalen Zahlungsausgleich und die Basler Zusammenkünfte 1930-1980, Basel 1980

Blank, Thomas: Finanzinnovationen und Geldpolitik, Berlin 1991

Blessing, Karl: Die Voraussetzungen für eine "Reservewährung", in: Kreditwesen 8/1965, S. 309

Boeck, Klaus/**Gehrmann**, Dieter: Die DM als internationale Reservewährung, Hamburg 1974

Bofinger, Peter: (Hrsg.), Der Weg zur Wirtschafts- und Währungsunion, Wiesbaden 1990

Bonin, Konrad von: Zentralbanken zwischen funktioneller Unabhängigkeit und politischer Autonomie, dargestellt an der Bank von England, der Bank von Frankreich und der Deutschen Bundesbank, Baden-Baden 1979

Bopp, Lothar: Wechselkursmanagement der Zentralbanken, Freiburg i. B. 1982

Borchert, Manfred: Mindestreservepflicht für Bausparkassen?, Gutachten Hameln o.J. (1986)

Derselbe: Mindestreservekonzeptionen, Wiesbaden 1987

Born, Karl-Erich: Entwicklung der Banknote vom "Zettel" zum gesetzlichen Zahlungsmittel, Mainz 1972

Bosse, Gerd: Zur Ökonomie des Militärischen. Eine Literaturauswahl, in: Karl-Ernst Schulz (Hrsg.), Militär und Ökonomie, Göttingen 1977

Brackmann, Friedhelm: Die institutionelle Seite der Währungsparitätenänderungen, Diss. Köln 1961

Brand, Rudolf: Wesen und Eignung des Effektenlombards als eine Form des passiven und aktiven Bankkredits, Berlin 1968

Braun, Werner: Das Liquiditätsproblem der Kreditbanken, Stuttgart 1934

Braunberger, Gerald: Die Kosten der Geldpolitik, in: FAZ 21.9.1989

Bredemeier, Sonning: Erfahrungen mit der Kreditplafondierung, Berlin-München 1972

Derselbe: Währungsreserven privatisieren?, in: Kreditwesen 15/1972, S. 668 ff.

Breuer, Hans-Jürgen: Die Offenmarktpolitik der Deutschen Bundesbank -Vorschläge, Realisierungsmöglichkeiten und Wirkungen, Freiburg i. B. 1981

Brügge, Peter: Das ist der größte Bazillenträger, in: Der Spiegel 30/1978, S. 61 ff.

Brüning, Heinrich: Memoiren 1918-1934, Stuttgart 1970

Brugger, Armin: Die Grundsätze des Bundesaufsichtsamtes für das Kreditwesen. Kritik und Änderungsvorschläge der Ausgestaltung im Hinblick auf den Gläubigerschutz, Diss. Erlangen-Nürnberg 1988

Bühler, Wilhelm: Zur Problematik notenbankfinanzierter Rohstoffreserven, in: Wilhelm Bühler/Otto Lucius (Hrsg.), Notenbank und Kreditapparat, Bankwissenschaftliche Schriftenreihe Nr. 58, Wien 1980

Derselbe: Kreditbankprinzip contra Investmentbanking, in: Die Bank 3/1988, S. 129 ff.

Büschgen, Hans E.: Historisch-statistische Untersuchung von sieben Jahren der Anwendung des kreditpolitischen Instrumentariums durch die deutsche Zentralnotenbank (1954-1960), in: Heinrich Rittershausen (Hrsg.), Zentralnotenbank, Frankfurt/Main 1962, S. 653 ff.

Derselbe: Freiwillige Vereinbarungen als Mittel der Notenbankpolitik, in: BfG 3 u. 4/1967, S. 29 ff., S. 49 ff.

Derselbe: Offenmarktpolitische Interventionen der Deutschen Bundesbank am Rentenmarkt - und auch am Aktienmarkt?, in: AG 7 u. 8/1972, S. 210 ff., S. 244 ff.

Burchardt, Michael: Die Banking-Currency-Kontroverse, in: KuK 4/1985, S. 457 ff.

Caesar, Rolf: Der Handlungsspielraum von Notenbanken, Baden-Baden 1981

Committee on the Working of the Monetary System, Report (Radcliffe-Report), London 1959

Damm, Jürgen: Verzinsung der Mindestreserven?, Frankfurt/Main 1959

David, Wilhelm: Zweite Automationsphase der Deutschen Bundesbank und Kreditgewerbe, Göttingen 1979

Deppe, Hans-Dieter: Bankbetriebliches Wachstum, Stuttgart 1969

Deutsche Bundesbank: Geschäftsberichte 1957 ff.

Dieselbe: Monatsberichte Deutsche Bundesbank, Statistische Beihefte Reihe 5: Die Währungen der Welt

Dieselbe: Internationale Organisationen und Gremien im Bereich von Währung und Wirtschaft, 4. A., Frankfurt/M. 1992

Dieselbe: Memorandum über die Lohn- und Preisentwicklung, auf Wunsch des Herrn Bundeskanzlers erstattet, Januar 1960

Dieselbe (Hrsg.): Die Deutsche Bundesbank. Geldpolitische Aufgaben und Instrumente (Sonderdrucke der Deutschen Bundesbank Nr. 7), 5. A., Stuttgart 1990

Dewey, Charles: Die Planung und Regulierung des Bargeldumlaufs in der Deutschen Demokratischen Republik, Berlin-Ost 1956

Dickertmann, Dietrich/**Siedenberg**, Axel: Instrumentarium der Geldpolitik, 4. A., Düsseldorf 1984

Dierschke, K./**Müller**, F.: Die Notenbanken der Welt, 2 Bde., Berlin 1926

Dieterle, Rudolf: Möglichkeiten zur Abwehr von Auslandsgeldern, Diplomarbeit Erlangen-Nürnberg 1974

Dietrichs, Helga-Ellen: Neuere Versuche zur staatlichen Beeinflussung der Geldstillegung bei Haushalten und Betrieben in der Schweiz und in den skandinavischen Ländern, Diss. Freiburg i.B. 1962

Doebeli, Paul Victor: Die Kaufkraftsterilisierung als Mittel der staatlichen Wirtschaftspolitik, Diss. Bern 1955

Dörge, Friedrich Wilhelm: "Macht ohne Mandat?" Die Bundesbank - eine Nebenregierung, in: Die Zeit 31.10.1969

Döring, Franz: Die Kehrseite des bargeldlosen Zahlungsverkehrs, in: Die Bank 11 und 12/1917

Dörner, Karin: Organisationsstruktur der Europäischen Zentralbank, Diplomarbeit Erlangen-Nürnberg 1992

Dotsey, Michael: Japanese Monetary Policy. A comparative Analysis, Tokyo 1986

Douglas, James: Scottish Banknotes, London 1975

Dreißig, Wilhelmine: Die Technik der Staatsverschuldung, in: HdF, Bd. III, Tübingen 1981, S. 57 ff.

Dujim, Bernhard: Wechselkurspolitik für Entwicklungsländer, München 1990

Dürkes, W.: Wertsicherungsklauseln, 10. A., Heidelberg 1992

Dürr, Ernst: Internationaler Goldstandard, in: HdWW Bd. 3, Stuttgart u. a. 1981

Eckstein, G./**Dorn**, D.: Kreditplafondierung - eine geld- und kreditpolitische Notwendigkeit, in: ÖBA 1/1967, S. 33-38

Ehrenberg, Herbert: Zwischen Marx und Markt, Frankfurt/Main 1973

Derselbe: Wirtschaftshilfe für die DDR. Neues Geld braucht das Land. Mit den stillen Reserven der Bundesbank könnten Öko-Programme in beiden deutschen Staaten finanziert werden, in: Die Zeit 24.11.1989

Ehrig, Steffen-Thomas: Devisentermingeschäfte als Instrument der Währungspolitik unter besonderer Berücksichtigung der Devisentermingeschäfte der Deutschen Bundesbank und der Schweizer Nationalbank, Berlin 1973

Emminger, Otmar: D-Mark, Dollar, Währungskrisen, Stuttgart 1986

Engels, Wolfram: Konkurrenz der Notenbanken mit dem Habenzins, in: Kreditwesen 18/1969, S. 878 ff.

Derselbe: Geldpolitik aus der Vor-Dampf-Zeit, in: WiWo 1 u. 2/1978, S. 56 ff.

Derselbe: Notenbanktechnik. Instrumente und Verfahren der monetären Stabilitätspolitik, Frankfurt-New York 1979

Englert, M.: Der Handlungsspielraum der amerikanischen Bundesbank im Regierungssystem der Vereinigten Staaten, Rheinfelden 1988

Erhard, Ludwig: Wohlstand für alle, Düsseldorf 1957

Ernst, Michael/**Witte**, Lothar: EAF - Ein neuer Service der Bundesbank, in: bm 4/1990, S. 31 ff.

Escher, Volkhard: Der Einfluß der Steuertermine auf die Liquidität der Geschäftsbanken und die Refinanzierung der Geschäftsbanken beim Zentralbanksystem, Diss. Köln 1957

Ettlin, Franz: Der schweizerische Notenumlauf 1962-1988, in: Schweizer Nationalbank, Quartalshefte 3/1989, S. 257 ff.

Euba, Norbert: Indexbindung bei Spareinlagen, Sparkassenheft 50, Stuttgart o.J. (1974)

Faber, Heiko: Die Aktienmarktintervention als neues Instrument der Bundesbankpolitik, in: Ztschr. f. Rechtspolitik 12/1969, S. 275 ff.

Falch, Kurt: Möglichkeiten einer Kreditschöpfungs- oder Geldschaffungssteuer, in: ÖBA 12/1966, S. 417

Feder, Gottfried: Kampf gegen die Hochfinanz, 4. A., München 1933

Feifel, Hermann: Die Anwendbarkeit der modernen Kreditschöpfungslehre auf die besondere Art des Sparkassengeschäfts, Berlin 1959

Filc, Wolfgang: Devisenmarkt und Geldpolitik, Bern 1981

Filc, Wolfgang/**Hübl**, Lothar/**Pohl**, Rüdiger: Diskontsenkung - Bardepotgesetz, in: WiWo 10 u. 11/1972, S. 32 ff., 32 ff.

Fisher, Irving: Feste Währung. Zur Entwicklungsgeschichte der Idee, Uchtdorf-Weimar-Leipzig 1937

Derselbe: 100% Money, 3. A., New York 1945

Flachmann, Klaus: Bardepot, Frankfurt/Main 1972

Fleischer, Gerhard: Die Auswirkungen des elektronischen Zahlungsverkehrs auf die Währungspolitik, Diplomarbeit Erlangen-Nürnberg 1982

Flückiger, Pierre: Neue Formen der Kreditgewährung, Diss. Bern 1954, S. 45 ff.

Förster, Gerhard: Der optimale Geldmengenbegriff - eine theoretische und empirische Analyse für die Bundesrepublik Deutschland, Berlin-München 1981

Forstmann, Albrecht: Geld und Kredit, 2. Teil: Die Anwendung der Geld- und Kredittheorie, Göttingen 1952

Frank, Johann: Blessing nimmt Partei, in: DZ 28.1.1960

Friedman, Milton: Die optimale Geldmenge, München 1970

Friedman, Milton/**Jacobsen-Schwarz**, Anna: A Monetary History of the United States 1867-1960, Princeton 1963

Fuchs, Rudolf: Geldpolitische Bedeutung der freien Liquiditätsreserven und die Interbankgeschäfte, Würzburg 1981

Gafafer, Hansjakob: Die selektive Kreditpolitik als Mittel der Konjunktur- und Wachstumspolitik, Zürich-St.Gallen 1967

Gburek, Manfred: Primat der Politik, in: WiWo 22/1991

Gehrig, Bruno: Geldmenge und Mindestreserven. Aktiva oder Passiva als Bemessungsgrundlage?, Bern-Stuttgart 1976

Derselbe: Geldpolitik unter alternativen funktionellen Voraussetzungen, Bern-Stuttgart 1980

Geisler, Rudolf P.: Notenbankverfassung und Notenbankentwicklung in USA und Westdeutschland, Berlin 1953

Gemperle, Reinhold: Ein Nullen-Schnitt an Italiens Währung, in: NZZ 15./16.6.1986

Gerding, Rainer/**Starbatty**, Joachim: Zur Entnationalisierung des Geldes, Tübingen 1980

Gerke, Wolfgang: Gleitklauseln im Geld- und Kapitalverkehr - Mark = Mark?, Wiesbaden 1980.

Gerloff, Wilhelm: Die Kaufmacht des Geldes, Frankfurt/M. 1947

Giersch, Herbert: 25 Thesen zur Stabilitätspolitik, in: HB, 27./28.1.1967

Giessen, Herbert W.: Entschärftes Mindestreservesystem, in: DVW 19/1960, S. 866 f.

Gnam, Arnulf: Darf das die Landeszentralbank tun?, in: Kreditwesen 23/1955, S. 844

Derselbe: Einlagenschutz im Kreditwesen, in: Kreditwesen 11/1959, S. 312

Göpfert, Andrea: Direkte Kreditbeschränkungen als Instrument der Währungspolitik, Diplomarbeit Erlangen-Nürnberg 1992

Graebner, Wolfgang: Direkte Kontrollen als Mittel der Geldpolitik, Köln-Opladen 1966

Gramlich, Ludwig: Bundesbankgesetz, Währungsgesetz, Münzgesetz (Kommentar), Berlin u. a. 1988

Granziol, Markus J.: Notenbankpolitische Aspekte des Zahlungsverkehrs, in: Schweizer Nationalbank (Hrsg.), Geld, Währung und Konjunktur 4/1986, S. 263 ff.

Greitemann, Günter: "Vollbewegliche" Einlagen-Politik, in: Kreditwesen 20/1967, S. 943 ff.

Greitemann, Günter: Die Verwaltung der Staatskassenmittel als Rechtsproblem, München 1968

Grochla, Erwin: Betriebsverbindungen, Berlin 1969

Gross, Bernhard: Zugangsbeschränkungen im Kreditgewerbe, unveröfftl. Kölner Diplomarbeit (Seminar Prof. Dr. Rittershausen), 1960

Grundler, Jutta: Bankenaufsicht in Großbritannien, Frankfurt/Main u. a. 1988

Grundmann, Wolfgang: Die Neustrukturierung der Deutschen Bundesbank, in: Kreditwesen 14/1992, S. 320 ff.

Günther, Hans: Die neuen Kreditrichtsätze, in: DVW 50/1961, S. 2432 ff.

Derselbe: Polarität zwischen Notenbank und Geschäftsbanken, in: FAZ 20.5.1964

Gutenberg, Erich: Grundlagen der Betriebswirtschaftslehre, 1. Bd.: Die Produktion, z. B. 18. A., Berlin u. a. 1971

Derselbe: Grundlagen der Betriebswirtschaftslehre, 2. Bd: Der Absatz, 15. A., Berlin u. a. 1976

Haase, Heidrun: Die Lombardpolitik der Zentralnotenbanken, Berlin 1962

Hahl, Steffen: Die antizyklische Finanzpolitik der Bundesrepublik Deutschland, Diss. Fribourg/Schweiz 1968

Hahn, Albert Ludwig: Volkswirtschaftliche Theorie des Bankkredits, Tübingen - 1. A. 1920, 3. A. 1930

Hahn, Hugo J./**Roth**, Günter: Fragen des Rechts der Auf- und Abwertung, Karlsruhe 1979

Hahn, Oswald: Selbsterstellung und Funktionsausgliederung als bankbetriebliches Entscheidungsproblem, in: Wilfried Schneider und Konrad Fuchs (Hrsg.): Management im Kreditwesen - Festschrift für Hans Krasensky zum 70. Geburtstag, Wien 1973, S. 83 ff.

Derselbe: Finanzwirtschaft, 2. A., Landsberg 1983

Derselbe: Wertmesserfunktion - Aufgabe des Geldes oder der Währungseinheit?, in: Peter Gottschalk und Klaus Wolf (Hrsg.), Glaube und Gesellschaft in dieser Zeit, Festschrift für Wilhelm F. Kasch, Bayreuth 1981, S. 537 ff.

Derselbe: Universal- und Trennbanksystem: Unklarheiten, in: Kreditwesen 20/1992, S. 925 f.

Derselbe: Das Zahlungs- und Inkassogeschäft der Banken, Frankfurt/Main 1970

Derselbe: Mindestreserven - ein unabdingbares Instrument, in: Kreditwesen 5/1991, S. 204 ff.

Derselbe: Die Geldschöpfungskapazität einer Girobank in betriebswirtschaftlicher Betrachtung, in: BfG 11 und 12/1961, S. 185 ff., S. 208 ff.

Hahn, Oswald: Polizei und Betriebswirtschaftslehre. Veröff. LSt. BkBWL FAU, Nürnberg 1980

Derselbe: Die Postbank: Ihre Stellung in der Bankwirtschaft, Wiesbaden 1978

Derselbe: Die Kapitalquellen: Außenfinanzierung, in: Ders. (Hrsg.), Handbuch der Unternehmensfinanzierung, München 1971, S. 63 ff.

Derselbe: Deutsche Bundesbank: Gewinn provoziert Länderfinanzminister, in: Kreditwesen 16/1991, S. 738 f.

Derselbe: Die Giralgeldschöpfung der Geschäftsbanken, Diss. Köln 1954

Derselbe: Antizyklische Investitionspolitik - pro und contra, in: Deutsche Gesellschaft für Betriebswirtschaft (Hrsg.), Impulse für den Aufschwung, Berlin 1976, S. 45 ff.

Derselbe: Bundesbank: Zeichen gesetzt, in: Kreditwesen 6/1990, S. 264

Derselbe: Diskontpolitik, Berlin 1992

Derselbe: Bundesbank - zu wenig Kompetenzen, in: Kreditwesen 9/1988, S. 133

Derselbe: Bundesbank - Defizit in Moral suasion, in: Kreditwesen 16/1992, S. 721

Derselbe: Die Führung des Bankbetriebes, Stuttgart u. a. 1977

Derselbe: Die Bedeutung der Waren für die Währungspolitik, in: Udo Koppelmann (Hrsg.), Die Ware in Wirtschaft und Technik, Festschrift zum 65. Geburtstag von Artur Kutzelnigg, Herne-Berlin 1969, S. 72 ff.

Derselbe: Die "Schwächen" des Handelswechsels, in: Kreditwesen 5/1963, S. 183 ff.

Derselbe: Betriebswirtschaftliche Betrachtungen zur Währungsreform, in: Rainer Klump (Hrsg.), 40 Jahre DMark - Die politische und ökonomische Bedeutung der westdeutschen Währungsreform von 1948, Wiesbaden 1989, S. 11-29

Derselbe: Das Passiv-Geschäft als Bankleistungs-Angebot, in: ÖBA 10/1976, S. 392 ff.

Derselbe: Freiwilliger Verzicht, in: Kreditwesen 8/1990, S. 381

Derselbe: Allgemeine Betriebswirtschaftslehre, München 1990

Derselbe: Bankbetriebslehre, Stuttgart 1967

Derselbe: Bundesbank im Visier, in: Kreditwesen 19/1991, S. 886 ff.

Derselbe: Zahlungsmittelverkehr der Unternehmung, Wiesbaden 1962

Derselbe: Bankpolitik in Nepal, in: Kreditwesen 2, 3 u. 21/1966, S. 77 ff., 116 ff., 1050 ff.

Derselbe: Die Währungsbanken der Welt, Bd. I: Institutionen und Organe, Stuttgart 1968

Derselbe: Zentralbankrat: Praktiker .../... oder Politiker?, in: Kreditwesen 12/1976, S. 527 f.

Derselbe: "Small is terrible", in: Kreditwesen 4/1986, S. 137

Hahn, Oswald: Allgemeine Betriebswirtschaftslehre im Abseits?, in: Wilhelm Bühler et al. (Hrsg.), Die ganzheitlich-verstehende Betrachtung der sozialen Leistungsordnung. Ein Beitrag zur Ganzheitsforschung und -lehre. Festschrift für Josef Kolbinger, Wien-New York 1985

Derselbe: Die Problematik einer Finanzierung der Rohstoffreserven durch die Währungsbank, in: Sparkasse 3/1980, S. 82 ff.

Derselbe: Überlegungen zum Konzept der Bundeswehrhochschulen, in: Wehrkunde 2/1975, S. 91

Derselbe: Struktur der Bankwirtschaft, Bd. I: Banktypologie und Universalbanken, 2. A., Berlin 1989

Derselbe: Zentralbankrat: Münchner G'schichten, in: Kreditwesen 17/1992, S. 782 f.

Derselbe: Notenbanken: Fakten, Quellen und terminus technicus, in: Kreditwesen 10/1992, S. 409 f.

Derselbe: Einige kritische Anmerkungen zur staatlichen Bankwirtschaft, Heft 54 der Arbeitspapiere des Betriebswirtschaftlichen Instituts der Friedrich-Alexander-Universität Erlangen-Nürnberg, 1977

Derselbe: Inflationsschutz als genossenschaftliche Aufgabe, in: ZfgG 1/1974, S. 20 ff.

Derselbe: Deutsche Bundesbank: Expertengremium?, in: Kreditwesen 5/1992, S. 177

Derselbe: Die Chancen eines regierungsunabhängigen europäischen Zentralbanksystems, in: Wirtschaft und Recht, Zeitschrift für Wirtschaftspolitik und Wirtschaftsrecht (Zürich), Banken-Sonderheft 2/1976, S. 103 ff.

Derselbe: Währungs- und Währungsbankreform - notwendigster und einfachster Schritt der Krisenlösung in der DDR, in: Kreditwesen 5/1990, S. 224.

Derselbe: Die Möglichkeiten einer Förderung des Scheckverkehrs, Frankfurt/Main 1962

Derselbe: Die Auswirkungen einer Diskonterhöhung auf die Rentabilität der Universalbanken, in: Sparkasse 1 u. 2/1967, S. 5 ff., S. 24 ff.

Derselbe: Die Problematik des Münzregals der Regierung, in: BFuP 12/1962, S. 712 ff.

Derselbe: Die Zinsempfindlichkeit der Kreditnehmer, in: ÖBA 10 u. 11/1967, S. 390 ff., S. 431 ff.

Derselbe: Die Akkreditierungsinstitute als Spezialträger des Zahlungsverkehrs, in: NB 8/1960, S. 168 ff.

Derselbe: Zahlungsmittelverkehr der Unternehmung, Wiesbaden 1962

Derselbe: Deutsche Bundesbank: Jedermann-Geschäft belebt die Konkurrenz, in: Kreditwesen 22/1990, S. 1106 f.

Derselbe: Beklagte, unerkannte und fehlende Bargeldsorgen der Deutschen Bundesbank, in: Kreditwesen 10/1987, S. 434 ff.

Hahn, Oswald: Notleidender Soldatenkredit, in: Kreditwesen 14/1972, S. 634 ff.

Derselbe: Der bestätigte Scheck, in: NB 5/1958, S. 87 ff.

Derselbe: Sind Spezialschecks und Goldzertifikate Geldersatz?, in: BfG 9/1960, S. 141 ff.

Derselbe: Synergieeffekte in der Bankwirtschaft, in: Kreditwesen 2/1991, S. 64

Haller, Heinz: Finanzwirtschaftliche Stabilisierungspolitik, in: Norbert Andel und Heinz Haller (Hrsg.), Handbuch der Finanzwissenschaft, 3. A., Bd. II, Tübingen 1980. S. 359 ff.

Halm, George N.: Die Vergrößerung der Bandbreiten für Devisenkursschwankungen, Berlin 1965

Handler, Heinz: Grundlagen der Österreichischen Hartwährungspolitik, Wien 1989

Hankel, Wilhelm: Dollar und ECU, Frankfurt/Main 1992

Hansmeyer, Karl-Heinrich: Steuern auf spezielle Güter, in: Norbert Andel und Heinz Haller (Hrsg.), Handbuch der Finanzwissenschaft, 3. A., Bd. II, Tübingen 1980, S. 725 ff.

Harden, Josef: Staat und Notenbank in den USA, in: DVW 50/1961, S. 2436 f.

Hartmann, Jürgen: Problematik der Ausgabe von Sondermünzen, Diplomarbeit Erlangen-Nürnberg 1975

Hasenkamp, Adolf: Die Geldverfassung und das Notenbankwesen der Vereinigten Staaten, Jena 1907

Hasse, Rolf H./**Schäfer**, Wolf (Hrsg.), Europäische Zentralbank. Europas Währungspolitik im Wandel, Göttingen 1990

Hayek, Friedrich August von: Entnationalisierung des Geldes, Tübingen 1977

Heide, Ulrich auf der: Die Kaufkraftparitätentheorie, in: WISU 1/1992, S. 25 f.

Heinen, Edmund: Das Zielsystem der Unternehmung. Grundlagen betriebswirtschaftlicher Entscheidungen, 3. A., Wiesbaden 1976

Hennemann, H. L.: Staatsfinanzwirtschaft und Zentralbankpolitik, Köln 1952

Herlt, Rudolf: Wiederentdeckung des Goldes. Die amerikanischen Verkäufe haben währungspolitische Motive, in: Die Zeit 28.4.1978

Herold, Cornelia: Variationsmöglichkeiten in der qualitativen Diskontpolitik der Deutschen Bundesbank, Diplomarbeit Erlangen-Nürnberg 1991

Herrmann, A. R.: Verstaatlichung des Giralgeldes. Ein Beitrag zur Frage der Währungsreform nach den Grundsätzen Gottfried Feders, München 1932

Herz, Wilfried: Bundesrechnungshof: Sieg über die Zentralbank, in: WiWo 45/1990, S. 24 f.

Hesse, Helmut: Theoretische Grundlagen der "Fiscal Policy", München 1983

Hessler, Heinz-Dieter: Die Wirkung staatlicher Anleihen auf die monetäre Struktur der Volkswirtschaft, Diss. Köln 1965

Heubaum, Horst: Das kreditpolitische Instrumentarium der Deutschen Bundesbank unter dem Gesichtspunkt seiner Auswirkungen auf den Wettbewerb im Kreditgewerbe, Diss. Aachen 1964

Heuser, Carl Otto: Dr. Schacht als Kritiker, in: HB 24.10.1956

Derselbe: Bankengeld für langfristige Auslandskredite, in: HB 27./28.5.1960

Hirszowicz, Christine: Schweizerische Bankpolitik, Bern 1983

Höchst, Paul-Otto: Offen-Markt-Politik und Staatskredit, dargestellt an dem Konflikt um die Frage des Selbsteintrittsrechts des Bundes in die Mobilisierungspapiere der Deutschen Bundesbank, Diss. Köln 1959

Honegger, Ralph Th.: Währungspolitik bei flexiblen Wechselkursen. Eine positive Analyse des Interventionsverhaltens der Schweiz, der Bundesrepublik Deutschland, Englands, Japans und Kanadas, Chur 1989

Horstmann, Theo: Alliierte Bankenpolitik nach dem 2. Weltkrieg. Entflechtung und Rekonzentration der deutschen Großbanken 1945-1952, Diss. Bochum 1986

Hübner, Otto: Die Banken, Leipzig 1854

Imhof, Rudolf: Die Rentenmark, Diss.Freiburg i. B. 1928

Irrgang, Klaus: Die Rechtsnatur der Deutschen Bundesbank, Diss. Köln 1969

Issing, Otmar: Leitwährung und internationale Währungsordnung, Berlin 1965

Derselbe: Indexklauseln und Inflation, Tübingen 1973

Derselbe: Gewinnabführung der Notenbank. Theoretische Hintergründe der aktuellen Diskussion, in: Cansier/Kath (Hrsg.), Öffentliche Finanzen und Kapital. Festschrift für Werner Ehrlicher zur Vollendung des 65. Lebensjahres, Berlin 1985, S. 165 ff.

Derselbe: Disinflation. Kosten und Nutzen der Inflationsbekämpfung, in: WiSt 1/1985, S. 9 f.

Derselbe: Einführung in die Geldpolitik, 3. A., München 1990

Derselbe: Institutionen und Evolution im internationalen Währungssystem. Zur Entwicklung der Reservewährungen, in: Görgens/Tuchtfeldt (Hrsg.), Die Zukunft der wirtschaftlichen Entwicklung - Perspektiven und Probleme, Bern u. a. 1992, S. 351 ff.

Derselbe: Theoretische und empirische Grundlagen der Geldmengenpolitik der Deutschen Bundesbank, in: Wirtschaftsdienst X/1992, S. 537 ff.

Derselbe: Geldpolitik im Vorfeld der Europäischen Währungsunion, in: Auszüge aus Presseartikeln der Deutschen Bundesbank Nr. 34/1992, S. 7 ff.

Derselbe: Einführung in die Geldtheorie, 9. A., München 1993

Issing, Otmar/**Rudolph**, Bernd: Der Rediskontkredit, Stuttgart-Frankfurt/Main 1988

International Monetary Fund: The IMF in a Changing World 1945-1985, New York 1986

Jaiser, Uwe: Die Revision von gewerblichen Krediten im Rahmen der Jahresabschlußprüfung der Kreditbanken, Diplomarbeit Erlangen-Nürnberg 1991

Jarchow, Hans-Joachim: Theorie und Politik des Geldes, Bd. I, Geldtheorie, 7. A., Göttingen 1987; Geldmarkt und geldpolitische Instrumente, Bd. II, 6. A., Göttingen 1992

Jenkis, Helmut: Die importierte Inflation. Eine theoretisch-empirische Untersuchung zur deutschen Währungspolitik von 1950 bis 1960, Meisenheim am Glan 1966

Jessen, Hartwig: Das landschaftliche Kreditwesen, Wiesbaden 1962

Kaiser, Rolf H.: Bundesbankautonomie - Möglichkeiten und Grenzen einer unabhängigen Politik, Frankfurt/Main 1980

Derselbe: Deutsche Bundesbank: Stärkung der personellen Autonomie, in: Kreditwesen 8/1980, S. 324 ff.

Kalitsounakis, Nikolaos: Auswirkungen des gemeinsamen Bankenmarktes auf die griechischen Commercial Banks, Diplomarbeit Erlangen-Nürnberg 1992

Kath, Dietmar: Defizitfinanzierung durch Zentralbank-Gewinne?, in: LIST-Forum Bd. 4, Januar 1982, S. 199 ff.

Kath, Dietmar/**Franz**, Andrea: Bundesbank: Innovationen bedrohen Geldpolitik - Ins Abseits gestellt, in: WiWo 40/1991, S. 93 ff.

Kaven, Jürgen-Peter: Mindestreserve - eine überhöhte Zwangsabgabe, in: Kreditwesen 23/1990, S. 1157

Kerschagel, Richard: John Law - Die Erfindung der modernen Banknote, Wien 1956

Kessler, Martin: Bundesbank: Personalabbau in Frankfurt?, in: WiWo 26/1992

Derselbe: Bundesbank: Wie ein Gespenst, in: WiWo 46/1992, S. 27 f.

Ketzel, Eberhard/**Koser**, Reinhard/**Pfister**, Hans: Die Notenbank, 2. A., Stuttgart 1976

Kick, Eduard: Die Zentralnotenbank im bargeldlosen Zahlungsverkehr, Diplomarbeit Erlangen-Nürnberg 1977

Klauhs, Hellmuth: Die Kreditkontrollabkommen im Lichte der Bankpolitik, in: ÖBA 2/1964, S. 34 ff.

Klaus, Peter: Das Instrumentarium der Währungsbank von Kanada, Australien, Neuseeland und der Republik von Südafrika, Diss. Erlangen-Nürnberg 1971

Klein, Kurt: Die Kreditplafondierung, eine geld- und kreditpolitische Notwendigkeit, Berlin 1967

Kleinheyer, Norbert: Die Weiterentwicklung des Europäischen Währungssystems, Berlin 1987

Klöckers, Hans-Joachim: Devisenmarktinterventionen zur Konjunkturstabilisierung - eine theoretische Analyse für eine kleine offene Volkswirtschaft bei Datenänderungen im In- und Ausland, Freiburg i. B. 1990

Kloten, Norbert: Alternativen einer Neuordnung der Bundesbank, in: FAZ 18.4.1991

Knapp, Georg Friedrich: Staatliche Theorie des Geldes, 2. A., München-Leipzig 1918

Knoblich, Hans: Zwischenbetriebliche Kooperation, in: ZfB 8/1969, S. 497 ff.

Kohler, Reinhard: Grenzen der Bundesbankpolitik, Wirtschaftsanalyse restriktiver Zentralbankpolitik, Berlin-München 1979

Kollhosser, Helmut: Wertsicherungsklauseln im Spannungsfeld zwischen Vertragsfreiheit, Sozialpolitik und Währungspolitik, Heidelberg 1985

Köllner, Lutz: Chronik der deutschen Währungspolitik 1871-1991, 2. A., Frankfurt/Main 1992

König, Wilhelm: Zum Problem der Banknotendeckung, Graz-Köln 1951

König, Wolfgang: Devisenkurspolitik in Lateinamerika, Hamburg 1969

Könnekter, Wilhelm: Kassenhaltung und Mindestreserve, in: Kreditwesen 8/1966, S. 328

Kramár, Karel: Das Papiergeld in Österreich seit 1848, Leipzig 1886

Krause, Michael: Bankstruktur und Notenbankpolitik in den ostarabischen Ländern, Diss. Erlangen-Nürnberg 1972

Kremer, Robert: Geldbearbeiter: Eine Branche holt Luft, in: gi 3/1987, S. 92 ff.

Kronrod, J.A.: Das Geld in der sozialistischen Gesellschaft, aus dem Russischen übersetzt von Amalie Höft und Wilhelm Schmidt, Berlin 1963

Kruk, Max: Bosch hat ein Warnlicht gezündet, in: FAZ 11.11.1965

Krümmel, Hans-Jacob: Bankzinsen, Köln u. a. 1964

Kühne, Harald Dietrich/**Klingenberg**, Elfriede: Zwischenbetriebliche Geldbeziehungen - Die ökonomischen Hebelwirkungen des neuen Zahlungs- und Verrechnungssystems, Berlin 1966

Kühner, Max: Das währungspolitische Instrumentarium der südasiatischen Länder, Diss. Erlangen-Nürnberg 1971

Küng, Emil: Zahlungsbilanzpolitik, Tübingen 1959

Kuschpèta, O.: The Banking and Credit System of the USSR, Leiden-Boston 1978

Lacher, Andreas/**Thermeier**, Markus: Ist die Einlagenpolitik nach § 17 Bundesbankgesetz eine Fehlkonstruktion?, in: Der langfristige Kredit 15/1981, S. 476 ff.

Lautner, M.: Der "WIR"-Verrechnungsverkehr, Diss. Zürich 1964

Lehment, Harmen: Devisenmarktinterventionen bei flexiblen Wechselkursen. Die Politik des Managed Floating, Tübingen 1980

Leserwettbewerb: Was soll die Bundesbank mit ihrem Devisenschatz anfangen?, in: Capital 3/1976, S. 38 ff.

Leutner, Helmut: Geldstrom- und Liquiditätstheorie, Frankfurt/Main 1962

Leutwiler, Fritz: Rüstzeug für den Notfall, in: NZZ 3.11.1968

Lierow, Hans-Joachim: Der Geldschöpfungskoeffizient der Kreditbanken in der Bundesrepublik, Berlin 1957

Linhardt, Hanns: Kreditkontrolle, Essen 1954

Derselbe: Die gesetzlichen Mindestreserven der Geschäftsbanken, in: Sparkasse 8/1956, S. 117 f.

Derselbe: Bankbetriebslehre, Bd. I, Köln-Opladen 1957

Derselbe: Kritik der Währungs- und Bankpolitik, Köln-Opladen 1963

Derselbe: Wer gewinnt und verliert bei einer Inflation?, in: Sparkasse 11/1966, S. 207 ff.

Lipfert, Helmut: Einführung in die Währungspolitik, 8. A., München 1974

Lipp, Ernst-Moritz: Parallelwährung für Europa - Pläne als Risiko oder Chance für die europäische Einigung?, Baden-Baden 1978

Lücke, Rolf E.: Bundesbank als vierte Gewalt, in: DVW 8/1957, S. 348 ff.

Lückefahr, Walter: Sperrmark und Registermark, Diss. Köln 1958

Machlup, Fritz: Die Pläne zur Reform des Internationalen Geldwesens, Kiel 1962

Marbach, Fritz: Die Kreditschöpfung der Handelsbanken und das Postulat der Verstaatlichung des Kredits, Bern 1947

McCue, Patrick: Möglichkeiten und Grenzen einer Sekundärreserven-Anforderung, Diplomarbeit Erlangen-Nürnberg 1975

Marsh, David: Die Bundesbank. Geschäfte mit der Macht, München 1993

Meffert, Heribert: Marketing, 8. A., Wiesbaden 1987

Metzger, Oskar H.: Bundesbank: Der Hort der Stabilität, in: Bayern-Kurier 22.8.1992

Meyer, Fritz W.: Kaufkraftparität, in: HdSW Bd. 5, S. 589 ff.

Meyer, Fritz W./**Willgerodt**, Hans: Devisenbewirtschaftung, in: HdWW, Bd. 2, Stuttgart u. a. 1980, S. 159 ff.

Mises, Ludwig von: Theorie des Geldes und der Umlaufmittel, München-Leipzig 1912

Möller, Hans: Zur Vorgeschichte der Deutschen Mark, Tübingen 1961

Derselbe: Wird eine Währungsreform notwendig?, in: Volkswirtschaftliche Korrespondenz der Adolf Weber-Stiftung Nr. 5/1981

Möller, Wilhelm/**Rexhausen**, Felix: Steuertermine und Liquiditätsrhythmus, in: Kreditwesen 4/1956, S. 121 f.

Moltke, Albrecht von: Die private Verwendung von ECU, Reutlingen 1986

Monetary History of the United States, Bullock 1912

Mülhaupt, Ludwig: Einführung in die Betriebswirtschaftslehre der Banken, 3. A., Wiesbaden 1980

Müller, Angelika: Die Mindestreserve: Ausgestaltung und Wandlungen eines Instrumentes der deutschen Zentralbank seit 1948, Berlin 1992

Müller, Bettina: Notenbankpolitik bei flexiblen Wechselkursen. Eine ökonomische Analyse für die Bundesrepublik Deutschland im Zeitraum 1974-1984, Pfaffenweiler 1987

Müller, Helmut: Die Zentralbank - eine Nebenregierung. Reichsbankpräsident Hjalmar Schacht als Politiker der Weimarer Republik, Opladen 1973

Müller, Klaus: Die Änderung der Währungsparität als Problem der innerstaatlichen Kompetenzenverteilung, in: BB 17/1971, S. 726 ff.

Muthesius, Volkmar: Gegen den Strom, in: Kreditwesen 3/1960, S.99 ff.

Derselbe: Der Kampf gegen die Liquidität, in: Rheinischer Merkur 5.8.1960

Derselbe: Wer muß "maßhalten"?, in: Industriekurier 3.5.1962

Derselbe: Das "magische Fünfeck", in: Kreditwesen 7/1966, S. 269 f.

Derselbe: Geld spricht alle Sprachen. Definitionen und Wortspiele, XIII. Folge, Frankfurt/Main 1973

Nabben, Stefan: Financial Swaps, Wiesbaden 1991

Narr-Lindner, Gudrun: Grenzen monetärer Steuerung - Die Restriktionspolitik der Bundesbank 1964-1974, Frankfurt/Main 1984

Neldner, Manfred: Brauchen wir eine monopolistische Zentralbank?, in: WiSt 10/1987, S. 503 ff.

Neldner, Manfred: Bankenfreiheit. Erfahrungen mit wettbewerblichen Geldordnungen in Schottland, der Schweiz und den USA, in: WiSt 11/1989, S. 549 ff.

Neumann, Manfred: Theoretische Volkswirtschaftslehre, Bd. I, 3. A., München 1988

Neurath, Otto: Uneinlösliches Girogeld im Kriegsfalle, in: Schmollers Jahrbuch, 1909; ferner abgedruckt in: Durch die Kriegswirtschaft zur Naturalwirtschaft, München 1919, S. 134 ff.

Niaz, Gholam M.: Die Zentralnotenbank in der freien Marktwirtscnaft und in der Zentralverwaltungswirtschaft sowjetischen Typs, Diss. Erlangen-Nürnberg 1968

Nienhaus, Volker: Die Reichweite der Währungsreserven. Zur Fragwürdigkeit veranschaulichender Reichweite-Rechnungen, in: Genossenschafts-Forum 7/1980, S. 26 ff.

Nieschlag, Robert/**Dichtl**, Erwin/**Hörschgen**, Hans: Marketing, 16. A., Berlin 1991

Nowak, Richard: Systematik und Abgrenzung der direkten Kreditkontrolle im Rahmen der Währungspolitik, in: Der Betrieb in der Unternehmung. Festschrift für Wilhelm Rieger zu seinem 85. Geburtstag, hrsg. von Johannes Fettel und Hanns Linhardt, Stuttgart 1963, S. 434 f.

Obst, Georg: Das Bankgeschäft, II. Band, 6. A., Stuttgart 1923

Oettle, Karl: Einzelleistungs- und Gewährleistungsbetriebe, Sonderdruck kommunale Gemeinschaftsstelle für Verwaltungsvereinfachung, 1974

Pahlke, Jürgen: Staatliche Geldschöpfung als Einnahmequelle, in: HdF, 3. A., Bd. III, Tübingen 1981, S. 117 ff.

Palm, Adalbert: Stabilisierungspolitik bei flexiblen Wechselkursen. Die Deutsche Bundesbank zwischen Dollarauf- und -abwertung, Berlin 1988

Paulssen, Hans-Constantin: Zum Blessing-Memorandum, in: Der Arbeitgeber 20.2.1960

Peters, Joerg: Swap-Finanzierung, Wiesbaden 1990

Peters, Rainer: Mindestreservepolitik und bankbetriebliche Liquiditätsdispositionen, Hamburg 1980

Pfleiderer, Otto: Mindestreserven, in: HdSW Bd. 7, S. 355

Derselbe: Währungsreformen, in: Staatslexikon, Bd. 8, 6. A., Freiburg i.B., S. 423 ff.

Derselbe: Indexklauseln im langfristigen Kapitalverkehr als Hilfsmittel der Inflationsbekämpfung, in: Probleme der Indexbindung, Beihefte KuK 2/1974, S. 41 ff.

Pohl, Manfred (Hrsg.): Währungsreformen, Bankhistorisches Archiv, Beiheft 21, Frankfurt/Main 1992

Pohl, Reinhard: Geldtheoretische Analysen der Deutschen Bundesbank als Elemente einer Strategie der Überredung. Ein Beitrag zu Theorie und Praxis nationalökonomischer Sprachkritik, Berlin 1971

Pohmer, Dieter: Wirkungen finanzpolitischer Instrumente, in: Andel-Haller (Hrsg.), Handbuch der Finanzwissenschaft, Bd. I, Tübingen 1975, S. 271 f.

Probst, Georges: Das Zwangssparen in der älteren und neueren Literatur, Winterthur 1960

Puro, Ilkka: Finland's Currency Index System and its Development, in: Bank of Finland Bulletin 2/1985

Raffay, Harald von: Erscheinungsformen und Auswirkungen von Indexkoppelungen, Berlin-München 1978

Raffée, Hans/**Widman**, Klaus-Peter: Marketingperspektiven im Zeichen des Wertewandels, in: Bank 12/1986, S. 620 ff.

Reichenstein, Peter Marcus: Währungsreserven und Reservepolitik bei flexiblen Wechselkursen. Ansätze zur vermögenspolitischen Betrachtung der Aktiva einer Zentralbank, Grüsch 1987

Reichling, Helmut: Selbständigkeit als unternehmerisches Ziel im mittelständischen Handel, Diss. Saarbrücken 1978

Reichmuth, Karl: Indexierung des Geldes?, Niederglatt 1982

Reinhardt, Erich: Ist das Instrumentarium der Deutschen Bundesbank ergänzungsbedürftig?, in: Kreditwesen 14 u. 15/1970, S. 647 ff., S. 716 ff.

Reinhardt, Fritz: Was geschieht mit unserem Geld?, Nürnberg o.J. (1941)

Reither, Francesco E.: Geld- und Geldsubstitute in der Bundesrepublik Deutschland, Berlin 1982

Remsberger, Hermann: Geldpolitik und Bankenwettbewerb, in: Die Bank 12/1984, S. 564 ff.

Revelas, Kyriakos: Optimale Währungsräume und Währungsunionen, Berlin-München 1980

Richebächer, Kurt: Die Bank von England als "Kreatur" des Schatzkanzlers, in: Kreditwesen 19/1959, S. 857 ff.

Rist, Charles: Geschichte der Geld- und Kredittheorien von John Law bis heute, Bern 1947

Rittershausen, Heinrich: Der Neubau des deutschen Kreditsystems, Berlin 1932

Derselbe: Die Zukunft der Notendeckung durch Handelswechsel, unveröffentl. Manuskript 1944

Derselbe: Internationale Handels- und Devisenpolitik, 2. A., Frankfurt/Main 1955

Derselbe: Bankpolitik, Frankfurt/M. 1962

Derselbe: Die Zentralnotenbank. Ein Handbuch ihrer Instrumente, ihrer Politik und ihrer Theorie, Frankfurt/Main 1962

Derselbe: Kreditbegrenzung versus Kreditexpansion?, in: Kreditwesen 17/1970, S. 817 f.

Ritzmann, Franz: Zum Instrumentarium der Schweizerischen Nationalbank. Kritische Betrachtungen, Bern-Stuttgart 1977

Rober, Rüdiger: Die Unabhängigkeit der Bundesbank, Kronberg 1978

Roeper, Hans: Die Hintergründe der Geldumstellung, in: FAZ 19.10.1957

Röpke, Wilhelm: Jenseits von Angebot und Nachfrage, Erlenbach-Zürich-Stuttgart 1958

Rosenstock, Adolf H.: Der internationale Zinszusammenhang. Eine theoretische Untersuchung in der Tradition von Irving Fisher, Frankfurt/Main 1988

Roth, Gisela: Britische Geldpolitik 1971-1986, Analyse und kritische Bewertung, Frankfurt/M. u. a. 1989

Ruckriegel, Karlheinz: Computergeld: Neuerungen im Zahlungsverkehr - Gefahr für die Geldpolitik?, in: WiSt 5/1990, S. 245 f.

Rühl, Harald: Das währungspolitische Instrumentarium der nordischen Zentralbanken, Diss. Erlangen-Nürnberg 1972

Runge, Harry: Haushaltsfinanzierung durch Notendruck, Berlin 1986

Salin, Edgar: Für ein Alignement der Währungen, in: Lynkeus, Tübingen 1963

Sandig, Curt: Betriebswirtschaftslehre, 2. A., Stuttgart 1966

Sanhaber, Ernst: Der Magier des Kredits, 2. A., München 1941

Schacht, Hjalmar: Mindestreserven für Entwicklungskredite, in: Industriekurier 27.10.1963

Schäfer, Erich: Die Unternehmung, 10. A., Wiesbaden 1980

Schäfer, Rainer: Eurowährungstransaktionen - Auswirkungen auf die Liquidität der Nichtbanken, Frankfurt/Main u. a. 1984

Scheller, Hanspeter K.: Währungspolitik: Ergänzungen zu Oswald Hahn, in: Kreditwesen 13/1988, S. 567

Schelling, Friedrich Wilhelm von: Rechtsstabilität in der Währungspolitik, unveröfftl. Manuskript 11.1.1966

Derselbe: Die Bundesbank in der Inflation. Plädoyer für eine neue Geldverfassung, Frankfurt/Main 1975

Schleidt, Alexander: Die Kooperation der Notenbanken, Basel 1931

Schmidt-Imelmann, Aufbau in der Gemeinschaft Argo-Bau GmbH, Herzberg 1956

Schmitz, Wolfgang: Die antizyklische Konjunkturpolitik - eine Illusion. Grenzen der Machbarkeit durch Globalsteuerung, Frankfurt/Main 1976

Derselbe: Währungsethik, in: Kreditwesen 17/1986, S. 813 ff.

Schmölders, Günter: Geld und Kredit, Leipzig 1938, S. 78 f.

Schmölders, Günter: Die Politiker und die Währung, Frankfurt/Main 1959

Derselbe: Finanzpolitik, 2. A., Berlin-Heidelberg-New York 1965

Schneider, Bernd: Geldmarktfonds, Heft 46 Veröff.Lst. BkBWL FAU, Nürnberg 1987

Schneider, Erich: Neutrale Finanzpolitik?, in: FAZ, 1.2.1956.

Schneider, Erich: Einführung in die Wirtschaftstheorie, III. Teil: Geld, Kredit, Volkseinkommen und Beschäftigung, 11. A., Tübingen 1969

Schneider, Friedrich: Mindestreservepflichtige Verbindlichkeiten als Gestaltungsinstrument der Währungspolitik, Diplomarbeit Erlangen-Nürnberg 1986

Schönnenbeck, Hermann: Die Zentralbank nur ein Ausführungsorgan, in: FAZ 18.9.1992

Schubert, Aurel/**Aspetsberger**, Axel: Europäische Währungspolitik und Notenbankautonomie, in: ÖBA 11/1992, S. 977 ff.

Schürmann, Leo: Noteninstitut und Banken: Wie steht es mit der Zusammenarbeit?, in: Wirtschaftsrevue 10/1975, S. 18 f.

Schuster, Leo: Kreditplafondierung und Soziale Marktwirtschaft, in: ÖBA 8/1966, S. 263 ff.

Derselbe: Zentralbankpolitik und Bankenaufsicht in den EWG-Staaten, Köln-Opladen 1967, S. 34 ff.

Schwegler, Walter: WIR-Wirtschaftsring, Zürich 1937

Schwolgin, Armin: Finanzielle Innovationen und Mindestreservepolitik. Reformvorschläge auf Grund amerikanischer und deutscher Entwicklungen, Frankfurt/Main 1986

Seeger, Manfred: Die Politik der Reichsbank von 1876-1914 im Lichte der Spielregeln der Goldwährung, Berlin 1968

Sequens, Friedrich: Gentlemen's Agreements als Instrumente der Währungspolitik, in: Wilhelm Bühler/Otto Lucius (Hrsg.), Notenbank und Kreditapparat, Wien 1980, S. 88 ff.

Sewering, Karl: Sicherung der Kreditpolitik durch Einschaltung des Zentralbanksystems in den Zahlungsverkehr, in: ZfB 1951, Teil 1: Nr. 2, S. 79 ff.; Teil 2: Nr. 3, S. 165 ff.

Seÿffert, Rudolf: Wirtschaftslehre des Handels, 5. A., Köln-Opladen 1972

Siebelt, Johannes: Der juristische Verhaltensspielraum der Zentralbank: "Vorrechtliches Gesamtbild" und Verfassungsauftrag an den Gesetzgeber, Baden-Baden 1988

Siegert, Werner: Währungspolitik durch Seelenmassage?, Frankfurt/Main 1963

Sigg, Hans: Grundzüge des sowjetischen Bankwesens, Bern-Stuttgart 1981

Sohmen, Egon: Wechselkurs und Währungsordnung, Tübingen 1973

Somary, Felix: Bankpolitik, 2. A., Tübingen 1930

Speyerer, Helmut: Die Offenmarktpolitik der Deutschen Bundesbank - Analyse und Reformvorschläge aufgrund der Erfahrungen in den USA, Baden-Baden 1979

Spindler, Joachim von/**Becker**, Willy/**Starke**, O.-Ernst: Die Deutsche Bundesbank, 4. A., Stuttgart 1973

Stehle, Richard: Das Zinsparitätengesetz, in: WiSt 6/1984, S. 291 ff.

Steinemann, Thomas: Währungskooperation und Europäische Währungsunion, Chur 1992

Stellungnahme des Bundesministers für Wirtschaft vom 17.3.1956 zur Frage der Anwendung der Bestimmungen des Entwurfs eines Gesetzes gegen Wettbewerbsbeschränkungen auf die Versicherungs- und Kreditwirtschaft, in: Wirtschaft und Wettbewerb, 1956, S. 560

Stern, Klaus/**Münch**, Peter/**Hansmeyer**, Karl Heinrich: Gesetz zur Förderung der Stabilität und des Wachstums der Wirtschaft, 2. A., Stuttgart 1972

Strasser, Hans: Freiwillige Kreditbeschränkung: Das Schweizer Experiment - eine Zwischenbilanz, in: WiWo 39/1971, S. 28 ff.

Stucken, Rudolf: Liquidität der Banken, Berlin 1940

Derselbe: Partnerschaft in der Kreditpolitik, in: FAZ 4.2.1961

Derselbe: Deutsche Geld- und Kreditpolitik 1914-1963, 3. A., Tübingen 1964, S. 153 ff.

Derselbe: Kreditplafonds: Das Schwert in der Scheide. Die Voraussetzung für ein "gentlemen's agreement" zwischen Notenbank und Kreditinstituten, in: HB 6./7.5.1966

Derselbe: Die Kreditplafondierung hat noch Lücken, in: HB 5./6.8.1966

Derselbe: Was stimmt nicht mit unserem Geld?, Hamburg 1967

Derselbe: Die Haushaltspolitik im Gesetz zur Förderung der Stabilität und des Wachstums der Wirtschaft vom 8. Juni 1967, in: Finanzarchiv NF 1968, S. 202 ff.

Derselbe: Zwischen Rezession und Prosperität ("Mindestreserve für die öffentliche Hand"), Sonderdruck Vortrag IHK Bayreuth 8.5.1968

Stützel, Wolfgang: Bankpolitik heute und morgen, Frankfurt/Main 1964

Derselbe: Das Mark-gleich-Mark-Prinzip und unsere Wirtschaftsordnung. Über den sogenannten Nominalismus, insbesondere im Schuld- und Steuerrecht, Baden-Baden 1979

Derselbe: Über unsere Währungsverhältnisse. Zehn Jahre Floating: Verheißungen und Erfahrungen, Tübingen 1982

Suntum, Ulrich van: Die Diskussion um die Bundesbankgewinne - Eine Zwischenbilanz aus geldtheoretischer und ordnungspolitischer Sicht, in: LIST-Forum Bd. 13, Juni 1985, S. 83 ff.

Svoboda, Hanno: Grund und Boden als Währungsunterlage, Nürnberg 1928

Szagunn, Volkhard: Diskont- und Lombardkredit der deutschen Notenbanken, in: Kreditwesen 6/1980, S. 214 ff.

Tautscher, Anton: Bankenverstaatlichung, Salzburg 1946

Tauwald, Barbara: Die Sondermünzen in der Bundesrepublik Deutschland, Diplomarbeit Nürnberg 1980

Theron, Marcel: Demonetisierung des gelben Metalls. Goldreserven bieten Notenbanken ein Höchstmaß an Unabhängigkeit, in: HB 2.4.1980

Thoma, Franz: Notenbankstatut: Magna Charta des stabilen Geldes, in: Süddeutsche Zeitung 18.8.1956

Tichy, Gunther: Die weltweite Strukturkrise der Banken. Ursachen und Strategien zu ihrer Überwindung, in: ÖBA 12/1991, S. 853 ff.

Timmermann, Vinzenz: Interbankkredite und Geldpolitik, in: Kyklos 3/1976

Toniolo, Gianni (Hrsg.): Central Banks Independence in Historial Perspective, Berlin-New York 1988

Tooke, Thomas: A History of the Prices and of the State of the Circulation during the Years 1793-1856, 6 Bände, 1838-1857

Trautmann, Walter: Revidierte Maßstäbe der Bankenliquidität, in: DVW 27/1959, S. 1350 f.

Trebra-Lindenau, Hubertus von: Die Beurteilung des Commercial-Paper-Marktes, Diplomarbeit Erlangen-Nürnberg 1992

Troberg, Peter: "Das Öl im Getriebe des Binnenmarktes", in: gi 7/8-1992, S. 7

Tüngeler, Johannes: Ist der Zentralbankrat der Deutschen Bundesbank zu groß?, in: FAZ 2.2.1980

Unger, Stefan: Die D-Mark als internationale Reserve- und Anlagewährung. Ursachen, Entwicklung und Folgen der internationalen Verwendung der deutschen Währung, 2. A., Konstanz 1992

Vajc, Klaus: Zentralbankgewinne, Diplomarbeit Erlangen-Nürnberg 1982

Veit, Otto: Zweistufigkeit der internationalen Währungspolitik, in: Kreditwesen 24/1960, S. 1070

Derselbe: Grundriß der Währungspolitik, 3. A., Frankfurt/Main 1969

Vershofen, Wilhelm: Die Marktverbände, Nürnberg 1928

Vetter, Ernst Günter: Das Gutachten der Notenbank, in: FAZ 28.1.1960

Viti de Marco, Antonio de: Die Funktion der Bank, Wien 1935

Vocke, Wilhelm: Änderung der amerikanischen Golddeckungsvorschriften?, in: NZZ 24.1.1965

Wachter, Ilona: Die Einpfennigmünze, Diplomarbeit Nürnberg 1989

Wagemann, Ernst: Wo kommt das viele Geld her?, Düsseldorf o.J. (ca. 1940)

Wagemann, Jürgen: Wertpapierpensionsgeschäfte. Das überlegene Refinanzierungsinstrument: Darstellung, Kritik und ein Vorschlag zur Umgestaltung des Refinanzierungsinstrumentariums der Deutschen Bundesbank, Pfaffenweiler 1991

Wagner, Adolph: System der Zettelbankpolitik mit besonderer Rücksicht auf das geltende Recht und auf deutsche Verhältnisse, 2. A., Freiburg i.B. 1873

Wandel, Eckhard: Die Entstehung der Bank deutscher Länder und die deutsche Währungsreform 1948, Frankfurt/Main 1980

Wangenheim, Hans Ulrich Frhr. von: Währung als vierte Gewalt ohne Vermittlung, in: DVW 10/1957, S. 441 f.

Westphal, Horst M.: Neue DM-Noten: kein ungeteilter Beifall?, in: Kreditwesen 23/1988, S. 1074 f.

Wieser, Fiedrich Freiherr von: Gesammelte Abhandlungen, Tübingen 1929

Willms, Friedrich Karl: Zur Genehmigungsbedürftigkeit von Wertsicherungsvereinbarungen nach § 3 WährG und zur Neufassung der Genehmigungs-Grundsätze der Deutschen Bundesbank, in: BB 20/1978, S. 973 ff.

Wingender, Perdita A.: Westdevisen und Devisenschwarzmärkte in sozialistischen Planwirtschaften, Stuttgart 1989

Witte, Eberhard: Private Geldschöpfungsversuche, in: Untersuchungen des Bankwesens, 1. Teil, Bd. 2, Berlin 1933, S. 91 ff.

Witte, Horst: Anrechnung der Kassenhaltung auf die Mindestreservepflicht?, in: Kreditwesen 14/1960, S. 648

Wittstock, Jan: Eine Theorie der Geldpolitik von Kreditinstituten. Grundlagen einzelwirtschaftlicher Optimierung bankbetrieblicher Zentralbankguthaben, Berlin 1971

Wohlmannstetter, Gottfried: Die Beurteilung der Aktiv-Mindestreserve als Instrument der selektiven Kreditpolitik, Heft 3 Veröff. LstBkBWL FAU, Nürnberg 1979

Worret, Franz: Bankpolitik als Machtfrage, Berlin 1955, S. 129

Würtz, Nikolaus: Das Recht der Swap-Vereinbarungen zwischen den Zentralbanken - die Praxis der Bundesbank, Diss. Würzburg 1983

Zehetner, Franz: Die Suspendierung der Goldkonvertibilität des Dollars, Wien 1973

Derselbe: Geldwertklauseln im grenzüberschreitenden Wirtschaftsverkehr, Tübingen 1976

Zeitler, Thomas: Die Berechtigung von Mindestreserven, Diplomarbeit Erlangen-Nürnberg 1987

Ziese, Bernhard: Zur Neubegründung der Quantitätstheorie, Tübingen 1970

Zimmerer, Carl: Die geldschöpfende Gewalt, in: ÖBA 1954, S. 141 ff.

Zimmermann, Wolf-Konrad: Wettbewerbsverzerrungen im deutschen Bankensystem. Eine Analyse der Wirkungen notenbankpolitischer Instrumente auf den Wettbewerb zwischen den verschiedenartig strukturierten Bankengruppen, Göttingen 1984

Zurlinden, Mathias: Devisenmarktinterventionen und das Sterilisationsproblem, Bern-Stuttgart 1989

LÄNDERREGISTER

Deutschland wurde nicht aufgeführt, da die Bezugnahme auf dieses Land dominiert. Anstelle der Nachfolgestaaten von Jugoslawien und der Sowjetunion finden sich die alten Staatsgebilde, da über die Nachfolgestaaten nur wenig vorliegt und auch keine grundlegenden währungspolitischen Erscheinungen erkennbar waren. Länder, die lediglich in Tabellen enthalten sind, fanden keine Berücksichtigung.

STRUKTUR DER BANKWIRTSCHAFT

Von Prof. Dr. Oswald Hahn, Ordinarius für Betriebswirtschaftslehre an der Friedrich-Alexander-Universität Erlangen-Nürnberg

Band I **Banktypologie und Universalbanken**
2., unveränderte Aufl. 1989, XVIII, 499 Seiten, 16,5 x 24,4 cm, kartoniert, DM 78,– / öS 608,– / sfr. 80,70. ISBN 3 503 02118 3

Band II **Spezialbanken und Internationale Banken**
1. Teilband:
2., unveränderte Aufl. 1991, XXII, 378 Seiten, 16,5 x 24,4 cm, kartoniert, DM 68,– / öS 528,– / sfr. 70,60. ISBN 3 503 02413 1

2. Teilband:
2., unveränderte Aufl. 1991, XXVIII, 466 Seiten, 16,5 x 24,4 cm, kartoniert, DM 78,– / öS 608,– / sfr. 80,70. ISBN 3 503 02490 5

Beide Teilbände werden nur geschlossen abgegeben.

Übersicht über das Gesamtwerk:

Band I
Banktypologie und Universalbanken
1. Teil: **Typologische Betrachtung der Banken**
2. Teil: **Die Universalbanken**

Band II
Spezialbanken und Internationale Banken
1. Teilband
3. Teil: **Die Investitionsbanken**
2. Teilband
4. Teil: **Spezialbanken des kurzfristigen Geldkredits**
5. Teil: **Spezialbanken des Leih-, Handels- und Dienstleistungsgeschäfts**
6. Teil: **Die internationalen Banken**

Professor Dr. Oswald Hahn bietet mit der „Struktur der Bankwirtschaft" einen umfassenden Überblick über sämtliche Anbieter von Bankleistungen, der sich zwar primär am zentraleuropäischen Erfahrungsobjekt orientiert, der aber auch wichtige Gegebenheiten außerhalb dieses geographischen Raumes mit aufnimmt. Damit wird dem Wusch vieler Fachvertreter nach einer „Internationalisierung" entsprochen. Ziel des Gesamtwerkes ist die vergleichende Bestandsaufnahme eines der drei Elemente der Bankbetriebslehre: der traditionellen „Lehre der Bankarten".

Abgesehen von der grenzüberschreitenden Betrachtung legt Hahn, ein national und international anerkannter Fachmann der Bankwirtschaft, mit diesem Werk die erste Strukturanalyse der Bankwirtschaft vor, die in allen Lehrbüchern der letzten drei Jahrzehnte des umfangreichen Stoffinhalts wegen naturgemäß zurücktreten mußte.

*Neben den Universalbanken und den Spezialbanken, deren Verbänden und der Bankaufsicht ist die **Struktur der Bankwirtschaft** als Grundlagenwerk allen Lehrenden und Studierenden der Bankbetriebswirtschaftslehre an Universitäten, Fachhochschulen und Bankakademien besonders zu empfehlen.*

Erich Schmidt Verlag
Berlin · Bielefeld · München

Die Diskontpolitik der Zentralnotenbank

Von Prof. Dr. Oswald Hahn

1992, 138 Seiten, 16,5 x 24,3 cm, kartoniert,
DM 49,80 / öS 394,– / sfr. 52,–,
ISBN 3 503 03371 8

Die Diskontpolitik stellt das älteste Instrument der Notenbank dar. Sie wurde ursprünglich identifiziert mit der Variierung des Diskontsatzes, des Zinsfußes, zu dem die Notenbank bestimmte Titel diskontiert bzw. rediskontiert.

Diskontpolitik ist jedoch nach heutiger Meinung mehr: Sie umfaßt alle Maßnahmen, die im Zusammenhang mit dem Diskontgeschäft der Zentralnotenbank ergriffen werden. Neben der Diskontpolitik im klassischen Sinn in Form von **preislichen Maßnahmen** fallen darunter aber auch **qualitative Maßnahmen** (Fixierung und Variierung der an die diskontierbaren Titel gestellten Anforderungen) und **quantitative Maßnahmen** (mengenmäßige Beschränkungen).

Die Diskontpolitik ist indes nur ein Teil der Währungspolitik – letztere stellt sich dar als kombinierter Einsatz aller Instrumente analog zum Marketing Mix eines jeden Betriebes. Eine isolierte Darstellung der Diskontpolitik ist nützlich und sinnvoll: Der gegenwärtige Zeitpunkt ist günstig – nicht zuletzt vor dem Hintergrund der wiederaufkommenden Diskussion über die Bedeutung dieses klassischen Instruments der Währungspolitik und der Debatte über die Einführung einer europäischen Währung sowie eines entsprechenden überstaatlichen Zentralbanksystems.

Aus dem Inhalt:

Qualitative Diskontpolitik

Der Handelswechsel
Schwächen des Handelswechselprinzips
Aufkommen an Wechselmaterial
Qualitätsfixierung als Mittel institutionierender Diskontpolitik
Qualitätsvariierung als Mittel funktioneller Diskontpolitik

Diskontsatzpolitik

Die Formen der Diskontsatzpolitik
Die gegenwärtige Bedeutung der Diskontsatzvariierungen
Die Anpassung an das Ausland: Konstatierende oder gestaltende Diskontsatzpolitik?
Die Politik der gestaffelten Diskontsätze
Die erwarteten Wirkungen einer Diskontsatzänderung
Binnenwirtschaftliche Wirkungen
Zwischenstaatliche Wirkungen
Die Voraussetzungen für die Auswirkungen einer Diskontsatzänderung
Der Einfluß der Diskontsatzänderung auf den Zinsfuß
Die Reaktionen der Wirtschaftssubjekte
Die Bedingungen für die außenwirtschaftlichen Wirkungen der Diskontsatzänderung

Quantitative Diskontpolitik (Politik der Rediskontkontingente)

Die Gründe für eine quantitative Begrenzung der Bankenrefinanzierung
Die Formen quantitativer Diskontpolitik
Die Politik der Rediskontkontingente
Die Politik der Refinanzierungsquote
Die Bedeutung der quantitativen Diskontpolitik

Erich Schmidt Verlag
Berlin · Bielefeld · München